高等院校公共事业管理专业"十二五"规划教材

电子政务：基础、框架与趋向

陈德权 主编　　柳春清 副主编

The Electronic Government Affairs

清华大学出版社

北京

内容简介

本书基于政府治理视角和电子政务发展的最新理论和实践趋向，力争满足本科生、研究生在电子政务、电子治理以及电子社会方面的学习和研究需要，是一本有教学实用价值和社会应用指导意义的图书。

本书整体框架分为理论部分、应用框架部分和未来趋势部分。具体来说，理论部分包括：电子政务理论基础、电子政务政府基础、电子政务技术基础、电子政务运行基础；应用框架部分包括：电子政务内网、电子政务外网、政府门户网站建设和管理、电子政务法规政策建设、电子政务安全体系建设；未来趋势部分包括：电子政务绩效管理、电子政务文化建设、电子治理以及智慧城市与移动政务。

本书适合公共管理专业和相近专业本科生、研究生以及政府公务员局面向公务员技能培训等方面的教学与研究用书，也比较适合作为电子政务社会教育和培训用书。

本书配有课件，下载地址：http://www.tupwk.com.cn。

图书在版编目(CIP)数据

电子政务：基础、框架与趋向 / 陈德权　主编. —北京：清华大学出版社，2016(2021.8重印)
(高等院校公共事业管理专业"十二五"规划教材)
ISBN978-7-302-42874-9

Ⅰ. ①电… Ⅱ. ①陈… Ⅲ. ①电子政务—高等学校—教材 Ⅳ. ①D035.1-39

中国版本图书馆 CIP 数据核字(2016)第 030565 号

责任编辑：施　猛　马遥遥
封面设计：常雪影
版式设计：方加青
责任校对：曹　阳
责任印制：沈　露

出版发行：清华大学出版社
　　　　网　　址：http://www.tup.com.cn，http://www.wqbook.com
　　　　地　　址：北京清华大学学研大厦 A 座　　　　邮　　编：100084
　　　　社 总 机：010-62770175　　　　　　　　　　邮　　购：010-62786544
　　　　投稿与读者服务：010-62776969，c-service@tup.tsinghua.edu.cn
　　　　质 量 反 馈：010-62772015，zhiliang@tup.tsinghua.edu.cn
　　　　课 件 下 载：http://www.tup.com，010-62794504
印 装 者：三河市君旺印务有限公司
经　　销：全国新华书店
开　　本：185mm×260mm　　　印　　张：22.25　　　字　　数：472 千字
版　　次：2016 年 2 月第 1 版　　　印　　次：2021 年 8 月第 5 次印刷
定　　价：59.00 元

产品编号：058608-02

本教材出版得到以下项目资助和支持

国家社会科学基金重大项目：

意识形态视域下网络文化安全治理研究，项目号【15ZDA039】

中央高校基本科研业务费项目：

电子政务文化：内涵、框架与策略研究，项目号【N130414002】

辽宁省人力资源和社会保障厅"百千万人才"资助项目：

基于现代政府治理视角的我国电子政务文化研究——以辽宁为例，
项目号【2014921015】

东北大学"十二五"规划教材建设立项项目

娄成武国家万人计划项目资助

前　言

国内学者在Electronic Government的翻译上，存在着"电子政府"和"电子政务"之争。当然，随着认识的深入、研究的展开，国内学者逐渐统一了概念认知：电子政府是区别于传统政府而言的，是基于电子通信技术(ICT)架构的虚拟政府形态；电子政务则是相对于传统政务活动和内容而言的，是基于电子政府架构中的虚拟政府管理或者服务活动的统称。这两个概念相辅相成，相互依赖，其建设和运行将有效解决传统政府饱受诟病的行政低效率、机构臃肿、财政赤字、官僚主义盛行、侵犯公众权益等问题，转而满足社会公众对政府提高管理绩效、改善公共服务效能、实现公众民主参与等期待。从研究和学习的角度，当前学术界多数选择"电子政务"一词，用以表达多层含义：更高的服务效率、政府行政组织变革和民主参与。从公众日常接触和政府实践中要解决的突出矛盾来看，电子政务能更直接、有效、清晰地表达特有的属性、内容和价值目标。电子政府是电子政务的平台和基础环境，是实现电子政务的前提和依托，其功能和社会价值则是由"一系列法定授权的政务"体现出来的。因此，从我国政府管理创新和政务活动改革的角度来看，使用"电子政务"一词更适合、更实际、更有现实指向价值。

编者从2004年开始研究和从事电子政务教学工作，教学对象是公共管理专业本科生(行政管理和公共事业管理专业本科生、网络教育行政管理专业本科生)以及MPA学生(当时的课程名称是"计算机信息基础")。当时教学选用的教材主要是2002年前后由赵国俊、姚国章、徐晓林等老师编著的。教学内容主要围绕电子技术、流程设计、软件等，"电子"成为教学中心和主要内容。2006年底，全国MPA电子政务教学工作会议在武汉华中科技大学召开，很荣幸，大会主持人徐晓林教授于当天下午专门给编者留5分钟，作主题为"关于电子政务教学和关注转向"的发言，主要是希望教材编著内容、教学过程和内容多转向研究和教授"政务"而非"电子"。因为广大MPA学生和公共管理专业本科生今后更多从事的是行政管理和社会管理工作，遇到的多是"政务"问题，技术问题只要会用、懂得操作就可以，这与绝大多数会开汽车的人不用学会维修汽车是一个道理。

在之后的教学科研中，编者力求在教学内容上，突出"政务"，重点研究政务新问题；在学术研讨和国内外会议上，多与国内外知名专家交流，吸收他们的最新成果；在教材出版方面，则厚积薄发，有幸成为吉林大学张锐昕老师教材编写组成员，承担电子政务法规政策部分编写；等等。2008年开始，编者在吸收国内外专家学者关于电子政务研究成果、出版教材的基础上，开始编写独立的教学体系，并且争取在电子政务的某些方面进行新的探索研究，提出了电子政务文化研究方向，认为电子政务文化是从"软"的方面研究电子政务，电子政务文化是行政文化在电子政务环境下的新发展。我国电子政务建设中存在的很多问题，可以尝试从文化角度解决，而且会事半功倍。2012年吉林大学召开的电子政务研讨会针对电子政务文化研究成果进行了交流，得到了张锐昕、孟庆国、徐晓林、吴江、傅广宛、宋文好等学者的指导。2014年在我国台湾淡江大学召开的台湾行政系所联合会年会上，编者作为电子治理专题组成员，进行了电子政务文化治理方面的发言，与台湾电子治理方面的专家学者，如陈俊明、李仲斌、黄东益、胡龙腾等进行交流。特别是国内《电子政务》杂志先后两次登载编者关于电子政务文化方面研究的文章。为促使电子政务文化研究推向深入，将其专门列入本教材。

正是不断地在教学科研中积累专家素材、凝练最新研究成果、探索新的研究领域、开发新的教学体例基础上，十年来，编者才敢于在东北大学教务处、清华大学出版社的鼓励和支持下，诚惶诚恐地拿出本教材。出版本教材，可谓思考再三：一是要像一本教材，即符合专业本科生、研究生学习需要；二是要具有自己的教材体系，特别是突出公共管理类专业教材特色；三是综述学术界关于电子政务研究的成果；四是融入编者的学术认知。基于此，本教材确立了以下研究结构和重点研究内容。

电子政务基础，主要包括4章，分别是第一章电子政务理论基础；第二章电子政务政府基础；第三章电子政务技术基础；第四章电子政务运行基础。

电子政务框架，主要包括5章，分别是第五章电子政务内网；第六章电子政务外网；第七章政府门户网站建设和管理；第八章电子政务法规政策建设；第九章电子政务安全体系建设。

电子政务趋向，主要包括4章，分别是第十章电子政务绩效管理；第十一章电子政务文化建设；第十二章电子治理；第十三章智慧城市与移动政务。

写作分工是：东北大学陈德权负责统筹全文，列出教材结构和确立基本写作思路、内容重点，并且负责第四章、第六章、第八章、第十章和第十二章的具体写作；沈阳体育学院柳春清负责第五章、第七章、第九章、第十一章和第十三章的具体写作；东北大学王作宝负责第一章、第二章和第三章的具体写作。

本教材是在国内外已有的各类关于电子政务方面教材的基础上，经过整合借鉴，融会贯通，博采众长，才得以面世的，但是也有一些创新之处，主要有：一是本教材主要面向专业本专科、研究生课堂教学需要，突出理论性、知识性和一定的案例教学、实验教学，特别适合作为文管类学生的学习用书；二是本教材可供各级政府公务人员进行在业务培训、进修学习和平时阅读时使用，教材对电子政务基础理论、网站建设与管理、电子政务规划与实施、运行保障、法规政策、安全体系等方面有重点讲解；三是瞄准电子政务未来建设，基于教学和当前电子政务热点分析，专门编写电子政务绩效管理、电子政务文化建设、电子治理和智慧城市与移动政务4章，目前，这几方面文献研究最多，理论和实践较热，尽管尚有不成熟之处，但列为专门章节，可供读者探讨；四是本教材囊括了目前与电子政务相关的热点概念、思想和技术等，让读者能够基本明确社会热点知识和热点问题，并能够给出一定的理性建议。

必须要指出的是，在本教材编写中，因为资料搜集问题，最重要的是因为编者能力问题，有一些资料没能给出详细出处，敬请相关同仁谅解。同时，也特别感谢多年来在学习和工作中给予编者莫大支持的电子政务专业前辈、学长，如吉林大学张锐昕教授、清华大学孟庆国教授、华中科技大学徐晓林教授、华南理工大学范旭教授、上海交通大学樊博教授、台湾淡江大学黄一峰教授、《电子政务》杂志宋文好主任，等等，向你们深表谢意，并请你们给予本教材批评指正。

行文末端，坦承惶恐之意，本教材体例、内容和用词尽管几经删改，但限于编者能力、学识，教材一定有纰漏之处，希望学界友人、读者朋友不吝赐教，在此向您致敬！反馈邮箱：wkservice@vip.163.com。

编者

2015年10月

目　录

第一章
电子政务理论基础

电子政务已经从一般的技术变革和技术雏形，成长为具有较为系统的理论体系、较为完备的知识结构和较为扎实的实践基础的学科。电子政务理论主要包括电子政务含义、特征、功能等，也包括电子政务运行模式、发展历程等，而最重要的是必须深入理解和领会与电子政务出现和发展密切相关的若干重大公共管理及相关的基础理论。掌握这些理论是全面把握电子政务实质，进而切实推进电子政务未来发展的关键和逻辑起点。

第一节
电子政务的概念

一、电子政务的定义

"电子政务"的英文原词是"Electronic-Government"，字面意思是借助信息技术完成政务活动。[①]因此，要理解电子政务的内涵，首先要理解信息技术和政务活动的内涵。

信息技术是一个外延广泛的概念，不仅包括通常所指的计算机技术，还包括其他一切有关信息获取、传输、处理与控制、存储、显示、应用等方面的技术。现代信息技术包含4个层次：一是基础技术，有关元件、器件的制造技术，如微电子技术、光电子技术、光子技术、分子技术等；二是信息系统技术，即有关信息的获取、传输、处理、控制的设备和系统的技术，如传感技术、遥感技术、移动通信、数据通信、卫星通信、计算机硬件技术、计算机软件技术、计算机网络技术、数控技术等；三是信息应用技术，即信息管理、控制、决策技术，如管理信息系统MIS、计算机集成制造系统CIMS等；四是信息安全技术及有关信息保护的技术，如加密技术、防火墙技术、病毒防治技术等。

政务活动一般是指"国家行政事务或国家政治事务"的简称。国家行政机关为了贯彻执行宪法和法律、保证其全部正确实施所进行的广泛的组织活动和管理工作，包括组织领导和管理经济工作，教育、科学、文化、卫生、体育和对外事务工作，国防建设事业、民

---

① 徐晓，杨锐.电子政务[M].武汉：武汉出版社，2002：19-20.

族事务、城乡建设等工作。国家行政事务不同于一般机关的其他活动，其显著特点是它最直接地体现着国家职能的行使。在中国，政务由国务院及其领导下的各级人民政府负责组织和管理。国务院即中央人民政府，是最高国家行政机关，由它统一指挥和领导全国的政务。在国务院设立若干部和委员会，分管国务院某一方面的职务。地方各级人民政府负责组织与管理行政区域内的政务。政务有时也指行政机关，属于工作程序方面的内务。①因此，政务活动除了包括政府行政机关的行政事务以外，还包括立法、司法部门、政党、社会团体以及其他多种公共组织的管理事务等。

关于电子政务的具体概念有多种描述和界定，如下所述。

联合国经济和社会理事会将电子政务定义为：政府通过信息通信技术手段的密集性和战略性应用组织公共管理的方式，旨在提高效率、增强政府的透明度、改善财政约束、改进公共政策的质量和决策的科学性，建立良好的政府之间、政府与社会、社区以及政府与公民之间的关系，提高公共服务的质量，赢得广泛的社会参与。

世界银行认为：电子政务主要关注的是政府机构使用信息技术(比如万维网、互联网和移动计算)，赋予政府部门以独特的能力，转变其与公民、企业、政府部门之间的关系。

新西兰官方对电子政务的定义是：电子政务是一种方法，政府使用新技术来让人们更加方便地访问政府信息和服务，改善服务质量，让人们有更多机会参与民主制度和过程。

英国官方强调现代通信技术在电子政务中的作用，认为利用ICT技术可以改善政府的"执行功能"，包括公共服务的效率和效果，使得政府在公民和商业面前更加透明，允许他们访问政府生成的更多信息。促进公民和政府之间、国家政府之间关系的基本转变，其含义就是政府的民主过程和结构。

日本官方提出了狭义和广义两个内涵。狭义电子政务是指以高效、信息公开和提高服务质量为目标，在政府行政部门间以及政府行政部门与国民、企业等民间部门开展的信息化和网络化，它导致了政府行政部门中业务和组织方式的根本性变革。广义电子政务包含了"电子民主化的实现"，即实现政治家与行政以及政治家与市民、企业之间更趋紧密的交流。

美国学者波恩汉姆(G. Matthew Bonham)和赛福特(Jeffery W. Seifert)等人通过描述不同人的行为方式来揭示电子政务的内涵，如公民通过政府所提供的信息获取创业、就业信息；或者通过政府网站获得政府所提供的服务；或者在不同的政府机构之间创建共享性的数据库，以便在面对公民咨询的时候能够自动地提供政府服务。虽然不同人在电子政务活动中的行为方式不同，但相同的是，电子政务整合了政府的服务体系和服务手段，是政府服务形态在通信信息技术革命情况下的自然演化和延伸。

瑞典学者Ake GrÖnlund归纳出三种观点：

从经济角度看，电子政务代表使用新信息和通信技术(ICT)来支持政府和公共行政部

①　张光博. 行政学词典[M]. 长春：吉林人民出版社，1988：686-687.

门的工作，要达到为商业界和公民提供更好和更加有效的服务；提高政府行政管理的效率和开放程度；节省纳税人的资金的目的。

从行政管理角度看，电子政务并不仅是通过因特网提供服务。在未来几年中，更加巨大的挑战是管理本身的变革，是一种完整意义上的变革——行政和社会权力的组织和使用方法都会发生巨大的变化。

从政治学角度看，所谓电子政务不是经常与"电子政府"同时提出来的类似"数据转售"和"数字化民主"这样的术语。然而，任何一个这样的术语都没有注意到利用因特网来简化管理的原则。实际上，数字化民主是"电子行政"，而不是电子政务；就是说，利用因特网(而不是政府)来简化选举过程。

吉林大学张锐昕认为，电子政务就是各级政府部门以信息网络为平台，综合运用信息技术，在对传统政务进行持续不断的革新和改善的基础上，实现政府组织结构和工作流程的优化重组，将政府的管理和服务职能进行整合，超越时间、空间的界限，打破部门分隔的制约，全方位地向社会提供优质、规范、透明、符合国际标准的管理和服务，实现公务、政务、商务、事务的一体化管理和运行。

清华大学孟庆国认为，电子政务是指政府机构运用现代网络通信技术与计算机技术，将政府的管理和服务职能通过精简、优化、整合、重组后在互联网上实现，以打破时间、空间以及条块分割的制约，从而加强对政府业务运作的有效监管，提高政府的科学决策能力，并为社会公众提供高效、优质、廉洁的一体化管理和服务。

概括来说，上述观点包括4个方面的视角。

狭义视角：电子政务就是政务工作电子化，即政府在公共管理和服务等政务工作中，全面应用现代信息技术，特别是互联网技术、计算机技术进行管理，提供各种公共服务。

广义视角：电子政务是包括各级行政机关系统的政务工作信息化，如国家权力机关、司法机关、政协及其他公共部门的政务工作信息化以及各党委党务工作的信息化。

管理视角：电子政务就是政府机构应用现代信息技术，将管理和服务通过网络技术进行集成，在互联网上实现政务组织结构和工作流程的优化重组，对传统政务进行持续不断地改进，以实现高效率的政府管理和服务。

技术视角：电子政务是基于网络技术、数据库技术、全文信息检索技术、GIS技术、RS技术、GPS技术、数据仓库和数据挖掘技术、空间决策技术、数据通信技术、标准化技术、信息安全技术和信息共享技术等的政务信息管理系统。

综上可见，电子政务内涵可以概括为应用现代信息技术，将管理和服务通过网络技术进行集成，在计算机网络上实现组织结构和工作流程的优化重组，向社会提供优质而全方位的、规范而透明的、符合国际水准的管理和服务，进而提升政府公信力和推进社会民主进程。

电子政务的具体意蕴可以理解为以下几个方面。

(1) 电子政务处理的是与行使公共权力相关的业务，或者为了提供高效的公共服务而须快速处理公共部门的内部事务，这决定了电子政务有着非常广泛的内容。

(2) 电子政务必须借助现代信息技术、数字网络技术和办公自动化技术，同时也离不开信息基础设施和相关软件技术的发展。

(3) 电子政务并不是将传统的政府管理和运作简单地搬上互联网，而是要对现有的政府组织结构、运作模式、行政流程进行重组和再造，使其更有利于信息技术和网络技术的应用。

(4) 电子政务在提高政府信息公开、决策透明、促进公众参与政府活动、关注政府行政效率、利用网络监督政府及其官员廉洁自律方面，具有重要的政治意义，必将推动我国公民更好地维护自身的政治权利，维护自身的政治利益。

二、电子政务的特点

不同于传统政务，电子政务在虚拟化、信息化和网络化的环境中运行。这样，由于采用了现代计算机技术、网络通信技术等，使得电子政务相比于传统政务，更加有效、公开和透明，可以为企业与公众提供更好的服务，促进政府与企业、公众之间的信息互动，也为企业与公众更好地参与政务活动创造了更加便利的条件。电子政务的特点主要体现为以下几个方面。

1. 对系统性要求更高

电子政务是以改革政务流程为基础的人机结合的信息系统，不仅需要现代信息技术，更需要政府工作人员、社会公众、企业的参与和互动，由于受到政治、经济、社会、文化等因素的影响，需要对现行政府管理职能、组织形式以及行政流程进行必要的改革和调整，需要法律、法规的保护和支持。因此，电子政务与传统政务形式相比较，其系统性体现得更明显，要求也更高。

2. 以互联网为运行环境

互联网的发展，使得政府机构和企业、社会公众能够通过方便、快捷、低成本的互联网进行有效的沟通。互联网本身所具有的开放性、全球性、低成本、高效率的特点成为电子政务的内在特征，并使得电子政务大大超越了作为一种政务运行平台所具有的价值，它不仅会改变政府本身的业务活动过程，促进政府业务流程的重组，而且对整个社会及其相关的运行模式都会产生积极的影响。

3. 以安全为保障

政府是国家管理机构，政府部门拥有的信息具有经济、政治和军事等多方面的不同价值，同时政府机构又是行使国家行政权力的部门。电子政务系统的安全决定了政府机构的业务、权力能否正常开展和执行。因此，安全成为电子政务最重要的基石，包括通过技术手段保证网络安全和信息安全，通过安全管理制度建设、工作人员安全意识培养，保证电子政务应用行为安全。

4. 以政府、企业、非政府组织和公众为行为主体

与电子政务相关的行为主体主要有4个，即政府(包括工作人员)、企业、非政府组织和公众。政府的业务活动也主要围绕这4个行为主体展开，即政府与政府之间的互动，政府与企业的互动，政府与非政府组织的互动以及政府与居民的互动。

5. 以低成本、低能耗的环境友好型模式服务社会需求

电子政务技术结构设计以及服务模式的便捷化、服务界面的友好化，可以让政府和服务对象之间真正做到24小时全天候和"足不出户"，实现低能耗模式办公，有效降低对传统办公资源的依赖和行政成本支出，缓解社会公共空间紧张的问题。

第二节
电子政务体系

一、电子政务结构

为使电子政务系统更好地发挥作用，提高运作效率，更好地为公众服务，需要建立一个统一的、与政务部门结构相适应的电子政务体系结构，简称电子政务结构，它能够对政务部门的信息资源和信息系统进行整合，以使信息资源能够得到有效管理和共享，并保证信息数据的完整性、准确性、实时性和可访问性。

(一) 电子政务体系的层次结构

各级政务部门组成了一个条块结合的网状立体交叉结构。它既有横向的、按行业划分的不同职能政务部门；又有纵向的、按权力等级划分的不同业务层级部门。以我国为例，如图1.1所示，从政务层次和政务部门看，电子政务系统横向分为4个层面：国家级电子政务系统、省(市)级电子政务系统、地(市)级电子政务系统和县(市)级电子政务系统。横向的电子政务系统主要侧重同一层面上各政务部门和业务系统之间的行政管理与协作。

而纵向各政务部门按业务层次序列构成电子政务系统，如党中央——省(市)委——地(市)委——县(市)委，国务院——省(市)政府——地(市)政府——县(市)政府，工商总局——省工商局——地(市)工商局等。纵向的电子政务系统主要侧重同一种业务中的各级政务部门和业务系统之间的业务处理。电子政务体系的每一个横向的块块和纵向的条条之间既相互独立，又相互联系，条块之间的关系相当复杂。

例如，一个市政府下面的公安系统，不仅隶属于地方政府，同时还要向更高一级甚至中央的公安部门负责，同时公安部门又和地方的工商、税务等其他部门有着直接或间接的关系，如果只建立一个政府的纵向信息化的结构还相对简单，但如果要建立一个包括所有

办事机构的政府信息化框架就比较困难。比如说，一个市里面，包括公安、工商、税务、财政、司法、民政等系统，要把它们有机地结合起来并不是一件简单的事情，何况我们现在面临的是要将所有政府的横向和纵向以一个统一的体系结构相连接的问题，其复杂程度可想而知。因此，在发展电子政务的过程中，首先面临的一个艰巨任务就是如何在条块之间进行流程的再造。

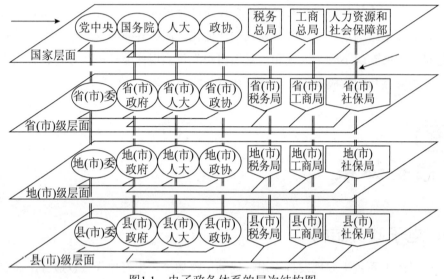

图1.1 电子政务体系的层次结构图

Fig 1.1 Hierarchical structure of e-government system

资料来源：张锐昕，等.电子政府与电子政务[M].北京：中国人民大学出版社，2011：175.

(二) 电子政务体系的功能结构

电子政务体系的功能结构是从政务功能和业务处理的角度来构建的电子政务体系。在功能实现上，电子政务体系的特点在于创立一个统一的信息通信平台、协同办公平台和数据处理平台，以完全实现信息交流、信息全方位互动、各级政务部门以及同级各政务部门之间的协同、全社会共享信息资源。建设电子政务系统的目的在于以信息技术为基本手段，优化和扩展政务机构的业务模式和管理服务方式，全面提高政务部门的公共管理效能和公共服务水平。但具体而言，电子政务系统的目的是多样化的，因而，从不同的角度观察，其功能构成也各不相同。

例如，从政府信息平台角度划分，其基本功能构成包括5个部分：数据通信网络、电子支付、电子记录、电子文件以及电子签名；从电子政务系统宏观功能角度，可以将电子政务体系的功能构成分为政府内部办公自动化系统、政府间协同办公系统、政府职能服务系统、政府公共服务系统、政府公共信息库系统；从电子政务系统具体功能的角度来看，电子政务体系的功能构成包括：信息发布子系统、公共服务子系统、公共信息子系统、政策法规子系统、企业服务子系统、企业税务核查子系统、政府采购子系统、收文管理子系统、发文管理子系统、档案管理子系统、公文流转子系统、公文交换子系统、会议管理子系统、报表管理子系统、机要管理子系统、决策支持子系统、资产管理子系统、人事管理子系统、劳务保障子系统、文化管理子系统、资源管理子系统、农贸管理子系统、地籍管理子系统等，如图1.2所示。

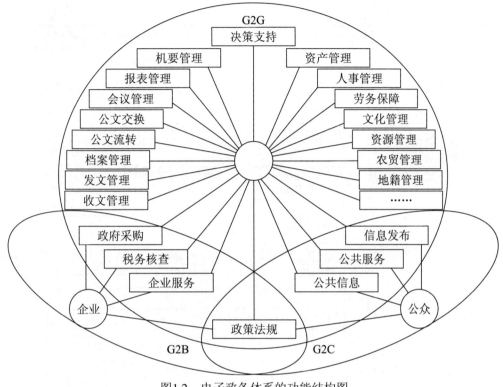

图1.2 电子政务体系的功能结构图

Fig 1.2 Function structure of e-government system

资料来源：张锐昕，等.电子政府与电子政务[M].北京：中国人民大学出版社，2011：175.

(三) 电子政务体系的逻辑结构

电子政务体系的逻辑结构是系统各部件在构成系统整体时的逻辑关系，是从软硬件基础平台的角度看电子政务体系结构。由于电子政务体系具有多样性，因而电子政务体系的逻辑关系也会有不同的组成结构。

以内部办公活动为主导的系统，重点是业务流程的合理化和信息流的合理化，它是一种动态的电子政务体系逻辑结构。该电子政务体系逻辑结构是围绕着政务部门的业务运转(例如政府决策、公文流转、项目审批等)，并以实现职能的合理性和运行效率为依据构建的，构建的重点在于功能和功能之间的前后衔接、实时或同步的关系。图1.3是围绕着政府公文流转而构建的政务体系逻辑结构。

电子政务体系的逻辑结构是依据技术构件的相互服务和支持关系构建的。依据系统的各个部分对系统的作用和各个部分之间的作用关系，可以构建出电子政务体系的静态逻辑，如图1.4所示。

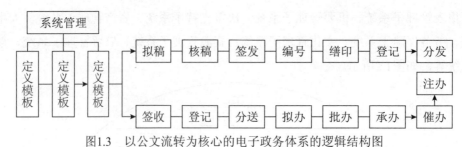

图1.3　以公文流转为核心的电子政务体系的逻辑结构图

Fig 1.3　Logical structure of e-government system taking document flow as the core

资料来源：张锐昕，等.电子政府与电子政务[M].北京：中国人民大学出版社，2011：46.

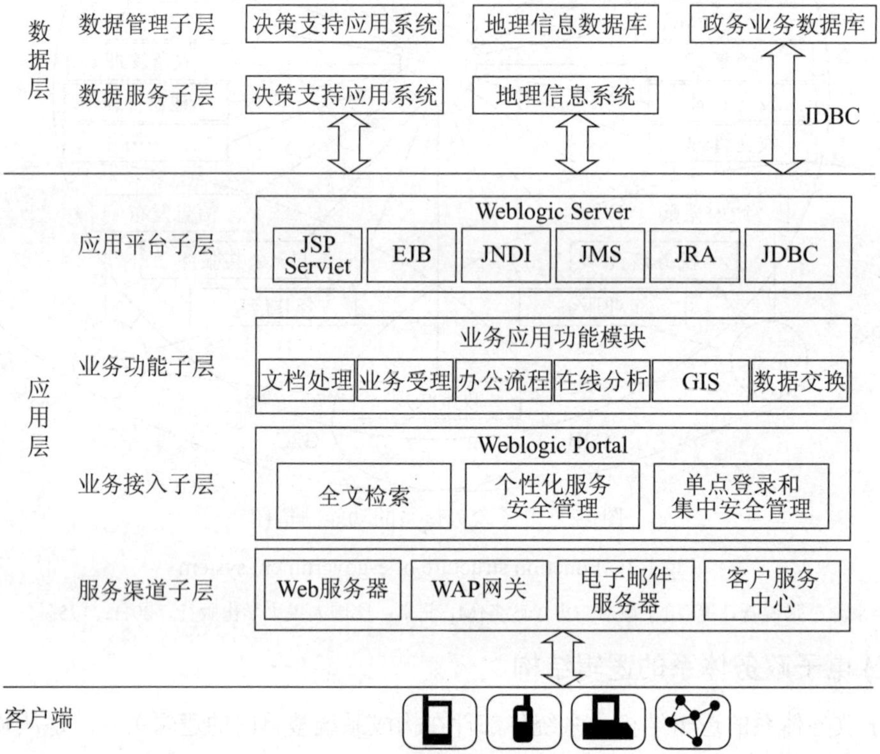

图1.4　电子政务体系的逻辑结构图

Fig 1.4　Logical structure of e-government system

资料来源：张锐昕，等.电子政府与电子政务[M].北京：中国人民大学出版社，2011：48.

　　该系统的最里层为数据层，表现为各类数据库以及数据调用管理和服务；在此基础上，是应用层，通过中间件技术构建起系统汇聚接入、业务定义、业务运行和业务管理的体系结构；最外层是客户端，构建局域网链接各类应用，通过各种手段接入服务，建立良好的用户界面等。

(四) 电子政务体系的网络结构

　　电子政务体系的网络结构内容可以分为三个方面：一是政务机构及其工作人员从网络上获取信息，包括机构内部的工作信息和从机构外部获取的业务信息；二是将政务机构的信息放到网络上，供社会了解和使用，即政务公开；三是政务在网络上与社会公众的互动处理。

　　构建电子政务体系的通常做法是：把电子政务网络区分为政务内网和政务外网。政府部门内部事务的行为就是内向性行政，据此建立的政府部门内部局域网和政府间信息交流网统称政务内网；政府管理国家事务和社会公共事务的行为就是外向性行政，据此建立的公众信息网称为政务外网。政府内部信息交换在内部的高速网上运行，政务公开和网上交互等办公内容在政务外网与互联网上运行。政务内网和政务外网之间实行物理隔离，但同时电子政务体系又能将外网信息采集到内网。《中国电子政务建设指导意见》明确指出，为适应业务发展和安全保密的要求，电子政务网络由政务内网和政务外网构成，两网之间实行物理隔离，政务外网与互联网之间实行逻辑隔离，同时加快建设和整合统一的网络平台。电子政务体系的网络结构如图1.5所示。

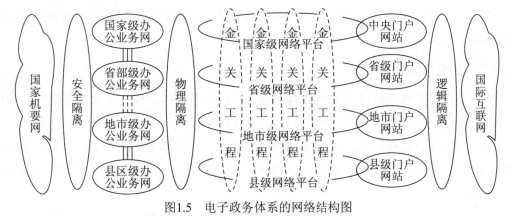

图1.5　电子政务体系的网络结构图

Fig 1.5　Network structure of e-government system

资料来源：张锐昕，等.电子政府与电子政务[M].北京：中国人民大学出版社，2011：179.

二、电子政务模式与内容

　　根据服务对象的差异，可以将电子政务区分为5种模式：政府对政府的电子政务(简称G2G模式)、政府对企业的电子政务(简称G2B模式)、政府对公民的电子政务(简称G2C模式)、政府对公务员的电子政务(简称G2E模式)、政府对非政府组织的电子政务(简称G2N模式)。

(一) G2G模式

　　G2G模式是指通过政府办公系统自动化建设，在政府与政府之间促进信息互动、信息共享以及资源整合，提高行政效率，参与主体包括上下级政府、不同地方政府、不同政府部门，主要包括以下内容。

　　(1) 电子法规政策系统。即向所有政府部门和工作人员提供相关的现行有效的各项法律、法规、规章、行政命令和政策规范，使政府机关和工作人员做到有法可依、有法必依。

　　(2) 电子公文系统。即在保证信息安全的前提下，在政府上下级、部门之间传送有关的政府公文，如报告、请示、批复、公告、通知、通报等，提高政府公文处理速度。

(3) 电子司法档案系统。即政府司法部门共享司法信息，改善司法工作效率和提高司法人员的综合能力，如公安局的刑事犯罪记录、审判机关的审判案例、检察机关的检查案例等。

(4) 电子财务管理系统。即向各级国家机关、审计部门和相关机构提供分级、分部门的历年政府财政预算及其执行情况，及时掌握和监控财政情况。

(5) 横向网络协调管理系统。即通过网络在政府不同部门及不同地区政府部门之间进行横向协调来实现政府的有效管理，减少部门间、地区间的相互扯皮现象，提高决策准确性和作业效率。

(6) 城市网络管理系统。即对城市供水、供电、供气、供暖等城市要害部门实行网络化控制和监管；对城市交通、公安、消防、环保等部门实行网络统一调度与监管，提高管理的效率与水平；对各种突发事件和灾难实施网络一体化管理与跟踪，提高城市的应变能力。

(7) 业绩评价系统。即按照设定的任务目标、工作标准和完成情况对政府各部门的业绩进行科学测量与评估。

(二) G2B模式

G2B模式是指政府通过电子网络系统精简管理业务流程，快捷地为企业提供各种服务，这些业务主要在政务外网上运转，主要包括以下内容。

(1) 电子采购与招标。即政府通过网络发布采购与招标信息，为企业特别是中小企业参与政府采购提供有关政策和程序，减少舞弊和暗箱操作，降低企业交易成本，节约政府采购支出。

(2) 电子税务。即企业通过政府税务网络系统了解税收政策、完成税务登记、税务申报等业务，提高税务征缴与管理效率。

(3) 电子证照办理。即企业通过互联网申请办理各种证件和执照，提高办证效率，降低企业负担，如企业营业执照申请、受理、审核、发放、年检、登记项目变更、核销等。

(4) 信息咨询服务。即政府通过在电子政务网站建立法律、法规、政策、统计资料等数据库的形式，供企业查询与应用。

(三) G2C模式

G2C模式是指通过建设网络平台，提供在线服务等形式为公众提供更加便捷的服务，主要包括以下内容。

(1) 教育培训服务。它包括建立全国性教育平台，帮助各类学校和图书馆接入互联网和政府教育平台，为公众服务；政府出资购买教育资源，通过网络向学校、学生及其他社会公众提供服务。

(2) 就业服务。即通过互联网向公民提供就业培训、就业信息、择业平台，如搭建网上人才市场，建设就业岗位数据库和求职数据库信息；在就业服务部门为公众提供互联网接入服务；为求职者提供网上就业培训、就业指导等。

(3) 电子医疗服务。即公民可以通过网络查询医疗保险个人账户余额和当地公共医疗账户的情况，查询药品数据，查询医院及医务人员信息等。

(4) 社会保险网络服务。即通过网络直接办理相关的社会保险相关手续；公民通过网络及时全面地了解自己的养老、失业、工伤、医疗等社会保险账户的明细情况；通过网络公布最低收入家庭补助。

(5) 公民信息服务。即公众在电子政务网站查询法律、法规、政策等信息；通过网络了解选举事宜；通过网络反馈和评价政府工作。

(6) 交通管理服务。即通过建立电子交通网站，对交通运营、交通工具和司机进行管理并提供服务。

(7) 公民电子税务。即公民个人通过电子报税系统申报个人所得税、财产税等个人税务。

(8) 电子证件服务。即公民通过网络办理结婚证、离婚证、出生证、身份证、死亡证明等有关证书。

(四) G2E模式

G2E模式是指政府对政府公职人员或政府雇员依法进行内部管理和服务的一种电子政务模式，主要包括以下内容。

(1) 电子办公系统。即通过网络完成政府工作人员的一些办公事务，如常用表格传递、设备设施申请、费用报销等。

(2) 电子培训系统。即基于网络平台对政府工作人员提供各种综合性和专业性的培训课程，建设学习型政府，提高政府工作人员业务能力。

(3) 绩效考核系统。即利用网络平台，按照设定的岗位任务、岗位标准和工作完成情况对政府工作人员进行业绩评估。

(五) G2N模式

G2N模式是指政府对各类非政府组织提供审批、监管和服务的一种电子政务模式，主要包括以下内容。

(1) 注册登记。即政府相关部门利用网络办公平台完成对各类非政府组织的资格审核、成立批准、注册登记服务等工作内容。

(2) 服务外包。即利用政府网络平台，发布相关政府服务外包信息，筛选符合条件的非政府组织为服务承包商，并通过网络对其业务进行指导。

(3) 运行监管。即政府现管部门利用网络信息技术，监督规范各类非政府组织的运行，确保非政府组织在相应规范之下有序高效运行。

(4) 信息反馈。即非政府组织可以作为重要的民意汇集中枢，将各类社会问题，包括政府管理和服务问题反映给相关部门；相关部门则可将处理意见通过非政府组织反映给民众，保证政府与民众的有效沟通。

(5) 绩效评估。即各类非政府组织作为外部评估主体参与电子政务建设、发展的评估，弥补其他评估主体的局限性，客观评估电子政务绩效。

第三节
电子政务的价值

电子政务是利用信息通信技术，改变传统的政府管理工作模式，在政府机构、工作人员、公民、企业和其他社会组织间构建起一种网络关系，实现公务、政务、商务和事务的一体化管理与运行，其功能具有多样性。

一、整合信息资源，提高政府工作效率

现代信息通信技术的一个优点在于可以及时、快速地处理大量、复杂的信息，极大地节省一些传统政务活动所需的时间，提高工作效率。具体表现为以下几方面。

(1) 通过信息资源共享提升效率。通过在不同部门之间共享信息数据库，便可以用更低的成本，更快捷地进行信息的收集、处理和传递，提高工作效率。

(2) 通过精简机构提高效率。由于通过电子政务系统，各级政府之间的信息可以近乎忽略为零的时间成本进行传递，从而可以减少传统上下级信息传递的中间层，也可以减少因为人为原因导致的信息传递不及时、信息失真等，从而提高行政效率。

(3) 通过服务整合提高效率。在传统模式下，公众面对不同的部门办理业务往往由于空间限制要耗费大量的时间成本。在电子政务模式下，通过电子政务平台可以将政府的各个业务部门整合成一个虚拟的、一体化的平台，公众只需要通过互联网就可以办理相应的业务，不必受到空间的影响，从而更快捷地提高业务办理的效率。

(4) 通过时间整合提高效率。在传统模式下，政府的业务办理要受法定工作时间限制。在电子政务模式下，除了一些特殊的业务外，基本上克服了时间的限制，只要可以接入互联网，公众可以在任何时间通过电子政务平台办理业务，从而提高办事的灵活性和效率。

二、变革政府服务方式，改进政府服务质量

改进和提高政府服务质量是政府改革发展的重要目标，也是电子政务的一个重要价值。

(1) 有利于提高政府服务的满意度。电子政务平台使得政府能够根据公众的个性化、多样化的服务需求，提供有针对性的专业化服务，服务需求者不再需要了解复杂的政府流程和职能关系，即可获得相应的政府服务，有利于提高公众对政府服务的满意度。

(2) 有利于降低政府服务的成本。由于改变了传统的政务处理方式，公众可以通过网络直接办理事务，不仅节省了时间，也降低了成本；同时，依托于网络的自助式服务模

式，还能够减少传统政务模式下所需工作人员的数量，降低人员成本。

(3) 有利于降低公众获取信息服务的成本。通过网络向社会提供多种形式的信息资源服务，可降低个人和组织获取信息服务的成本，减轻公众为此需要付出的经济和时间负担。

三、汇集民意，建设服务型政府

(1) 有利于提高政府决策水平。扩大公众对政府决策的参与，是提高政府决策水平的重要途径。在电子政务模式下，政府与社会公众之间可以进行更直接、更畅通的交流，政府能够及时了解社情民意，促进决策的民主化和科学化；政府可以利用电子政务平台获取更全面、准确的信息，减少决策的盲目性；电子政务提高了信息收集、处理与交流的效率，将有效缩短决策所需时间，提高决策的时效性。

(2) 有利于加快转变政府职能。长期以来，在传统模式下，政府往往更多地重视社会管理，对提供公共服务重视不够；或者由于受限于技术手段，无力提供更多的社会公共服务。在电子政务模式下，不仅可以增强政府的服务意识，也从技术上为政府扩大社会公共服务，改善社会公共服务品质创造了条件，有利于促进政府职能的转变与服务型政府的建设。

四、发挥示范带动效应，促进国家信息化建设

政府作为社会结构中的一个重要中枢，具有高度权威性和强大影响力，政府信息化建设的加强，必然会发挥强大的示范带动作用。企业和社会公众在接受电子政务带来的公共服务的同时，其自身必然会与政府联动，实现自身的信息化建设。

政府是国家信息资源的最大拥有者和使用者。电子政务因此也就成为社会信息化的中心环节。电子政务发展了，整个国家信息化所需要的信息资源就可以在极大程度上得到丰富，国家信息化就有了取之不尽、用之不竭的动力来源。[①]

电子政务建设会有大量的政策性资金投入到中国IT行业的发展中，使中国IT行业获得健康发展所需要的实际支持，给IT行业创造发展的市场机会。IT行业的健康发展能够有效提高电子政务的发展水平，从而推动国家信息化建设。

第四节
电子政务发展历程

一、电子政务缘起

电子政务在世界范围内兴起并得到推广，是计算机网络与信息技术发展、各国政府改

---

① 王琎，徐玲.电子政务理论与实务[M]. 北京：清华大学出版社，2004：18.

革发展、国内国际环境变迁等综合因素导致的结果。

(一) 信息技术日趋成熟，使用更加便捷

电子计算机是信息技术的重要载体，对于信息技术的应用和发展具有重要意义。自世界上第一台计算机于1946年在美国宾夕法尼亚大学诞生以来，其发展呈现微型化、网络化、职能化的发展趋势和特点，大致经历了以下4个过程。

第一代计算机：电子管数字计算机。在这个阶段，计算机以体积大、功耗高、可靠性差、速度慢、价格昂贵为主要特点。在硬件方面，逻辑元件采用电子管，主存储器采用汞延迟线、磁鼓、磁芯；外存储器采用磁带。在软件方面，采用机器语言和汇编语言。它主要应用于军事领域。

第二代计算机：晶体管数字计算机。在这个阶段，计算机体积缩小、功耗降低、可靠性提高、速度提高、性能比第一代计算机明显提高。在硬件方面，逻辑元件采用晶体管，主存储器采用磁芯，外存储器采用磁盘。在软件方面，采用以批处理为主的操作系统、高级语言及其编译程序；外存储器采用磁盘。它开始进入工业控制领域。

第三代计算机：中、小规模集成电路数字计算机。在这个阶段，计算机速度更快、可靠性显著提高、价格进一步下降，产品向通用化、系列化、标准化方向发展。在硬件方面，逻辑元件采用中、小集成电路，主存储器仍采用磁芯。在软件方面，采用分时操作系统以及结构化、规模化程序设计方法。应用领域开始涉及文字处理和图形图像处理领域。

第四代计算机：大规模集成电路计算机。在这个阶段，计算机发展进入微型计算机时代，个人计算机(PC)进入人们的视野，应用领域从科学计算、事务管理、过程控制逐步走入普通家庭。在硬件方面，逻辑元件采用大规模和超大规模集成电路。在软件方面，出现了数据库管理系统、网络管理系统和面向对象的语言等。

为了推进信息社会的迅速发展，时任美国总统的克林顿于1993年2月提出了"信息高速公路"的概念，并签署法令，建立全美的"信息高速公路"，即"国家信息基础设施"(National Information Infrastructure，NII)。以美国总统克林顿提出信息高速公路计划(NII)为标志，全球范围内开始了以信息技术为主要内容的"第二次工业革命"。

1993年4月30日，欧洲核子研究组织宣布万维网(World Wide Web，WWW)对任何人免费开放，大量计算机用户开始使用万维网。万维网可以让Web客户端(常用浏览器)访问浏览Web服务器上的页面，是一个由许多互相链接的超文本组成的系统，通过互联网访问。在这个系统中，每个有用的事物，称为一样"资源"；并且由一个全局"统一资源标识符"(URI)标识；这些资源通过超文本传输协议(Hypertext Transfer Protocol，HTP)传送给用户，而后者通过点击链接来获得资源。自此，信息技术的应用和发展进入高速发展时期，突破了时空局限，万维网使得全世界的人们以史无前例的巨大规模相互交流。

(二) 政府管理遭遇瓶颈，亟待探索新型政府运行模式

伴随全球化、信息化时代的来临，传统官僚制运作下的西方政府机构自身膨胀，人浮于事，政府效率低下，运作成本不断上升，财政开支加大，政府公共物品供给能力薄弱又无法满足不断增强的公共需求。失业、公共安全、环境污染、社会保障等矛盾日益暴露且呈现不断加剧的趋势，居民正常生活受到严重影响，人们对政府普遍持质疑态度。20世纪60年代，西方民权运动风起云涌，政府面临执政危机，新公共管理运动兴起，在这种情况下，顺应全球化、信息化的时代潮流，探索发展一种新型高效的政府运作模式成为各国政府的必由之路。

信息技术在政府中应用的早期沿着两个方向发展，即办公自动化和政府信息系统。随着20世纪80年代中期"微机局域网"技术的迅速发展，办公自动化和政府信息系统的建设逐渐走向一体化。

而政府信息系统在指导思想上也从20世纪50—70年代的政府业务过程(业务流)的"计算机化"发展到20世纪80年代中期的"业务过程重新设计"。互联网技术的发展和普及应用，使人们开始思考应用信息技术对现有的工业时代的政府形态和结构进行信息化的"改造"，这就是"电子政务"的形成。

目前，电子政务已经成为各国公共管理不可或缺的工具。随着信息化的发展，政府管理正由传统的金字塔模式走向网络模式。电子政务不仅仅是现有政府的电子化，更是对现有的、工业时代的政府形态的一种改造，即利用信息技术和其他相关技术来构造更适合信息时代的政府结构和运行方式。可以说，在经济和信息全球化加快发展的情况下，信息化政府已经成为提高一个国家或地区全球竞争力的要素。

(三) 全球经济一体化进程，各国更加紧密连接起来

要想在全球竞争中不被抛弃，各国只能选择"互联网"，推行电子政务。进入20世纪90年代末期，各国经济社会更加紧密地形成一体化，各国贸易和交流促使世界不再有距离。先进国家已经通过互联网紧密连接，落后国家和发展中国家面对"善恶难辨"的互联网世界，从经济发展、社会进步和融入世界来讲，快加入比慢加入划算，加入比不加入划算。因此，各国在20世纪末几乎全部选择互联互通的世界模式，抓住互联网这根"稻草"，发展经济，互动交流，寻找适合本国情况的电子政务发展之路。

二、国外电子政务发展

国外电子政务的发展阶段并不均衡，美国等国家起步较早，电子政务建设比较领先；欧盟紧随其后，建设电子欧洲成为欧盟的电子政务一体化意图。国外电子政务建设历程，值得我国借鉴和反思。

(一) 电子政务各国起步阶段：20世纪80年代初至90年代末

1. 美国电子政务建设始于美国行政改革

美国自20世纪80年代起不断受到预算赤字的拖累，由前副总统戈尔领导的全国绩效评估委员会通过对行政过程与效率、行政措施与政府服务的品质进行充分探讨，提出了《创造成本更少、运转更好的政府》及《运用信息技术改造政府》两份报告，试图借助先进的信息网络技术克服美国政府在线管理和提供服务方面存在的弊端。其中前者试图通过运用信息技术让政府得到民众的依赖；后者利用信息技术来革新政府，提出电子政府的概念，以提升政府的生产力和效率。1994年12月，美国政府信息技术服务小组提出《政府信息技术服务的远景》报告。报告认为，美国的政府改革更重要的是通过运用信息工程技术改进政府的公共服务，重塑政府形象。随后，美国于1996年、1998年分别通过了《联邦信息技术管理条例》《政府文书销毁法》等法律法规，逐步推进本国电子政务建设。通过该阶段的电子政务建设，美国实现了政府部门内部的办公自动化，政府能够在网上进行一般的信息发布。

2. 英国大力推广电子政务

时任英国首相的约翰·梅杰于1994年发布一道名为《政府信息服务计划》的政令，适时提出建设"电子政府"的计划。政府以电子政务发展为先导，在互联网上开通了"英国政府信息中心"，主要为公众提供政府部门、学术机构和企业的网络地址，由此拉开了英国政府电子政务建设的序幕。1996年，英国政府发布《直接政府计划》。1999年以后，英国政府根据有关法律法规要求，又先后拟定并发布了《政府现代化》白皮书、《21世纪政府电子政务》和《电子政务协同框架》，提出到2008年政府所有服务项目都要上网，建立起"虚拟政府"，实现24小时在线服务。

3. 新加坡是亚洲发展电子政务较早的国家

1981—1985年，新加坡政府实施公务员计算机化计划，为各级公务员普遍配备计算机，进行信息技术培训，并在各个政府机构发展了250多套计算机管理信息系统，推进政府机构办公自动化。1986—1991年，新加坡政府实施国家信息技术计划，建成连接23个政府主要部门的计算机网络，实现了这些部门的数据共享，并在政府和企业之间开展电子数据交换(EDI)。1992年，新加坡政府在公务员办公计算机化和国家信息技术计划成功实施的基础上，制订并实施了在10—15年内将新加坡建成"智慧岛"的"IT2000"计划，提出要使IT渗入经济和社会生活的每个角落，使新加坡公民可以在任何时候、任何地点获得IT服务。1996年，新加坡宣布建设覆盖全国的高速宽带多媒体网络(Singapore One)，并于1998年投入全面运行。自2006年开始，新加坡启动了具有重要战略意义的"智慧国2015计划"的实施，期望通过该计划来提升新加坡在未来10年中的竞争力和创新能力，利用无处不在的信息通信技术将新加坡打造成一个智慧的国家、一个全球化的城市。①

---

① 姚国章, 胥家鸣. 新加坡电子政务发展规划与典型项目解析[EB/OL]. http://www.haikou.gov.cn/ztlm/2012nzt/sewghzt/xgfgjwd/201206/t20120604_496515.html, 2012.

4. 加拿大电子政务建设后来者居上

加拿大政府于1999年正式颁布国家电子战略"政府在线"计划。"政府在线"的目标是到2004年保障端到端的电子交易安全。"政府在线"是一个庞大的系统工程，它不仅仅是一个信息技术项目，而且还涉及政府管理的革新以及行政管理的调整。它的服务范围广，其中大量的业务集中在信息服务、申请事务和办理经济技术促进项目三个方面。陆续实施的电子政务项目为联邦政府政务现代化提供了强大的动力，它精简了政府机构并提升了政务处理的能力。加拿大政务网站和电子服务建设走在发达国家前列。

(二) 电子政务业务发展阶段：21世纪初至21世纪10年代

1. 美国电子政务建设继续稳步领跑全球

美国电子政务建设的特点是进一步发展政府门户网站，实现政府网上办公。2000年9月，美国政府门户网站成立，旨在为公众提供更多参与民主政治的机会。布什政府于2002年和2003年先后出台《电子政务战略》和《电子政务法》，加强政府对电子政务的统一管理。2005年，美国政府继续按照《电子政务战略》和《电子政务法》规划的任务、目标稳定推进。2009年，奥巴马政府加大对宽带信息网络架构的资金投入力度，建立recovery.gov和date.gov两个政府网站专门用于联邦政府的数据公开和信息披露。

2. 英国电子政务发展日趋成熟

2000年9月，英国政府推出了"英国线上计划(UK-Online)"，目标是在使用互联网方面英国要把自己打造成为世界第一的国家，同时向居民和企业提供电子化服务，必要时整合不同部门的服务，建立虚拟"公共办公室"，依靠电子政务建设使公共行政服务迈向千家万户。英国政府于2007年初关闭了90%的政府网站，将原有政府各部门的网站由951个减至26个，旨在为人们提供更加快捷的信息查询服务。2009年12月，时任英国首相的布朗发表题为"智慧政府"的演讲，正式开启了英国的"智慧政府"战略。

3. 新加坡电子政务发展进入融合发展阶段和定制发展阶段

通过实施"信息通信21世纪蓝图"(2000—2003年)和"联系新加坡"(2003—2006年)等计划，全部开放了通信市场，政府所有部门完成业务系统的建设。2006年，新加坡便推出"2015智慧国"目标，强调建设方向，即创新、整合、国际化，提出"多个部门，一个政府"口号，努力提高政府办事事项的信息化水平。

4. 韩国政府制定《2006电子韩国展望》成为全球领先者

2003年12月，韩国政府根据实际发展情况，对《2006电子韩国展望》进行了调整，制定了新的《2007宽带IT韩国展望》。韩国政府于2009年公布了《云计算全面振兴计划》，要求政府率先引进并提供云计算服务，优先在气象局等部门推进云计算服务和应用。

(三) 电子政务功能飞跃阶段：21世纪10年代至今

1. 美国发布《联邦政府云计算战略》，优先运用云计算

2012年6月3日，奥巴马签署命令，要求所有美国联邦政府部门向社会开放"政府应用

程序接口"(Application Programming Interfaces，API)。2013年1月29日，美国政府管理和预算办公室(OMB)发布了FEAF2.0版本，将原五大参考模型进行了重组和扩展，变更为六大参考模型，为战略、业务、技术和信息提供了标准化的分类与编目方法，促进机构间对服务和应用的分享与再利用。

2. 英国政府向公众提供开放数据

2010年1月，英国政府开通了data.gov.uk网站，之后三年时间里网站人均访问页面数增长了285%，总访问量比美国data.gov网站还要高。从2012年10月起，英国中央政府各部委网站全部取消，包括首相办公室在内的英国24个中央部门从此只有一个统一门户网站，331个公共机构也陆续向这一网站迁移，实现网上"集合办公"。

3. 新加坡积极构建"智慧岛国"

2014年6月，新加坡政府公布了"智慧国家2025"的十年计划，提出将构建"智慧国平台"，建设覆盖全岛数据收集、连接和分析的基础设施与操作系统，根据所获数据预测公民需求，提供更好的公共服务。

4. 韩国建设"云韩国"计划

2012年，韩国政府发布了《泛政府云计算促进信息化战略》，提出从2013年开始，中央政府部门重新制作或更换信息系统时，应全面使用云计算技术，以合理分配IT资源，节省系统构建和运营费用。

三、中国电子政务脉络

1999年，"国家信息化领导小组"成立以及"政府上网工程"启动标志着我国电子政务的开始。经过十余年的发展，我国电子政务取得了长足发展，对经济社会发展产生了巨大影响，具体可以划分为如下三个阶段。

(一) 政府信息化起步期(20世纪90年代初—90年代末)

1993年年底，为适应全球建设信息高速公路的潮流，中国正式启动了国民经济信息化的起步工程——"三金工程"，即金桥工程、金关工程和金卡工程，是我国政府信息化的雏形，是中国"电子政务"的前身。

1994年5月，国家信息化专家组成立，作为国家信息化建设的决策参谋机构。

1996年4月16日，国务院办公厅发出《关于成立国务院信息化工作领导小组的通知》，将原国家经济信息化联席会议办公室改为国务院信息化工作领导小组办公室。

1997年4月，国务院信息化工作领导小组首次工作会议上通过了《国家信息化"九五"规划和2010年远景目标》，提出了信息化建设的方针，即"统筹计划，国家主导；统一标准，联合建设；互联互通，资源共享"。

1998年3月，原国务院信息化工作领导小组办公室并入信息产业部，成立了信息产业部信息化推进司(国家信息化办公室)，负责推进国民经济和社会服务信息化工作。

1998年5月，"青岛政务信息公众网"开通，是我国首个地方政府门户网站。同年7月"首都之窗"开通。同年9月，首个跨部委级的大型电子政务平台——"国家口岸专网"正式开通，对随后的政府信息化建设起到了极大的示范作用。

这一时期，电子政务的概念还没有被正式提出来，政府信息化的内涵主要体现为"办公自动化"，也主要是在政府内部应用，并未面向社会公众的公共服务领域应用，对全社会的影响力还较小，更没有体现在公共管理和公共服务的改革上，尚处于起步期。

1999年1月22日，开始实施"政府上网工程"，同时启动行业用户上网，实现网络环境下的信息共享和多种社会功能，标志着我国的政府信息化开始进入一个全新时代。

1999年12月23日，"国家信息化工作领导小组"成立。

2000年10月，党的十五届五中全会指出"信息化是当今世界经济和社会发展的大趋势，也是我国产业优化升级和实现工业化、现代化的关键环节。要把推进国民经济和社会信息化放在优先位置。"

(二) 电子政务建设期(2001—2005年)

2001年8月，中共中央、国务院决定重新组建国家信息化领导小组，设立"国家信息化工作领导小组办公室"作为办事机构。

2002年8月17日，中共中央办公厅、国务院办公厅联合下发《国家信息化领导小组关于我国电子政务建设指导意见》，将"政府先行，带动国民经济和社会发展信息化"确立为我国信息化建设的发展战略，提出了电子政务的指导思想、目标、原则、框架、未来的发展重点等，为我国电子政务的进一步发展指明了方向。

2002年9月25日，中国互联网络信息中心公布《中国互联网络信息中心域名注册实施细则》《中国互联网络信息中心域名争议解决办法》《中国互联网络信息中心域名争议解决办法程序规则》《中国互联网络信息中心域名注册服务机构认证办法》4个文件。

2002年11月，中国共产党第十六次全国代表大会进一步明确"信息化带动工业化""大力加强电子政务建设"的方针，提出电子政务发展的目标和要求。

这一时期，电子政务开始致力于为公众提供服务和提升政府部门自身效率，实现了形式的多样化、内容的丰富化。之后，我国电子政务建设进入了一个快速发展时期。

经过前一阶段的努力，我国电子政务发展所需的基础设施建设基本完成，进入了以资源整合、内容建设、应用深化为主的快速发展时期。

2003年1月27日，通过了《电子政务标准化指南》，为今后电子政务的发展提供了参照标准。

2004年3月24日，国务院第十五次常务会议讨论通过了《中华人民共和国电子签名法》草案。8月28日，十届全国人大常委会第十一次会议表决正式通过了《中华人民共和国电子签名法》，它是我国第一部真正的信息化法律。

2004年5月，推出"政府网站导航"服务，收录全国各省、自治区、直辖市的40个政府网站的网址，用于更快捷地查找各类政府网站。6月21日，发布了"政府网站评估指标"，从网站内容、网站功能、网站建设、网站运营4个方面对政府网站提出了科学化的建设要求。

2005年4月1日，《中华人民共和国电子签名法》《电子认证服务管理办法》正式实施。4月25日，中共中央办公厅、国务院办公厅联合下发《关于进一步推行政务公开的意见》。9月15日，《电子政务安全等级保护实施指南》发布。11月3日，国家信息化领导小组会议审议并原则通过了《国家信息化发展战略(2006—2020年)》，提出"紧紧围绕提高治国理政能力，推行电子政务"和"紧紧围绕构建和谐社会，推进社会信息化"。

(三) 电子政务快速发展期(2006—2010年)

2006年1月1日，"中华人民共和国中央人民政府门户网站"正式开通。3月24日，国家信息化领导小组正式发布《国家电子政务总体框架》。5月20日，中共中央办公厅、国务院办公厅联合转发《国家信息化领导小组关于推进国家电子政务网络建设的意见》。

2007年4月24日，公布《中华人民共和国政府信息公开条例》。同年10月，党的十七大在北京召开，提出"健全政府职责体系，完善公共服务体系，推行电子政务，强化社会管理和公共服务"，首次将"电子政务"的作用定义为"加快行政管理体制改革，建设服务型政府"的重要手段。

2008年5月1日，《中华人民共和国政府信息公开条例》正式实施，保障公民、法人和其他组织依法获取政府信息，提高政府工作的透明度，提出了政府信息"以公开为原则，不公开为例外"的要求。

2009年4月14日，国家发改委、财政部联合发布《关于加快推进国家电子政务外网建设工作的通知》，要求到2010年年底前，基本建成从中央到地方统一的国家政务外网，横向要连接各级党委、人大、政府、政协、法院、检察院等各级政务部门，纵向要覆盖中央、省、地(市)、县。

2010年10月27日，《中共中央关于制定国民经济和社会发展第十二个五年规划的建议》发布，提出要全面提高信息化水平，推动信息化和工业化深度融合，加快经济社会各领域信息化；加强重要信息系统建设；强化地理、人口、金融、税收、统计等基础信息资源开发利用；实现电信网、广播电视网、互联网"三网融合"；构建宽带、融合、安全的下一代国家信息基础设施；以信息共享、互联互通为重点，大力推进国家电子政务网络建设，整合提升政府公共服务和管理能力；确保基础信息网络和重要信息系统安全。

(四) 电子政务业务完善期(2011年至今)

2011年12月12日，国务院工信部发布《国家电子政务"十二五"规划》作为"十二五"期间推动国家电子政务发展的指导性文件。规划指出，大力推进国家电子政务发展是国家"十二五"的重要任务，是政务部门提升履行职责能力和水平的重要途径，也是深化行政管理体制改革和建设人民满意的服务型政府的战略举措。提出电子政务的发展方向和应用重点可以加快推动重要政务应用发展，加强保障和改善民生应用，加强创新社会管理应用，强化政务信息资源开发利用，建设完善电子政务公共平台，提高政府信息系统的信息安全保障能力。

2012年7月6日，国家发展和改革委员会、公安部、财政部、国家保密局、国家电子政务内网建设和管理协调小组办公室联合发出了《关于进一步加强国家电子政务网络建设和应用工作的通知》，明确了国家电子政务网络由国家电子政务内网和国家电子政务外网组成，应按照统一规划、分级负责的原则进行建设。国家电子政务网络建设目标是：到"十二五"期末，形成统一完整、安全可靠、管理规范、保障有力的国家电子政务网络，基本满足政务应用需要。

2013年2月16日，国家发展改革委发布《国家发展改革委关于加强和完善国家电子政务工程建设管理的意见》，要求电子政务项目建设思路实现三个转变、坚持三个原则，强化电子政务项目"一把手"负责制，统筹推进电子政务共建项目的建设，充分重视电子政务项目的需求分析，大力推进跨部门信息共享，加强电子政务项目的质量管理，保障电子政务项目安全可控，推动电子政务项目建设改革创新。

2014年11月26日，国务院办公厅发布《国务院办公厅关于促进电子政务协调发展的指导意见》，要求进一步推动政府系统电子政务科学、可持续发展，逐步建立与政府履职相适应的电子政务体系，有效服务于创新政府、廉洁政府、法治政府建设，不断提升信息化条件下政府治理能力。

2015年1月30日，国家发展改革委、中央编办、财政部联合发布《关于开展国家电子政务工程项目绩效评价工作的意见》，提出要进一步规范国家电子政务工程项目的建设和管理，提高项目建设应用效能，提升政府投资决策水平和投资效益，将开展国家电子政务工程项目绩效评价工作，重点对电子政务项目建成后所达到的建设目标和应用效果进行评价，保障电子政务项目绩效评价工作的规范性、科学性、有效性。

2015年3月11日，国务院办公厅正式发布《国务院办公厅关于开展第一次全国政府网站普查的通知》，指出要推进全国政府网站信息内容建设的有关工作，提高政府网站信息发布、互动交流、便民服务水平，全面提升各级政府网站的权威性和影响力，维护政府公信力。

这一时期，电子政务的发展超出了建设初期主要集中在基础设施建设以及政府内部应用的局限，与现代网络和信息技术充分结合，开发了许多全新的应用，提供的信息服务也越来越多样化、越来越完善。相关管理制度、建设标准也更加科学规范，实现了我国电子政务的巨大发展，为改进政府工作，提高工作效率，完善社会公共服务，促进社会文明进步与经济发展提供了有利条件。

第五节
电子政务支撑理论

一、新公共管理理论

新公共管理是一种管理理论，又是一种新的公共行政模式，效率至上对现代公共管理改革以及电子政务的发展产生了重要影响。

(一) 新公共管理理论的内容

新公共管理(New Public Management，NPM)是20世纪80年代以来兴盛于英、美等西方国家的一种新的公共行政理论和管理模式，也是近年来规模空前的西方国家行政改革的主体指导思想之一。它以现代经济学为自己的理论基础，主张在政府等公共部门广泛采用私营部门成功的管理方法和竞争机制，重视公共服务的产出，强调文官对社会公众的响应力和政治敏感度，倡导在人员录用、任期、工资及其他人事行政环节上实行更加灵活、富有成效的管理。①新公共管理的内容可以概括为如下几个方面。

1. 以顾客为导向，奉行顾客至上的全新价值理念

新公共管理完全改变了传统模式下政府与公众之间的关系，政府不再是发号施令的权威官僚机构，而是以人为本的服务提供者，政府公共行政不再是"管治行政"而是"服务行政"。公民是享受公共服务的"顾客"，政府以顾客需求为导向，尊崇顾客主权，坚持服务取向。

2. 治道变革，政府职能由"划桨"转为"掌舵"

新公共管理主张政府在公共行政中应该只是制定政策而不是执行政策，政府应该把管理和具体操作分开。至于"掌舵"的主要途径，新公共管理认为要通过重新塑造市场，不停地向私营部门施加各种可行和有利的影响让其以"划桨"的方式来进行。

3. 公共管理中引入竞争机制

传统公共行政力图建立等级森严的强势政府，强调扩张政府的行政干预。新公共管理则主张政府管理应广泛引入市场竞争机制，通过市场测试，让更多的私营部门参与提供公共服务，提高服务供给的质量和效率，实现成本的节省。

4. 重视追求效率

追求效率是公共行政的出发点和落脚点。新公共管理实施明确的绩效目标控制，更关注每个项目的结果，广泛采用私营部门成功的管理手段和经验，如重视人力资源管理，强调成本-效率分析、全面质量管理、强调降低成本，提高效率等。

---

① http://baike.baidu.com/view/3141565.htm.

5. 改造公务员制度

新公共管理主张对公务员制度的一些重要原则和核心特征进行瓦解，通过推行临时雇佣制、合同用人制等新制度，打破传统的文官法"常任文官无大错不得辞退免职"的规定，废弃公务员价值中立原则。

6. 创建有事业心和有预见的政府

新公共管理认为"政府必须以收费来筹款，通过创造新的收入来源以保证未来的收入"。新公共管理认为社会更需要预防，即解决问题而不是提供服务。为此，政府应该把更多的工作放在预防上。

(二) 新公共管理理论对电子政务发展的影响

新公共管理认为，政府的职责是根据顾客的需求向顾客提供服务。在新公共管理学派看来，政府不应是凌驾于社会之上的封闭的官僚机构，而应是负有责任的企业家。这在许多国家的电子政府公共服务的建设上都有所体现。

1. 将以用户为导向作为电子政务的基本原则

从世界范围内电子政务的发展来看，其核心动力来自公众的需求，而非政府部门内部，这本身就体现了新公共管理的顾客导向。各国政府在制定电子政府的发展规划方面，一般都以通过政府信息化建设建立一个有效率、有统合力的、与国民具有和谐关系的、以理想的服务满足国民需求的政府为基本目标。

2. 将公共部门重组贯穿电子政务发展

通过电子政务组织结构重组，公共部门的结构趋于扁平化，组织形态由金字塔式的垂直结构向网状结构转变，减少管理的层次，政务流程也随服务项目的不同进行了合理化的改进，组织结构上层的信息就能够畅通地传达到中下层，中下层反馈的信息也能迅速地、无障碍地向上传递，不同层级之间的信息流动更加顺畅，传递过程中的信息损耗得到减少，失真得以避免。

3. 将追求公共利益作为电子政务发展的目标

在电子政务的发展中，公共利益是目的，而不是副产品。公共服务型电子政务的目的不是寻求仅满足于个人意愿的、高效的问题解决方法，而是形成共同利益和共同责任。政府的作用在于创造一种环境，允许公民在此环境下就各种问题获得无约束的、真诚的服务。

二、新公共服务理论

(一) 新公共服务理论的发展

20世纪80年代左右，随着西方发达国家新公共管理的兴起，传统的行政管理模式受到严厉的批评和指责。因此，以登哈特夫妇为代表的学者提出新公共服务理论，来替代旧公共行政理论和新公共管理理论。新公共管理理论把公民当作顾客，以顾客身份有选择性地参与公共管理。新公共服务理论的内容主要包含"掌舵"而不是"划桨"、重妥善授权而非事必躬亲、注重引入竞争机制、注重目标使命、重产出而非投入、具备"顾客意识"、有收益而不浪费、重预防而不是治疗、重参与协作的分权模式而非层级节制的集权模式、重市场机制调节而非仅靠行政指令控制。

新公共服务理论认为，管理者应该在给顾客提供服务的同时也提供民主，维护公民权利，把公共利益的民主价值、公民权和服务视为公共管理的价值。[①]

新公共服务理论自诞生之日起，经过以登哈特夫妇为代表的新公共服务提倡者的不断丰富和发展，逐渐形成了以下原则。

1. 以公共利益为目标

公共行政追求公共利益，新公共服务的基石是公共利益。公共利益是管理者和公民共同的利益和责任，是目标而不是副产品。追求公共利益，公共行政才显得崇高神圣；因为崇高神圣，公共管理者的工作才显得富有意义。作为代表公民的公共管理者，必须建立一种集体的、共同的公共利益观念。[②]

2. 共享公共管理

政府应该分享权力，多渠道培养和提高公民和其他社会组织解决社会公共问题的能力。新公共服务理论认为，政府与公民之间的关系不同于工商企业与顾客之间的关系。公共管理人员必须认识到他们在治理过程中的角色是参与者而非控制者。

3. 公众参与决策

新公共服务理论不是以顾客为导向，而是强调以公民为主导，也就是由公民来民主地参与决策，并且让公民和政府共享决策制定权和执行权，增强公民的责任和风险意识。

4. 重新看待公民身份

新公共服务理论强调，社群在关心、信任以及团队工作的基础上，通过合作解决冲突。社会中的每个人都处于一定的社群中，需要关心社群，更要关注更广泛的社会。政府管理人员不仅要促进公民自我利益的实现，更要去帮助他们发现和明确地表达社会共同利益，并有效地推动其实现。

5. 政府承认公共责任

政府鼓励公民超越私利去关注公共利益和社会命运，承担公共责任。政府部门自身应作为与公民相向而行的社会善治的合作伙伴，主动与公民建立起一种信任和合作关系，努力促进社会公平和正义。

新公共服务理论发展至今，作为一种创新理论，不仅为世界各国政府机构的变革提供了理论依据和指导思想，也在电子政务发展中发挥了重要的作用。

---

① 张锐昕.电子政府与电子政务[M].北京：中国人民大学出版社，2011：53.

② 珍妮特·V.登哈特，罗伯特·B.登哈特.新公共服务：服务，而不是掌舵[M].北京：中国人民大学出版社，2010：40.

(二) 新公共服务理论的内容及对电子政务发展的影响

1. 将服务视作政府的重要职能

作为政府机关的行政官员，当公众提出共同利益时，应尽力地满足以及正确地引导，而不是限制或者拒绝，从而使政府与公民之间建立起一种新型的信任与合作的关系。这对电子政务的发展提出了新的要求，即在发展电子政务的前提下，如何为公民提供高效优质、透明规范的公共产品和服务。

2. 将公共利益视作政府工作的核心内容

政府必须致力于建立一种整体的、共享的公共利益价值理念，政府在制定和规划社会的远景目标或者发展方向的过程中，应该积极地鼓励广大的公众参与到沟通与协商的层面上，真正地实现政府与公民之间的对话与交流。电子政务的形成和发展，为实现政府与公众之间的"互动交流"提供了有效的网络平台，公民可以合理、合法地参与政府部门的事务管理，体现了公共利益的诉求。

3. 将民主视作政府行为的出发点

新公共服务理论认为，为了实现共同的利益，达到预期的目标，必须强化政府与公民在政策制定过程中的角色定位和责任意识。政府重视公民的共同利益，并且鼓励公民积极地提出建议。电子政务的发展，为政府与公民之间的无障碍沟通提供了有效的途径。

4. 将公平视作政府服务的基本原则

新公共服务理论认为，由于公众之间的利益和需求存在差异性，政府在能够提供同质服务的前提下，应考虑向一部分社会公众提供更高层次、优质规范的服务。在信息化的背景下，政府部门借助于网络、服务热线、呼叫中心、访谈等多种方式向社会提供电子化的公共服务，使公众不受时间和空间的限制，随时随地去政府机构办理相关的业务，简化了政府的办事程序，提高了行政官员的办事效率，同时也大大增强了公民的满意度。

5. 将重视公民权利视作政府的重要工作

政府应当重视和发展公民的权利，为实现政府的民主管理、民主对话创造良好条件。随着电子政务的产生与发展，政府在公民中的角色定位发生了实质的转变，转变为以公众需求为主，运用电子政务等方式向公民提供优质、高效和规范的管理与服务，体现了对公民权利的重视和实现。

三、政府业务流程再造

(一) 政府业务流程再造内容

政府业务流程再造，是指在引入现代企业业务流程再造理念和方法的基础上，以"公众需求"为核心，对政府部门原有组织机构、服务流程进行全面、彻底的重组，形成政府组织内部决策、执行、监督的有机联系和互动，以适应政府部门外部环境的变化，谋求组织绩效的显著提高，使公共产品或服务更能取得社会公众的认可和满意。其基本内涵主要包括以下几个方面。

1. 政府业务流程再造是对传统社会管理和公共服务方式的改革与创新

政府业务流程再造是以政府为主体的政府部门在反思传统行政组织业务流程弊端的基础上，运用网络信息技术，摒弃以任务分工与计划控制为中心的工作流程设计观念，打破政府部门内部传统的职责分工与层级界限，实现由计划性、串联性、部门分散性、文件式工作方式向动态化、并联化、部门集成化、电子化工作方式的转变，建立以问题诊断为前提，以解决问题为宗旨的服务流程模式。这无疑是政府部门迫于外部环境变化和公信力下降而进行的一场自我变革。

2. 政府业务流程再造体现了以"公共需求为导向"的核心理念

传统的行政组织流程围绕"职能"与"计划"展开，对公众的诉求缺乏了解和回应。而流程再造的宗旨，就是要改"职能导向"为"需求导向"，以最大限度地满足公众的需求为核心，在了解公众需求的基础上，从成本、质量、服务和速度等方面改善工作业绩，以提升公众对公共服务品质的满意度，提高政府部门的公信力，实现政府业务流程再造的价值追求。

3. 政府业务流程再造是多向互动的系统工程

政府业务流程再造既非工作流程的简化或重组，也非单纯依靠信息技术实现部门的整合或联动，而是对政府部门的行政理念、发展目标、行为准则、治理模式、制约机制的整体再造。它涉及政府部门内部机构之间、政府部门之间，政府与社会组织之间，政府与社会公众之间的沟通与互动，必然会带来政府部门在组织结构、决策程序、运行机制、评估体系、激励机制等方面的显著变化。因此政府流程再造绝非在原有流程上的修修补补，而是一场彻底、深刻、持续的内部革命。[①]

(二) 政府业务流程再造对电子政务发展的影响

首先，政府业务流程再造是电子政务实施的重要理论基础。电子政务的目的是打破政府机关各职能部门固有的工作模式，提高效率，节约成本，增强透明度，减少或避免政府失灵，更好地满足社会的需要，从而实现传统以行政职能为中心的流程向以公民服务需求为中心的流程转变，建设以顾客为导向的和服务性的"大社会小政府"。可见，政府业务流程再造是对政府进行彻底变革，是在政府结构上为电子政务建设铺平结构障碍和制度障碍；同时，也只有彻底地改造了政府业务流程，实现政府业务的整合，才能在真正意义上实现政府电子化。

其次，电子政务是政府业务流程再造的重要条件。随着电子政务的推行，不仅政府职能将从管理型向服务型转变，也适应了降低成本和提高效率的要求，并且基于网络平台可以更低的成本在政府与社会公众之间进行信息的交流和沟通，建立长期、便捷的互动关系，提高公众满意度。这恰恰就是政府业务流程再造的目标之一。

---

① 姜晓萍. 政府流程再造的基础理论与现实意义[J]. 中国行政管理，2006(5)：37.

最后，电子政务是政府机构应用现代信息和通信技术，将管理和服务通过网络技术进行集成，在互联网上实现政府组织结构和工作流程的优化重组，超越时间和空间及部门之间的分隔限制，向社会提供优质的和全方位的、规范而透明的、符合国际水准的管理和服务。当前，无论是企业的电子商务还是政府的电子政务，都普遍存在收益少、投入却不断增多的问题，被称为投资无底的 IT"黑洞"。究其原因，它们都是一种基于信息技术的管理系统，要发挥其应有的作用，不但要实现技术的变革，更重要的是实现管理的变革。管理的变革中极为重要的就是业务流程的变革，信息技术只有和优化的业务流程相结合才能发挥其真正的作用。因此，电子政务要发挥真正的作用，就必须实现整体业务流程电子化和业务流程的优化。也就是说，优化的业务流程是基础，信息技术是手段，只有两者的完美结合才能真正体现业务流程再造的优越性。因此，电子政务的建设与政府行政流程再造应同时进行，行政流程应该以公众满意为目标，以事务为中心，跨越职能部门界限，根据电子政务的内在机理有目的、有组织地再造。

信息与网络技术在政府部门的运用，使政务流程建立在信息网络通道和信息平台的基础上，大大提高了流程的速度、效率和准确性，并不断促进政务流程的重组和再造，使政务流程发生从技术性到实质性的变化。在电子政务环境下，政府业务流程的理想模式主要表现为：有纸化办公转变为无纸化办公，减少人工处理、提高自动化处理水平，大大减少人力劳动，提高工作效率；信息的垂直历时性传递转变为信息的水平共时性传递，信息共享程度大大提高，大大缩短信息传递的周期；突破部门间信息沟通与工作协同的传统界限和范围，实现一体化的远程交互和跨部门的协调办公与管理；提高信息资源的挖掘、利用和处理能力，扩展视野和对情况的掌握；促进政务公开，增加工作透明度，提高社会各界参政议政和参与社会经济事务管理的程度；减少中间环节，节省费用、时间与精力，更方便、更快捷地为企业、居民服务。

因此，根据电子政务环境下政府业务流程的发展要求，现阶段通过政府业务流程的再造，其目的是要能逐步形成各类信息的综合管理与运用，可以很方便地提取、传递、存储和利用信息资源；能建立信息的共享与互动传递机制，提高政策决策参与的广泛性、执行的透明度；能使信息迅速传导与回应，提高对危机事件的快速反应与及时处理。这就要求政府行政流程根据电子政务运作的内在机理进行有目的、有组织的再造，以尽快实现电子政务环境下政府业务流程的理想化状态。①

四、客户关系管理理论

(一) 客户关系管理理论的内容

客户关系管理是指企业通过了解和深加工客户信息，并强化跟踪服务、信息分析能

---

① 崔彩周. 电子政务环境下政府业务流程再造新探[J]. 学理论，2009(21)：40-41.

力，使他们能够协同建立和维护一系列与客户以及商业伙伴之间卓有成效的"一对一关系"，从而使企业得以提供更快捷和周到的优质服务，提高客户满意度，吸引和保持更多的客户，以挖掘、维护和争夺客户资源，从而增加营业额，并通过信息共享和优化商业流程有效地降低企业经营成本。客户关系管理理论包含以下内涵。

1. 客户关系管理的根本目的是发现、培育并保留住"真正的顾客"，实现企业与客户的"双赢"

所谓真正的客户是指和企业建立长期稳定的关系，愿意为企业提供的产品和服务承担合适价格的客户。把"双赢"作为关系存在和发展的基础，"供方"提供优良的服务、优质的产品，"需方"回报合适的价格，供需双方发展长期稳定互惠互利的关系，显然这样的结果是"大家都满意"。

2. 客户关系管理是企业与客户的一种博弈

当今，企业所处的环境正发生着巨大的变化：信息技术的不断发展，创造了一种新环境、一种新的管理模式；客户需求个性化的服务和客户关怀。企业间的竞争已经影响企业运作的整条供应链，确保供应链上供应商、生产商、代理商、销售商、最终用户之间信息的沟通至关重要。企业若想在这种环境中获得利润，必须寻求一种新的平衡，而客户为实现高层次的自我需求，也必须寻找一种新的平衡。企业寻求投入与收益的平衡点，客户寻找需求满足于支出的平衡点，这都只是一种局部平衡。企业和客户要想获得双赢，必须寻求一种全局平衡，即在信息完全与信息不完全的条件下，企业与客户之间需求的平衡。因此，客户关系管理是企业与客户的一种博弈。

3. 客户关系管理是基于客户的知识管理体系

客户关系管理的根本要求就是要建立与客户之间的"学习关系"，即从与客户的接触中了解他们在使用产品中遇到的问题和对产品的意见及建议，并帮助他们及时解决问题；同时了解他们的姓名、通信地址、个人喜好和购买习惯，在此基础上进行"一对一"的个性化服务，并拓展新的市场需求。因此，客户关系管理的实质就是企业基于客户知识的获取、存储、传递、转化、整合、创造等管理过程对客户的信息收集，是每个企业都要进行的工作，但这些客户信息一般都归不同的部门所有，并且信息往往是连续变化的。所以，企业在进行营销决策时很难有效利用这些客户信息。如果客户信息能像原材料一样，被专门的组织进行整理、分析并可以在组织内部形成共享，客户信息可成功地转化为客户知识，那么营销决策和资源分配是在客户知识基础上做出的，其成功率就可想而知了。客户关系管理就是要系统地加强客户知识管理，有效地获取、发展和维系有利于客户组合的知识与经验，尽可能地获得最大价值。客户关系管理将企业"客户""知识"和"管理"共处于一个循环体系中，企业运用这个循环体系中的客户知识，从客户关系中求得最大收益。[①]

对于企业而言，客户关系管理为企业提供了"客户细分"的思路，政府同样可以借

---

① 王立群.现代企业客户关系管理研究[D].北京：首都经济贸易大学，2004：7-8.

鉴。在传统政府办公方式中，就有把服务对象按退休人员、失业人员进行群体划分的情况。电子政务平台则为客户细分提供了更加便利的条件，例如区分为市民、企业、投资者、旅游者和需要特殊社会救助的人群等。

(二) 客户关系管理理论在电子政务领域的应用

从服务公众的角度出发，提供标准化服务和个性化服务，以公众为中心来提供公共服务，提高服务质量。

创新与整合，提供标准化服务。电子政务建设应该保证公众无论是通过电子政务渠道进行交流，还是通过传统模式下的交流，都能获得一致的信息、同样的服务。这样才能实现降低政府成本，提高公众满意度的目标。

提供个性化服务。企业的客户细分目的就是要有针对性地为客户提供个性化服务。在电子政务模式下，利用现代网络通信和信息技术可以更加便捷地搜集、整理、分析大量的数据信息，从而更科学地对社会公众进行细分，为提供个性化服务创造条件。而且，只有为客户提供更有针对性的个性化服务，而不是无差别的服务，才能更好地满足公众的需求，提高政府工作的效能和公众的满意度。

五、管理信息系统

(一) 管理信息系统的内容

管理信息系统(Management Information System，MIS)是指一个以人为主导，利用计算机硬件、软件、网络通信设备以及其他办公设备，进行信息的收集、传输、加工、储存、更新、拓展和维护的系统。管理信息系统由6个方面组成，包括信息的采集、信息的传递、信息的储存、信息的加工、信息的维护和信息的使用。完善的管理信息系统(MIS)具有以下4个标准：确定的信息需求、信息的可采集与可加工、可以通过程序为管理人员提供信息、可以对信息进行管理。具有统一规划的数据库是MIS成熟的重要标志。它象征着管理信息系统(MIS)是软件工程的产物；管理信息系统(MIS)是一个交叉性、综合性学科。它的组成部分有：计算机学科(网络通信、数据库、计算机语言等)、数学(统计学、运筹学、线性规划等)、管理学、仿真学等多门学科。信息是管理上的一项极为重要的资源，管理工作的成败取决于能否做出有效的决策，而决策的正确程度则在很大程度上取决于信息的质量。

(二) 管理信息系统对电子政务的影响

首先，管理信息系统建设状况对政府信息收集和加工产生重要影响。电子政务建设的一项重要任务是通过各种渠道收集民意信息并对它们进行筛选、整合、分析等工作。这些工作的顺利进行需要良好的管理信息系统来作保障，具备真实可靠的信息来源并加以科学化处理才能做出有效的决策，并能够将相关决策内容向相关主体进行及时反馈，提高政府服务的效率和质量。

关于政府对政务信息集成的需求，可以从管理和信息技术两个层面加以分析。

(1) 从管理层面上看，当前我国政府组织结构是条块分割的二维模式，即纵向层级制和横向职能制的矩阵结构。长期以来，这种条块模式虽然保证了中央政令的畅通，但是在数据信息管理方面造成了部门的隔阂、权责不清、利益不明、关系复杂。目前的条块模式使各级政府和职能部门在数据信息的组织与管理方面不得不面对日益突显的诸多矛盾和困难。具体表现在：第一，许多政府部门在长期的OA系统建设中，都有一套基于自身业务的数据库系统，存放着大量的、满足本部门需要的业务数据。这些数据信息从本部门的利益出发，信息的采集、处理和发布都紧紧围绕着本部门的需求而进行，其他部门根本不知道某一部门究竟存在哪些数据信息，即使知道也无法利用，最终形成了数据信息由部门独占的现象。这种现象导致所需的数据信息要么不足、要么冗余，同时也导致数据格式不统一、内涵多样、数出多门、管理不规范、安全性差、重复建设、不易整合等诸多问题。第二，政府组织机构的二维模式，使得许多部门的领导出于本部门利益的考虑，担心自己拥有的数据被共享后，业务将趋向透明，自己或部门获得的利益和权力将受到削弱。所以，虽然各个部门表面上并不公开反对数据的集成和共享，但是在具体实施中，却千方百计地强调自己数据的绝对保密、安全、不便共享等各种理由，都要以自己的部门为中心，要求其他部门围绕自己部门进行整合，从而造成信息资源集成的异常困难。上述问题的解决，需要政府下大力气，站在建立新型政府和信息管理的高度，实行政府组织机构和业务流程的重组，彻底打破各级政府和部门长期以来形成的信息资源垄断和封闭局面，整合政务信息资源，保证其在政府机构内部畅通流转、共享，为政府管理决策服务，为社会公众需求服务。

(2) 从信息技术层面上看，首先，信息集成的主要内容是基于网络由不同硬件、操作系统、数据库管理系统和应用软件组成的异构数据处理环境下的数据模型、数据库模式、查询语言、事务处理、并发性控制与数据库状态一致性维护等一系列问题的集成。信息集成的目的是给用户提供一个集中、统一的视图，并确保模块之间的相互操作性，以提高模块的重用度。①

其次，管理信息系统的建设状况对实现电子政务安全具有重要意义。信息安全系统是应用支撑平台的重要组成部分，旨在为电子政务的应用提供统一的安全服务和安全保障。②电子政务活动中所涉及的各种信息往往会涉及个人隐私甚至是国家机密，这类信息一旦遭到不法侵害而泄露，将会对公民个人甚至国家利益产生不利影响。加强管理信息系统数据传输、存储、拓展和维护工作能够切实保障各类信息的安全，对于实现电子政务安全大有裨益。

---

① 陈福集.电子政务系统中面向公众的信息集成化管理与个性化服务研究[D].合肥：合肥工业大学，2004：40-41.

② 谭晓.电子政务信息安全系统的设计与实现技术[D].南昌：江西师范大学，2003：10.

📽 本章小结

本章对电子政务的含义、特征、功能以及发展历程，进行了较为详尽的描述和比较分析，关于电子政务的定义有多种理解，至今未见统一，主要是由于视角差异和立场不同，但是，对电子政务的基本范畴、作用和价值、发展模式以及过程阶段的理解还是基本一致的。分析和探讨电子政务出现的根据和未来走向，离不开对电子政务相关理论的深入研究，比如新公共管理、信息管理技术等理论，这些理论是电子政务成熟和实践的理论保障和方向指引。掌握电子政务理论，为深入掌握电子政务实践规律、解决问题提供理论平台。

📋 关键术语

电子政务　电子政务体系　电子政务模式　电子政务历程　新公共管理　新公共服务
客户关系理论　业务流程再造　管理信息系统　服务效率　公平正义

🎲 思考题

1. 如何全面理解电子政务的含义？

2. 电子政务具有哪些特点和价值？

3. 概述我国电子政务的发展阶段。

4. 概括和总结国外电子政务的发展阶段。

5. 新公共管理对电子政务有哪些影响？

6. 新公共服务理论对电子政务有哪些影响？

7. 业务流程再造理论对电子政务有哪些促进作用？

8. 概述不同电子政务体系的特点和局限。

👤 案例分析

基于《2014年联合国电子政务调查报告》的电子政务比较

自2001年《电子政务标杆管理：联合国所有成员国电子政务水平的调查报告》发布开始至2014年，联合国经济和社会事务部(United Nations Department of Economic and Social Affairs)已针对全球电子政务发展状况发布了8份调查报告。《联合国电子政务调查报告》致力于展示成功的电子政务策略案例，提倡繁荣、平等与和平的可持续发展纲领，推介以行政改革和可持续发展为目标的开创性实践措施。该报告在全球范围内得到了广泛的认可，是世界上唯一一份评价193个联合国成员国电子政务发展状况的报告，是决策者了解本国电子政务优势和不足从而制定有效策略的工具，成为评估公共行政部门电子政务服务水准的权威标杆。

2014年6月，联合国经济和社会事务部发布了《2014年联合国电子政务调查报告：电子政务成就我们希望的未来》(United Nations E-Government Survey 2014：E-Government For The Future We Want)，其主题一如既往地呼应了全球经济社会发展的最新现实和前瞻，通过8章的内容着重讨论了如何发挥电子政务在应对复杂挑战中的作用，以创造一个可持续的未来；同时，报告还指出，为了实现这一目标，世界各国无论地区和发展水平存在怎样的差异，都要继续协力加大对公共部门信息通信技术的投入。值得注意的是，与之前相比，报告增加了对开放政府数据(OGD)的关注，讨论了开放政府数据的策略以及面临的机遇和挑战。

1. 全球电子政务排名综述

作为《联合国电子政务调查报告》中全球电子政务排名的主要依据，电子政务发展指数(EGDI)的概念框架自2001年提出，至今一直没有发生改变。电子政务发展指数是一种国家电子政务绩效水平的综合衡量尺度，旨在评估电子政务的三个重要方面，即在线服务的范围和质量，通信基础设施的地区合作和人力资源的开发，分别由OSI(在线服务指数)、TII(通信基础设施指数)、HCI(人力资本指数)来衡量，权重各占1/3。在系列指数中，每个指数都是一个综合衡量标杆，可以独立对其进行提取和分析。

报告显示，只有25个国家(13%)的EGDI为"非常高"(大于0.75)；大部分国家属于中间一类：62个国家(32%)的EGDI为"高"(在0.5到0.75之间)；74个国家(38%)的EGDI为"中等"(在0.25到0.5之间)；另外，有32个国家(17%)的EGDI为"低"(小于0.25)。

与2012年报告相比，25个EDGI为"非常高"的国家中有20个在2012年同样排在前25位。这25个国家均为高收入国家，欧洲占64%(16个国家)，亚洲占20%(5个国家)，美洲占8%(2个国家)，大洋洲占8%(2个国家)，如图1.6所示。

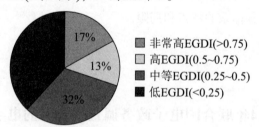

图1.6　联合国成员国EGDI分布情况

2. 全球电子政务的发展趋势

调查报告发现，区域间和国家间电子政务发展状况由于多种原因存在巨大差异，国家间经济、社会和政治发展水平的不平衡将导致这一现象长期存在。收入水平是衡量国家经济能力和发展水平的一个通用指标，因此也会影响电子政务的发展。通信基础设施、教育支持，包括信息通信技术能力培养都与一个国家的收入水平相关，这些因素的缺失将制约电子政务的发展。EDGI排名前25的国家全部为高收入国家充分证明了这一点。

然而报告同时显示，一个国家的收入水平并不能完全体现电子政务的发展水平。许多国家尽管国民收入水平较低，但却大力推进电子政务的发展，如玻利维亚、加纳、洪都拉斯、印度、菲律宾、越南和乌兹别克斯坦等；还有一些国家尽管国民收入水平较高，电子政务水平却落后于其他国家。

3. 中国电子政务排名的变化

《2014年联合国电子政务调查报告》显示，中国的电子政务发展指数(EDGI)为0.5450，位列第70名，与2012年相比上升8个位次，是近五年来排名最靠前的一次，这表明中国电子政务在这段时间里取得了较大的发展与进步，如图1.7所示。

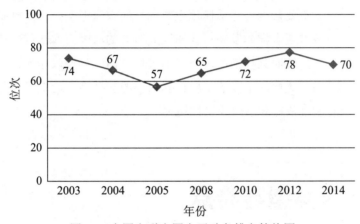

图1.7　中国在联合国电子政务排名趋势图

中国电子政务发展指数的三个子指数分别为0.6063(在线服务)、0.3554(通信基础设施)、0.6734(人力资本)，这表明中国在人力资本投入和在线服务提供上进行了不懈努力并且成效显著，但在通信基础设施建设上仍有较大改进和提高的空间，这对中国今后电子政务建设着力点的选择有着较大的参考价值。

资料来源：王益民. 从《2014年联合国电子政务调查报告》看全球电子政务发展[EB/OL]. 光明网-理论频道，http://theory.gmw.cn/2014-09/26/content_13386165_4. htm.

思考问题

1. 结合本单位电子政务发展状况，阐述各国电子政务比较带来的启示。

2. 分析我国电子政务发展的动力优势与不足，提出自己的建议。

第二章
电子政务政府基础

　　电子政务的出现和发展离不开一定的政府基础和环境支持，不同的政治制度和政府形式，对电子政务发展有重要影响。详尽梳理主要国家的政府形态、运行机制变迁过程，有助于深入理解电子政务呈现多样的发展形式和发展节奏的原因。本章首先从多样的政治体制和政府形式变化导入，进而具体描述政府变革过程和向服务型政府建设的转变，最后，分析了现代政府治理的广泛性、手段的多样性和内容的复杂性，为电子政务参与现代政府治理提供坚实的政府制度依托和政府要素环境。

第一节
政治体制的类型与特点

　　政体一般指一个国家政府的组织结构和管理体制。一个国家采取何种政体，与社会各阶层在国家政治经济中的地位有关，也同时受到社会所处的自然环境、历史传统、民族构成的制约。在不同的历史时期、不同的国家和地域，政治体制都不尽相同。人们一直试图对纷繁复杂的政体类型进行概括和分类，但是研究者在政体的视角和研究方法上各不相同，因此一直无法达成一致的结论。

一、古典政体

　　西方最早系统阐述政体理论的代表人物可以追溯到柏拉图。在《理想国》中，柏拉图提出了5种政体周期循环的理论：贵族政体(Aristocracy或王制Kingship)、斯巴达-克里特政体(Timocracy，也可以译作勋阀政体或权门政体)、寡头政体(Oligarchy)、平民政体(Democracy)、僭主政体(Tyranny)。5种政体循环更替。贵族政体由于对生育的无知，导致人口素质下降，私有财产和家庭产生，自由人变成奴隶，从而退化为勋阀政体；勋阀政体对战绩、荣誉和金钱的迷恋，导致少数人聚敛大量财富，从而退化成寡头政体；寡头政体以财产决定地位，导致穷人对富人的憎恨，从而平民政体取代寡头政体；由于平民政体过度崇尚自由，导致秩序丧失，道德沦丧，使极权政治有了产生的土壤，从而僭主政体取代了平民政体；僭主政体完全凭僭主的意志行事，极权的专制走到尽头又使贵族政体有了产生的可能性。柏拉图晚年在其《论政治家》中重新提出了政体的分类观点。在《论法律》中，柏拉图又提出了混合政体的理论。他将政体分为两大类：一是君主制；二是民主制。大多数国家都是这两种政体的不同程度的结合。

亚里士多德认为，政体是一切政治组织的依据。他在《政治学》中按统治者人数将政体分为君主政体、贵族政体、共和政体(Politeia)；再根据施政目的，从这三种政体中产生出三种变态政体：僭主政体、寡头政体和平民政体。

罗马时期以西塞罗为代表人物的思想家们，将政体分为一人统治国家的君主制、少数选举出来的人统治国家的贵族制，以及由人民自己掌握的民主制。他认为最好的政体就是这三种政体"均衡地混合而成"，并且认为罗马共和国就是理想政体形式的体现。

二、中世纪欧洲的政治体制理论

中世纪神学代表人物托马斯·阿奎那重新解释了亚里士多德的政治哲学思想，他将政体按照统治者的施政目的和人数多少进行划分。为治下的人民谋求幸福的统治是正义的，依统治者人数多少依次为：君主政体、贵族政体和平民政体；不为人民谋求幸福的统治是不义的，依统治者人数多少依次为：暴君政体、寡头政体和民主政体；而平民通过人数上的优势压迫富人，则是暴民政体。而阿奎那认为，最好的政体是君主政体，而最坏的政体则是暴君政体。

近代源于欧洲的启蒙运动后期，法国思想家让·布丹根据掌握国家主权的人数多寡，将政体分为君主政体、贵族政体和民主政体。他认为，法国的君主政体是最好的政体，把君主政体按照君主行使权力的方式分为王朝君主制(或者称作正宗的君主制)、领主君主制和暴君制。这种划分的意义在于将世俗政治权威置于神法和自然法的规范下，他认为只有这样，人民才能真正享有财产和自由，并且自愿服从主权者的权威。

此后，托马斯·霍布斯摆脱了伦理、道德和宗教的约束，以社会契约为基础，按照主权的归属将政体分为一人掌握主权的君主政体、议会式的贵族政体以及全体臣民大会掌权的民主政体。霍布斯放弃了对理想政体的探讨，认为人性的自私不可能让统治者放弃私利而只谋求公共利益，只有私人利益与公共利益相统一，公共利益才会被增进，且只有绝对君主制才能够实现。[①]

三、现代政治体制分类

现代的政体中，一些国家的君主制政体已经变成了议会君主制，君主只有虚位；而在另一些国家，虽然是共和政体，但是权力却集中在一人手里。这使得君主制和共和制的唯

---

① 　http://baike.baidu.com/link?url=x78e8UfbtM7LoXQmkbptAUtZtuktgLUd4o4d_sXDWDzstUqpBjY44ldOiJzKzgZztlMHbJ68gXDCclaO484Fuq.

一区别就是是否存在君主，因而君主制和共和制的划分方法受到了越来越多的批评。因此现代西方学界通常先假设一个连续体，一端是纯粹的民主政体，例如古希腊的城邦，靠近这一端的是大多数的发达国家；另一端是极权政体(又称全能政体)，例如纳粹德国，靠近这一端的是社会主义国家，其他国家的现实政体则处在这一连续体中间的某个位置上。此外，大多数第三世界国家则被归入威权政体。划分的标准主要包括政府对社会思想与经济活动的控制程度，意识形态是否多元性，民众对政府政策的影响范围和程度。而由于"民主"与"极权"所带有的强烈的意识形态色彩，为增强学术意义，也有学者主张用大众政府(Popular Government)或多头政府(Polyarchy)来代替"民主政体"。[①]

四、现代典型政治体制评介

(一) 议会制君主立宪制

议会制君主立宪制是以议会为国家最高立法机关和国家最高权力机关，君主不直接支配国家政权的政体形式。这种政体形式又称议会君主制。国家的行政管理由内阁负责。内阁首脑为首相，他由通过选举而在议员中占多数席位的政党或政党联盟的领袖担任。首相再从与其政见基本相同的议员中挑选阁员，提交君主任命，组成内阁。君主只是在名义上代表国家，并无实际行政权力。内阁向议会负责，受议会监督，向议会报告工作。内阁如果失去议会信任，则必须辞职或提请君主解散议会。这时，君主亦只能照例表示同意，所以，君主是按内阁的意见行使形式上的权力，并代表国家进行礼仪活动。君主尽管是"虚位元首"，但仍具有显赫的政治地位和象征国家的尊严。这种类型的政体之所以存在，是由于某些国家的情况特殊，当由封建社会转向资本主义社会时，革命不彻底，而保留下君主制的形式特点所致。它首先于1686年出现于英国。通过"光荣革命"，英国建立了世界上第一个君主立宪制国家。然后，一些国家亦仿效英国建立此种政体。目前，除英国外，采用君主立宪制的国家还有西班牙、荷兰、日本、泰国等。

(二) 共和制

共和制是指国家元首和国家权力机关是通过选举产生的一种政体形式。目前世界上采取共和制政体的国家占绝大多数，其形式大体有：总统制、内阁制、委员会制和人民代表大会制度。

1. 总统制

总统制是指总统既担任国家元首又担任政府首脑的一种政体形式。它不在于国家是否有总统。例如，意大利设有总统，但是在意大利，总统只担任国家元首，而作为政府的首

---

① http://baike.baidu.com/link?url=x78e8UfbtM7LoXQmkbptAUtZtuktgLUd4o4d_sXDWDzstUqpBjY44ldOiJzKzgZztlMHbJ68gXDCclaO484Fuq.

脑则是总理。因此，尽管在意大利有总统这一职位，但是意大利实行的并不是总统制，而是内阁制。

总统通常定期由公民直接或间接选举产生。议会的议员也是定期由公民选举产生。总统与议会是相互独立的，总统只向人民负责，不对议会负责；总统不能解散议会，议会也不能用不信任票迫使总统辞职；总统直接组织和领导政府，政府只向总统负责，不向议会负责；总统虽然可以对重大问题进行个人决策，但是议会最后通过的议案，总统必须执行。

总统制始于美国。1787年，美国在制定宪法时，采取立法、司法、行政三权分立而又相互制约的原则。通过选举来确定总统，总统既是国家元首，又是行政首脑，还兼任武装部队总司令。总统具有极大的权力，同时又受到相当程度的制约。

总统可以指定人员担任政府公职和组成内阁，有权接受部长的辞职或解除其职务；总统领导内阁，但内阁只是总统的集体顾问，重大事务由总统个人决定；总统与国会的关系是：国会有立法权，对国会通过的法案总统可以否决，但国会可以再以2/3多数通过后，不经总统批准即可成为法律；总统有权任命高级官员，但要得到国会的认可，同时国会还有权根据法律对总统与政府高级官员的违宪犯法行为进行弹劾；最高法院的法官由总统提名并经国会认可方能担任，而最高法院可以对国会通过的法律以违反宪法为由宣布无效。

总统制是当前各国较为普遍采用的一种政体。除美国外，实行总统制的国家还有墨西哥、巴西、阿根廷、埃及等。

2. 内阁制

内阁作为政府机构始于英国，它是由英国国王的最高咨询机关(枢密院外交委员会)演变而来。"内阁"一词后来被其他国家采用，作为国家最高行政机关的名称和组织形式。

内阁制是以议会为基础而形成的。内阁首脑由议会中通过选举产生的议员中占多数的政党或政党联盟的领袖担任。内阁成员由内阁首脑从与其政见相近的议员中挑选，或由参加内阁的各党派协调分配名额产生，然后提请国家元首任命。国家元首只是在名义上代表国家执行一些礼仪上的活动，并无实际权力。国家实际权力在内阁，由内阁代表国家元首向议会负责。国家元首颁布法律、法令和发布文告都必须由内阁首脑或有关阁员签署。内阁向议会负责，定期向议会报告工作，接受监督。如果议会通过对内阁的不信任案，内阁就只有向国家元首提出辞职，由国家元首任命新的首脑重组内阁，或者是由内阁提议国家元首解散议会，重新进行议会大选，然后，根据大选结果组织内阁。内阁总揽国家政务，其首脑有权任命所有政府高级官员，负责制定和执行国家对内、对外的一切重大方针与政策。

由于内阁制政府是以向议会负责为特征，故亦称为责任内阁制或议会内阁制。属于这类政体的国家有意大利、德国、希腊、印度、新加坡等。

除上述外，还有一种介于总统制和内阁制之间的政体形式：半总统制或总统制内阁制。法国有总统，也有总理。总统权力很大，是国家的权力核心。总统除拥有任命高级官员、签署法令、军事权和外交权等一般权力外，还拥有任免总理和组织政府、解散国民议会、举行公民投票、宣布紧急状态等非常权力。总理领导政府的活动，虽向议会负责，但却听命于总统，起辅佐总统的作用，其政府成员亦由总理提请总统任免。国民议会和参议院虽拥有立法权、预算表决权和监督权，但却受到总统与政府的限制。由于上述职权的划分，故称法国的政体为半总统制或总统制内阁制。

3. 委员会制

委员会制是一种立法机关和行政机关合二为一的政体形式。这种政体形式如古希腊的"十将军会"、古罗马的"三头政治"及法国大革命雅各宾派时期的公安委员会等。目前唯一继续实行这种政体的国家是瑞士。

4. 人民代表大会制度

人民代表大会制度是中国人民民主专政的政权组织形式。全国人民代表大会和地方各级人民代表大会都由民主选举产生，对人民负责，受人民监督。国家行政机关、审判机关、检察机关都由人民代表大会产生，对它负责，受它监督。它意味着中华人民共和国的一切权力属于人民。

《中华人民共和国宪法》第二条规定："中华人民共和国的一切权力属于人民。人民行使国家权力的机关是全国人民代表大会和地方各级人民代表大会。人民依照法律规定，通过各种途径和形式，管理国家事务，管理经济和文化事业，管理社会事务。"这就以法律的形式限定了我国的政权组织形式，是对我国政体的权威表述。

五、当代不同政体国家的电子政务差异化发展路线

不同政体肯定会对电子政务发展路线和质量产生影响，而且政治体制影响权重会超越技术、人力和资金等因素。电子政务也会对政体稳定和政体运行产生一定影响，如果政体在理念、手段等方面不能及时调整或者调整超前，电子政务就可能给其造成严重制约。美国、英国和新加坡是电子政务发达国家，但是，这些国家的政体并不相同，他们采取的电子政务路线也略有迥异，电子政务策略差别也较大。

(一) 美国

美国的政体类型为总统共和制，电子政务在权力分配和公众服务方面具有不可替代的作用。美国是当今电子政务建设楷模，也是技术与政务结合创新的代表。2005年至今，美国电子政务以"电子服务"和"公众参与"为导向，加快政府结构再造，创建电子政务文化，注重电子政务绩效评估，维护电子政务平台安全。2009年5月，美国率先建立了政府数据开放网站data.gov，旨在实现公众对联邦政府各机构形成的高价值、机器可读数据集的便捷存取，进而鼓励社会各界在海量数据的基础上进行创新性应用。截至2015年1月底，网站上已提供了139 480个数据集，260多个企业和个人开发的应用程序。2013年1月

29日，美国政府管理和预算办公室(OMB)发布了FEAF2.0版本，同时还建立了协同规划方法论(Collaborative Planning Methodology)，进一步指导和促进部门业务协同。美国电子政务的应用特色包括：成立专门机构，统一规划领导；构建基础框架，明确建设目标；加强OA建设，信息互通共享；提倡政务公开，注重对外服务；强化安全意识，注重成本管理。电子政务很好地服务了美国政体需要，并且在该政体下得到迅速发展。

(二) 英国

英国的政体类型为议会君主制，英国电子政务需要在民主进程、政府高效服务方面展示应有能力。英国早在《政府现代化白皮书》中提出：到2008年，所有政府服务都要上网，所有公共服务实现全天候24小时服务，并要求政府各部门联合行动，务必实现该目标。英国在2010年初推出的ICT战略中，提出构建公共基础设施部分的核心内容之一是整合和建设公共部门网络平台项目(PSN)，为公共部门集中提供"无缝式"的语音和数据传输服务，在降低运行成本和复杂性的同时，鼓励地方部门和国家部门更加便捷、高效地共享。到2017年，项目规划将所有非涉密政府公共应用系统迁移到PSN平台。英国政府预算，PSN项目每年至少为英国政府节约5亿英镑支出。英国2012年颁布《开放政府白皮书》，明确要求各政府部门每隔2～3年就要制定详细的数据开放策略，确保数据开放政策落到实处。2012年发布的《开放政府联盟：英国国家行动计划(2013—2015年)》更是将主动开放其所拥有的所有数据集作为整个国家未来的三年行动目标。尽管英国具有典型的保守主义政治倾向，但是，在现代决策、应用现代技术服务政体需要方面并不落后，相反，在英联邦国家中拥有良好的示范效果。

(三) 新加坡

新加坡的政体类型为议会共和制，新加坡源于特殊的国情，根据国家治理需要、政体稳定需要，一开始就采取了大胆的电子社会建设，全面推进本国的电子政务进程。新加坡在2014年6月提出"智慧国家2025"计划。该计划提出将构建"智慧国平台"，在强调信息技术广泛应用的同时，更加注重以数据共享的方式，尽力发挥人的主观能动性，以实现更为科学的决策。新加坡的电子政府系统完全是由国家控制，没有私营企业参与；新加坡国家财政为电子政务提供可靠的资金保障。新加坡电子政务内容广泛，政府近98%的公共服务通过在线方式提供，民众享受一站式服务，可以为其公民提供200项以上的电子政务服务；公民可以在"电子公民中心"的站点轻松获取医疗保健、商务、法律法规、交通、家庭、住房、就业等各项网上信息和服务。

综合来看，不同政体类型的国家会选择不同的电子政务发展道路，制定不同的评价标准。当然，这也会受到其他因素制约，不能完全说成是由政体决定，要辩证地看待这种影响。但不容否认的是，政体在整个社会上的影响力，决定了其在电子政务发展道路上的影响较之其他因素来说，具有相当重要的地位。

第二节

政府变革与服务型政府

一、政府形式的发展演变

随着生产力的发展，人类社会经历了从传统社会向现代社会、从农业社会向工业社会、从封闭性社会向开放性社会的变迁和发展过程。在这一过程中，为了适应社会结构及社会治理结构的不断调整变化，政府形式经历了从统治型到管理型再到服务型的演进过程。[①]

(一) 统治型政府

在社会化分工与商品交换出现之后，人类社会出现了利益和阶层分行，产生了生产资料的私有制。由于不同社会成员掌握的生产资料不同、天资禀赋不同等因素的影响，又出现了贫富分化和阶级分行。在这一背景下，一些掌握较多社会资源和生产资料的阶级为了维护其利益建立了国家和政府。政府成为统治阶级的工具，即统治型政府。在整个封建社会，都是这种统治型政府的模式，社会结构呈现国家社会一元化的特征，社会治理结构则体现出专职化的特征。

这一形式的政府，其基本特征是对被统治阶级实行暴力与镇压，其基本职能在于通过政治统治来维护和实现统治阶级的利益。概括而言，统治型政府的基本特征具体表现为以下几方面。

一是政府拥有一体化的权力，包括政治权力、行政权力和社会权力，国家机构的职能尚未分化。

二是以君主中心、官本位和权力本位作为政府指导理念，将维护统治阶级的利益作为政府的主要职能。

三是偏重统治职能，轻视公共服务职能，政府的公共职能主要体现在维护公共安全和救灾领域。

四是受父权制与家长制的影响，政府运用国家权力来控制社会，干预社会的一切事务，社会成员的参与较少。

(二) 管理型政府

在资本主义生产方式确立之后，一方面在欧洲形成了现代民主国家，另一方面市场经济的发展促进了现代公民权利意识的形成。国家政权开始与社会领域分离，资产阶级市民社会开始形成，出现了私人领域与公共领域的分离。国家政权的职能从统治转变为保护公

[①]　刘翔. 中国服务型政府构建研究[D]. 上海：复旦大学，2010：24.

民的基本权利。

同时，在政权的组织形式方面，旧有的君主制为现代议会民主制度所取代，建立了包括立法、司法和行政三种职能的现代政府，实现了从统治型政府向管理型政府的转变。这一形式的政府具有如下特征。

一是社会与政府脱离。资产阶级市民社会的形成促成了国家与社会的分离，社会事务摆脱了对国家的依赖，同时又在一定程度上对政府的权力起到了制约作用。

二是奉行管理至上的理念，政府是管理社会事务的主体，公民的参与较少。

三是政府公共职能得到强化，统治职能被削弱，政府垄断了社会公共事务的管理。

四是法治成为政府行为的基本方式，社会的民主程度得到提高。

(三) 服务型政府

随着资本主义的发展，西方国家市民社会逐步发展。尤其是随着知识经济与信息社会的到来，人们对公共服务质量的要求越来越高。而原有管理型政府内生的如官僚制的一些缺陷无法克服，亟待国家与社会的深入合作。

在这一背景下，西方国家开始对政府职能进行改革，一方面通过强化政府的执行功能来完善既有制度；另一方面通过引入竞争机制来体现政府的责任制度。尤其是在新公共管理运动的影响下，出现了顾客导向的政府管理取向，开始以公众为导向来定位政府的职能，强调政府的"服务职能"成为西方各种政府体制改革举措的基本价值指向。社会对公共事务的参与越来越多，社会治理从政府垄断转向了多元参与，形成了服务型政府。其基本特征表现为以下几方面。

一是政府权力受到了限制，政府与其他社会主体形成了合作伙伴关系，共同参与社会事务。

二是更加重视公民的权利和需求、将公民视为政府的顾客，致力于提高公民满意度，鼓励公民的政治参与。

三是突出了政府的公共职能，政府与社会、市场进行合理分工，共同参与公共事务。

电子政务就是在服务型政府建设过程中，受到服务型政府理念影响而产生的，其目的与服务型政府建设一致，都是为了扩大公民在社会公共事务中的参与度，改善政府的公共服务，提高公民的满意度。

二、政府管理创新与行政机构改革

(一) 政府管理创新的定义

政府管理创新是指各级政府为适应公共管理与行政环境的需要，与时俱进地转变观念与职能，探索新的行政方法与途径，形成新的组织结构、业务流程和行政规范，全面提高行政效率，更好地履行政府职责的实践过程。

(二) 政府管理创新的特征

政府管理创新贯穿于整个管理过程。它的目的不是一般地实现政府管理的目标和责任，而是发现"创新机会"。政府管理系统的各个要素中都可以进行创新，如制度、组织、激励、绩效、技术和文化等，但从根本上说，政府管理创新的目的是对有关资源或要素的重新构建以获得创新收益。具体地说，政府管理创新具有以下特征。[①]

(1) 灵活应变性。无论是政府组织机构还是信息系统结构，都以灵活应变性作为主要性能指标，单纯在数量上的增减并不能显示改革成果的主要性能。

(2) 开放交互性。政府管理任务的变化以及相关的信息系统，都以能适应和支持开放性和交互性为性能衡量指标。

(3) 知识中心性。管理创新不重视等级身份，重视的是知识，一切围绕知识组织，既不为等级所阻隔，也不为专业所阻隔。

(三) 政府管理创新的内容

政府管理创新的内容包括以下几个方面。

(1) 引用高新科技，特别是信息技术。努力建设电子政府，实现政府面向企业和市民的行政、管理和服务业务上网作业，以及政府内部实现电子化和网络化办公；建成体系完整、结构合理、高速宽带、互联互通的电子政务网络系统，建成系统共建共享的政务信息资源库，从而全面开展网上交互式办公。

(2) 适时地用程序化管理代替责任制管理。研究制定一套完整的管理工作程序并赋予其自我更新的能力和动力，这是政府的一项意义重大且深远的基本建设。

(3) 政府要明确自己所处的位置，明确政府职责，优化改革提供管理和服务的程序和方式。应对现实的管理和服务需求，优化人力、物力和财力等要素，同时制定最优的管理实施程序，以满足社会需求。

(4) 建立新的工作绩效评价体系，使管理工作具有可测性，测评结果作为评判公务员工作业绩的标准。

(5) 适应市场经济的公共行政管理方法，注重规划并多采用宏观、间接管理的方法，从而做到科技先行，加强协调。

(四) 政府管理创新的方向

打造无缝隙政府是政府管理创新的基本方向。无缝隙政府(Seamless Government)指的是政府整合所有的部门、人员和其他资源，以单一的界面，为公众提供优质高效的信息和服务。无缝隙政府的目的是要突破传统的部门界线和功能分割的局面。

打造无缝隙政府就要打破传统行政模式下各部门的条块分割状况，破除部门之间的壁

[①] 苏保忠.基层公务员素质与能力建设[M].北京：清华大学出版社，2009(5)：136.

垒，通过加强电子政务建设，促进各部门之间的信息共享，切实提高信息在各部门之间的流动效率，从而提高政府行政效率和质量，促使政府向信息共享型政府和整体化政府转变。

三、政府管理创新与电子政务的关系

在信息时代，电子政务与政府管理创新的关系非常密切。对于电子政务，不仅要从技术角度理解和运用它，而且要从现代行政的角度进行深入的理解和认识。应当看到，电子政务的推行，不仅具有政务流程操作层面的意义，而且还必然触及制度和体制层面的要素，具有促进制度和体制变革的意义，能够解决一些政府所面临的棘手问题，推动政府的转型与革新。因此，我国必须抓住机遇，在电子政务的推进和普及中加快政府管理创新的步伐，在政府管理创新的过程中将电子政务建设得更加完善。①

(一) 电子政务是推动政府管理创新的关键

以信息技术的应用作为政府管理的基本平台是信息时代政府管理的一大特点，因此，推动政府管理创新的关键在于实施电子政务。

1. 电子政务为政府管理创新提供了契机

自20世纪80年代以来，发达国家掀起了"以公众为取向"的公共行政改革的浪潮，"金字塔式"的层级官僚体制受到了普遍的质疑，民主行政开始成为公共行政改革的基本价值取向。为了实现公共行政的"公众取向"，构建民主行政的运行机制，一系列操作性很强的措施被采纳。这些措施具体表现为：推行政府对社会服务的承诺制度；通过公众选择将竞争机制引入到公共行政中去；改革"金字塔式"的层级体制，变等级为参与和协作等。这些改革在推动行政机制创新、满足公众参与、服务社会大众等方面取得了显著成效。这种竞争性、主动性和创新精神是行政系统和公共管理活动生命力和竞争力的重要源泉。信息技术支撑下的电子政务，实现了信息在更大范围的分享，使得"以公众为取向"的公共行政理念得到更彻底的贯彻。

2. 电子政务是政府管理创新的推动力

实施电子政务后，政府能够通过网络积极回应社会公众的需求，并通过采取相应的措施，公正而有效地满足这些需求。实施电子政务，可以增强公共管理行为的规范化，克服随意性，减少管理失误；通过网络，公众可以了解更多的政府信息，增加政府机构依法办事的透明度，自觉接受公众的监督。同时，电子政务的实施，使政府与公众的交流更加便捷，从而使政府更好地为公众服务。

3. 电子政务促进政府整合信息资源

电子政务将众多政府部门、社会团体、企业和个人的信息网络联结起来，促进了社会的信息交流，在人类原有的公共活动范围之外缔造了一个公共空间，对社会、经济、文化

---

① 　周菁.电子政务信息化管理[M].北京：研究出版社，2010(12)：81.

和政治生活产生重大影响。实施电子政务以后，社会资源将得到更有效的利用，政府的整体效能将得到提高。通过网络，地方政府可以得到更广泛和丰富的信息，从而可以有效地将这些信息和本地区的发展需求结合起来，促使地方政府更加积极主动地开展工作，使原本需要上交中央政府方能解决的问题可以在地方直接获得解决。同时，地方政府的自立性也会进一步加强，横向联系增多，中央政府可以集中更多精力致力于协调和监督保障。

(二) 电子政务是政府管理创新的重要内容

近年来，联合国经济事务部把推进发展中国家政府信息化作为未来几年的主要工作之一，就是希望通过信息技术的应用改变政府管理、提高政府效率、创新政府形象，实现真正意义上的办公自动化和信息资源的全社会共享，使政府能够提供更广泛、更便捷的服务。实际上，实施电子政务是政府管理创新的重要内容。

1. 电子政务促进政府的管理创新

功能完善的政府体系、运行协调的电子政务，是政府管理创新的重要目标。电子政务就是要对政府各类职能和管理行为进行界定、分类、重新设计流程，使其软件化，并在更大范围内整合协调和不断完善。实践证明，电子政务的实施，给现代政府构筑了一个履行职能、实施管理、提供服务的新平台。但这个平台的意义绝不仅限于工具的层面，它聚合了政府职能转变、机制创新和管理方式方法创新的多重价值。实施电子政务后，新型政府在公共管理和服务行为的运行原理、实现机制和具体手段等方面都与传统政府的运作有着显著的差别，促进政府进行全面的管理创新。

2. 实施电子政务直接改变政府的工作方式

电子政务的推进和完善，使得政府与公众交流的方式更为直接，公众可以通过多种方式及时表达自己的意见，参与政府决策过程，使公众与高层政府的对话不再是不可企及或偶尔为之的事情。从政府的角度看，政府将会有更快捷便利的渠道在更广的范围收集社会各阶层的意见，以直接的方式获得信息反馈，避免了经过多层次过滤而使信息失真的弊端，使政府对公众需求的回应速度大大提高。

(三) 政府管理创新是电子政务顺利实施的保障

实施电子政务是政府改革的一项系统工程，只有在政府管理创新的保障下，电子政务才能得以顺利实施。

1. 政府管理创新创造了推行电子政务的必要条件

实施电子政务，需要成熟的、系统化的信息技术，但这只是电子政务实施的基础；另一方面，还需要充分的知识理论准备、开拓进取的思想观念以及政府机构、公务员队伍的行动一致等。这些主要条件与电子政务实施的可行性密切相关，往往决定了电子政务建设的成败。尤其是政府管理创新的理论探索和实践，为电子政务的建设指明了方向，赋予其使命和意义，并为其顺利开展开辟道路，是电子政务发展的根本条件。

2. 政府管理创新是顺利实施电子政务的保证

电子政府需要通过新的流程实现政府管理和服务的职能，要求政府对传统的业务流程进行梳理、规范、再设计和再造，这本身就包含了政府管理创新的成分。个别地方、个别政府部门在电子政务实际推行中由于缺乏创新意识、广阔的视野和系统的设计，因此在遇到一些问题和障碍时，不能以创新的方式和创新的行动加以解决，使得电子政务系统建设出现成本高而效益低的劣质工程。所以说，政府创新的成功实践，是顺利实施电子政务的可靠保证。

3. 政府管理创新与电子政务实施相伴相随

如前所述，政府管理创新是政府公共管理和服务的永恒主题，是一个不断进行的过程。政府公共管理和服务常常需要直接或间接地通过信息系统来实现。电子政务的实施，不是建立了电子政务网络系统就结束了，而是一个长期的实践过程。可以说，从公共行政进入信息时代以后，政府的管理创新和电子政务业务流程的创新就结合在一起。现代行政要求科学规范、低成本、高效率和公正透明的政务流程，这些目标要通过创新和电子化得以实现。可以说，政府管理创新和电子政务实施是相伴相随的，政府管理创新和电子政务实施需要紧密结合、相互促进。随着公共管理和服务环境的变化及需求的改变，政府管理创新要不断审视自身的方向和使命，促进电子政务的发展和完善。

第三节
现代政府治理

一、政府治理理论的兴起

政府治理理论是20世纪70年代以来世界范围内公共领域变革和公共行政改革的产物。其背景主要体现为以下三个方面。[①]

(一) 政府管理危机

1. 政府职能遭遇巨大挑战

第二次世界大战后，福利国家模式在西方发达国家得到了普遍采用，政府职能扩张，但也出现了服务效率低、财政困难的问题。而公民并不能对政府的这些行为进行有效的监督，出现了财政危机和管理危机。而在一些发展中国家，也遇到了全球化的挑战，并纷纷采取引入市场机制、推进社会改革、发展社会组织、提高行政效率等措施。最终，发达国家对福利国家模式的改革以及发展中国家自由主义导向的改革形成了全球范围内对国家和

---

① 张恽. 我国电子政务IT治理模式与过程研究[D]. 上海：复旦大学，2010：42.

社会公共事务进行重新思考的浪潮，开始了政府改革与公共部门再造运动。

2. 政府组织结构遭遇挑战

在工业化与现代化的过程中，尤其是在福利国家模式的影响下，加上社会公共事务愈来愈多，政府的职能不断扩大，权力日益膨胀。但是，受官僚制自身缺陷的影响，其效率和提供公共服务的质量不能为人们所满意，出现了官僚体系的封闭性与民主社会的开放性、政府权力的强化与社会创造力弱化、权力机构的非人性化与公民对人性化管理需求、专业化分工与部门协调、政府行为的非竞争性与市场条件下竞争性加剧等之间的矛盾，导致政府管理缺乏灵活性和反馈性，忽视民众需求，缺乏活力。这就使得人们开始反思政府组织结构的缺陷，从而开始了对政府的改革，尤其是在新公共管理理论和新公共服务理论的指导下，开始了政府再造运动。

(二) 全球公共治理的兴起

随着全球化进程的不断加快，出现了大量的全球性问题，例如全球自然生态环境恶化、人口问题、区域发展差距问题、恐怖组织、全球性金融危机等。面对严峻的全球公共问题，任何一个国家既不可能置身事外，也不可能独自解决。因此，就需要在全球范围内利用各种政府的和非政府的国际组织或个人的力量，促进全球公共事务解决、实现全球政府治理。这就对各个国家政府的治理提出了改革要求。

(三) 第三部门的兴起与发展

第三部门是在政府和市场之外发展起来的一类社会组织，在各个国家、经济社会各个领域尤其是公共事务管理中发挥了越来越重要的作用，使得人们开始重新认识公共管理的内涵和形式，并开始反思传统的以政府管理为主的公共管理和公共服务提供模式的缺陷。一种多元主体共同参与的治理模式也就进入了人们的视野，并在全球范围内推广开来。

总之，在社会资源的配置中，既存在市场失灵，又存在政府失灵。因此，面对社会公共事务，既不能完全依赖于市场，也不能完全托付于政府，而是要依托日益发达的公民社会，引入社会公共组织的参与，来补充政府和市场的不足与缺陷，共同完成社会治理。

二、政府治理理论的内容

(一) 治理主体多元化

传统公共管理模式下，政府是管理的主体。而在政府治理理论中，对政府的责任和地位进行了重新认定，参与管理的主体不仅是政府，还包括国际、国内的非政府组织、政府间或非政府间国际组织、各种社会团体，并对不同主体进行定位、分工和角色划分。

在这一模式下，政府从全能政府变成了有限政府，根据国家与社会分离、公共领域与私人领域分离的原则，不同的治理主体对应了不同的治理客体，在不同领域发挥各自的特长和作用，体现了治理主体的多元化。

(二) 治理客体扩展

公共治理涉及的领域很广，包括公共事务管理和服务、公共部门自身的管理、各种社会组织和团体的管理等。从政府治理的理论含义而言，政府治理必然包括全球公共治理。因此，政府治理客体的范围得到扩大。

(三) 治理机制和手段变革

引发政府治理范式发生变化的最直接的原因就是对公共部门有效性的质疑，因而这一治理变革的首要目的就是实行有效治理。政府治理不仅从规模、活动范围等方面对政府进行改革，而且从管理体制和运行机制等方面对公共部门进行深层次的改革，引入私营部门管理的模式以改善公共部门的组织绩效。

一方面，在公共部门的管理中积极引进私营部门的管理理论、方法、技术和工具；另一方面，推进民营企业更多地参与公共事务和公共服务管理。由此，就形成了一种社会多元参与的治理模式。

(四) 政府治理的价值目标

政府治理的目标是在各种不同的制度关系中运用权力去引导、控制和规范公民的各种活动，以最大限度地增进公共利益。其内在价值在于充分尊重和相信公民社会的自组织和自管理能力，依靠国家与社会、政府与公民的良好合作来实现公共事务管理的理念。

三、现代政府治理与电子政务发展

(一) 政府治理的含义

政府治理有广义和狭义两种含义。就广义的政府治理而言，整个公共行政的发展过程可以称为政府治理从传统迈向"善治"的过程。就狭义的政府治理而言，其具有不同于传统公共行政模式的特殊含义。大致说来，公域之治模式主要有三种：一是由国家作为唯一的管理主体，实行封闭性和单向度管理的国家管理模式；二是由国家与各种社会自治组织共同作为管理主体，实行半封闭和单向度的公共管理模式；三是由开放的公共管理与广泛的公众参与这两种基本元素综合而成的公共治理模式，其典型特征是开放性和双向度。狭义的政府治理是指第三种公域之治模式，也是"政府依法律善治"之"治理"模式。①

(二) 电子政务是提升政府执政能力的新途径

首先，电子政务使政府行政活动过程公开化、透明化，便于接受公众的监督，从而抑制政府官员的腐败行为。行政活动过程公开、透明可以使政府工作受到上级、同级、下级、公众和媒体舆论的多视角监督，杜绝政府运作中腐败官员可能的"暗箱"操作，保障

---

① 罗崇敏. 天鉴[M]. 北京：人民出版社，2009(4)：40.

行政运行的执行力度。同时，电子政务也便于公众对政府工作进行绩效考核，从而不断督促政府改进服务质量，转变工作作风，提高工作效率。

其次，电子政务是建立高效服务型政府的关键。电子政务是对政府组织结构和流程的优化和重组，可以提供全方位的打破空间、时间和政府部门限制的政府服务。一方面，充分利用互联网网络化服务特性，使有限的政府资源服务于无限的公众；另一方面，也促使政府行政运行效率提高，减少行政成本，节约企业和公众寻求政府服务时消耗的时间和成本。

最后，借助电子政务平台，政府与公众可以形成良好的互动关系，政民之间增强相互了解与沟通，从而为公众参政议政提供现实条件。同时，公众通过网络提出意见和建议，促使政府以公众利益为中心制定政策，使政府决策在最大限度上反映民意，进而推进电子民主的实现，并提高行政运行的公信力。

总之，推行电子政务将有助于建立一个高效、透明、廉洁、公平的政府，加速政府治理能力的现代化进程。

本章小结

本章详细介绍并分析了政治体制的不同类型及其特点，不同国家采用不同政体，对电子政务的建设提出了不同的要求，电子政务的发展路线也随之呈现差异化。为了适应社会的发展变化，政府形式从统治型、管理型，发展到服务型政府，电子政务也应运而生。为了更好地实现公共服务所进行的政府管理创新，与电子政务相伴相随，相互促进。20世纪70年代以来，世界范围内公共领域变革和公共行政改革催生了现代政府治理理论的兴起，电子政务将有助于提升政府治理能力，更好地实现公共事务管理。

关键术语

政治体制　议会制　君主立宪制　共和制　政府形式变革　服务型政府
政府管理创新　现代政府治理

思考题

1. 中世纪欧洲政治体制理论有哪些？
2. 现代典型的政治体制类型有哪些？
3. 当代不同政体的国家的电子政务发展路线是怎样的？
4. 政府形式经历了怎样的变革？

5. 政府管理创新与电子政务的关系是什么？

6. 现代政府治理理论的内容是什么？它与电子政务发展的关系是什么？

案例分析

我国电子政务建设中政府行政创新概况

1. 发展历程

1999年1月，国家经贸委和中国电信牵头，联合40多家部委倡议发起了"政府上网"工程，在全国掀起了一次政府信息化普及活动，为我国电子政务建设的全面展开和向纵深发展打下了良好基础，在促进政务信息公开、探索在线服务模式等方面取得了一定成绩，积累了有益经验。

2004年，温家宝总理在省部级领导干部"树立和落实科学发展观"专题研究班结业典礼上第一次正式提出建设服务型政府的改革目标。同一时期，在国家信息化领导小组第三次和第四次会议上，温家宝总理反复强调要把信息化与改进政府管理结合起来，着眼于转变政府职能，鲜明地指出了现阶段我国电子政务建设的目标是促进政府职能向服务型政府转变。

在2007年10月召开的中国共产党第十七次全国代表大会上，"信息化"和"电子政务"被提到了前所未有的高度。在党的十七大报告中，有十多处直接或者间接提到信息化，无论是深入贯彻落实科学发展观、加快行政管理体制改革、推动社会文化大繁荣，还是民生建设、军队和国防建设、党的建设，处处都体现了信息化与经济社会各方面融合发展的理念。在行政体制改革部分，党的十七大报告提出要"完善公共服务体系，推行电子政务，强化社会管理和公共服务"，建设"电子政府"作为加快推进我国行政管理体制改革、促进建设服务型政府的重要途径，在党的文件中进一步得到明确，从而对新时期我国的电子政务建设提出了新要求。

2015(第十届)中国电子政务论坛于7月25日在京召开，论坛由国家行政学院与国家信息中心联合举办。联合国副秘书长吴红波出席论坛并致辞。吴红波提出，应抓住信息技术发展带来的新机遇，不断深化公共行政管理改革，才能更好地为中国经济发展保驾护航。他主要强调了以下几点：一是打破思维定式；二是打破条块分割；三是公共信息为公众分享；四是加强能力建设；五是增进国际合作。

2. 发展现状

为促进服务型政府建设，服务导向的发展理念在电子政务建设实践中得到进一步贯彻和深化。2007年，国信办在全国范围内组织开展了"百姓实事网上办"活动，动员各级政府部门利用政府网站为企业和民众提供更多服务项目，提高服务质量，在全国掀起了一个以政府网站促进服务型政府建设的高潮。

2014年12月3日，在第十三届(2014)中国政府网站绩效评估结果发布会上，中国软件评测中心副主任张少彤博士在介绍政府网站发展情况的主要亮点时提到："亮点一，政府网站的可用性水平进一步提高。评估结果显示，多数政府网站进一步强化了日常运维保障，定期开展自查自纠，及时发现并整改问题，网站的可用性进一步提高。亮点二，重点领域信息公开的效果持续改善。我们发现各部门、各地方按照国办相关要求进一步加大了重点领域政府信息公开的力度，相比去年权力运行信息网上公开的水平有了明显的提高，此外，像公共监管类、公共服务类、公共资源配置类这些信息的公开效果也有一定程度的改善。亮点三，表现在互动宣传方面更加多元化、更加亲民。评估发现部分地方网站非常重视网站互动渠道与传统交流平台的结合，进一步整合了互动资源，利用多元化的互动渠道来提高互动交流的效果。亮点四，多媒体的引导效果进一步加强。我们也注意到各级政府在进驻微博、微信等新媒体的同时，逐步重视并加大了网站与新媒体信息的同步协作发布，以强化对互联网舆论的引导。"

资料来源：[1] 马皓莹. 电子政务环境下的政府行政创新研究[D]. 武汉：武汉大学，2011：57-60.

[2] 人民网. 吴红波：中国特色的公共行政管理和电子政务建设[EB/OL]. http://politics.people.com.cn/n/2015/0727/c1001-27366627. html.

[3] 人民网. 第十三届(2014)中国政府网站绩效评估结果发布会[EB/OL]. http://live.people.com.cn/note.php？id=1057141127142113_ctdzb_003.

思考问题

1. 中国电子政务建设中采取了哪些措施进行政府行政创新？
2. 我国在以电子政务建设推动行政创新的进程中还存在哪些问题？

第三章
电子政务技术基础

经过几十年的建设，电子政务建设重点已经从过去以"电子"为主的阶段，迈向以"政务"为主的阶段，这是理论界和政府部门皆认同的。但这并不是说技术不重要了，相反，从当前仍然以世界上少数几个国家掌握信息核心技术，绝大多数国家仅仅处在末端应用位置的境况看，这并不利于电子政务的顺利、快速发展。在我国仍面临意识形态斗争的情况下，网络信息技术的安全性值得高度关注。因此，必须要基本掌握电子政务技术体系构成以及具体单元技术，基本清楚若干核心技术的技术特性和功能，能够简单维护个人电脑和一般电子政务"技小"问题。当前，要重点了解和初步学会运用新技术，了解一些国家的信息技术历史，并能提炼一定的经验和启示。

第一节
计算机技术

计算机技术是电子政务的基础技术。

计算机是一种能够自动、便捷、高效地按照人们预先设计好的程序进行信息处理的一种多功能电子设备。计算机具有快速、准确、逻辑性和通用性强的特点。

计算机在刚刚诞生时，主要是用于辅助人们从事复杂的科学计算工作。但是，随着技术的进步和时代的发展，现代计算机的应用已经遍及人类社会的方方面面，其工作也已经转变为以信息处理为主。通常按照计算机的性能，可以将其分为巨型机、大型机、小型机、工作站和微型机5种类型。

大型机主要应用于现代科学技术，特别是尖端科技方面的应用；小型机在一些单位有较多的应用；微型机的应用范围最为广泛，遍及社会各个领域。微型机主要是面向个人用户设计的，也称PC，具有体积小、重量轻、操作容易和成本低的特点。计算机在电子政务中应用数量最多的是微型机，一些较大型服务器也可能会用到小型机。

计算机系统是指以计算机为中心，配以相应的外部设备和系统软件所构成的整体，包括计算机硬件系统和软件系统两大部分。计算机硬件系统是计算机的基本实体，主要包括主机、外部设备。计算机软件系统则包括系统软件、应用软件。[①]

一、计算机硬件

硬件是指构成计算机的物理实体，是计算机运行的物质载体。计算机的硬件主要包括主机和外部设备。

(一) 主机

主机是计算机的核心，它主要承担数据运算、逻辑控制和信息存储等工作，主要由微处理器、主机板、内存、显卡和扩展卡等组成。

1. 微处理器

微处理器也称为中央处理单元(Central Processing Unit，CPU)。CPU是一个集成有上万个到数千万个晶体管的超大规模集成电路。CPU的内部结构可以分为控制单元、算术逻辑单元和存储单元三大部分，这三大部分共同完成计算机执行命令、处理数据的主要工作。CPU是整个微型计算机的核心部件。它的性能直接影响微机系统的整体性能，所以它也成为各种不同档次微机的代名词。

2. 主机板

主机板简称主板或母版(Mainboard或Motherboard)，是主机中最大的一块矩形电路板。主板上安装有CPU的外围支持元件和输入输出接口等器件和电路，负责为CPU、内存和输入输出接口等部件提供电气连接，以及插槽、接口的控制功能。主板的性能对整个微型机的性能有一定的影响。由于大多数主板只支持某一系列的CPU和内存，单独购买时要考虑它所支持CPU和内存的类型。

3. 内存

内存是内部存储器的简称，其作用是用于暂时存放CPU中的运算数据，以及与硬盘等外部存储器交换的数据。只要计算机运行，CPU就会把需要运算的数据调到内存中进行运算，当运算完成后CPU再将结果传送出来，内存的运行也决定了计算机的稳定运行。内存是由内存芯片、电路板、金手指等部分组成的。现代计算机一般都采用内存方式。

4. 显卡和其他扩展卡

显卡(Video Card，Graphics Card)全称显示接口卡，又称显示适配器，是计算机最基本的配置、最重要的配件之一。显卡作为电脑主机里的一个重要组成部分，是电脑进行数模信号转换的设备，承担输出显示图形的任务。显卡接在电脑主板上，它将电脑的数字信号转换成模拟信号让显示器显示出来，同时显卡还有图像处理能力，可协助CPU工作，提高整体的运行速度。对于从事专业图形设计的人来说，显卡非常重要。

闪存卡是利用闪存技术来存储电子信息的存储器，一般应用在数码相机、掌上电脑、

① 张锐昕. 电子政府概论[M]. 北京：中国人民大学出版社，2010(2)：132.

MP3等小型数码产品中作为存储介质,它样子小巧,犹如一张卡片,所以称为闪存卡。例如:SD 卡、CF 卡、MMC 卡、XD 卡、SM 卡等。

(二) 外部设备

外部设备也称为外设,它是计算机系统的重要组成部分,由外部存储器、输入设备和输出设备等构成。

1. 外部存储器

(1) 磁盘。有了磁盘之后,可以把数据处理结果存放在磁盘中,还可以把很多输入到计算机中的数据存储到磁盘中,这样这些数据可以反复使用,避免了重复劳动。

(2) 光盘。光盘以光信息作为存储物的载体,是用来存储数据的一种物品。

(3) U盘。U盘全称USB闪存盘,英文名"USB Flash Disk"。它是一种使用USB接口的无须物理驱动器的微型高容量移动存储产品,通过USB接口与电脑连接,实现即插即用。

(4) 磁带。磁带是一种用于记录声音、图像、数字或其他信号的载有磁层的带状材料,是产量最大和用途最广的一种磁记录材料。

2. 输入设备

(1) 键盘。键盘是指用于操作设备运行的一种指令和数据输入装置,也指经过系统安排操作一台机器或设备的一组功能键(如打字机、电脑键盘)。

(2) 鼠标器。鼠标(Mouse)的使用是为了使计算机的操作更加简便,来代替键盘的繁琐指令,是计算机输入设备的简称,分为有线和无线两种,也是计算机显示系统纵横坐标定位的指示器,因形似老鼠而得名"鼠标"(我国港台地区称作滑鼠)。

(3) 扫描仪。扫描仪(Scanner),是指利用光电技术和数字处理技术,以扫描方式将图形或图像信息转换为数字信号的装置。

(4) 麦克风和摄像头。麦克风,学名为传声器,是将声音信号转换为电信号的能量转换器件,由Microphone翻译而来,也称作话筒、微音器。摄像头又称为电脑相机、电脑眼、电子眼等,是一种视频输入设备,被广泛地运用于视频会议、远程医疗及实时监控等方面。

3. 输出设备

(1) 显示器。显示器(Display)通常被称为监视器。显示器是属于电脑的I/O设备,即输入输出设备。它可以分为CRT、LCD等多种类型。它是一种将一定的电子文件通过特定的传输设备显示到屏幕上再反射到人眼的显示工具。

(2) 打印机。打印机(Printer) 是计算机的输出设备之一,用于将计算机处理结果打印在相关介质上。

二、计算机软件

软件(Software)是中国大陆及香港用语,中国台湾称为软体,它是指一系列按照特定顺序组织的计算机数据和指令的集合。通常根据软件的用途，可以将其分为系统软件和应用软件两大类。

(一) 系统软件

系统软件是为方便用户使用计算机，提高工作效率，充分发挥计算机的功能而编制的计算机通用程序，主要包括操作系统、语言处理程序等。

1. 操作系统

操作系统是一种直接控制和管理硬件和软件资源的基本系统软件，它为用户和应用程序提供操作计算机的统一接口，并能充分有效地利用计算机的资源，提高计算机性能。目前常用的微机操作系统有：Windows(98、NT、2000、XP等)，Unix，Linux等。

2. 语言处理程序

语言处理程序是把人们编写的源程序翻译成机器能够识别和执行的二进制代码序列，即机器语言的一种系统软件。翻译的方式有两种：编译和解释。编译方式是一次把源程序全部转换成机器语言的目标程序，以后只需要执行目标程序即可；解释方式则是逐条翻译并立即执行源程序的语言，并不生成目标文件，每次执行都需要对源程序进行逐条翻译。常用的语言处理程序有：BASIC、Visual Basic、Delphi、Borland、C++、Builder、Visual Java、Power Builder等。

(二) 应用软件

应用软件是指在计算机系统软件支持下开发的解决各种实际问题的软件，如工程设计程序、文字处理软件、自动控制程序、企业管理软件、数据检索程序、科学计算程序等。[①]

第二节
网络与通信技术

计算机网络的构建是政务系统内部信息共享与流转的基础。计算机网络是指用通信设备和线路将分布在不同地理位置的计算机系统互联起来，实现计算机资源共享和信息交换的系统。它的主要功能有：硬件资源共享、软件资源共享和信息交换。资源共享是指网络用户能够利用网络上其他计算机系统的资源，包括软件资源和硬件资源。计算机网络的主要目的就是实现资源共享。

[①] 张锐昕. 电子政府概论[M]. 北京：中国人民大学出版社，2010(2)：132-135.

一、计算机网络技术

(一) Internet概述

Internet是在美国较早的军用计算机网ARPAnet的基础上经过不断发展变化而形成的。它是由美国国防部远景研究规划署于1969年底建成的。Internet的真正发展是从1985年美国国家科学基金会(NSF)把分布在全国的五大超级计算机中心通过通信线路连接起来，组成用于支持科研和教育的全国性规模的计算机网络NSFnet。在建立NSFnet后，1989年又实现了NSFnet和另外一个军用计算机网络MILnet之间的连接。这种把不同网络连接在一起的技术的出现，使计算机网络的发展进入一个新的时期。不久，另外一个重要能源网络Esnet也与NSFnet连接。至此形成由网络实体相互连接而构成的超级网络，并开始把这一网络形态称为Internet。

Internet从字面上讲是指计算机互联网的意思。通俗地讲，成千上万台计算机相互连接到一起，这一集合体就是Internet网。Internet并不是专指一个具体的网络实体，也没有一个特定的网络疆界。它是泛指通过网关连接起来的网络集合，其中包括NSFnet、MILnet和ESnet等大型广域网，也包括较小的地域性网络以及大量如校园网那样的局域网。

自20世纪80年代以来，由于Internet在美国获得迅速发展和巨大成功，世界各工业化国家以至一些发展中国家都纷纷加入Internet的行列，使Internet成为全球性的国际网络。未来Internet将向三个方向发展：商用化、保密性和宽带传输。

随着商业性网络和大量商业公司进入Internet，一方面使Internet能在广阔的范围内为更多的用户提供服务，推动Internet以空前的速度和规模向前发展；另一方面对Internet也提出许多新的问题，例如与商务活动有关的保密问题、安全问题、开发适合商业用途的网络信息技术和软件问题等。商业化应用无疑会使Internet进入一个新的发展阶段。近年来由于大量PC机进入家庭，进一步加速Internet走向商用化的步伐。在商业机构的推动下，Internet将会像电话、电视一样普及，成为人们生活中不可或缺的部分。可以预料，Internet商用化将是一种不可阻挡的趋势。

开放性是Internet的一大特性，但同时也带来一个妨碍其实用化的问题：保密性差。在Internet上窃取传输信息的案例屡见不鲜。因此，Internet在金融、军事等涉密领域的应用只是处在初级阶段。现行的一些加密技术和"防火墙"技术已使Internet有了一个进入金融、军事和政治等领域的契机。未来Internet将继续保留它的开放性特点，同时拥有保密性很强的服务特性。

宽带传输一直是Internet的努力目标。由于近年来Internet用户的急剧增长，特别是多媒体的应用使网络上的信息流量增加了10倍以上，这使本来传输速率不算太慢的NSFnet不堪重负。增加Internet宽带、提高信息传输速率，成为Internet继续发展的关键。[①]

---

① 曾强. 电子商务的理论与实战[M]. 北京：中国经济出版社，2000：97-102.

(二) Intranet技术与Extranet技术

1. Intranet技术

Intranet是指基于TCP/IP协议的企业内部网络，它通过防火墙等安全机制与Internet建立连接。Intranet可以提供所有Internet的应用服务，如WWW、E-mail等，只不过服务主要面向企业内部。和Internet一样，Intranet具有很高的灵活性。企业可以根据自己的需求，利用各种Internet互联技术建立不同规模和功能的网络。两者的区别在于Intranet使用了防火墙或安全代理，这些安全机制在Internet和Intranet之间建立了一道安全屏障，防止外部人员非法获取企业内部信息；另一方面，又允许企业员工访问Internet上的资源。可以说，如果去掉防火墙，Intranet就会变成Internet的一部分，因为两者使用的是同样的协议——TCP/IP协议。

Intranet是局限于单位内部的Internet。与Internet相比，Intranet具有如下优点。

(1) 在网络安全方面提供有效的控制措施，克服了Internet安全保密方面的不足。Intranet属于具体的机构所有，对外界的开放是有限制的，可防止外来的入侵和破坏，适用于金融、保险和政府机构等对外安全要求严格的单位。为了确保安全，有些Intranet同Internet在物理上是隔离的，有些则连入Internet并利用防火墙技术来保护内部网络的安全。

(2) Intranet的信息传输速度一般比Internet快得多。由于大多基于高速宽带的局域网以及Intranet可提供快速的WWW服务，多媒体信息和虚拟现实在Intranet的应用日益普遍。从企业或机构的角度来看，Internet是面向全球的，而Intranet是面向单位内部的。

Intranet一般由以下组件构成：计算机网络设施、支持TCP/IP协议的网络操作系统、Intranet服务器、Intranet客户机及其他组件(如防火墙和代理服务器)。

2. Extranet技术

Intranet的发展促使Extranet的产生，并逐渐为人们所接受。简单地说，Extranet就是一种采用Internet技术在企业及其合作伙伴之间建立的特殊网络，主要为企业以外的合作伙伴提供信息服务，是Intranet的延伸和扩展。

Extranet已成为企业把自己的Intranet向其合作伙伴开放的重要方式。建立和开放Extranet，企业可充分地利用Internet技术，使企业与其合作伙伴之间建立电子连接，在网上安全地开展通信、合作和交易等业务。其主要目的是通过Internet技术加强企业之间的合作。Extranet可以以各种方式限制不同的用户的访问权限，实现安全管理，提供商业应用。

电子政府系统的网络框架以Internet技术为基础，以政府内部的Intranet为核心，实现政府内部工作流的电子化；通过Extranet允许政府或合作伙伴以及政府内部外出人员对内部应用的授权访问和实现相互间授权的信息交换；通过Internet为社会公众提供在线的增值服务和信息服务。[①]

---

① 张锐昕.电子政府概论[M].北京：中国人民大学出版社，2010(2)：140-141.

例如，北京市电子政务的网络基础设施包括有线政务专网、无线政务专网和公众网等。有线政务专网分为政务内网和政务外网两部分，它们和公众网络之间的关系如图3.1所示。其中，政务内网与政务外网之间是物理隔离；有线政务专网和公众网络之间是逻辑隔离。

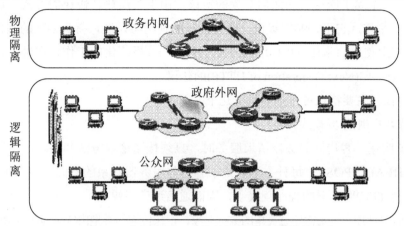

图3.1　政务内网、政务外网与公众网的关系

Fig 3.1　The relationship among e-government inner-net，e-government outer-net and pulic network

资料来源：北京市信息资源管理中心. 北京市电子政务总体技术框架(试行) [Z]. 2005-11-23.

政务内网主要承载市、区县党政机关涉密办公业务。它的边界为市、区县党政机关、人大、政协、法院、检察院等单位。政务外网主要承载的业务是各委办局的各类纵向业务信息系统及跨部门的共享信息系统。它的边界为政府机构到街道、乡镇。

无线政务专网主要承载全市无线综合指挥调度和数据通信业务，可划分为若干虚拟专网，由市级管理调度台进行统一管理，相关单位根据情况设置管理调度台或通信调度台管理本虚拟子网。

公众网络则是指以互联网为代表的各种社会公用网络资源，这些资源是政务专网的有益补充，是政府面向公众和企业提供服务的重要途径。[①]

二、计算机通信协议

(一) TCP/IP通信协议

这部分内容简要介绍一下TCP/IP的内部结构。TCP/IP协议组之所以流行，部分原因是它可以用在各种各样的信道和底层协议之上。确切地说，TCP/IP协议是一组包括TCP协议、IP协议、UDP协议、ICMP协议和其他一些协议的协议组。

TCP/IP使跨平台或称为异构的网络互联网成为可能。举例来说，一个Windows NT网络可以包含UNIX和Macintosh工作站，甚至包含UNIX网络或Macintosh组成的网络。TCP/IP有如下特性：好的破坏恢复机制；能够在不中断现有服务的情况下加入网络；高效的错

---

① 北京市信息资源管理中心. 北京市电子政务总体技术框架(试行) [Z]. 2005-11-23.

误率处理；平台无关性；低数据开销。

(二) HTTP通信协议

HTTP是一个属于应用层的面向对象的协议，由于其简捷、快速的方式，适用于分布式超媒体信息系统。它于1990年提出，经过几年的使用与发展，得到不断的完善和扩展。目前在WWW中使用的是HTTP/1.0的第6版，HTTP/1.1规范化的工作正在进行之中，而且已经提出HTTP-NG(Next Generation of HTTP)的建议。

HTTP协议的主要特点可概括为如下几个方面。

(1) 支持客户/服务器模式。

(2) 简单快速。客户向服务器请求服务时，只须传送请求方法和路径。常用的请求方法有GET、HEAD、POST。每种方法规定了客户与服务器联系的不同类型。由于HTTP协议简单，使得HTTP服务器的程序规模小，因而通信速度很快。

(3) 灵活。HTTP允许传输任意类型的数据对象。正在传输的类型由Content-Type加以标记。

(4) 无连接。无连接的含义是限制每次连接只处理一个请求。服务器处理完客户的请求，并收到客户的应答后，即断开连接。采用这种方式可以节省传输时间。

(5) 无状态。HTTP协议是无状态协议。无状态是指协议对于事务处理没有记忆能力。一方面，缺少状态意味着如果后续处理需要前面的信息，则它必须重传，这样可能导致每次连接传送的数据量增大；另一方面，在服务器不需要先前信息时它的应答速度就较快。

(三) EDI通信协议

电子数据交换(Electronic Data Interchange，EDI)就是Monument传统的商务单据流转过程，对整个贸易过程进行了简化的技术手段。EDI是参加商业运作的双方或多方按照协议，对具有一定结构的标准商业信息，通过数据通信网络，在参与方计算机之间所进行的传输和自动处理。

EDI的电子传输的核心内容是商业信息和商业单证，如订票、发票、付款通知、付款凭证、工作安排和交货凭证等。EDI对商业领域的另一个重要影响反映在EDI使商业伙伴之间的关系更加密切，从而使企业销售人员的角色发生一些微妙的变化。所以，从商业角度去看，EDI作为一项高级信息技术应用，是未来世界经济发展中的一个重要基础设施，因为它不仅是一种新的通信技术和传递方式，而且也是联系国际生产和国际商务活动的一个重要桥梁。

目前，人们更多的是从商业角度而不是从技术角度去考虑EDI的发展，因为商业领域是EDI的动力源泉，也是EDI广泛应用的场所。从EDI在各国的发展趋势看，EDI在商业领域中的应用和发展将会给国际商务活动，乃至全球的社会活动带来一场结构性的革命。

(四) WAP通信协议

WAP(Wireless Application Protocol)的提出和发展是基于在移动通信中接入Internet的需

求。1997年6月，PHONE.COM与Nokia、Ericsson、Motorola合作建立了WAP论坛，目的就是为在移动通信中使用Internet业务制定统一的应用标准。1997年9月，WAP论坛出版了第一个WAP标准框架；1998年5月，WAP1.0版正式推出；紧接着，WAP1.1版也于1999年6月正式发行。

WAP提供了一套开放、统一的技术平台，用户使用移动设备很容易访问和获取以统一的内容格式表示的国际互联网或企业内部网信息和各种服务。WAP定义了一套软硬件的接口，实现了这些接口的移动设备和网站服务器，可以像使用PC一样，使用移动电话收发电子邮件，甚至浏览Internet。

WAP创造了一种商业机会，它使现有的业务或新的业务可以每时每刻被用户访问，不论用户目前在什么地方，为达到通信的最高境界——"在任何地方、任何时间使用任何业务"做出了重要贡献。常见的WAP应用是使用具有WAP功能的移动终端，直接连接国际互联网收发电子邮件，浏览交通状况、气象状况、娱乐资讯或者与智能网结合访问计费、修改个人数据等。

(五) WLAN通信协议

随着Internet的飞速发展，通信网络从传统的布线网络发展到了无线网络，作为无线网络之一的无线局域网WLAN(Wireless Local Area Network)正逐渐从传统意义上的局域网技术发展成为公共"无线局域网"，成为国际互联网Internet宽带接入手段。

WLAN是利用无线通信技术在一定的局域范围内建立的网络，是计算机网络与无线通信技术相结合的产物，它以无线多址信道作为传输媒介，提供传统局域网WLAN的功能，能够使用户真正实现随时、随地、随意地接入宽带网络。[①]

第三节
服务器

服务器是电子政务的核心硬件设施。从政府网站到内部公文运转，从文件传输到政务信息数据库都要使用服务器。

一、服务器概述

服务器是网络层次上的计算机概念。在每个具体的网络系统中，作为网络核心，服务器的作用十分明显，就是向其他网络设备包括台式电脑、网络浏览器等客户端提供服务支持，并向客户端提供大量的网络管理功能，可以说"服务器就是服务的设备"。

---

① 覃征. 电子政务概论[M]. 北京：清华大学出版社，2010：125-128.

服务器从外形来看，和普通的PC并没有太大区别，但其内部结构却与普通的PC有着很大的不同。由于服务器的稳定性要求高，从内部结构上，服务器的构架比普通PC有许多特殊设置。服务器的最大特点是数据总线和四肢总线上的负载比较大，由于输入输出流量大，服务器主板上一般都设置有多个超级FO芯片以及多个总线驱动芯片，以增强负载能力，提高信号质量。由于服务器对于图形和声音的要求都不会太高，所以很多服务器主板上都集成了声卡和显示卡。

二、服务器的应用

根据服务器服务功能的差别，可将服务器划分为Web服务器、应用服务器、FTP服务器、Mail服务器、文件共享服务器、域名服务器和数据库应用服务器等。

根据硬件的能力级别，可将服务器区分为入门级服务器、部门级服务器和企业级服务器；或者分为低端服务器、高端服务器和专项服务器等。

根据服务器对操作系统的支持，可划分出不同的服务器应用：Windows服务器、Unix服务器和Linux服务器等。

(一) Web服务器

Web服务器是根据客户浏览器的服务请求向其发送相关信息的设施。它是客户端浏览器与系统信息资源之间的基本媒介。

当Web服务器接收到一个诸如http://www.mc.edu.cn这样的网页请求，服务器从硬盘下载这样的文件，并通过网络将这个文件分发到用户的Web浏览器上。如果请求的是数据库中的内容，Web服务器将与数据库交互作用，为Web客户机处理和传送消息，或者将信息从Web客户机存入数据库。

(二) 应用服务器

为了电子政务系统能够履行政务，在电子政务网络中应用服务器要能够担负起日常的业务需要，还要为一些专门事项和功能提供服务。

(1) FTP服务器。FTP就是File Transport Protocol(文件传输协议)的缩写，FTP服务器能够在网络上提供文件传输服务。FTP根据选择对象的不同，可分为匿名服务器和系统FTP服务器。前者是任何人都可以使用，后者只有在FTP服务器上有合法账号的人才能使用。

(2) 邮件服务器。随着互联网的发展，E-mail已经成为一种重要的网络信息传递工具。电子政务系统中，E-mail是相互交流、共享信息的重要工具，在政府信息的交流中也扮演着重要角色。电子邮件系统一般包括两部分：邮件用户代理和邮件传送代理。邮件用户代理是邮件系统为用户提供的可以读写邮件的界面；而邮件传送代理运行在底层，是处理邮件收发工作的。简单地说，用户可以使用邮件用户代理写信、读信，而通过邮件传送代理收信、发信。

（3）文件共享服务器。政务活动在网络上运行，相互之间的文件共享、存储访问量是十分普遍的行为。文件共享服务器将互联网文件共享为相关联的整体，提供快速的分布式文件访问，在互联网上而不是在硬盘上储存和共享用户文件，使用户可以通过浏览器在全球范围内访问他们的文件，并允许他们与同事轻松分享文件。

（4）核心业务服务器。在电子政务系统中，为便于管理网络中的不同来源的政务活动信息、工作任务，管理大量具有相同性质的任务，处理具有各个政府机构性质特点的一些专门的业务逻辑，就有必要设置核心业务服务器。核心业务服务器的作用主要是处理政务中的一些核心的业务逻辑，如对计划工作中计划步骤处理的支持，相关数据请求和提供的支持，部门商榷和信息确认的协同处理支持等，或者对网络上分布的任务来源进行管理和服务。

（三）数据库服务器

在电子政务网上，来自内网或外网的用户或程序，都有可能调用或存储相关信息。对多个用户实施管理以有效、安全、完整地利用数据库的数据，就必然要建立数据服务机制，即数据库服务。它可以管理和处理接收到的数据访问请求，包括管理请求列队、管理缓存、相应服务、管理结果和通知服务器完成；管理用户账号、控制数据库访问权限和其他安全性；维护数据库，包括数据库数据备份和恢复，保证数据库的完整或为客户提供完整性控制手段等。[①]

第四节
数据库技术

在进行政务处理时，需要通过某种网络服务，获得一些必要的数据。这些数据是相应软件采用某种技术通过服务器访问数据库完成的。这个过程中涉及数据处理和组织、分析数据的一些知识：数据库、数据仓库技术以及数据挖掘技术。

一、数据库概述

（一）数据库的概念

1. 数据(Date)

数据是描述事物的，包括数字、字符、声音、图像、事物以及能输入计算机并能够被计算机程序加工处理的信号的集合，是数据库存储的基本对象。

2. 数据结构

数据结构是指数据的组织形式或数据之间的联系。如果用D表示数据，用R表示数据

---

① 王琰，徐玲. 电子政务理论与实务[M]. 北京：清华大学出版社，2004：158-159.

对象之间存在的关系集合，那么数据结构DS就可以表示为DS=(D，R)。

3. 数据库(Data Base，DB)

数据库是指长期保存在计算机内的有组织、可共享的数据集合。数据库中的数据按照一定的数据模型来组织描述和存储，具有较小的冗余度，较高的数据独立性、易扩展性，并可为各种用户共享。简单地说，数据库就是有规律地存放数据的仓库。

4. 数据库系统(Date Base System，DBS)

数据库系统一般是指引进数据库的计算机应用系统。数据库系统至少应包括数据库、硬件、应用系统和用户4种成分。

5. 数据库管理系统(Date Base Management System，DBMS)

数据可以是本身只有一组、有一定结构和组织方式的数据文件，要管理和组织其中的各种数据，就需要一个软件系统——数据库管理系统。

数据库系统是介于用户或数据库应用系统和操作系统之间的一类数据管理软件。它负责数据库的建立、使用和维护等工作，使用户能够方便地定义数据和使用数据，并保证数据的安全性和完整性，管理多用户并发使用。[①]

6. 数据库技术

数据库技术是研究数据库的结构、存储、设计、管理和使用的一门软件学科。伴随Wed的迅猛发展，数据库技术也在日新月异。以数据库为核心的理论和技术研究已成为当前国际上信息领域中的一个研究热点。伴随着政府信息化的不断发展，政府内部信息不断膨胀，必须用有效的手段辅助数据信息的组织和管理，数据库技术就是一种有效的手段。政府部门须使用数据库技术来组织政务数据，进而方便快捷地提供政务活动所需的数据。[②]

(二) 数据库的应用

1. 数据仓库技术

数据仓库技术是在数据库技术发展过程中出现的一种为决策服务的数据组织和存储技术。数据仓库是集成信息的存储中心，这些信息可用于查询或分析。数据仓库一般由基本数据、原数据、历史数据和综合数据组成。

传统的数据库是面向应用的，具有逻辑关系和确定意义的数据集合。数据与应用紧密相连，而数据仓库中的数据则面向主题。主题从逻辑意义上讲，是对应于政府某一宏观分析领域所涉及的分析对象，它可以根据最终用户的观点组织和提供数据。同时，基于主题组织起来的数据相互之间逻辑上不交叉，便于作决策分析使用。数据仓库是集成数据的统一体。政府的业务流程数据经过处理后，在数据仓库中形成了整合的、结构化的、易于导

---

① 张锐昕. 电子政府概论[M]. 北京：中国人民大学出版社，2010(2)：142-143.

② 覃征. 电子政务概论[M]. 北京：清华大学出版社，2010：98-99.

航的数据，能对决策分析进行快速、正确的响应。同时，它还能使政府的业务操作环境和信息分析环境分离，从而提供有效、实时地服务。

数据仓库是面向主题的、集成的、极少更新的、随时间不断变化的数据集合，用以支持经营管理中的决策制定过程。数据仓库中的数据面向主题，与传统的数据库面向应用相对应。主题是一个在较高层次上将数据归类的标准，每一个主题对应一个宏观的分析领域。数据仓库的集成特性是指在数据进入数据仓库之前，必须经过数据加工和集成，这是建立数据仓库的关键步骤。数据仓库的稳定性是指数据仓库反映的是历史数据，而不是日常事务处理产生的数据，数据经过加工和集成进入数据仓库后是极少或根本不修改的。数据仓库是不同时间的数据集合，它要求数据仓库中的数据保存时能满足进行决策分析的需要，而且数据仓库中的数据都要标明该数据的历史时期。

数据仓库的特点是：能够对大量数据采取有效的存储和管理；能够并行处理事务，以缩短处理一个复杂的查询请求服务的时间；它能够针对决策支持查询进行优化；支持基于用户业务的多维分析查询模式。数据仓库最根本的特点是物理地存放数据，而且这些数据并不是最新的、专项的，而是来源于其他数据库。数据仓库并不是要取代数据库，它要建立在一个较全面和完善的信息应用的基础上，用于支持高层决策，而事物处理数据库在政府或企业的信息环境中承担日常操作性任务。

数据仓库是数据库技术的一种新的应用，到目前为止，数据仓库还是用关系数据库管理系统来管理其中的数据。

2. 数据挖掘技术

数据挖掘在电子政务中主要用来为政府出台重大政策提供决策支持。电子政务中的数据挖掘技术是基于网络的，即所谓的网络数据挖掘。它除了处理传统数据库中的数值型的结构化数据外，更多的是处理各类公文文本、图形、图像、WWW信息资源等半结构化和非结构化数据。使用数据挖掘技术，可以发现反映同类事物共同性质的知识、反映事物各方面特征的知识、根据历史的和当前的数据能够推测未来数据的预测型知识。同时它还能揭示事物偏离常规的异常现象。所有这些知识都可以在不同的概念层次上被发现。至于发现的工具和方法，常用的有分类、聚类、减维、模式识别、可视化、决策树、遗传算法以及不确定性处理等。

大数据和云计算是重要的数据挖掘技术和手段，大数据与云计算的关系就像一枚硬币的正反面一样密不可分。2015年9月，国务院印发《促进大数据发展行动纲要》系统地部署要加快政府数据开放共享，推动资源整合，提升治理能力。大力推动政府部门数据共享，稳步推动公共数据资源开放，统筹规划大数据基础设施建设，支持宏观调控科学化，推动政府治理精准化，推进商事服务便捷化，促进安全保障高效化，加快民生服务普惠化。

将网络数据挖掘技术引入电子政务中，可以大大提高整个电子政务系统的智能化水平。例如，以用户为中心设计电子政务系统，可以把政府的门户网站视作整个客户关系管理的一部分，而数据系统中数据挖掘应该延伸至门户网站与后台的管理信息系统和政府资源计划GRP系统，这种能力体现了知识管理。此外，通过对网络上各种经济资源的挖掘，可以确定未来经济的走势，从而制定相应的宏观经济调控政策。[①]

二、电子政务系统中的数据库应用

(一) 电子政务系统中数据库技术的需求发展

信息技术的进一步推广应用使得政府部门面临着信息爆炸的挑战。管理者面对一大堆数据及信息，必须借助于能支持管理决策的有效工具。通常管理信息的处理类型有两种：事务型处理和信息型处理。事务型处理主要针对管理信息的日常操作，目的是满足组织特定的日常管理需要，所以传统的数据库就可以圆满地完成事务型处理的需要。而信息型处理则需要对信息进行深层次的分析，为管理人员提供决策支持。因此，在信息型处理中，数据环境与操作型处理所处的传统数据库有了很大的差异。

(二) 电子政务系统中数据库的作用

1. 组织和管理数据的基础

电子政务的建设涉及大量的数据，并且随着电子政务系统的不断发展和广泛应用，电子政务系统内部和外部的信息数据将不断膨胀。政府部门的有关数据保存，尤其是一些关键性数据可能要永久保存。应用数据库技术来组织和管理数据是电子政务数据资源建设的关键来源。

2. 不同部门、不同应用之间的数据共享

用数据库来整合不同部门异构分散的数据信息，把不同描述的数据联系在一起，从而充分吸收海量数据，承载多项业务，实现不同部门的数据共享，提供丰富的数据的访问、发布、分析和展现能力。以基础数据库为基础建立各类专业信息应用系统，在地理位置上避免了各自为政的错位性，确保信息记载与描述的准确一致。

3. 电子政务信息管理应用的基础

政府从社会经济发展和人民实际生活需要出发，大力加强人口资源、经济社会和地理环境等基础数据资源的开发建设，为政府信息系统的有效运转创造了良好的条件。可以说，每一个决策管理都是构建于事实之上的。用数据库组织数据，将数据以统一的模型存放，便于信息管理系统对数据进行查询、更新、集成、分布与共享等。

在加快信息基础设施建设的同时，必须高度重视政府信息资源的开发，要把基础数据库建设放在突出位置。要在政府权威部门统一领导下，统筹规划信息的采集、加工、处理，加快宏观经济、人口资源、地理信息等社会基础数据库建设。同时，要积极整合政府部门现有信息资源，加大部门业务应用系统的开发，建立标准统一、技术规划的信息交换

---

① 王琰，徐玲. 电子政务理论与实务[M]. 北京：清华大学出版社，2004：181-183.

平台和业务应用系统。[①]

例如，《北京市电子政务总体技术框架(试行)》中政府信息资源构成部分主要为共享信息资源、目录资源和各部门的内部信息资源。对这些信息资源的构建提出原则性意见：人口、法人、自然资源与空间地理、宏观经济等4大数据库属于共享性基础信息资源，应在统一规划的基础上，按照"逻辑集中、物理分布"的原则建设。全市公务员数据库应统一建设和维护，通过统一的身份认证和授权机制实现公务员在政务专网门户的单点登录。可共享信息资源的元数据库应在统一规划的基础上由各相关政府部门共同建设；对于明确需要共享的数据，必须按照要求和标准同时生成元数据，以实现信息资源的共享。对信息资源进行合理分类，形成一套完善的政务信息资源框架体系；按照"以点带面，逐步推广"的思路，首先在重点部门或重点领域开展以元数据为核心的目录体系建设。各部门的重要信息资源应根据有关规定和要求制定配套的应急预案和备份策略，并做好数据灾备工作。

第五节
安全技术

电子政务系统是一个基于计算机网络的系统平台，它会受到计算机网络的威胁。为了保证整个系统的正常工作，必须考虑它的安全因素，如病毒、身份假冒、窃取信息和篡改信息等。同时，系统还应该具备防止抵赖性，对信息的来源必须进行验证，这是保证通信双方合法利益的前提。此外，电子政务系统是一个分布式系统，在客户端和服务器之间要跨越公众网络进行敏感信息的传输。所以，必须在客户端、服务端以及中间的传输环节都设置相应的安全措施，如防病毒软件、防火墙、访问控制、加密和身份认证等。因此，安全技术是保证电子政务良好运行的技术基础。[②]这部分内容详见第九章。

第六节
国家信息基础设施建设

电子政务与传统政务的一个明显的不同，就在于它需要通过广泛应用电子化现代信息技术的方式来实现自己的功能，这就使得它必须以一个坚实的信息基础设施作为生存发展的条件。鉴于此，世界各主要国家的电子政务几乎都是从信息基础设施的建设起步的。这里主要介绍世界各国国家信息化建设情况以及我国国家信息化建设情况。

---

① 覃征. 电子政务概论[M]. 北京：清华大学出版社，2010：103-105.
② 覃征. 电子政务概论[M]. 北京：清华大学出版社，2010：148.

一、世界部分国家信息化建设

(一) 世界部分国家信息化建设进程

通过对美国、欧盟、日本等国家或组织信息化发展战略的研究发现，国外信息化发展战略的制定模式大致分为两种：一种是制定总体的信息化发展战略，其中，韩国的总体战略与实施计划是同时制定的，欧盟和日本的总体战略与实施计划则是分开制定的；另一种是制定分领域的信息化发展战略，比较典型的是美国。

1. 美国

迄今为止，美国还没有制定信息化总体战略，而是在不同时期分别制定了信息基础设施、电子商务和电子政务分领域的发展战略。在基础设施建设方面，美国先后公布了《国家信息基础设施：行动纲领》(1993年)和《全球信息基础设施：合作纲领》(1994年)两个战略文件。在电子商务方面，1997年7月，克林顿总统颁布了《全球电子商务框架》。在电子政务方面，2002年2月，布什政府公布了《2002年电子政务战略》，核心内容是开展"以公众为中心"的电子政务，确定并实施优先开展的24个电子政务项目。2003年4月，布什政府又公布了《2003年电子政务战略》，将电子政务建设的重点从目标整合调整为具体信息系统的整合(见图3.2)。2012年，奥巴马政府发布《数字政府：建立一个面向21世纪的平台更好地服务美国人民》的行政指令，确定以大数据应用支撑政务活动开展的政策导向，以此提升社会和公共事业领域的信息化水平。[①]

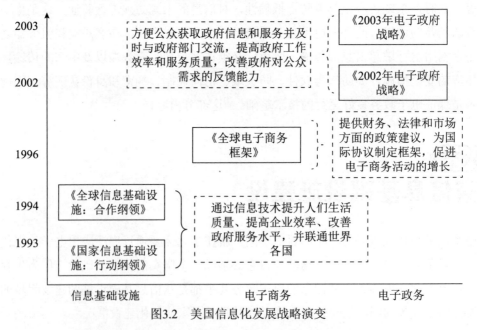

图3.2　美国信息化发展战略演变

Fig3.2　Development strategic evolution of American information

资料来源：黄鹏. 国外信息化发展战略比较研究[A]. 中国电子学会产业战略研究分会第11届年会论文集，2004(8).

---

① 戴鹏. 从国家发展战略看信息化建设[N]. 学习时报，2014-04-07(A6).

2. 欧盟

1999年12月，欧盟提出"电子欧洲"的概念，并推出了为里斯本理事会准备的提案——《电子欧洲：所有人的信息社会》。2000年3月，里斯本理事会制定了"里斯本战略"，宗旨是到2010年把欧盟建设成为全球最具竞争力和活力的知识经济实体。根据"里斯本战略"的要求，2000年6月费拉理事会通过了《电子欧洲2002行动计划》，总体目标是实现欧洲在线。2001年6月，欧盟候选国和欧洲委员会共同出台了专门为促进欧盟候选国信息技术应用而制定的《电子欧洲+2003行动计划》。2002年6月，在《电子欧洲2002行动计划》成功实施的基础上，塞维利亚欧盟理事会颁布了《电子欧洲 2005行动计划》，目标是到2005年底，在实现宽带普遍接入和建成安全信息基础设施的基础上，拥有现代化的在线公共服务(电子政务、电子学习和电子医疗)和更具活力的电子商务环境(见图3.3)。

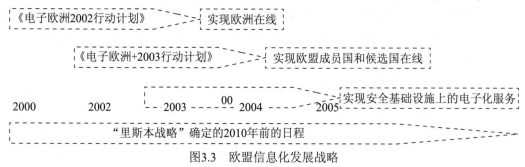

图3.3　欧盟信息化发展战略

Fig3.3　The development strategy of EU information

资料来源：黄鹏. 国外信息化发展战略比较研究[A]. 中国电子学会产业战略研究分会第11届年会论文集，2004(8).

欧盟于2005年推出建设欧盟信息社会2006—2010年战略计划《i2010——建立充满经济增长和就业机会的欧洲信息社会》(简称《i2010战略》)。2011年10月，欧盟委员会通过"连接欧洲通信"项目，用于建设欧洲的高速、特高速宽带网络，并改善数字化服务，实现"欧洲2020战略"中提出的目标。11月30日欧盟委员会又公布了欧盟科研一揽子规划——"地平线2020"科研规划提案。这一为期7年、预计耗资约800亿欧元的规划把信息技术列为重中之重。欧盟从2012年开始实施"电子健康行动计划2012—2020"并在2012年年初修订《数据保护指令》，2012年年中还讨论通过了有关加强电子隐私保护的具体措施。[①]

3. 日本

日本政府在制定信息化战略规划时，通常是先出台战略，再出台短期(通常是年度)规划和具体实施方案，然后根据战略实施情况，出台新的战略及其短期规划和实施方案。2000年11月，日本推出《电子日本战略》，提出日本要力争在5年内成为世界上最先进的IT国家，随后日本推出了两个具体实施计划——《电子日本重点计划》和《电子日本重点计划 2002》。2003年5月，也就是《电子日本战略》实施两年后，信息基础建设基本完

---

① 比特网. 从欧债危机到全面预算管理信息化的崛起[EB/OL]. http://info.chinabyte.com/208/12285708.shtml.

成，日本推出《电子日本战略Ⅱ》，重点是推进信息技术的有效应用，目标是建立健康、安心、感动、方便的无处不在的信息社会。随后日本又推出了具体实施计划——《电子日本重点计划 2003》和《电子日本重点计划 2004》(见图3.4)。[①]日本在内阁设置的IT战略本部2006年1月19日制定《IT新改革战略》，要求2010年前在世界上率先完成依靠IT的改革，自律性地实现日本经济的可持续发展，建设所有人都能够自主地参与社会活动的协调型的IT社会。[②]2007年1月，日本政府经济财政咨询会议提出《日本经济的出路和战略》，再次强调依靠"创造和发展"建设美丽的国家，并强调要实现这一目标，IT必须发挥更大的作用。为此，IT战略本部4月5日制定《IT新改革战略政策纲要》，进一步完善了IT新改革战略的目标和政策措施，明确了2007—2010年的政策重点。[③]为实现《IT新改革战略》和《IT新改革战略政策纲要》的目标，IT战略本部在《2006年e-Japan重点计划》的基础上，2007年7月26日又制定了《2007年e-Japan重点计划》，提出了推动IT改革、尽早建设一个富有创造性和充满活力的可持续发展社会的新目标，其中又提出了"建设世界一流电子政务"的新目标。[④]2009年7月，日本在原有的e-Japan计划、u-Japan计划、新IT改革战略基础上，推出了新一代的i-Japan2015计划。[⑤]

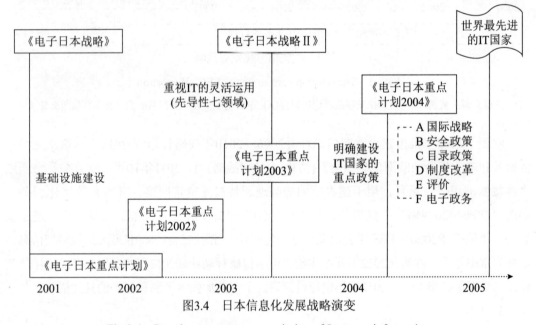

图3.4　日本信息化发展战略演变

Fig 3.4　Development strategy evolution of Japanese information

资料来源：黄鹏. 国外信息化发展战略比较研究[A]. 中国电子学会产业战略研究分会第11届年会论文集，2004(8).

---

① 黄鹏. 国外信息化发展战略比较研究[A]. 中国电子学会产业战略研究分会第11届年会论文集，2004(8).
② 刘昌黎. 日本政府推进信息化发展的政策措施[J]. 日本学论坛，2008(2)：79.
③ 刘昌黎. 日本政府推进信息化发展的政策措施[J]. 日本学论坛，2008(2)：80.
④ 刘昌黎. 日本政府推进信息化发展的政策措施[J]. 日本学论坛，2008(2)：81.
⑤ 李辉，李海丽. 国内外政府信息化建设经验及启示[J]. 信息化建设，2011(4)：30.

4. 韩国

韩国信息化建设可以追溯到20世纪70年代。1978—1986年，韩国先后两次制订了政府行政管理计算机化计划，在1987—1996年又先后两次出台了国家骨干计算机网络计划。此后，韩国政府制定了三个信息化促进主要规划。1996年，韩国公布了第一个《信息化促进主要规划》(1996—2000年)。1999年3月，韩国政府制定《网络韩国21世纪》(1999—2002年)，作为21世纪韩国信息社会的建设蓝图。2002年，韩国政府公布了《2006电子韩国展望》(2002—2006年)，作为未来5年将韩国建成21世纪全球领先者的蓝图。2003年12月，韩国政府根据实际发展情况，对《2006电子韩国展望》进行了调整，制定了新的《2007宽带IT韩国展望》(见图3.5)。2009年9月5日，韩国政府发布《IT韩国未来战略》，决定未来5年内投资189.3万亿韩元(约合15174亿美元)发展信息核心战略产业。

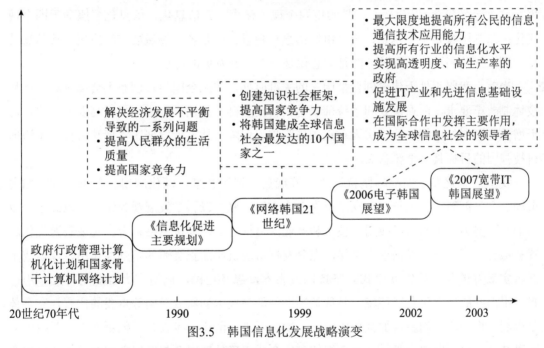

图3.5 韩国信息化发展战略演变

Fig 3.5 Development strategy evolution of South Korean information

资料来源：黄鹏. 国外信息化发展战略比较研究[A]. 中国电子学会产业战略研究分会第11届年会论文集，2004(8).

(二) 国家信息基础设施建设

美国可以说是电子政务起步最早、发展迅速的国家。1992年克林顿就任美国总统时，公开宣布要建设电子政府。1993年美国政府出台了《全国信息基础设施计划》，正式开始全面实施"信息高速公路"建设。经过短短十几年的发展，美国已经具备了良好的信息基础设施：跨洲际、国家和州区的数据通信骨干网已经建成；网络上各种各样的网站在有序、有效地进行；密布全国的电话线路、有线电视线路、无线通信网络使"信息高速公路"顺利延伸到几乎所有有人生存的地方，包括绝大多数家庭和公共场所、各种社会组织；各种现代信息技术得到普遍应用。到2000年底，美国人中使用电脑学习、工作和进行其他日常社会活动的人已经占全部人口的70%。

电子政务所需要的信息基础设施，主要由信息传输网络系统、提供各种信息接入服务和信息内容服务的网站、与信息网络实现连接的各种接入设备、在信息网络实现信息输入输出所需要的信息终端设备和工具(如电脑、数据终端、电视机、电话机等)等构成。这个基础设施应当具有规模适当、结构合理、确保速度、适应未来发展的特点。[①]

二、我国国家信息化建设

国家信息化是指在国家统一规划和组织下，在农业、工业、科学技术、国防及社会生活各个方面应用现代信息技术，深入开发、广泛利用信息资源，加速实现国家现代化的进程。这个定义包含4层含义：一是实现四个现代化离不开信息化，信息化要服务于四个现代化；二是国家要统一规划、统一组织信息化建设；三是各个领域要广泛应用现代信息技术，深入开发利用信息资源；四是信息化是一个不断发展的过程。

当前，我国正处于建设创新型国家的关键时期，按照全国科技创新大会部署和深化科技体制改革要求，前瞻谋划和系统部署重大科技基础设施建设，进一步提高发展水平，对于增强我国原始创新能力、实现重点领域跨越、保障科技长远发展、实现从科技大国迈向科技强国的目标具有重要意义。

我国信息化发展的战略坚持以"统筹规划、资源共享，深化应用、务求实效，面向市场、立足创新，军民结合、安全可靠"为方针。坚持以科学发展观为统领，以改革开放为动力，努力实现网络、应用、技术和产业的良性互动，促进网络融合，实现资源优化配置和信息共享。坚持以需求为主导，充分发挥市场机制配置资源的基础性作用，探索成本低、实效好的信息化发展模式。坚持以人为本，惠及全民，创造广大群众用得上、用得起、用得好的信息化发展环境。坚持把制度创新与技术创新放在同等重要的位置，完善体制机制，推动原始创新，加强集成创新，增强引进、消化、吸收、再创新能力。坚持推动军民结合，协调发展。坚持高度重视信息安全，正确处理安全与发展之间的关系，以安全保发展，在发展中求安全。

当前中国经济社会发展已经步入新常态，国家信息化建设要积极探索新模式、新方法。2014年3月，李克强总理在政府工作报告中首次提出"互联网+"行动计划。报告指出，制定"互联网+"行动计划，推动移动互联网、云计算、大数据、物联网等与现代制造业结合促进电子商务、工业互联网和互联网金融健康发展，引导互联网企业拓展国际市场。"互联网+"这种新模式一经提出便迅速渗透到经济社会发展的各个行业，并呈现良好的发展态势。从这个意义上说，一方面，"互联网+"模式的提出和发展是国家信息化

---

① 赵国俊.电子政务教程[M].北京：人民大学出版社，2010(2)：211-212.

建设的成果，另一方面，"互联网+"又可成为国家信息化建设继续推进的一种新模式、新方法，助力国家信息化建设更进一步。

我国信息化建设在借鉴国外先进发展经验和先进技术的同时，必须立足于我国国情，以"大众创业，万众创新"为契机，积极推动我国信息产业的自主创新，研制自主核心技术，从而为我国信息化建设奠定坚实的技术基础，创建可靠的技术保障。

📽️ 本章小结

电子政务的技术基础是实施电子政务的物质载体和基础。电子政务所需技术主要包括计算机技术、网络与通信技术、服务器和数据库技术，而安全技术则是要保证电子政务高效、优质地运转，从而保证政府健康发展。本章在介绍以上技术的基础上，又重点介绍了我国及世界其他国家的信息化进程以及信息基础设施建设情况。

计算机技术主要包括计算机硬件以及计算机软件技术。从计算机硬件和软件的构成分别介绍了计算机技术，这是掌握电子政务技术的基础知识。网络与通信技术中着重介绍了计算机网络技术，包括Internet的概念以及功能，Intranet与Extranet技术。按照服务器的功能不同，介绍了各类服务器及其应用。在数据库技术部分介绍了数据库的概念，在数据库应用部分介绍了数据仓库以及数据挖掘技术，这些技术是电子政务的核心技术。

📋 关键术语

计算机技术　Internet　Intranet技术　Extranet技术　计算机通信协议　服务器　数据库　数据挖掘技术　数据仓库技术　信息安全　虚拟专用网技术　防火墙　病毒防范　综合网络安全体系　公共基础设施　国家信息化建设　国家信息基础设施

🗂️ 思考题

1. 什么是计算机系统？它由哪些部分构成？
2. 什么是服务器？按照功能划分有哪几类服务器？
3. Intranet指的是什么？它具有哪些优点？
4. 电子政务系统中数据库的作用是什么？
5. 什么是防火墙技术？它的功能是什么？
6. 概述我国国家信息化建设历程。

👤📋 案例分析

龙芯：能否撑起中国CPU的一片蓝天

2002年8月6日，中科院计算所和综艺股份共同投资成立神州龙芯。同年12月，"龙芯产业化联盟"成立，龙芯产业化被提上议程。

此后多年，神州龙芯几乎一直靠国家补贴与特定市场生存，在863计划、973计划、自然科学基金、国家科技重大专项中拿到了大约10亿元。几经浮沉，龙芯建立了产业化基地，取得了MIPS指令集授权，其系列产品也由2002年的龙芯1号拓展到后来的龙芯2C、2E、2F、3A等多个产品系列。

但核心问题仍然只有一个——龙芯的处理器落后英特尔处理器几代，性能根本没有竞争力，而批量太少，价格又低不了，更糟的是，整个社会的PC基础都是建立在Windows基础之上的，龙芯的产品无法兼容，MIPS指令集并不支持Flash、Adobe等软件，由此给龙芯电脑带来的问题是，无法观看视频。

2009年1月，首家"龙芯"产品专卖店正式进军中关村，向公众销售中科龙梦研制的"逸珑"笔记本和"福珑"迷你电脑。不过很快这家专卖店就销声匿迹。

电脑制造商联想和与龙芯同气连枝的中科曙光，并未采用龙芯CPU，至于浪潮信息，2014年从Intel采购24.66亿元芯片，占总采购额35.3%。龙芯未见于公司的采购目录。

如何建设商业生态圈，成为龙芯飞腾的首要问题。首席设计师胡伟武给出的解决方式是联合上下游合作伙伴。他说，龙芯花了很大的精力在软硬件生态的建设和完善上，虽然目前龙芯的研发团队只有400人，但基于龙芯的CPU进行下游解决方案开发的合作伙伴已经有数百家。

特种"龙芯"电脑——航普电子、众达精电

虽然很多国产电脑品牌都已经推出过搭载龙芯的手提电脑和笔记本。但不得不提"装甲电脑"——8公斤重的航普电子推出的龙芯加固便携计算机。这款搭载龙芯3A处理器，运行中标麒麟(基于Linux)的"野兽"专防风雨雷电，另外，航普电子也在生产车载加固计算机以及各类龙芯主板。此外还有众达精电推出的便携式笔记本。

幕后英雄防火墙和交换机——东软集团、锐捷网络

老牌IT服务企业东软集团可以算作龙芯的新朋友。在2015年8月18日龙芯推出的新一代处理器的发布会上，东软宣布将推出采用龙芯处理器的新一代防火墙产品。值得一提的是，Intel是东软的小股东之一，这两个商业对手居然以这样的形式"合作"了一次。

锐捷网络是老牌的交换机生产商，也在最近推出了基于龙芯2H处理器的交换机产品。业内人士称，交换机在全球有大约220亿美元的市场，但是思科和博通两家国外寡头基本垄断了市场。根据锐捷介绍，搭载龙芯的交换机产品已经可以达到国际领先的水平。

我把我"翻译"给你听——海尔、海信

由于Android系统的快速发展，大举占领了智能家电领域，目前中国的智能电视大多数采用的是ARM构架搭配Android系统的解决方案。在这个领域里，龙芯作为一个"插班生"，不仅举目无亲，而且还语言不通。龙芯采用的类MIPS指令集对于Android系统来说不仅是"方言"，简直是"外语"。所以，为了能够兼容Android系统，龙芯采用了二进制翻译技术，简单而言，就是学一门"外语"。

业内人士分析，龙芯将会损失大概20%的性能作为代价。龙芯方案提供商中科梦兰常务副总经理吴少刚表示："Android应用块头比较小，相对于Intel的X86架构，龙芯翻译ARM的指令集相对比较容易。"

目前，海尔、海信等国内一线电视厂商已经采用了龙芯授权制造的芯片实现了量产。

小结

除了政企市场，龙芯在国内自由竞争的芯片市场中没有建立绝对优势地位，但是却在几个特定的行业内开始占有一席之地，这也许可以和其盈亏平衡的财务报表相互佐证。之所以说龙芯变得成熟了，是因为它已经从过去"改变世界"的姿态，逐渐回归到"修身齐家"一步一个脚印的路径上来了。

资料来源：http://cpu.zol.com.cn/537/5371070.html.
　　　　　http://cpu.zol.com.cn/539/5390351.html.

思考问题

1. 我国核心自主技术面临哪些挑战和风险？

2. 我国为什么要自主研发核心自主技术？想成功突围，需要哪些策略？

第四章
电子政务运行基础

电子政务运行是体现电子政务价值的关键，尽管电子政务包含诸多概念层面的含义，但是，从根本上说，电子政务是一种服务手段和行政方式，需要在具体运行基础上发挥应有的功能。电子政务运行基础是指电子政务运行过程中起到关键支撑和载体作用的相关要素，主要包括电子政务运行的各个主体、电子政务运行规划与管理、政府信息资源管理以及一定的外部环境。掌握和分析电子政务运行基础是促进电子政务科学发展的重要路径。

第一节
电子政务的行为主体

电子政务运行是相关电子政务运行主体基于电子政务平台，为寻求实现电子政务服务和管理活动目标，相互作用、相互参与的过程与结果。电子政务运行主体主要包括政府公务员、各类企业、社会公众以及其他主体，如NGO等。并不是所有主体都一定是电子政务运行主体，只有发生在电子政务平台上的主体，才是现实的直接主体，那些没有利用电子政务平台开展活动的主体，只能说是间接主体或者潜在主体，这里说的电子政务运行主体主要是指现实的直接主体。

一、公务员

公务员是电子政务运行最重要的主体。公务员承担着电子政务软硬件建设以及开展电子服务职能。公务员对待电子政务的态度与能力直接影响电子政务建设进程，更影响公众和企业等对待电子政务的态度和能力。据北京美兰德信息公司的调查，北京有78%的公务员错误地把数据、文档等资料认作计算机软件。这说明，当前公务员队伍不仅在计算机技术水平上有待提高，在网络技术、办公自动化技术、电子政务等应用技术上，水平依然较低。许多公务员只会计算机的简单操作，上网也只是看看新闻，不会收发E-mail，不会FTP，不会网上公文处理。大多数公务员对电子政务缺乏系统的了解，不会用计算机处理自己的工作。目前我国公务员整体应用电子政务素养与能力并不均衡。公务员整体队伍庞大，加上参照公务员执行的事业单位工作者，人员更加众多。尽管我国曾经在20世纪80年代就开始进行公务员的计算机能力培训，而且在新入职人员中也积极地开展了计算机应用方面的培训，但是，这些要求与培训和真正具备电子政务应用能力，相去甚远，可以说两者并不是一个概念。据统计，在我国公务员队伍中，能够应用计算机从事电子政务活动的人员90%处在45岁以下的年龄段，而且，东西部地区公务员之间素质差距更大，行业间差距也很大。这就使得我国公务员队伍素质与电子政务发展趋势和群众要求之间，存在着很大的差距，需要公务员队伍全面提升电子政务能力，特别是目前在主要岗位上起到决策作用的领导者，更需要在态度、意识和实际工作中积极推行电子政务。

我国公务员进行电子政务业务与能力培训已经被写入公务员年度培训计划中。2006年，北京美兰德信息公司对北京市公务员科学素养状况调查显示，虽然公务员的科学素养高于北京市公众，但科学知识自我更新的实际水平相当低，其中互联网应用水平只有32.5分，公务员上网率只有54.2%，经常上网率只有17.4%，45.7%的公务员"从未上过网"。由此可见，推行电子政务的最大障碍，是公务员缺乏培训，缺乏技能和知识，不懂得怎样做好电子政务。为进一步提高公务员在推进国民经济和社会信息化建设中的领导和管理水平，强化其运用信息技术与资源的能力，推进电子政务建设，根据中共中央办公厅、国务院办公厅转发《国家信息化领导小组关于我国电子政务建设指导意见》(中办发[2002]17号)和中共中央组织部、人事部、国务院信息化工作办公室《关于开展信息化与电子政务培训的通知》(组通字[2003]1号)精神，决定在全国公务员中开展信息化与电子政务培训。培训内容是：信息化与电子政务基础知识；我国电子政务建设的指导思想、建设原则、主要目标和任务；电子政务工程的组织领导与管理；信息安全在信息化建设中的地位、作用；计算机应用技术及网上办公实务等。培训对象包括：各级国家行政机关的公务员和依照公务员制度管理的单位中的工作人员。

2005年，我国制定出台了《国家公务员信息技术与电子政务应用能力培训大纲(试行)》，明确提出具体任务；电子政务工程的总体框架；电子政务工程在信息化全局中的地位和作用；电子政务工程和电子商务、电子社区的区别联系；电子政务工程和政府工作效率的提高；政府服务功能的加强和政务公开化；政府决策的科学化；信息安全的重要性和实现手段(包括应急系统、数字签名、审计、鉴别、抗抵赖、安全数据库、安全协议、安全与密钥等)；"三网一库"的结构和"政务内外网"的结构。

电子政务对公务员的素质要求着重体现在以下几个方面。[①]

(1) 牢固树立"服务观"。在电子政务的实施中，国家公务员要代表政府与公民在网上平等地对话与交流；互动式、信息共享、公开交流，人的地位趋于平等。而且，电子政务的最终目标是为社会提供全面、便捷的公共服务。所以，公务员首先要转变观念，由"官本位"的行政观转向"民本位"的行政观，牢记全心全意为人民服务的宗旨。一切工

---

① 马林艺，黄兴江. 试论电子政务及其对公务员的基本要求[EB/OL]. http://sjz.hebds.gov.cn/dsfc/sjzds/2008/3/200812/t20081231_27390.html.

作为人民，加强处理政务的事业心和责任心。

(2) 掌握过硬的行政知识。集成化、模块化、一体化、一站式的在线服务，要求行政人员要不断更新知识，改善知识结构，增加知识存量，改变"单打一"的思维方式和工作方式，提高反应能力、判断能力、应变能力和综合分析能力、处理问题的能力，适应开放透明的网上行政环境。

(3) 具有较强的信息处理能力。电子政务的实质是信息技术与政务活动的结合，这就要求各级、各类公务员要掌握一定的信息处理技术和有较高的信息管理能力。这种能力主要包括对信息的感知力、洞察力、分析力、概括力，能够对各种信息有敏锐的感觉，深刻的洞察，将复杂纷繁的各种信息加以鉴别、分析、处理，从中概括、提炼、归纳、总结出信息的利用价值，挖掘出信息的潜在价值，合理地利用信息。

(4) 要有熟练的计算机应用能力。对计算机的硬件、软件有足够的了解，对应用软件熟练掌握，熟练操作，能在网上进行政务活动。

(5) 要有较全面的通信和网络知识。比如对当前我国政府力推的"三网一库十二金"，对通信网络技术概念、网络语言、符号等要有了解。

这些培训的要求是很细致的、具体的，公务员如果能够认真培训，切实提高电子政务应用能力，对电子政务发展是十分重要的。但从另外的角度看，仅仅对公务员进行技术培训还是不够的，至少是不全面的，还需要转变公务员对电子政务的认识，从思想观念上牢固树立电子政务必然伴随行政管理体制和模式变革的准备、推进电子政务服务社会公众、降低行政管理成本的心理认知。

二、企业

企业是电子政务运行的重要参与主体之一。市场经济越活跃，政府管控越透明，企业与政府之间在电子政务平台上的交叉就越多。现在，很多政府面向企业的服务或者需求，都是可以通过电子政务平台实现的。所谓的政府对企业的电子政务，是指政府通过电子网络系统地进行电子采购与招标，精简管理业务流程，提高办事效率，方便快捷地为企业提供各种信息服务，减轻企业负担，促进企业发展。因此，企业在计算机应用方面的能力素质对电子政务发展至关重要。首先，政府推行电子政务服务是为了降低行政成本，降低社会成本，进而提高政府服务企业的效率。其次，政府开展电子政务服务，也要求企业自身要具备相应的能力和素质，特别是要配备专业管理人员，更好地接受政府提供的电子政务服务。最后，企业还可以有目的地进行电子政务公关，引导政府通过电子政务进行企业商品或服务的消费，实现企业效益。

目前，企业参与电子政务的渠道和方式主要包括以下几个方面。[①]

---

① 中国电子政务网. 政府信息化的发展方向[EB/OL]. http://www.e-gov.org.cn/news/news007/2010-08-09/109695.html，2010.

(1) 电子采购与招标。政府通过网络公布采购与招标信息，为企业特别是中小企业参与政府采购提供必要的帮助，向他们提供政府采购与招标的有关政策和程序的信息，使政府采购与招标成为"阳光作业"，减少徇私舞弊和暗箱操作，降低企业的交易成本，节约政府采购与招标支出。

(2) 电子税务。使企业通过政府税务网络系统，在家里或企业办公室就能完成税务登记、税务申报、税款划拨、查询税收公报、了解税收政策等业务，既方便企业，也减少政府的开支。

(3) 电子证照办理。让企业通过因特网申请办理各种证件和执照，缩短办证周期，减轻企业负担，如企业营业执照的申请、受理、审核、发放、年检、登记项目变更、核销统计证、土地和房产证、建筑许可证、环境评估报告等证件、执照和审批事项的办理。

(4) 信息咨询服务。政府将拥有的各种数据库信息对企业开放，方便企业利用。如法律法规章政策数据库，政府经济白皮书，国际贸易统计资料等信息。

(5) 中小企业电子服务。政府利用宏观管理优势和集合优势，为提高中小企业国际竞争力和知名度提供各种帮助，包括为中小企业提供统一的政府网站入口，帮助中小企业同电子商务供应商争取有利的能够负担的电子商务应用解决方案等。

可见，企业利用电子政务平台可大展身手，企业也将在利用电子政务过程中，更好地提高经济效益，如电子纳税、电子采购等，节约了企业人力资源，提高了企业诚信和经营透明度。

企业参与电子政务建设主要包括两方面：一方面是利用电子政务，与政府和公众之间进行商务活动或者社会活动，即G2B或者B2C；另一方面企业也是提供电子政务技术与设备、进行网络供应与维护的主要力量，没有强大的网络通信与信息技术研发与制造企业，就不会有安全可靠的电子政务。

我国电子信息制造业在"十三五"期间有五大发展重点：一是突破核心关键基础技术；二是促进产业链融合配套发展，优化产业空间布局；三是提升产业支撑国家战略保障能力；四是加快发展信息安全产品；五是加强产业国际化布局，全面提升产业国际话语权。

要突破我国信息产业核心关键技术，应该采取鼓励提升电子信息企业创新研发投资强度的税收政策，制定政策引导国内企业加强核心零部件产品的自主创新能力等。中国科学院微电子研究院所长叶甜春表示，中国的高端芯片、制造装备、工艺与材料依赖引进，受制于人，必须像解决钢铁问题一样，解决"中国芯"的问题，以支撑中国未来30年的发展。

"棱镜门"事件之后，各国高度重视信息产业在国家安全中的重要作用，综合运用经济、政治、外交等各方面的手段和资源，强化产业自主研发和产业化能力。一方面，美国出于国家安全因素对我国通信设备产业的制裁，在未来一段时间还将成为各国压制我国电子信息领域发展的主要手段，这意味着我国已具备国际竞争力的电子信息产业将面临信息安全因素的壁垒。另一方面，信息安全形势日益严峻也要求我国尽快摆脱长期以来在上游关键材料和重要设备领域受制于美日欧等发达国家的现象，快速提升较为薄弱的电子基础产业的核心竞争力，建立和完善自主可控的信息产业体系。[①]

企业是电子政务运行主体，这一观点体现在不同方面，当前来看，需要企业适应电子政务发展模式，接受政府的管理和服务。同时，企业更应该切实提高信息产业竞争力，特别是开发自主核心技术和国际知名度，成为国际信息产业的主要参与者，企业与政府基于电子政务共同发展的需要，密切合作，才能相得益彰，共同促进中国电子政务不断飞跃。

三、社会公众

广大社会群众是电子政务应用的主要群体，也是政府进行电子服务的主要对象，公众的认知程度、使用能力、反馈意见对政府改进电子政务，具有重要影响。这里的社会公众是指除了政府、企业以及NGO等组织外，参与社会活动的社会群体。它具有存在的独立性、形式的分散性、行动的默契一致性、活动的社会性等特点。

在电子政务活动中，政府与社会公众(G to C)关系，是指政府通过电子网络系统为公民提供的各种服务[②]，具体包括以下几方面。

(1) 教育培训服务。建立全国性的教育平台，并资助所有的学校和图书馆接入互联网和政府教育平台；政府出资购买教育资源，然后提供给学校和学生；重点加强对信息技术能力的教育和培训，以适应信息时代的挑战。

(2) 就业服务。如开设网上人才市场或劳动力市场，提供工作职位缺口数据库和求职数据库信息；在就业管理部门所在地或其他公共场所建立网站入口，为没有计算机的公民提供接入互联网寻找工作职位的机会；为求职者提供网上就业培训，分析就业形势，指导就业方向。

(3) 电子医疗服务。通过政府网站提供医疗保险政策信息、医药信息、执业医生信息，为公民提供全面的医疗服务，公民可通过网络查询自己的医疗保险个人账户余额和当地公共医疗账户的情况；查询国家新审批的药品的成分、功效、试验数据、使用方法及其他详细数据，提高自我保健的能力；查询当地医院的级别和执业医生的资格情况，选择合适的医生和医院。

(4) 社会保险网络服务。通过电子网络建立覆盖地区甚至全国的社会保险网络，使公民通过网络及时全面地了解自己的养老、失业、工伤、医疗等社会保险账户的明细情况；通过网络公布最低收入家庭补助；还可以通过网络直接办理有关的社会保险理赔手续。

(5) 公民信息服务。使公民得以方便、容易、费用低廉地接入政府法律法规规章数据

---

① 丁文武. 加快发展电子信息产业进一步提升产业核心竞争力[EB/OL]. http://cyyw.cena.com.cn/2014-07/15/content_232815.htm，2014.

② 中国电子政务网. 政府信息化的发展方向[EB/OL]. http://www.e-gov.org.cn/news/news007/2010-08-09/109695.html，2010.

库；通过网络提供被选举人的背景资料，促进公民对被选举人的了解；通过在线评论和意见反馈了解公民对政府工作的意见，改进政府工作。

(6) 交通管理服务。通过建立电子交通网站提供对交通工具和司机的管理与服务。

(7) 公民电子税务。公民个人通过电子报税系统申报个人所得税、财产税等个人税务。

(8) 电子证件服务。居民通过网络办理结婚证、离婚证、出生证、死亡证明等有关证书。如建立电子身份证与居民在册信息系统，可以帮助政府对每个居民实行不分地区、不分单位的高效管理，以解决由农村人口大量涌入城市、城市人口流动性增加所引起的原来户籍管理制度与新形式之间的矛盾。

目前，我国公众参与电子政务活动仍存在很多问题，如公众参与意识较低，公众普遍应用电子技术能力较差，基础设施分布不均衡，政府网络反应能力不积极等。

公众参与是政府网站体现民主、加强舆情引导的重要依据。但长期以来，我国政府网站缺乏群众参与的互动和交流。国脉互联在《2010年国务院组成部门政府网站绩效评估总报告》中指出，中央部委网站的公众参与总体处于较低水平，虽然各网站开辟了互动交流渠道，但由于互动渠道不畅通、反馈不及时、答复率较低等问题，公众参与效果较差。据UNDESA调查，我国电子政务的电子参与度指数[①]不高，在亚洲地区，落后于韩国、日本、新加坡、马来西亚等国家。

同时，我国政府电子政务在线服务层次不高，对网民诉求的反应能力较慢。据调查，我国的地市级网站中，通过网络提供的服务功能不到其职能的10%，没有一家能通过网络提供全程式服务。据中国互联网信息中心(CNNIC)2010年报告显示，我国仅有不足0.3%的互联网用户使用过电子政务服务，这与我国电子政务服务水平不高有很大关系。根据2010年UNDESA调查显示，我国政府网站在第三、四阶段(业务办理阶段和互联互通阶段)的得分远低于第一、二阶段(萌芽阶段和提升阶段)的得分，这表明我国电子政务在线服务层次不高，与真正实现"在线办事"的目标存在很大差距。[②]2013年，我国各省市网民规模均有一定幅度增长，中国大陆31个省、直辖市、自治区中网民数量超过千万规模的省份已达25个，网民普及率超过全国平均水平的省份达13个，相比2012年增加了青海和河北两省，网民普及率分别为47.8%和46.5%。截至2014年6月，我国网民规模达6.32亿，半年共计新增网民1442万人，互联网普及率为46.9%，较2013年底提升了1.1个百分点；截至2014年12月，我国网民规模达6.49亿，全国共计新增网民3117万人，互联网普及率为47.9%，较2013年底提升了2.1个百分点；而截至2015年6月，我国网民规模达6.68亿，半年共计新增

---

① 注：电子参与度指数(E-Participation Index)是一个复合指标，包括评估政府网站信息公开的电子信息(E-Information)指标、政民互动的电子咨询(E-Consultation)指标，以及评估电子政务对政府决策支持的电子决策(E-Decision-making)指标。电子参与度指数用于衡量电子政务环境下政府工作流程和决策执行与公众的互动程度，以及公众参与和发挥民主化建设的程度。

② 肖拥军，姚磊，李宏伟. 我国电子政务发展研究[J]. 中国信息界，2012.

网民1894万人，互联网普及率为48.8%，较2014年底提升了0.9个百分点，整体网民规模增速继续放缓。

现在随着网民规模的增长已经进入平台期，个人生活方式受到互联网进一步深化的影响，从基于信息获取和沟通娱乐需求的个性化应用，发展到与医疗、教育、交通等公共服务深度融合的民生服务。同时，随着"互联网+"行动计划的制度出台，互联网将带动传统产业的变革和创新。未来，在云计算、物联网及大数据等应用的带动下，互联网将加速农业、现代制造业和生产服务业转型升级，形成以互联网为基础设施和实现工具的经济发展新形态。

可见，我国社会公众参与电子政务需要在各方面继续改进和提高，如果没有公众的参与、没有广大网民互动，我国电子政务建设就会出现华而不实的问题，变成不能解决公众问题的电子政务、不能为公众提供便捷电子服务的网络平台，只能是毫无价值甚至是浪费至极的摆设。

四、其他主体

电子政务是一个多主体互动应用平台，除了政府、企业和社会公众，还有诸多其他主体，如非政府组织(NGO)。

非政府组织是英文Non-Governmental Organizations的意译，英文缩写为NGO。20世纪80年代以来，人们在各种场合越来越多地提及非政府组织(NGO)与非营利组织(NPO)，把非政府组织与非营利组织看作在公共管理领域作用日益重要的新兴组织形式。"非政府组织"一词最初是1945年6月26日在美国旧金山签署的联合国宪章第71款使用的。当时主要指那些在国际事务中发挥中立作用的非官方机构，如国际红十字会、救助儿童会等，后来成为一个官方用语被广泛使用，泛指那些独立于政府体系之外具有一定公共职能的社会组织。1995年，北京举办第四届世界妇女大会，因同期举行的"世界妇女非政府组织论坛"，而使"非政府组织"一词在中国推广开来。

非政府组织是独立于政府体系之外的具有一定程度公共性质并承担一定公共职能的社会组织，这些组织活跃于人类社会生活的各个领域和层面，其形式、规模、功能千差万别，但一般都具有非政府性、非营利性、公益性或共益性、志愿性4个方面的基本属性。[①]

从20世纪初开始，中国一些具有现代特点的非营利组织逐渐出现。改革开放以来，我国非政府组织发展迅速，目前数量已达300万家，据民政部门的统计，到2007年底，全国登记注册的社会组织总数达38.69万家。在互联网时代，非政府组织要在网络动员中发挥作用必须依赖于其互联网的应用能力。根据调查显示，在互联网普及方面，85.93%的中国

---

① 凤凰网. 非政府组织的兴起与概念界定[EB/OL]. http://news.ifeng.com/mainland/special/2010lianghui/redianjiedu/shiyedanweigaige/detail_2010_03/13/825149_0.shtml，2010.

非政府组织拥有自己专用的计算机，其中使用互联网的占绝大多数，达96.33%。在使用互联网的非政府组织中，通过ADS宽带和局域网访问互联网的分别为79.68%和13.02%，有67.62%的组织拥有自己域名的正式网站，但拥有专职计算机管理人员的仅占31.11%。[①]

在网络服务项目的使用情况方面，中国非政府组织电子邮件的使用率，通过即时信息工具进行交流的比率，利用软件工具或者数码相机制作过图像、制作过视频、传过图像的比率以及对网络音频或视频资料的利用率都比较高，分别为90.79%、87.30%、85.71%、73.02%。在使用互联网的非政府组织中，半数以上拥有自己的论坛、社区或通告版(BBS)。但是，中国非政府组织在博客、利用网络组织会议、维基工具等方面的利用率比较低，分别为45.71%、51%、14.29%。在评价自身对互联网的应用能力时，认为优秀的达41%，认为良好的占51%，认为尚待改进的占8%。其中，38%的非政府组织认为提供计算机综合使用培训是最为重要的一项需求，34%的非政府组织认为提供网站开发服务是最为重要的一项需求。[②]

由此看来，我国非政府组织在互联网硬件配套和普通功能应用上都表现出较好的应用能力，但是，在一些新兴互联网技术和功能上还存在利用不足的问题，这从一定程度上反映出我国非政府组织对互联网技术的敏感度还比较低，这也限制了我国非政府组织利用互联网新媒体展开理念传播和行为倡导的能力。[③]

一般来说，我国非政府组织利用电子政务平台，可以开展以下行动。

第一，利用互联网影响政府政策。首先，促使建立政府政策议程。非政府组织通过互联网发布信息，倡导利益诉求，动员公众广泛讨论，扩大信息的影响力，通过互联网引导社会动员舆论导向，从而获取政府关注，使所倡导的问题进入政策议程。其次，影响政府政策方案的制定和选择。非政府组织的一项重要功能是反映和代表特定群体的利益需求，为政府有关部门的公共政策提供决策、参考与咨询。最后，非政府组织还在动员中对政府政策的执行形成有力的监督。

第二，在网络空间中展开与公众的信息互动，影响网络舆情，推动公众参与动员。互联网作为一种极其重要且发展迅速的新媒体，其作用在于能够促使舆论的形成，因为在媒体形成之前，公众事先是处于一种无知状态，当媒体将某些方面的信息告知公众之时，公众才会对某些问题有所反应。[④]

[①] 数据来源于NGO发展交流网官方网站2009年3月23日发布的由美国麻省理工学院新媒体行动实验室发起，由NGO发展交流网，中国科技大学、广州中山大学公民与社会发展研究中心、北京自然之友共同参与的中国大陆地区公益组织互联网使用情况调查报告《中国公益组织互联网使用情况分析(一)》。

[②] 数据来源于NGO发展交流网官方网站2009年3月23日发布的由美国麻省理工学院新媒体行动实验室发起，由NGO发展交流网，中国科技大学、广州中山大学公民与社会发展研究中心、北京自然之友共同参与的中国大陆地区公益组织互联网使用情况调查报告《中国公益组织互联网使用情况分析(一)》。

[③] 杨菁，申小蓉. 网络动员中中国非政府组织作用研究[J]. 电子科技大学学报(社科版)，2010(12)：63-65.

[④] 谢岳. 大众传媒与民主政治[M]. 上海：上海交通大学出版社，2005：75.

第三，在社会动员中利用互联网平台与其他实体组织展开沟通与协作。"任何一个组织的经营活动都离不开与周围环境的联系，它的生存与绩效通常都依赖于和其他组织的关系"。[①]

政府电子政务规划与管理

一、电子政务规划概述

(一) 电子政务规划的含义

电子政务的规划是指政府高级管理层和高级信息管理层，从全局出发，以政府自身和社会长远目标为目的，以政府的核心工作和关键问题为重心，把握信息技术的基本发展方向，为政府系统确立整体建设目标、战略和资源计划。简而言之，电子政务规划，就是指将政府的发展战略和目标转化为电子政务系统目标，发展战略的过程(见图4.1)。[②]电子政务规划不仅是电子政务建设得以顺利实施的前提条件，它也为监理工作提供了可操作的指标和依据。电子政务的规划可以促进电子政务健康发展，它具有综合性、系统性、变革性和可持续性的特点。

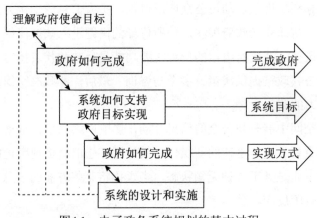

图4.1 电子政务系统规划的基本过程

Fig 4.1 The basic process of e-government system planning

资料来源：王琰，徐玲.电子政务理论与实务[M]. 北京：清华大学出版社，2004：230.

---

① OLIVER C.Determinants Interorganizational Relation-ships: Integration and Future Directions[J]. New Youk Academy of Management Review，1990，15(2)：241-265.

② 王琰，徐玲.电子政务理论与实务[M].北京：清华大学出版社，2004：230.

(二) 电子政务规划的主要步骤

电子政务规划，大致可以分为如下环节。

(1) 明确政府的使命。确认政府的核心价值和基本目标。

(2) 确认政府发展战略和目标。政府战略是动态的，但在一定时期内具有相对稳定性。

(3) 明晰政府组织的业务及管理变革策略。明晰政府当前组织架构和结构调整方式。

(4) 识别政府的核心工作和关键要素。能够在政府业务流程中知道管理流程的关键节点。

(5) 确立电子政务系统发展目标和资源战略。

(6) 描绘系统总体结构和系统各部分的逻辑关系。这需要政府专业人员梳理，具有很强的专业性。

(7) 分析和把握系统的关键性能。

(8) 选择和确认系统的基本技术的实现方式。[①]

(三) 电子政务规划的指导原则

1. 规范化是其基本尺度

电子政务规划具有层次之分，中央政府和地方各级政府规划任务也不尽相同，政府与其职能机构的规划任务也有差别。这种客观上的分层特别容易造成各自为政的现象。政府之间、政府部门之间的各种系统势必难以兼容，信息资源难以共享。因此在进行电子政务规划时，必须以规范化和标准化作为基本尺度，主要体现在两个方面：其一是政府业务过程要标准化、规范化；其二是电子政务共性职能模块如人事、财务、文档、采购管理等要标准化。但应当避免由某个公司、某项技术主导电子政务的方向、目标或者标准。

2. 公众需求是其出发点和最终目标

电子政务规划就是为了体现和符合电子政务的基本目的，使政府能够更好地为公众服务。在规划中以公众需求为出发点和最终目标绝不是空谈。它一定是公平和效率之间关系处理的相对协调，可以大大降低信息的不对称性。规划的重点要逐渐转移到社会网络基础设施建设、行政服务项目建设、信息服务项目建设、社区服务体系建设等多方面，只有社会公众在电子政务系统中受益，电子政务才能体现出价值。

3. 总体规划，小步快走，分步实施

电子政务建设的基本目的就是通过网络等技术手段建立一个信息互通、共享，高效有序、服务优质的新型政府机制，如果缺乏整体规划，在政府之间、政府与社会之间则会继续维持信息孤岛的状态。电子政府会变成更加封闭的政府。整体规划就是通过制定统一的发展政策、确定统一的建设发展规则、实行统一的信息标准等一系列措施，从而使管制型政府向服务型政府转变。政府自身的特点决定了电子政务系统建设具有结构复杂、投资风险大、建设周期长等特征。因此，必须遵循"总体规划、小步快走、分步实施"的发展战

---

① 王琛，徐玲.电子政务理论与实务[M]. 北京：清华大学出版社，2004：232.

略，才能够使电子政务系统建设健康发展。

4. 正确的发展方向是基本的规划准则

将以管制、权威和高度集中为特征的政府，通过电子政务的建设过程，转变为以服务为本、信息咨询为主、调控和监控维护、权力有限、接受监督的政府，这是我国电子政务系统发展规划的一个基本选择。除此之外，要避免重"电子"轻"政务"的思想，当前是一个信息技术更新换代极快的时代，技术设施投入是不断连续增加的过程，一味追求新技术是永远不会得到满足的。因此，在电子政务规划中确立正确的发展方向，是其基本的规划准则。

二、电子政务系统设计

(一) 电子政务系统设计的定义

电子政务系统设计与电子政务系统规划是一个连续的过程。电子政务系统的设计是在对电子政务系统的整体建设目标、战略和资源计划进行规划后，在总体结构和系统内各部分的框架内，为建设具体的电子政务系统而进行包括调查研究、系统分析在内的一种有目标和计划的设计行为。

(二) 电子政务系统的需求分析

1. 网站功能需求

网站需要完成的功能主要包括建立电子政务系统的外网建设生成平台、网站内容管理平台和网站信息发布平台。在网站的整体搭建过程中，主要包括支持用户组的不同用户级别，给不同用户分配浏览、操作的不同权限，实现网站群和子网站的管理和信息共享，对多类型栏目的管理，自由组织定义信息字段，实现大信息量的分页和多图管理等功能。

2. 网站安全需求

电子政务应用涉及许多保密信息，这些信息都在不同程度上关系政府的正常运转和广大人民群众心中的地位，如果这些信息一旦失真或被内部人员、不怀好意之人、黑客和政治间谍窃取将有可能导致严重的后果，网站的安全问题成为重中之重。

3. 可用性需求

电子政务系统会最大限度地考虑政府门户网站的可用性和实用性，会充分保护和利用现有信息资源，整合各类资源，以现行需求为基础，重在应用、使用，充分考虑发展的需要，确定系统的建设步骤和规模。

4. 可管理维护性需求

网站在运行过程中，主要涉及两个客体：网站访问者和网站的管理维护者。对于网站的访问者，开发易用、易浏览的网页和界面极为重要；对于网站的管理维护者，网站的后台管理同样重要，因此，要不断提高技术水平，降低管理维护者的操作难度，使网站易于操作和管理。

三、电子政务项目管理

(一) 电子政务项目管理概述

电子政务项目管理主要是指在规划和实施电子政务项目建设过程中，涉及的建设项目应由谁来主管、如何管理、管理什么以及采取的具体管理手段等。在一定时期内，采用什么样的管理方式，能够体现出政府电子政务项目的治理水平和能力。2007年9月1日开始生效实施的、由国家发改委发布的《国家电子政务工程建设项目管理暂行办法》，尽管是以中央财政性资金安排投资的电子政务建设项目，但是，在相关管理规定方面，对地方电子政务项目建设也具有指导作用。其中明确规定：项目建设单位是指中央政务部门和参与国家电子政务项目建设的地方政务部门。项目建设单位负责提出电子政务项目的申请，组织或参与电子政务项目的设计、建设和运行维护。项目审批单位则是国家发改委，由发改委会同有关行政部门负责实施管理。

(二) 我国电子政务工程建设项目存在的问题

国家有关部门对我国电子政务工程建设项目进行检查后发现：不少政务部门对电子政务的本质及其全局性、创新性和渐进性的认识不足，重建设轻应用、重技术轻管理，盲目建设、互相攀比、贪大求洋的现象普遍存在。特别是在深化行政管理体制改革的大背景下，个别部门把信息化当成了固化职能分工、拓展工作范围的手段，把目前政府机构职能交叉、多头管理的矛盾又搬到了网络空间，并用信息化手段加以固化，这些都是造成当前电子政务项目重复投资、重复建设、设施利用率不高、投资效益低下等问题的重要原因。

(三) 电子政务项目审批程序必须严格规范

电子政务工程属政府直接投资项目，按照《国务院关于投资体制改革的决定》，对这类项目总体上应从规范审批程序角度做出严格规定。即：电子政务项目原则上要严格履行立项、可研、初设三道审批程序，为降低政府投资风险、提高投资效益把牢审批关；要坚持三个审批环节都要有第三方评估机构评估论证制度，目的是提高政府信息化投资项目决策的科学化水平。同时，对一些中央要求急办且投资规模较小的项目可按简化程序处理。比如对投资在3000万元以下的电子政务项目可考虑只审批可研(代建议书)和初设。对中央和地方政府共建的国家电子政务工程项目，采取中央整体批复立项，中央、地方分别编制、分头审批项目可行性研究报告和初步设计及概算的做法。

(四) 电子政务项目要加强立项前期的工作安排

当前电子政务项目建设中普遍存在需求分析不到位、系统边界不清晰、总体架构不合理等问题，针对这些问题，应从提高项目决策水平、审理质量和审批效率出发。管理办法规定，项目建设单位在编制项目建议书阶段应先开展充分的需求分析研究工作，并按要求编制需求分析报告，报项目审批部门送专家组咨询提出意见，为编制项目建议书奠定扎实的基础。需求分析报告和专家组的咨询意见将作为审批项目建议。

(五) 电子政务项目招标采购的法律依据

政府采购法规范的是项目建设中的采购行为，招投标法则明确了采购中应遵从的行为规则，都是电子政务项目建设应贯彻执行的。电子政务项目采购货物、工程和服务应按照招标投标法和政府采购法的有关规定执行，并遵从优先采购本国货物、工程和服务的原则。具体包含三层意思：一是电子政务工程使用财政性资金购买项目建设所需的货物、工程和服务，所以无论采购主体是谁，均应执行国家对政府采购的有关规定；二是采购中的招标、投标应按照国家招投标法及有关规定执行；三是应优先购买本国货物、服务和工程。

(六) 电子政务工程监理

电子政务工程监理主要针对使用中央财政性资金、获得国家有关工程建设审批部门批准立项、实施建设的电子政务工程建设项目，依照有关文件要求实行工程监理制。在电子政务工程建设中，实施工程监理制，就是为了实现以下目标和作用：建立规范的检查和评估制度，加强工程的全过程管理；把握政策的导向，规范项目建设过程；加强工程的全方位管理，确保工程建设目标的实现；采用进度控制技术方法和手段，实现工程进度目标；正确运用风险管理方法，降低工程建设风险；建立沟通联络机制，提高工程发现问题的处理效率；规范项目资金使用和管理，保证项目通过后审计；严格执行国家电子政务建设的相关法规，保证工程顺利通过竣工验收。

第三节
电子政务信息资源管理

一般认为，政府是最大的信息创制者、采集者、使用者和发布者。国外成功实施电子政务的国家无不重视政府信息的公开，在法律中明确规定获取政府信息是公众的一项权利。我国也公布了《中华人民共和国政府信息公开条例》。所以，只要是不涉及国家机密的所有政策、决策，都应该通过政府网站在第一时间向全社会公开，切实保障人民群众对政府工作的知情权。

一、政府信息资源管理概述

(一) 政府信息资源管理的定义

政府信息是一切产生于政府内部或虽然产生于政府外部却对政府业务活动有影响的信息的统称。政府信息资源是指政府中与信息采集能力、信息处理能力、信息利用能力以及信息交流能力有关的一切资源，包括政府信息、人员、设备、资金及技术。如此庞大的政府信息资源需要进行管理。政府信息资源管理(Government Information Resources Management，GIRM)指的是与政府信息资源开发和利用有关的决策、计划、预算、组织、指导、培训和控制等活动，特别是与信息内容及其有关的资源管理。[①]

(二) 政府信息资源的来源和类型

1. 政府信息资源的来源

政府在行使职能时会以各种方式与社会的方方面面产生直接或者间接的联系，因此就会产生大量的政府信息。这些信息会比一般的信息资源更有价值，也更可信，它直接关系国民经济与社会发展的状况和水平。记录管理是信息资源管理的起源，它对组织过去一段时间内的职能、决策、运作等活动和未来所做安排和计划等信息进行记录。当前，网络信息资源是政府信息资源的另一重要来源。网络信息资源是指通过计算机网络可以利用的各种信息资源的总和。具体地说，它是指所有以电子数据形式把文字、图像、声音、动画等多种形式的信息存储在光、磁等非纸介质的载体中，并通过网络通信、计算机或终端等方式再现出来的资源。

2. 政府信息资源的类型

由于政府信息资源涉及面宽泛，内容错综复杂，这决定了政府信息类型的多角度和多层次的特点。由于政府信息资源的划分依据不同，其划分结果也不同，下面是根据不同划分方法对政府信息资源进行归类。

从政府信息产生来源分类，可以将政府信息划分为内部信息和外部信息。内部信息是指政府内部产生的信息，如文档、软件、数据等；外部信息是指从政府外部获取的信息，如各种文献资料、数据库、互联网等信息。

从政府信息的开发程度分类，可以将政府信息分为公开性信息资源、政府内公开的信息资源。公开性信息资源是向全社会成员公开传播的信息资源，传播渠道包括报纸、杂志等纸质媒体和广播、电视、互联网等电子媒体。政府内公开的信息资源是指在一定组织、范围和群体中公开的信息资源，如内部通知、文件、规章、日常事务管理和活动信息等。

从政府信息的产品形态分类，可以分为印刷型信息资源、电子信息资源、网络信息资源。印刷型信息资源是指包括各种文件、文档、笔记等印刷品，如图书、报纸、期刊、杂志等。电子信息资源是指在工作中产生的电子文档，如工作报告等。网络信息资源是指综合性门户网站、政府网站等。网站信息资源是超大型的综合性信息资源产品，同时网络作为资源平台的功能也能提供多种信息服务。

(三) 政府信息资源的应用原则

政府信息资源是政府在履行职能过程中产生或使用的信息。它在实际应用中应遵循

[①]　孟庆国，樊博. 电子政务理论与实践[M]. 北京：清华大学出版社，2006：92.

以下原则：实用性原则、去伪存真、去粗取精原则、时效性原则、价值原则、特色化原则。

(1) 实用性原则是指从政府网站的任务和公民的信息需求出发，规划、选择、搜集、整序和组织管理政府信息资源，这一原则要求对政府信息资源从数量、质量和体系结构等方面不断进行评估。

(2) 去伪存真原则是指保证政府信息的可靠性和可用性，政府信息应能够准确地反映现实、实事求是地表达客观情况。

(3) 去粗取精原则是指通过有效地信息过滤方式，剔除无用的或多余的信息。

(4) 时效性原则是指信息资源具有很强的时效性，更是深受自然时空和社会环境的双重制约，过时的或者错位的政府信息必然会降低或失去其使用价值。

(5) 价值原则是指为了服务于行政战略需要和社会发展需要，把与某一决策目标相关的信息集中起来，对信息分门别类地做出各有侧重、有所针对的优化，甄别信息的优劣，以获取决策所需要的最有效、最可用的信息。

(6) 特色化原则是指政府信息资源中有独具特色的资源，某一政府网站的信息资源整体上具有特色，信息资源建设要适应政府在地区、系统和级别上的不同。

二、电子政务信息资源管理方式

(一) 信息整合

1. 政府信息整合的含义

政府信息整合是政府信息资源管理的基础，指政府机关的公共信息管理人员，根据政府管理的工作服务和领导决策的需要，将分散在系统内外各种形态的信息，从有关信息源或载体内有计划地采集在一起，供自身系统使用。

2. 政府信息整合的程序

政府信息整合应具备标准化、程序化以及规范化的运作，是一项重要的基础工作。一般步骤是：①有的放矢的需求分析；②选择采集信息源；③明确采集的方法和策略；④信息采集实施并取得结果；⑤其他后续工作(如对如何获取原始文献、检索报告的编写等)。

3. 政府信息整合的方法

对不同类型的政府信息采取不同整合方法，可以使信息整合工作事半功倍，提高政府办公的质量。具体方法如下：主动观察法、深入调查法、阅读资料法、资料检索法、交换获取法、会议获取法。

(二) 信息传播

1. 政府信息传播的含义

信息公开和信息共享即为信息传播，所谓政府信息传播是指根据需求者的需要，信息的提供者将加工、存储好的完整无误的信息，通过一定的传递途径，使需求者能获得接收信息的过程，信息传播过程中必须具备4个要素，即信息发送者、信息接收者、信息的传播通道以及信息本身。

2. 政府信息传播形式

政府信息传播按照不同的分类标准，可分为多种传播形式：一是按照信息资源传递的载体分为口头传播、书面传播和电子设备传播；二是按照传递的方向分为单向传播、逆向传播、多向传播和相向传播；三是按照信息传递的层级分为从上级到下级传播、从下级往上级传播和同级传播；四是按信息传播的范畴分为局部传播和全局传播。

3. 政府信息传播方式

政府信息传播主要有以下几种方式。

(1) 通过利用书报、电视、广播等传播媒体发布政府信息。

(2) 通过利用政府门户网站传播政府信息。

(3) 通过定期召开有针对性的新闻发布会发布政府信息。

(4) 通过设立连接政府与社会公众信息的公众服务热线。

(5) 通过政府办公部门的公开栏、电子屏幕等公示政府信息。

(6) 通过派出信息专员，解答公众的信息咨询。

(三) 信息加工

1. 政府信息加工的含义

从广义上讲，信息加工包括信息本体的开发、信息技术的研究、信息系统建设、信息设备的制造以及信息机构的建立、信息规则设定、信息环境维护、信息人员培养等活动。从狭义上讲，信息加工仅仅是对信息本体(即信息整合人员整合到的信息)进行开发，主要包括信息的筛选、整序、分类、组织、检索等。

实际上政府等公共部门针对不同类型的服务对象，采取符合实际情况的方法和策略，对整合来的信息进行鉴别、筛选、归类、排序、标注、编录和组织，使信息资源正确化、规范化和清晰化，从而有助于进一步有效开展后续的信息存储、开发和利用等政务工作。

2. 政府信息加工的程序

信息资源自身的复杂性，导致政府信息加工程序存在多元性。按照政府信息资源加工的逻辑性的程序来划分，可以分为以下几点：对政府信息鉴别和选择、对政府信息归类和排序、对政府信息标注、对政府信息编写。

3. 政府信息加工的方法

政府信息加工的方法很多，归纳起来有以下几种：分析法、归纳法、推导法、浓缩法、纵深法、对比法、预测法、跟踪法。

(四) 信息利用

1. 政府信息利用的含义

所谓政府信息资源的利用，是指信息的需求者收到信息后，充分发挥政府信息的作用，为政府工作提供有效支持，增强政府机构的科学决策能力和管理水平，实现信息的使用价值。

2. 政府信息利用的目标

(1) 增强政府信息资源基础建设。现代化信息建设不能缺少对政府信息的利用，完善政府信息利用有助于加强我国政府信息资源基础建设。政府信息资源管理不当则不可避免地被视为社会公共问题，政府信息资源也具备作为公共商品的特性，合理利用信息资源，充分体现信息资源的价值，有助于解决社会问题，促进信息基础的巩固。

(2) 完善政府信息资源体系。政府信息资源体系是一个复杂的系统，合理有效地利用政府信息，能更好地完善政府信息体系建设。了解政府信息资源的目的，采取合理的组织方式，将信息资源从正确的信息库中挖掘出来、合理利用，都是政府信息资源系统的工作，做得有的放矢，可以建立完备的政府信息资源体系。

3. 政府信息利用的策略

(1) 由小至大地加以利用。在信息利用过程中，根据科学合理的推断、计算，将信息的利用程度加大，以点带面地利用信息。

(2) 由隐至显地加以利用。在信息利用过程中，需要对一些隐含信息进行充分判断和分析，绝不可忽略隐含信息价值，逐渐把握信息的完整性，更加全面利用信息。

4. 政府信息利用的方式

(1) 提供政府信息服务的方式。这种方式主要通过书报、电视和广播提供的信息报道利用的服务；以阅览参考咨询等方式提供的信息利用的服务；以不同检索工具提供信息检索及信息利用的服务。

(2) 提供政府信息咨询的方式。信息咨询服务是体现信息被有效利用的重要方式，政府通过信息咨询可以做出科学决策，提高办公效率；公众通过信息咨询可以获得公开、透明的政务信息。

(五) 信息监督

电子政务有利于加强对政府政务公开和廉政建设的监管工作。

在电子政务管理模式下，公众和企业等团体组织利用网络与政府打交道，将改变必须通过移动的组织结构层次进行书面审核的工作方式，任何个人、企业和团体组织，都可以直接通过交互式的技术手段表达和传递信息，政府、公众和企业等团体组织可以直接交流沟通。同时政府也可以通过网络直接行使政府的职能和权力，发布政策信息，也可以通过网络收集、分析反映社会状况以及公众和企业等团体组织需求、意见的数据资料，为政府决策提供更可靠、更客观的科学依据。

政府部门掌握着全国约80%的信息资源，而政府部门提供的信息资源具有公共物品的性质，因此，信息公开、透明的必要性就越发重要。互联网的出现给公众参与政府工作提供了一个互动平台，例如，"躲猫猫""最牛钉子户"等损害政府形象，破坏和谐社会建设的事件的曝光，网络发挥了不可替代的作用。目前，我国的城市社区基本都配备了电脑和宽带，实现电子社区建设，很大程度上有利于公众监督政府部门和官员的工作。

电子政务系统管理对象具有开放性，是指电子政府面对的服务对象是社会机构和公众，因而需要提高办公的开放性。电子政务系统下属的各个子系统，都要与系统外的需求者保持连接，管理系统内部各个管理对象要在保证国家机密不外泄的前提下，尽量满足为有需求的社会机构和公众提供开放的公共服务。

三、电子政务信息管理的挑战

电子政务的实施，使得政府在管理观念、组织结构、业务流程、管理能力等各方面都产生了巨大的作用和影响。但与此同时，电子政务作为一种新型的管理模式，也对传统政府管理提出了全面的挑战。

(一) 管理协调机制不统一

政府信息资源与国家各个行业密切相关，每个行业既是信息的制造者，又是信息的利用者。政府信息的有效流动会促进各个行业的科技共同进步，政府信息资源的开发利用需要跨部门、跨行业、跨地区的协同作战，这就要求国家有效地参与管理、规划与协调，保证这一产业链条的有效转动。尽管电子政务信息已经加快了信息的传递速度，拓宽了信息的传播途径，但是缺乏国家层次的全国性、跨行业、强有力的管理协调机制，还是不利于实施国家的发展战略、生产体系和规范行业的行为。

(二) 信息共享意识仍旧淡薄

受现行体制的利益分配关系驱使，许多政府信息部门各自为政，信息共享意识淡薄。尽管电子政务这一新型管理模式已然存在，但是有些政府部门认为拥有信息越多"权力就越大"而不愿把信息送上网共享；部分行业、部门各自开发自己的网上信息服务系统，信息产品重复、不足与闲置并存，造成资源的严重浪费，也不能形成规模优势和效益；信息价值无法确定，各有关部门对于利用网络手段、开发利用政府信息资源做了一定的工作，但并不全面。

(三) 安全问题日渐突出

电子政务的安全目标是保护政务信息资源价值不受侵犯，保证信息资产的拥有者面临最小的风险获取最大的安全利益，使政务的信息基础设施、信息应用服务和信息内容为抵制上述威胁而具有保密性、完整性、真实性、可用性和可控性的能力。然而在实际生活中，例如网上黑客入侵和犯罪、网上病毒泛滥和蔓延、信息间谍的潜入和窃密、网络恐怖集团的攻击和破坏、内部人员违规和违法操作、信息产品的失控等，都造成了对电子政务信息安全的威胁，这些都应该引起足够警惕。

电子政务运行环境

电子政务运行环境指的是我国电子政务在建设和发展过程中，所处的一定社会、经济、技术、文化和人力资源环境。这些环境尽管处在电子政务运行的外部，但是，会对电子政务发展产生加速或者推迟的影响。电子政务发展较好的若干国家，都是具有较为良好的电子政务运行环境，而且这些环境还需要彼此支持，形成共同的助力环境，才能真正促进电子政务业务发展，并且取得良好的公众社会互动效应。为避免与其他章节重复，突出电子政务运行环境的主要环境条件，这里重点介绍经济环境、技术环境、体制环境和管理环境。

一、经济环境

当前，全球经济一体化已经成为现实，当今世界各个角落都紧密地联系在一起。各个国家在生产、交换、分配、消费等环节相互渗透和相互依存。不同社会制度、不同发展水平的国家逐步被纳入统一的全球经济体系之中。在这种经济一体化潮流的影响下，社会生产过程在深度和广度上越来越全球化。主要表现是：国际分工从传统的以自然资源为基础的分工逐步发展成为以现代工艺、技术为基础的分工；从沿着产品界限进行的分工发展到沿着生产要素界限进行的分工；从产业部门间的分工发展到各个产业部门内部的分工和产品专业化为基础的分工；从生产领域分工向服务部门分工发展。

目前世界经济正处在从工业经济向信息经济转型的过程中，信息技术的发展不仅加快了全球经济一体化的步伐，也对政府管理提出了严峻的挑战。电子政务在国家信息化建设中处于举足轻重的地位，已经引起党和政府的高度重视，面对信息化的挑战，党的十八大报告指出，在改善民生和创新管理中加强社会建设，必须从维护最广大人民根本利益的高度加快健全基本公共服务体系，推动社会主义和谐社会建设。从多年的发展经验看，推进电子政务的发展和应用，是政务部门提升履行职责能力和水平的重要途径，也是深化行政管理体制改革和建设人民满意的服务型政府的战略举措。国家电子政务十二五规划提出，在将来一段时间内，电子政务建设要以服务经济结构、战略性调整、服务保障和改善民生、服务加强和创新社会管理为目标，促进服务责任、法治和廉洁政府建设。

经济的全球化和一体化，使国际经济合作成为国与国之间交流合作的主要方式，各种政策壁垒逐渐消除，全球经济正向区域一体化发展，经济联盟之间的贸易限制和经济合作限制更是越来越少，但是，各国政府在国际经济合作中的作用却没有因此减弱，反而起着更加重要的作用。电子政务利用信息网络技术和其他相关技术构建政府结构和运行方式。它通过信息网络技术的应用，整合信息资源，打破政府部门之间、政府与社会之间和政府与各国之间的界限，使得公众可以方便快捷地通过政府网站获取政府的信息和服务，了解国外政府的情况，紧密加强各国之间的联系。一方面，电子政务本身的发展会为政府部门带来成本节约，为部门节省了运行维护费用，也节省了各部门的人力资源，有效遏制了"信息孤岛"和"业务割据"带来的管理风险，为"一体化政府"和"一站式服务"目标创造了条件；另一方面，电子政务的建设大大提高了工作效率，方便了企业，也改善了政府部门的形象，降低了企业的运行成本，深受国内各型企业的欢迎和推崇，为促进企业更好更快发展发挥了举足轻重的作用。

二、技术环境

云计算深刻改变了电子政务建设运营的技术环境，作为蓬勃兴起的、颇受瞩目的信息技术，以超高速的计算功能和运行成本相对较低，受到业界的一致好评，并日渐进入公众的日常生活之中，以其虚拟化、可扩展、可靠性等优势，在推动电子政务基础设施共建、共享和共用，提高资源利用率，减少重复建设等方面，发挥着越来越重要的作用。随着研究的不断深入进行，人们越来越关注对云计算的服务和使用，特别是云服务模式在电子政务系统的运用，对于加强电子政务建设、强化政府的服务职能起到了重要的作用。电子政务云平台的出现，更有助于电子政务从粗放式、离散化的建设模式向集约化、整体化的可持续发展模式转变，使政府管理服务从各自为政、相互封闭的运作方式，向跨部门、跨区域的协同互动和资源共享转变。与传统软件开发模式相比较，云服务模式可以使用户享受软件服务，而且是以更经济的成本和较低的风险使用，此模式凭借的就是自身的特点及优势和互联网络的广泛传播，使软件服务在企事业之间得到快速的推广，并且从某种程度上使得社会资源浪费得到避免。[①]

2009年温家宝总理视察无锡，提出在无锡加快建立中国的"感知中国"中心，由此启动了全国范围内的物联网建设。物联网可以真正实现"数字城市""感知城市"。国家提出的"感知中国"计划，将推动物联网在全国各地电子政务建设中的应用。物联网的应用领域很广，尤其是与电子政务关系特别密切的城市管理、公共安全、智能交通、环境监测、远程医疗等领域，物联网都可以大大提高政府工作和服务的效能。

根据中国移动互联网大会发布的移动互联网蓝皮书《中国移动互联网发展报告(2014)》[②]数据显示，截至2014年1月，我国移动互联网用户总数达8.38亿户。在移动电话中的渗透率达67.8%；手机网民规模达5亿户，占网民总数的80%以上，手机用户占移动互联网用户量的第一位。这也正说明了我国移动互联网已经进入全民时代。随着移动互联网

---

① 张馨戈. 云计算背景下我国电子政务建设研究[D]. 长春：吉林大学，2013：56.

② 官建文，唐胜宏. 移动互联网蓝皮书：中国移动互联网发展报告[M]. 北京：社会科学文献出版社，2014：126.

的发展和移动智能终端的普及，移动政务大发展的时机已经成熟，正掀起新一轮电子政务和新兴信息服务业发展的浪潮。目前，越来越多的地方政府，开始接受和实践电子政务服务的创新模式，在加快信息资源共享、推动信息公开、增强政民互动和提高政府办事效率等方面发挥了重要作用。

"电子政务2.0"，是指将Web2.0的理念和技术落实到政府机关的业务流程以及所提供的服务中，特征表现在全民参与的体系架构，易于获取的、集成的、高效的政府服务，多元化的信息沟通渠道以及开放与透明的政府公共信息。与增长缓慢的在线公共服务使用率相对照，以用户作为生产者(内容生产者、体验生产者、商品生产者、评价/反馈生产者等)为核心思想的Web2.0却以较少的投资获得了较大的成功。Web2.0的突破性发展，为电子政务建设所面临的这些问题提供了解决思路。Web2.0的思想和技术为政府现代公共服务提供方式的转变提供了驱动和激励。

三、体制环境

2013年11月9日—12日，十八大三中全会在北京召开，会议通过了《中共中央关于全面深化改革若干重大问题的决定》，强调经济体制改革是全面深化改革的重点，要围绕使"市场在资源配置中起决定性作用"来深化经济体制改革。从"基础性"到"决定性"两字之变抓住了我国经济体制改革最深层次的问题，意味着在配置资源问题上，决定者是市场，政府可以影响和引导资源配置，在宏观调控中的角色逐渐向制定发展战略、规划转变。这是对我国社会主义市场经济内涵"质"的提升，也是未来深化经济体制改革及其他领域改革的基本方针。经济体制改革的核心问题是处理好政府和市场的关系，深化经济体制改革要更加尊重市场规律，进一步发挥市场机制的基础性作用，同时要更好地发挥政府作用，进一步完善政府的宏观调控，把政府和市场的作用更好地结合起来。

利用网络信息技术和其他相关技术构建更加适合时代要求的政府结构和运行方式，是全面深化行政体制改革的必然趋势。电子政务的发展为我国行政体制的改革拓展了全新的空间，提供了一个全新的环境。一是有利于行政体制的创新。信息技术的普及一方面使行政管理面临更大的压力，另一方面也为行政管理创新提供了更多的可能性。二是有利于提高行政效率。行政效率与行政管理体制之间存在着必然的联系。长期以来，政府政令传递速度慢，现实情况和问题往往需要很长时间才能反馈回来，应变能力较差。电子政务可通过网上传递，提高工作效率。三是有利于降低行政成本。在行政体制改革中，行政成本主要包括机构成本、人员工资成本、官僚主义造成的显性成本和隐性成本。推行电子政务，实现网上办公，精简机构，可以大大减少机构成本；实现办公自动化，可以精减人员，降低工资成本；可以实现政务公开，防止官僚主义造成的成本。四是有利于优化行政管理的业务流程。五是有助于整合信息资源，增强政府的指导和服务职能，发挥信息资源的社会和经济效益。六是可以对行政权力的行使形成监督，提高透明度。

四、管理环境

电子政务作为我国在信息社会大环境下融合政府管理和信息科学技术于一体的新兴领域，在社会中充当着信息社会的驱动者、引导者、管理者，它以科学发展为方向提供新思路、新方法、新措施。其价值取向一直以"通过法定程序，以公民服务为宗旨，更好地体现公民意志，拓展政府的公共服务职能，切实增强服务型政府的责任，提高监管有效性的政府改革"为基础。社会管理创新的实质就是以面向社会人的管理和服务为核心的政府改革，就是要实现社会管理向社会治理的转变，实现政府对社会单向的管控向政府与社会对社会公共事务管理的合作治理转变。

公共服务是使用公共权力或公共资源满足公民及其组织的基本直接需求的社会生产过程。以公共服务为中心的电子政务，就是站在建立服务型政府的角度，满足公共服务需求，以政府提供公共服务为目标进行业务整合和重构，并将现实的政府公共服务职能、目标和任务映射为信息化语言。电子政务一方面可以提高政府公共服务的效率，体现在可以采取网上申请的方式，这会节约服务对象和政府内部的沟通成本，合理安排资源等，可以全方位地实现信息共享，可以转换业务流程；另一方面电子政务可以提高政府公众服务质量，也可以提高政府公共政策的宣传，利用互联网的联络功能使分散公众共享信息，实现不同单位和各种媒介之间的信息共享。

政府职能转变指的是从重塑国家和社会间的权力关系的角度，实现政府逐步放权于社会，强化社会权力和自治能力，从而实现高效管理。造成政府职能转变的重要原因是政府所赖以存在的社会经济环境、意识形态、公共事务和社会生活在不停变换发展。电子政务是运用信息技术冲破行政机关的"条块分割"的管理体制，使公众可以从不同的渠道获取政府的信息及服务，从而实现资源的合理配置，为公众提供优质、快捷的服务。电子政务对政府职能的转变具有重要作用，它体现在电子政务是政府机构改革的推进剂，是改变政府服务模式的有效驱动力，是政务人员观念转变的催化剂，有利于消除官僚主义，防止干部腐化，有利于提高公众服务质量，促进民主制度建设。

市民社会是与商品经济特别是市场经济相联系的，具有明晰的私人产权及其利益并以契约关系相联结的，具有民主精神、法制意识和个体性、世俗性、多元性等文化品格的人群共同体。这类"人群共同体"在社会结构体系中享有独特的地位价值和功能使命。而电子政务的建立能更好地使市民与政府连接在一起。在社会管理领域推行电子政务，对社会管理体制创新的作用主要体现在：①整合社会管理资源，完善社会管理体系，构建以电子政务为管理平台的政府负责、社会协同、公众参与的社会管理新格局；②充分发挥非政府社会组织提供服务、反映社会公众诉求以及规范社会行为的作用，形成社会管理和社会服务的合力；③有助于更新社会管理理念，创新社会管理模式，拓宽社会管理服务领域；④帮助政府构建新型社会治理模式，实现政府与社会的良性互动，建立公平公正的社会发展环境。

实行电子政务将使更多的政府信息向社会公众公开，政府在制定政策、做出重大决策的过程中，可以通过网络听取公众意见和建议。公众也可以通过信息网络，了解政府工作进程和工作业绩，监督政府行为，增加政府工作的透明度，促进廉政建设。通过电子政务建立"透明"政府，实现政府管理和服务的4个"透明"，即流程透明、过程透明、状态透明和对象透明。公众与政府将从传统的"迂回沟通"转为"直接沟通"，形成真正的"鱼水关系"。

本章小结

电子政务运行基础是电子政务功能和价值体现的关键。电子政务运行主体主要包括各级公务员、公众、企业和非政府组织等。这些主体以开放的电子政务平台为基础，围绕电子政务软硬件建设、电子服务以及发挥电子政务公众参与便捷性优势，改变传统政府管理模式和服务方式。但是，在电子政务运行方面，政府关于电子政务发展规划和制度设计，无疑是最为重要的。这也是电子政务运行主体中，政府价值的根本体现。电子政务规划与开发体现在政府实现电子政务的价值目标、发展思路以及资源配置技巧等诸多方面，是当代政府运行模式的自我改革，也是政府能力的具体体现。要实现电子政务科学规划，必须运用新的规划技巧和新型工具，引导社会资源围绕规划，积极参与政府电子政务规划与开发。政府信息资源是重要的社会经济资源，政府信息资源开发水平和公开程度，影响着整个信息社会建设进程，因此，政府信息资源管理不仅是政府自身建设发展问题，也是社会发展的客观需要。加强电子政务运行规则建设和完善，能够确保电子政务科学发展和有序运行，我国在这方面的建设状况亟待改进，如果没有制度建设，运行将面临极大挑战。电子政务运行需要良好的环境建设，这是电子政务运行的外部保证和重要支撑。两者相互影响，相互促进。

关键术语

运行主体　规划　信息资源管理　运行规则　指南　系统设计
运行环境　管理体制　技术环境　社会环境

思考题

1. 电子政务运行主体包括哪些？各自的主要职责是什么？
2. 什么是电子政务规划？它要遵守什么原则？
3. 电子政务信息资源管理有哪些特点？如何提高政府信息资源管理水平？

4. 电子政务运行规则包括哪些？对电子政务运行的具体影响有哪些？

5. 电子政务运行环境具体包括哪些？

6. 为什么说体制环境对电子政务运行有决定性影响？

7. 电子政务运行主要受哪些因素影响？如何改进这些因素对电子政务运行的不良影响？

8. 从你所了解和接触的电子政务运行来看，你认为如何促进电子政务运行健康发展？

案例分析

北京市"首都之窗"网站信息共享平台

在电子政务建设中，作为首都的北京市政府一直走在全国的前列，积极建立和健全各项电子政务设施与服务。首都之窗是北京市国家机关在因特网上统一建立的中心网站，是北京市政府的门户网站。它是为了统一、规范地宣传首都形象，落实"政务公开，加强行政监督"的原则，建立网络信访机制，向市民提供公益性服务信息，促进首都信息化，推动北京市电子政务工程的开展而建立的。其宗旨是：宣传首都，构架桥梁；信息服务，资源共享；辅助管理，支持决策。

因此，作为我国首都北京在互联网上的一扇形象窗口，首都之窗网站能否为广大群众提供良好的信息服务和使用体验是十分重要和关键的。

1. 首都之窗需求概要

首都之窗网站设有十几个栏目，每天发布各种新闻、政策法规、政府公告等信息数百条。对于访问者来说，从众多的信息和栏目中找到自己所需要的信息十分困难。而且首都之窗是北京市政府机构的中心网站，设有市国家机关各委、办、局和各区县政府的147个分站点。通过这些分站点，可以进一步了解市国家机关各职能部门提供的特色信息和专门服务。而这些分站点的信息对于访问者来说也需要能够统一通过首都之窗获得，方便用户的使用，建立首都之窗作为北京政务门户的权威地位。

因此，首都之窗的需求主要有以下几个方面。

(1) 能够实时、高效和全面地采集首都之窗网站自身的各种信息，并通过检索等方式供用户使用。

(2) 可以对首都之窗的147个分站点上的各项信息进行全面及时地采集，并供访问首都之窗网站的用户统一检索使用。

(3) 能够提供对整个互联网上的信息进行检索。

(4) 能够供北京市政府内网用户方便浏览获取互联网上和政府专网内的各项信息。

在经过详细的调研和多家产品的选型后，首都之窗的建设单位——北京市信息办的专家综合评估了各厂商的产品与方案，最终决定选择百度公司提供的百度电子政务信息资源共享解决方案。

2. 百度电子政务信息资源共享解决方案

百度电子政务信息资源共享解决方案由专网/内网信息共享平台和政务信息门户共享平台两大部分组成。专网/内网信息共享平台是为政府专网和各级政府机构内网的大量信息提供信息采集、整合和共享应用；政务信息门户共享平台则是通过对相关政府网站的垂直采集检索，为广大人民群众提供某一地区或行业的各级政府网站信息共享平台，让普通用户访问该共享平台，即可方便地获得他所需要的各级政府的各种公开信息资料。

针对首都之窗的需求，百度电子政务信息资源共享解决方案为首都之窗建设了如下系统以满足其实际应用。

(1) 首都之窗站内检索系统。该系统可让访问者全面检索首都之窗网站上的全部信息，并能够实时将最新发布的各种信息提供检索，让用户节省了大量查找信息的时间和步骤。只要输入关键词就能够得到所需要的各种信息。

(2) 首都之窗网站群垂直检索系统。通过该系统，用户可以无须访问这些分站点就能够及时了解和获取分散在这147个站点上的各种信息资源。

(3) 首都之窗互联网搜索引擎。用户可在首都之窗上搜索到互联网上两亿多网页的信息，充分满足用户对网络信息的需求。

(4) 首都之窗内部信息共享平台。通过对互联网和政府内网信息的高效采集和智能自动分类系统，首都之窗为北京市政府工作人员提供了在政府内网中随时浏览最新最全面的内外网信息资源。特别是百度自主研发的智能分类系统，能够把来自各个信息源的各种信息根据其信息内容和内在逻辑分门别类，让用户能够十分方便地浏览自己所关注的某类全面的信息。

3. 首都之窗的应用效果与效益

首都之窗在应用百度电子政务信息资源共享解决方案之后，其网站质量和使用效率大幅提升，最能说明这点的是首都之窗的每天访问量稳步快速上升，最高的时候一天的访问量甚至超过了过去一个月之和。特别是在北京两会期间，首都之窗作为两会信息的主要发布网站，大量用户通过百度电子政务信息资源共享解决方案提供的多项信息共享系统获取信息，甚至成为用户获得和使用信息的主要手段。

过去因为分布分散，首都之窗下的147个分网站访问量很小，其信息资源也难以得到有效的利用。现在自从应用了百度电子政务信息资源共享解决方案后，这些分网站上信息的访问量明显上升，信息的利用效率迅速提高。

除了上述两个对外的信息共享平台为首都之窗带来了显著业绩外，其应用百度电子政务信息资源共享解决方案建设的内网资源共享平台也极大方便了北京市政府内网信息的使用效率和共享效率，无形中增加了信息的使用价值。特别是政府工作人员查找和使用信息更加方便，有效提高了政府工作效率，得到了政府主要领导的高度评价。

资料来源：http://solution.chinabyte.com/115/1786615.shtml.

思考问题

1. 根据信息共享的概念，你认为北京市"首都之窗"网站信息共享平台对我国政府资源管理方式的拓展有什么建设性意义？

2. 北京市"首都之窗"网站信息共享平台相比于传统政府资源管理方式有什么优点？

3. 你认为北京市"首都之窗"网站信息共享平台还有哪些地方可以改进？

4. 你怎样理解"信息共享"这一概念在政府管理中的地位？

第五章
电子政务内网

我国电子政务内网已经完成了从"电子化"到"办公自动化"阶段的建设。当前，政务内网主要是从"办公自动化"向"网上协同办公"阶段发展。政务内网的应用在我国越来越广泛，而为了提高政府效率以及决策科学性的决策支持系统也逐渐建立，从理论基础到最后的实践，都经过了漫长的过程。"超级计算机"作为决策支持系统的重要工具，在我国得到了极大的发展，为政府决策提供了大量依据。要加快政府内网建设，需要按照国家政府转型和机构改革统一部署，简政放权，统筹协调，重新配置行政权力和资源，政务内网才可能真正实现高效、透明和民主的价值。

第一节
政务内网概述

一、政务内网的界定与目标

(一) 政务内网的界定

2001年，国务院办公厅下发《全国政府系统政务信息化建设2001—2005年规划纲要的通知》，提出我国电子政务建设的总体目标框架为"三网一库"，即"机关内部办公网"(简称"内网")、"办公业务资源网络"(简称"专网")、"公共管理与服务网络"(简称"外网")(三网)和电子政务信息资源库(一库)。

2002年7月，中共中央办公厅和国务院办公厅联合下发的《关于转发<国务院信息办公室关于电子政务建设指导意见>的通知》[中办发17号文]指出，电子政务网络由政务内网和政务外网组成。因此在以通知为依据的前提下，经过多方、各部门的积极努力与建设，我国电子政务网络最终形成了政务内网与政务外网相互配合、相互补充、相辅相成的结构。内外网之间物理隔离，政务外网与互联网之间逻辑隔离。

在2006年国务院信息办公室发布的《国家电子政务总体框架》中准确描述了政务内网的范围，该文件指出："政务内网由党委、人大、政府、政协、法院、检察院的业务网络互连互通形成，主要满足各级政务部门内部办公、管理、协调、监督以及决策需要，同时满足副省级以上政务部门特殊办公需要"。政务内网是各个行政机关内部的行政办公局域网，主要用于承载各级政务部门的内部办公、管理、协调、监督和决策等业务，其上分别运行决策指挥、宏观调控、行政执行、应急指挥、监督检查、信息查询等各类相对独立的电子政务应用系统。政务内网的联网范围不可能延伸到乡镇一级政府，且不可能与外网交流信息。

从电子政务内网系统建设发展的历程来看，一般要经历"电子化—办公自动化—网上协同办公"三个阶段。当然，政务内网建设已经基本上完成前两个阶段的建设。一是上个世纪80年代末期，中央和地方党政机关所开展的办公自动化(OA)工程，建立了各种纵向和横向内部信息办公网络，为利用计算机和通信网络技术奠定了基础。二是1993年底启动的"三金工程"，即金桥工程、金关工程和金卡工程。这是中央政府主导的以政府信息化为特征的系统工程，重点是建设信息化的基础设施，为重点行业和部门传输数据和信息。但是，这些都还只是电子政务发展的雏形，是电子政务发展的初级阶段。[1]当前我国政务内网建设正逐步开展网上协同办公业务。因而，当前内网建设的内容主要包括以下两个方面：其一，建设连接市、区政府及各级行政机关内部的"办公业务网"；其二，以"办公业务网"为依托实现协同办公，并在此基础上，建成覆盖面广、内容准确、更新及时和实用有效的"政务信息资源库"，为提高政府办事效率、提升行政管理水平、增强决策支持打下坚实的信息基础。[2]

(二) 政务内网的目标

政务内网的目标就是打破时间和地域的限制，创造一个集成的公务处理环境，主要用于承载各级政务部门的内部办公、管理协调、监督和决策等业务信息系统，并实现安全互联互通、资源共享和业务协调，提高政府工作效率。

1. 实现政府部门内部的信息共享和科学决策

通过建立机关内部和政府系统内部通信和信息发布平台，使本机关和政府系统内部的通信和信息交流快捷通畅，实现信息共享；保证信息的上行下达的通畅性和时效性，为辅助科学决策提供最大限度的信息资源和智力支持；为领导的高层决策、宏观管理提供科学依据。

2. 促进部门间的协同办公，实现核心公务处理工作的高效化

政府机关公务处理电子化的外在表现就是要用优化的电子流程代替人工流程，做好政府机关真正应当做的事情，规范各项公务处理工作，大幅度地增进多部门之间的协作，提高公务处理工作的效能，特别是要确保公务处理工作的高质量、高效率、高效益。

3. 推进各种保障性工作活动的自动化

如档案管理、会议组织、信息资源管理、日程管理、工作流程监控、后勤服务(车辆

---

① 邹荣积. 重庆市政务内网管理的现状及分析[D]. 重庆：重庆大学，2008：8.

② 李栗燕，徐华伟. 电子政务概论[M]. 武汉：华中科技大学出版社，2013：106.

管理、办公用品管理、物资管理)等，这些活动涉及的范围非常广泛，实现自动化之后将有利于提高工作质量，有利于节约各种资源，降低管理成本，提高管理效能。[1]

二、政务内网的平台与功能

(一) 政务内网的平台

1. 政务内网物理平台

我国政务内网的网络模型分为广域网、城域网、局域网三层结构。

(1) 关键设备。政务内网是电子政务信息网络的重要组成部分，是向各级政府部门提供信息服务的平台，因此，政务内网网络设备的选取要具有先进性、可拓展性、可管理性。政务内网的关键网络设备主要包括交换机(Switch)和路由器(Route)，主要有以下4类：广域网核心层核心路由器，城域网络核心路由器/交换机，城域网络汇聚层中心交换机和局域网接入层交换机。

(2) 虚拟局域网。虚拟局域网(Virtual Local Area Network，VLAN)是一种将局域网内的设备逻辑地而不是物理地划分成一个个网段从而实现虚拟工作组的新兴技术，可以根据功能、部门及应用等因素将它们组织起来。它具有以下优点： 网络设备的移动、添加和修改的管理开销减少；可以控制广播活动；可提高网络的安全性。因此它在政务内网中得到广泛的应用。

(3) 政务内网拓扑架构。政务内网主要采用星型拓扑结构，以保证彼此之间不发生直接连接。它具有以下特点：可靠性高，采用两个核心节点的双连接星型网络结构，避免了单点失效的隐患；网络流量可随着多种业务的发展日益壮大(如语音、视频会议)，采用双连接的网络结构，使得网络的流量能够比较合理地分布在各条链路上；支持网络的冗余备份，核心节点采用两台高性能的网络设备，使得核心层具有较好的冗余备份能力。

2. 政务内网软件平台

电子政务内网软件平台是基于政务内网硬件的信息交流平台。通过对政府各部门的管理系统、主题数据库进行整合，提高政府内部的办事效率、降低行政成本、改善政府的决策质量，更好地为民服务。

常见的电子政务内网软件平台包括办公自动化系统、政务视频会议系统、党政机关电子公文传输系统、决策支持系统等。办公自动化系统以及其他相关的管理信息系统，由于处理信息的过程复杂、涉及的数据量大，因此系统的开发一般都需要在一个第三方技术平台上进行，以避免直接的底层开发，缩短开发周期，提高开发效率。目前，应用较广的第三方技术平台有J2EE、ASP.NET以及Lotus三种。[2]

---

① 侯卫真.电子政务[M].北京：电子工业出版社，2014：87.
② 吕晓阳，谭共志.电子政务理论与应用[M].北京：清华大学出版社，2010：100.

(二) 政务内网的功能

1. 规范部门管理

政务内网的建设实现了政府部门从单纯的公文业务处理向政府系统的办公信息综合处理的转变，在这一过程中，政务内网对于规范政府部门管理起到了促进作用。

2. 提高办事效率

政务内网为建立高效能政府提供了良好的基础与支撑。政务内网的发展进一步推进了办公自动化水平，以电子智能协助日常工作，优化政府工作流程。同时，实现了信息的内部共享，保证信息的上传下达，各级领导可以在网上及时了解、指导和监督各部门的工作，并做出各项指示，极大地提高了政府内部的办事效率、质量和标准。

3. 降低行政成本

政府机关的各种数据、文件、档案、社会经济数据都以数字形式存储于网络服务器中，可以通过计算机检索机制快速查询、即用即调，实现了从对信息化分散的、粗放的运行维护向对信息系统集约化管理的转变。

4. 提高决策质量

政务内网可以实现各级政府之间的电子信息相互联系，有效地利用政府内部信息资源，提高资源的利用效率，并且通过智能决策系统的辅助，为领导的高层决策、宏观管理提供科学依据，提高科学决策质量和应急指挥能力。

5. 促进协同办公

电子政务涉及的应用重点超越了部门内部，不再集中于个人层面，也不再局限在一个相对封闭的环境中运行，因为政务内网的系统与过程必须是开放的、互动的。各部门之间可以通过网络实现信息资源的共建、共享联系，部门之间的协同办公业务都可以通过政务内网，实现跨部门、跨专业、跨地域的业务交汇，在一定程度上提高了政府的协同办公能力。

三、政务内网的发展与问题

(一) 政务内网的发展历程

从技术特点来看，我国行政机关的公务处理软件，即办公自动化软件的发展已经大致经历了两个阶段，目前其正处于从第二个阶段向第三个阶段过渡的时期。

1. 第一代——以数据为中心

以数据为中心的办公系统的最大特点是，以操作系统中的文件系统或关系型数据库系统为基础，以结构化数据为存储和处理对象，强调对数据的计算和统计能力。其贡献在于把信息技术引入办公领域，电子化的文件提高了文件管理水平。但是，此种类型的公务处理系统缺乏对于行政活动中诸如文件流转、会议安排等协作型工作的处理能力。因此，第一代公务处理系统的"自动化"程度是非常有限的。

2. 第二代——以工作流为中心

伴随网络技术的发展，软件技术也发生了巨大的变化。办公自动化实现了以数据为中心向以工作流为中心的转变。这种方式彻底改变了早期办公自动化无法实现协同工作的不足之处。以电子邮件、文档数据库、复制、目录服务、群组协同工作等技术为支撑，实现了工作流程的管理，其中较为成功的应用就是实现了文件流转自动化。以工作流为中心的第二代公务处理系统包含众多实用功能和模块，实现了对涉及人、事、文档、会议的自动化管理。

3. 第三代——以知识管理为中心

公务处理系统需要不断地拓展信息管理和知识管理的功能。在组织中建构一个人文与技术兼备的知识系统，让组织中的信息与知识，透过获得、创造、分享、整合、记录、存取、更新等过程，达到知识不断创新的最终目的，并回馈到知识系统内，个人与组织的知识得以永不间断地累积，从系统的角度进行思考将成为组织的智慧资本，有助于政府做出正确的决策，以适应现阶段对政府服务水平以及行政水平不断提高改进的要求。

(二) 政务内网的发展趋势

政务内网的发展趋势是发展以知识管理为核心的第三代办公自动化系统。新型的电子政务及办公自动化系统是融合信息处理、业务流程和知识管理为一体的新型应用系统，实现了从现有的"工作流应用系统"到"决策智能系统"的革命性转变。它具备如下特征。

1. 知识管理的平台和门户

电子政务能够将政府机关内的各种资源实体化、数字化，让工作人员直接感受到各种各样的智力资源；并提供一个可以跨越时间、空间的界限，让全体政府工作人员直接共享、利用知识资源的场所。同时，它还能将用不同开发工具编制的应用系统集中整合在一起，为政府建立起一个统一的知识管理服务平台。

2. 提供各种协同工作的手段，支持移动办公

电子政务在提供电子邮件、文档共享等异步协作的手段的基础上，提供在线感知和讨论等实时同步协作的手段。同时，提供对移动通信设备无线接入访问的支持，具有进行移动办公，提供短讯提醒等功能。

3. 数字化

利用3S技术(地理信息系统GIS、全球定位系统GPS、遥感系统RS)在建设空间信息基础设施的同时，深度开发、整合和应用各种办公业务信息资源、政府信息资源，使得电子政务系统成为"数字城市""数字中国""数字地球"大家族的重要成员。

4. 提供网上培训、远程教学

电子政务系统建设的目的是应用。通过提供网上培训、远程教学等方式，提高用户的应用水平，保障系统良好地运行。[1]

---

[1] 张鹏翥，樊博. 电子政务[M]. 北京：电子工业出版社，2011：18.

(三) 政务内网的问题

我国政府是典型的"区域管理与行业管理并存"的职能制矩阵结构，并且在具体实施中多以纵向的管理模式为主。[①]这种组织结构造成多年以来，我国政府部门间的信息传递仅仅局限于纵向职能部门间进行，而横向部门之间的互联互通建设起步较晚，信息交换困难重重。导致信息的多口径重复采集，信息内容重复冗余、相互之间缺乏对应和转换关系，业务数据在各个信息系统中相对孤立分布。这不仅带来较高的行政成本，而且严重影响了信息的实时性、一致性和准确性，给部门之间的协同工作和上级部门的正确决策带来困扰。[②]

我国政务内网发展模式存在一定问题，如"重电子、轻政务；重硬件、轻软件；重网络、轻应用"的现象，导致信息开发使用滞后，信息共享不足。信息开发利用是信息基础设施建设投资增值的最大引擎，从国外信息化进程的成功经验看，往往是三分技术、七分管理、十二分的数据。久而久之，就会形成信息开发使用滞后，信息共享不足，电子政务服务水平低下的状况。[③]

第二节
政务内网的类型与应用

电子政务内部事务处理信息系统的主体是办公自动化(OA)系统。办公自动化是指利用现代化的设备和技术，代替部分办公人员的业务活动，优质高效地处理办公信息和事务。[④]从我国行政机关信息化的实际情况分析可以发现，各个机构信息化和自动化的程度不尽相同，从应用对象的角度，将办公自动化系统分为个人办公自动化系统和群体办公自动化系统两大部分。

一、个人办公自动化

个人办公自动化主要指支持个人办公的计算机应用技术，这些技术包括数据处理、文字处理、电子报表处理、多媒体系统等内容。

(一) 数据处理系统

从应用软件的角度来看，在一般办公室环境下，数据处理是通过数据库软件、电子报表软件以及应用数据库软件建立的各类管理信息系统或其他应用程序来实现的。它包括对办公中所需信息的存储、计算、查询、汇总、制表、编排等内容。

---

① 蒋录泉，吴瑞明，李峰，刘静岩，王浣尘，张明柱.电子政务服务质量管理思路研究[J].情报科学，2006(2)：310-315.

② 张鹏翥，樊博.电子政务[M].北京：电子工业出版社，2011：29.

③ 刘红璐，张真继，彭志锋.电子政务系统概论[M].北京：人民邮电出版社，2005：35.

④ 谭伟贤.现代办公与管理自动化技术[M].南宁：广西科学技术出版社，1994：78.

(二) 文字处理系统

文字处理系统是指应用计算机完成文字工作，其核心部件是文字处理软件。文字处理技术包括文字的输入、编辑排版以及存储打印等基本功能。

(三) 电子表单系统

电子报表是由工作簿、工作表和单元格构成的数据动态管理软件系统。可在单元格中填入、整理和存储数据，可通过系统提供的功能强大的、丰富的函数及自建的公式对工作表进行运算，还可以使用数据透视功能，根据用户的要求对工作进行方便、灵活的汇总处理。

(四) 多媒体系统

语音处理系统是指计算机对人的语言声音的处理，从应用角度来看，主要包括语音合成技术和语音识别技术。就办公室环境的计算机应用而言，图像处理系统是指包括图形(像)的生成(绘制)、编辑和修改，图形(像)与文字的混合排版、定位与输出等。汉字的自动识别技术也可以被视为一种对图形的智能化处理技术。[①]

二、群体办公自动化

群体办公的自动化系统是指支持群体间动态办公的综合自动化系统，特别是针对越来越频繁出现的跨单位、跨专业和跨地域的信息交流和业务交汇而产生的协同化自动办公的技术和系统。

(一) 公文处理

随着计算机、通信等技术的迅速发展，公文处理自动化正在普及，办公效率和电子公文质量不断提高。依靠网络信息技术对公文进行高效有序的电子化处理，是电子政府建设的重要组成部分，是关系电子政府建设全局的基础性工程。

1. 公文的定义

公文是公务文件或公务文书的简称，是指机构在处理公务活动的过程中，按特定体式与使用、具有法定效用的文件。根据《国家行政机关公文处理办法》的规定，行政机关的公文，是指行政机关在行政管理过程中所形成的具有法定效力和规范体式的公务文书。它是传达贯彻党和国家的方针、政策，发布行政法规和规章，实行行政措施，请示和答复问题，指导、布置和商洽工作，报告情况，交流经验的重要工具。国家机关的公文种类包括：命令、议案、决定、指示、公告、通告、通知、通报、报告、请示、批复、函、会议纪要等。

2. 公文处理的定义

公文处理是指对公文的创建、处置和管理，即在公文从形成、运转、办理、传递、

---

① 孟庆国，樊博. 电子政务理论与实践[M]. 北京：清华大学出版社，2006：34.

存储到转换为文档和销毁的生命周期中，以特定的方法和原则对公文进行创制、加工、利用、保管使其完善并获得必要功效的行为和过程。

3. 公文处理的内容

公文管理工作包括收文管理、发文管理以及公文流转控制及管理等模块。公文处理系统大致有三种类型，侧重点各有不同：以公文拟制电子化为特色的公文处理系统；以机关内部公文流转电子化为特色的公文处理系统；以机关之间公文传输电子化为特色的公文处理系统。这三者之间并不是彼此替代、互相排斥的关系，而是取长补短。一个成功的公文处理应该集成了这三方面的功能，其中当然以机构内部的公文流转为机构公文处理的核心。

(二) 视频会议

近年来多媒体通信的发展非常迅速，以视频会议、可视电话、视频点播等为代表的多媒体通信产品大量涌现，进入社会生活的方方面面，并逐渐被政府机构所采用，成为政府办公的好助手。

1. 视频会议的内涵

视频会议系统(Video Conferencing)，有时又被称为"电视会议系统"，就是指两个或两个以上不同地方的个人或群体，通过传输线路及多媒体设备，将声音、影像及文件资料互传，达到即时、互动的沟通，以完成会议目的的系统。视频会议系统是集通信、计算机技术、微电子技术于一体的远程异地通信方式，该系统是一种典型的图像通信。在通信的发送端，将图像和声音信号变成数字化信号，在接收端把它重现为视觉、听觉可获取的信息。与电话会议相比，视频会议具有直观性强、信息量大等特点，各个会场的终端通过通信网络相连，接收其他会场的图像和声音，同时向其他会场发送本会场的图像和声音。

2. 视频会议在我国政府机构的应用

近十几年来，视频会议业务开始在我国推广使用，国家视频会议骨干网已经建成，并逐渐发展到远程医疗、远程教学、公务管理等领域。其中在政府部门的应用显得十分突出。

视频会议系统在我国开始发展的初期，政府部门的应用就占据了重要位置，覆盖中央到直辖市和各省会城市的国家公众视频会议骨干网已经完工。自1994年9月投入使用以来，国务院等机关先后利用该网召开了三百多次全国范围的可视通信会议。整个系统的运行情况良好，得到了国家领导人和各部委领导的高度赞扬。近年来，随着电子政务工程的逐步推进，政府部门更加关注视频会议系统建设。在经济发达地区(例如浙江、山东、广东)，视频会议网已覆盖到地市级城市，有的甚至覆盖到县一级城市。除各级政府之外，其他诸如检察院、法院、公安和水利等职能部门也是视频会议系统的重要用户。

3. 视频会议在政务活动中应用的优越性

我国地域辽阔，政府部门召开的全国性或跨省市的大型会议往往会给交通部门带来很大的压力，消耗有限的财政费用，而且对与会者本人的时间和精力也提出相当高的要求，这些传统会议的缺点，恰恰突出了视频会议系统在这方面的优势。

(1) 节省会议旅费、时间。据粗略估计，在我国，召开一次全国各个省、市、自治区参加的全国性视频会议，费用仅为5万元左右；相同规模的会议若在宾馆召开，费用将高达100多万元；在日本、美国之间开通1小时的国际视频会议，双方总资费不超过50万日元，并能允许6人直接参会，15人左右旁听；而如果不采用视频会议方式，则50万日元还不够支付一个人的出差费用。据国外统计资料显示，各级管理机构的工作人员每年用于参加会议的时间约占全部工作时间的30%以上，在美国每年用于公务出差的费用高达300亿美元，而每次开会或会面中大约80%的时间要花费在路途中。可见，视频会议的应用意味着节约更多的时间和费用。

(2) 提高开会的效率。由于召开视频会议的费用大致与开会的时间成正比，就促使与会代表节省时间，提高办事效率。而且由于参加会议的人员就在本地，和会议有关的材料、文件、实物都在身边，可以充分、方便地互相交流。

(3) 适应某些特殊情况。对于我国这样地域辽阔，且许多地方交通状况不发达的情况，特别是对一些多山区的省份、边疆城市，视频会议的应用将带来极大的方便，因而这些地区使用会议电视的愿望尤为迫切。此外，视频会议还可用于各种紧急会议的召开，在一些紧急场合，如救灾、防汛、公共意外事件发生，视频会议系统就成了最好的甚至是唯一的选择，其收效根本无法用金钱来衡量。

(4) 增加参加会议的人员。在很多场合，参加会议的代表往往因为工作紧张或经费有限无法参加会议。使用视频会议后，则可以解决这一矛盾。

(三) 事务处理

事务活动的处理是机构办公系统中很重要的组成部分之一。

行政机关的事务管理活动，是指机构在机构职能活动之外的、起辅助作用的、必不可少的、例行的、程序性的事情的总体。这里所称的事务实际上是一种狭义的事务概念，当然，不同规模、不同性质的机构，其内部事务处理都存在一定的差异。但就一般而言，机构惯例性的事务处理活动包括：文件工作、档案管理、信息服务、会务活动、处理来信来访、后勤服务等内容。因为在办公系统中，文件工作、档案管理和信息服务是相对独立的功能。所以，这里讨论的事务处理模块将主要包括：会务活动、来信来访管理、后勤服务以及个人事务处理等功能。

公务处理系统中的事务处理功能比较丰富，大多数情况下会涉及会议安排、信访管理、资源管理，以及其他由机构业务性质决定的一些特定的事务处理功能。会议安排主要包括与会议相关的流程管理，比如，会议的计划起草，会议计划的修改，会议计划的审批，会议的通知，会议答复，会务安排，会议信息查询，会议记录的编辑、修辞、查阅等。信访管理就是完成上访、信访的信息录入审批、办理和信访答复等工作。其主要功能包括：信访登记，分办、转办、承办、拟办、起草报告，根据情况报告机关首长或机关内设部门领导阅批，领导签发或会签、结案，将处理结果告知有关方面，信访文件立卷归案，信访机构对处理情况进行督查，信访文件查阅等。资源管理则具有对内部各种资源(如办公设备、办公用品、器材、车辆等)进行统一管理、调度的功能。

(四) 日程管理

日程管理就是利用计算机完成约会时间、人员、地点、程序的安排和管理，进而实现工作计划、工作业务的自动编排。它可以帮助办公人员对事件进行宏观控制和协调，优化时间管理。日程管理包括：电子日程表、任务安排等方面。日程表是对一定时期内每天各时间段的约会做出安排，一般是按时间进行排序的。任务则是一项与人员或工作相关的事务，且在完成过程中要对其进行跟踪。任务可发生一次或重复执行(定期任务)。定期任务可按固定间隔重复执行，或在标记的任务完成日期基础上重复执行。

(五) 流程监控

流程监控实际上就是对工作过程，也就是公务处理过程的监督和控制。流程监控是公务处理系统的重要功能。它能够为办公活动带来极大的便利，帮助办公人员对时间等资源进行宏观调控和协调实现优化管理，从而达到提高办公效率的目的。一般的流程控制程序均可以在各种工作流程的执行过程中，随时监督控制流程的进展以及流程主要节点上的人员工作情况；直接掌控流程中工作的进展情况、任务完成情况；及时了解工作中的各种困难和问题；根据预设的标准和条件，找出工作中的偏差，提示或者督导有关方面执行相应对策。流程监控有两类：一是在办事务的监控，可通过设置总体工作项、在办工作项、逾时的在办工作项、待办工作项及被催办的工作项的方式完成监控任务，也可以通过列出来某一工作项所有已进行的活动方式实施监控；二是结案事务的监控，可根据参与者、任务或角色等分别查询结案事务的所有工作项及逾时工作项，任何参与者需要进行任务查询时都可以列出特定工作项，即可以查询到该项特定工作的全部活动过程。

(六) 档案管理

电子政务系统产生的电子文件是文件的一种形式，但它在记录技术、保管条件、管理手段等方面都是对传统纸质档案管理的一场革命。这场革命还反映在管理技术、方法、体制、原则和理念等方面。

1. 档案管理的内涵

档案管理就是将各种信息按照一定的规则进行归档保存起来，以方便今后查阅和使用。电子政务环境下的档案管理，则是采用电子政务技术，实现档案数字化，自动归档组卷，辅助查询，从而提高政府档案管理水平。档案管理完成归档文件的立卷、组卷、穆卷、拆卷、编辑案卷、封卷、借阅和归还管理。档案管理一般分为"案卷管理""文件管理""案卷查询"和"档案借阅归还"4个部分。

2. 电子政务系统档案管理的功能模块

(1) 鉴定。电子文件的鉴定是根据一定的方法和原则，判断电子文件的历史和现实价值，确定其保存期限，还包括对保存期满的电子文件进行复审，并按照复审的结果对电子文件进行相应处理。电子文件鉴定的基本方法包括内容鉴定法和职能鉴定法两种。

(2) 归档。传统的归档概念是将具有档案价值的文件向档案部门移交的过程，但对于电子文件，由于多种载体并存以及电子信息管理的特殊要求使得该环节工作比较复杂。在目前计算机技术欠成熟的环境下，电子文件的法律凭证性还不能完全保障，管理方法还存在不少漏洞，因此我国规定在电子文件归档的同时，还应将相应的纸质文件进行归档，即"双套制"归档。

(3) 检索。电子档案检索系统的建设包括存储和查找两个过程，即存储具有检索意义的档案信息、并据此开展查找工作。一般通过电子档案著录系统实现对档案信息的存储，即分析、组织和记录关于文件内容、结构以及文件系统的信息，并将其纳入电子档案信息数据库中。电子档案的查找具有多种方式，原则上任何被著录的项目都可以作为查找的条件，甚至包括全文查找。在实际应用中一般通过著录的关键词和分类标识从电子档案信息数据库中进行查找。

(4) 保管。电子政务系统的平台为电子档案的利用提供了非常便捷的条件，但从档案保管的角度来看，电子档案的数字化形态增加了保管的难度，其结构的复杂性也影响了对文件真实性、完整性、系统性的判断。电子档案的保管包括数字化载体的保管和电子档案信息的保护。前者首先要求选择合适的数字化载体，按照载体保护的标准进行管理。后者需要电子政务文档管理系统能够将信息加密、信息认证、病毒防治、网络安全等安全技术加以有效利用。

具体的系统功能还将根据不同类型的档案有不同的特点。其中档案利用的安全性问题在网络建设日趋普及的情况下，显得尤其重要，比如应该有严格的访问授权控制，必要时根据档案的密级对文档进行加密处理等。

(七) 信息服务

信息服务是政府机构内部公务处理系统的核心功能之一。这里的信息服务主要指为满足政府机关内部公务处理过程中的情报信息需求而提供的服务。信息服务功能又可以进一步细分为：电子公告、电子讨论、大事记和信息查询等内容。

(1) 电子公告相当于日常办公中的公告板，是发布各种信息如公告、通知或启示等公用办公信息的场所；主要功能包括文档的发布、通知的起草、发布、删除等。

(2) 电子讨论也就是在线论坛(BBS)，包括论坛模块管理、论坛版主管理、论坛浏览、发布新文章、论坛排行、论坛的权限管理等功能，电子论坛可作为信息交流、娱乐的场所。

(3) 大事记完成大事记信息的录入、整理、汇总和查询功能，是对机构重大事件进行汇总、整理、发布和查询的重要场所。

(4) 信息查询是信息服务中的关键环节，信息查询提供针对机构各类信息的检索服务。随着Internet的普及，机构的信息查询应该提供基于Web的查询服务，因此信息查询中的信息安全问题就显得尤其突出和重要。

(八) 信息资源管理

信息资源管理主要针对政府内部文件记录的爆炸式增长，以及由此带来的记录利用的低效率和政府决策的低效率。政府信息资源是指一切产生于政府内部或虽然产生于政府外部但对政府活动有直接影响的信息资源的总称。政府聚集了全社会80%以上的信息资源，且质量和可信度较高。信息资源管理则是分配和监控系统资源的使用状态，有效地对信息资源进行管理，提高利用率，降低资源消耗，节约内部办公成本。信息资源管理系统建设是从满足政府部门对资源管理的实际需要出发，以顺应政府管理规律的管理流程为依据，实现资源网络化管理的全过程。

(九) 知识管理

政府知识管理系统是一种融管理方法、知识处理、智能处理乃至决策和组织战略发展规划于一身的综合系统，包括6个方面：知识管理的基础措施(支持部分)，政府部门业务流程的优化，知识管理的方法(内容管理等)，知识的获取和检索，知识的传递，知识的共享和评测。知识管理系统的基本管理职能有外化知识、内化知识、中介和认知过程。政府知识管理系统的组织工作包括：清晰界定政府各部门的管理职能和运作程序，并向全社会明示；建立政府内部网络，并使其成为全社会的一种信息源；组织内部知识的编码化；与企事业单位、大专院校、科研单位、军队等建立信息交流和共享机制，及时公开政府信息；在组织内部设立知识主管或学习主管。[①]

第三节
电子政务决策支持系统

一、智能决策支持系统的界定与结构

(一) 决策问题的分类

H. A. Simon把决策问题分为程序化决策和非程序化决策。现在人们把程序化决策称为结构化决策。结构化问题是常规的和完全可重复的，每一个问题仅有一个求解方法，它可以用编制程序来实现。而非结构化问题不具备已知求解方法或存在若干求解方法，但所得

---

① 侯卫真. 电子政务[M]. 北京：电子工业出版社，2014：91.

到的答案不一致，它难以用编制程序来实现。实际上非结构化问题包含着创造性，计算机难以处理。介于结构化决策和非结构化决策之间的问题是半结构化决策问题。决策支持系统的发展能有效地解决半结构化问题。它逐步使非结构化决策问题向结构化决策问题转化。[①]

表5.1 决策问题结构化程度分类表
Tab 5.1 Structured degree classification of decision problem

分类	问题及解决过程说明	举例
结构化决策问题	比较简单、直接，容易用形式化方法严格描述。决策过程和决策方法有规律可寻，能用明确的语言和模型描述	一般可以通过大量的计算来解决库存管理、线性规划、生产调度、新厂址位置选择
非结构化决策问题	很难甚至不能用形式化方式描述。决策过程复杂，决策方法没有规律，决策者的主观行为(经验、直觉、偏好和决策风格)对决策效果有相当的影响	为杂志选取封面、聘用管理人员、研发项目的决定
半结构化决策问题	介于上述两者之间，决策过程和决策方法有一定规律但又不能完全确定。这样的问题一方面可以通过程序进行定量分析和计算，或用相对明确的决策原则和方法解决；另一方面可以依靠人的知识、经验和直觉来判断和选择	有价证券交易、开发市场、经费预算、资本获利分析

资料来源：吕洁.面向电子政务的决策支持系统的研究[D].北京：华北电力大学，2003：14.

智能决策支持系统就是为了更加科学合理地对半结构化决策问题进行决策，为其提供决策支持和智力支持。DSS是一种计算机辅助决策系统，而不是实现科学决策整个过程的决策自动化系统。决策支持系统作为一种新兴的信息技术，它可以利用系统所收集的大量信息，通过建立正确的决策体系和决策支持模型，为政府部门提供各种决策信息以及政府决策问题的解决方案，从而减轻了管理者从事低层次信息处理和分析的负担，使他们专注于最需要决策智慧和经验的工作，因此提高了决策的质量和效率，为各级政府的决策提供科学的依据。[②]

(二) 智能决策支持系统的界定

长期以来信息系统的研究者以及技术人员不断研究和构建决策支持系统(DSS)。DSS的大致发展历程是：20世纪60年代后期，面向模型的DSS的诞生，标志着决策支持系统这门学科的开端；70年代，DSS的理论得到长足发展，决策支持系统把管理信息系统和模型辅助决策系统结合起来，使得数值计算和数据处理融为一体，提高了辅助决策的能力[③]；80年代前期和中期，实现了金融规划系统以及群体决策支持系统(Group DSS)，1980年Sprague提出了决策支持系统三部件结构，即人机交互部件、数据部件(数据库和数据库管

---

① 吕洁.面向电子政务的决策支持系统的研究[D].北京：华北电力大学，2003：13.

② 吕洁.面向电子政务的决策支持系统的研究[D].北京：华北电力大学，2003：13.

③ 吕洁.面向电子政务的决策支持系统的研究[D].北京：华北电力大学，2003：16.

理系统)、模型部件(模型库和模型库管理系统)。该结构明确了决策支持系统的组成，也间接地反映了决策支持系统的关键技术，即模型管理系统、部件接口、系统综合集成。它为决策支持系统的发展起到了重大的推动作用[①]；80年代末90年代初，通过将DDS与知识系统相结合，我们提出并实现了智能决策支持系统(IDSS)。

智能决策支持系统(Intelligence Decision Supporting System，IDSS)属于一个新兴的交叉学科领域，是管理决策科学、运筹学、计算机科学与人工智能相结合的产物。[②]智能决策支持系统是人工智能(Artificial Intelligence，AI)和DSS相结合，应用专家系统(Expert System，ES)技术，使DSS能够更充分地应用人类的知识，如关于决策问题的描述性知识，决策过程中的过程性知识，求解问题的推理性知识，通过逻辑推理来帮助解决复杂的决策问题的辅助决策系统。

IDSS的概念起源于20世纪80年代初期，是由美国学者波恩切克等人率先提出的，传统的DSS系统的重点还在于模型的定量计算，人机对话方式与大多数不熟悉计算机的使用者尚存在一定的距离，限制了DSS的应用效果。随着人工智能技术的迅猛发展，为决策支持系统注入了新的活力。AI技术的逐步成熟更是带动了决策支持系统技术的日趋成熟与稳定。而专家系统的发展则是AI技术中相对来讲最成熟的领域之一。IDSS的核心思想是将AI与其他相关科学成果相结合，使DSS具有人工智能，就能弥补传统DSS的不足。把AI技术引入DSS，主要是通过专家系统与DSS相结合，在DSS系统中加入推理机和规则库。由于在决策过程中，许多知识不能用数据来表示，也不能通过模型来描述，所以没有固定方式的专门知识和历史经验。IDSS引入的规则库可以存储这些知识，为决策提供重要的参考和依据。智能决策支持系统充分发挥了专家系统以知识推理形式解决定性分析问题的特点，又发挥了决策支持系统以模型计算为核心的解决定量分析问题的特点，充分做到了定性分析和定量分析有机结合，使解决问题的能力和范围得到了很大发展。

人工智能(Artificial Intelligence)是研究、开发用于模拟、延伸和扩展人的智能的理论、方法、技术及应用系统的一门新的技术科学，它是计算机科学的一个分支，它企图了解智能的实质，并生产出一种新的能以与人类智能相似的方式做出反应的智能机器，该领域的研究包括机器人、语言识别、图像识别、自然语言处理和专家系统等。近十年来，人工智能已得到迅速传播与发展，并在决策支持系统中获得了日益广泛的应用，越来越多的决策支持系统应用了网络技术和分布式人工智能技术。

决策支持系统(DSS)作为人工智能的一个重要研究领域，是辅助决策者通过数据、模型和知识，以人机交互方式进行半结构化或非结构化决策的计算机应用系统。它是管理信息系统(MIS)向更高一级发展而产生的先进信息管理系统。它为决策者提供分析问题、建立模型、模拟决策过程和方案的环境，调用各种信息资源和分析工具，帮助决策者提高决

---

① 吕洁.面向电子政务的决策支持系统的研究[D].北京：华北电力大学，2003：16.
② 李燕.基于电子政务的我国政府绩效管理体系的构建与实施[D].重庆：重庆大学，2008：4.

策水平和质量。决策支持系统为政府决策者提供必要的决策信息，改善决策者的有限理性，使决策者在全面了解决策所需信息的前提下进行决策，避免了依靠经验决策和由于决策信息不完备导致的盲目决策现象，给予决策以必要的参考和支持，从而提高了政府决策的科学化水平。随着科学技术的进步以及人工智能技术的日趋成熟，决策支持系统智能化已经成为业界研究与实现的目标，尽管目前已有一些先进的智能决策支持系统在商业、工业、政府和国防等部门获得成功应用，但是，这一系统尚未完善，仍处于发展阶段，可以预见的是在未来的研究过程中，智能决策支持系统必将对社会和组织产生更加重大的影响。智能决策支持系统的工作是可预测和可规划的，它是实实在在可以造福全人类的。

(三) 智能决策支持系统的系统结构

IDSS主要是由对话子系统、数据库子系统和模型库子系统组成。ES一般主要由知识库、推理机和知识库管理系统组成，它使用非量化的逻辑语句来表达知识，用自动推理的方式进行问题求解，而IDSS主要使用数量化方法将问题模型化，利用对数值模型的计算结果来进行决策支持。

较完整与典型的IDSS结构是在传统三库IDSS的基础上增设知识库与推理机，在人机对话子系统中加入自然语言处理系统(LS)，与四库之间插入问题处理系统(PSS)而构成四库系统结构。

1. 智能人机接口

四库系统的智能人机接口接收用自然语言或接近自然语言的方式表达的决策问题及决策目标，这较大程度地改变了人机界面的性能。由自然语言处理功能通过语法、语义结构分析等方法转换成系统能理解的形式。运行后，系统则以决策者能清晰理解的或指定的方式输出求解过程与结果。

2. 问题处理系统

问题处理系统处于IDSS的中心位置，是联系人与机器及所存储的求解资源的桥梁，主要由问题分析器与问题求解器两部分组成。它包括两部分：自然语言处理系统和问题处理系统。

(1) 自然语言处理系统：转换产生的问题描述由问题分析器判断问题的结构化程度，对结构化问题选择或构造模型，采用传统的模型计算求解；对半结构化或非结构化问题则由规则模型与推理机制来求解。

(2) 问题处理系统：是IDSS中最活跃的部件，它既要识别与分析问题，设计求解方案，还要为问题求解调用四库中的数据、模型、方法及知识等资源，对半结构化或非结构化问题还要触发推理机做推理或新知识的推求。

3. 知识库子系统

知识库子系统的组成可分为三部分：知识库管理系统、知识库及推理机。

(1) 知识库管理系统。它的功能主要有两个：一是回答对知识库知识增、删、改等知识维护的请求；二是回答决策过程中问题分析与判断所需知识的请求。

(2) 知识库。知识库是知识库子系统的核心。知识库中存储的是那些既不能用数据表示，也不能用模型方法描述的专家知识和经验，既是决策专家的决策知识和经验知识，同时也包括一些特定问题领域的专门知识。

知识库中的知识表示为描述世界所做的一组约定，是知识的符号化过程。对于同一知识，可有不同的知识表示形式，知识的表示形式直接影响推理方式，并在很大程度上决定着一个系统的能力和通用性，是知识库系统研究的一个重要课题。

知识库包含事实库和规则库两部分。例如：事实库中存放了"任务A是紧急订货""任务B是出口任务"的事实。规则库中存放着"IF任务i是紧急订货，and任务i是出口任务，THEN任务i按最优先安排计划""IF任务i是紧急订货，THEN任务i按优先安排计划"的规则。

(3) 推理机。推理是指从已知事实推出新事实(结论)的过程。推理机是一组程序，它针对用户问题去处理知识库(规则和事实)。推理原理如下：若事实M为真，且有一规则"IF M THEN N"存在，则N为真。因此，如果事实"任务A是紧急订货"为真，且有一规则"IF任务i是紧急订货，THEN任务i按优先安排计划"存在，则任务A就应优先安排计划。[①]

(四) 智能决策支持系统的结构层次

依照系统层次的观点，IDSS从技术上可以划分为以下三个层次。

1. 应用层

应用层直接面向IDSS的使用者。决策者可以根据自己的需要，确定IDSS的状态和约束。决策者通过用户接口进行系统对话，输入相关信息，IDSS则通过信息转换理解用户请求和命令，并进行系统推理运算，将结果通过输出界面反映给用户。整个过程对用户是透明的。

2. 控制协调层

控制协调层面向IDSS的总设计师。其基本单元是系统中餐库的控制协调模块，系统工程师通过各库的标准接口来建立它们之间的联系。

3. 基本结构层

基本结构层面向专业程序设计人员。专业程序设计人员通过该层对各库进行具体的实现，具体到定义各库的组织结构、通信方式等，以完成各库的内部管理和外部通信任务。

二、电子政务决策支持系统的组件与运行

(一) 电子政务决策支持系统组件

电子政务决策支持系统的目标是满足各级政府、党委及各级领导对于信息的需求，同

---

① 孟庆国，樊博.电子政务理论与实践[M].北京：清华大学出版社，2006：43.

时考虑对社会各界的信息服务，充分采用电子计算机、现代信息技术和决策方法，建立统一的、可靠的、及时的、功能比较齐全的基础数据库系统和决策支持系统。

一个决策支持系统包括以下典型的组件。

1. 数据管理子系统

决策支持系统的数据库通常包括在数据仓库中。数据仓库是用于管理决策支持的、面向主题的、集成的、稳定的数据集合。它将传统数据库中的数据进行清洗、抽取和转换，并按照主题的需要进行重新组织。这种高度集中的数据为不同决策需求提供了有用的分析基础。

2. 模型管理系统

模型管理系统是一个包含有统计、运筹和其他定量模型的软件包，能够提供系统的分析能力和合适的软件管理能力。在模型库中的模型可以分为战略性的、策略性的、运营性的等。

3. 用户界面子系统

通过用户界面子系统，用户可以与DSS应用之间进行交流，如交互式界面、报表打印。为了实现组织内的信息共享，还应包括Intranet/Internet的发布方式。

4. 用户

用户可看作系统的一部分。电子政务中，决策支持系统的用户主要是政府部门的管理者。[①]

(二) 电子政务决策支持系统的运行

电子政务决策支持系统不仅可以提高政府部门的办事效率和透明度，还可以利用系统所收集的大量数据，通过建立正确的决策体系和决策支持模型，为各级政府的决策提供科学依据。决策系统运行的具体步骤，如图5.1所示。

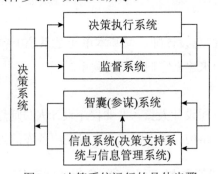

图5.1　决策系统运行的具体步骤

Fig 5.1　The operation steps of decision system

资料来源：金太君，叶常林.电子政务与政府管理[M].北京：北京大学出版社，2006：60.

---

① 赵国俊.电子政务教程[M].北京：中国人民大学出版社，2004：56.

智囊系统利用信息系统提供的信息，制定各种可行的决策方案。智囊系统通过电子政务系统提供的平台将决策方案上报给决策系统(一般由负有决策责任的领导担任)。决策系统将根据信息系统生成的决策信息来确定最优的决策方案，并生成必要的决策指令。决策系统通过电子政务平台把决策指令下发给决策执行系统和监督系统。在监督系统的监督下，由决策执行系统负责贯彻执行决策指令。决策指令的执行情况和结果将通过信息系统反馈给智囊系统。智囊系统将根据具体情况向决策系统提供反馈信息或决策修正方案。决策系统针对反馈信息或修正方案确定新的决策，并下发执行。由此可以看出，通过把电子政务平台和决策支持系统有机地结合起来，可以大大提高决策的科学性、时效性和适应性。[①]

三、电子政务决策支持系统的应用

(一) 国外决策支持系统的发展和应用现状

"决策支持"一词最早是由美国MIT的高端(Gorry)和斯科特·莫顿(Scott Morton)等人于1971年提出的。随后经许多学者和研发人员的不断努力，才逐步发展成为目前的决策支持系统。决策支持系统融合了大量的智能决策前沿技术，出现了智能决策支持。

美国联邦局和NASA等单位的Vincent与Ambrosia等人提出了自然灾害事件的高级决策支持技术，主要包括：改进的红外图像识别系统；改进的实时数据遥感测量技术；新的无人飞行器(LAV)平台技术；集成新技术的决策支持系统。

日本京都大学灾害预防研究所S. Oishi等人建立了采用推理模型的强降雨预测系统，包括相应的推理规则以及推理引擎。它通过推理模拟云层运动，建立起三维定量云层模型，建立了大气诊断系统，为推理提供数据信息。

美国科罗拉多大学Jintae Lee等人采用模板驱动的设计方法建立起灾害管理信息预测系统。模板用来表达从案例中抽取的信息特征，同时利用基于案例的推理技术，能够快速地寻找类似的危机或紧急事件，提供相应的解决方案。

澳大利亚莫纳什大学的Sohai等人，提出一种用于灾害管理的混合决策支持系统。该系统仅需少量参数，但通过分析用户的需求系统会逐渐增加参数。美国新泽西理工学院的David Mendonca提出了一种应急事件决策支持系统。它可以用来处理一些突发事件，通过分析灾情，提出在什么时候和怎样去处理突发事件，包括自然灾害和恐怖袭击等。

(二) 我国决策支持系统的发展和应用现状

我国决策支持系统的研究始于20世纪80年代中期，其应用最广泛的领域是区域发展规划。对于决策支持系统的应用也始于20世纪80年代，我国政府投巨资对国家经济信息系统进行开发，用于评估和比较不同区域或整个国家的社会、经济和生态系统指标，模拟、预

---

① 信息产业部推进司，中科院软件所电子商务技术研究中心. 中国电子政务公务员培训读本[M]. 北京：中共中央党校出版社，2003：178-179.

测发展趋势并分析政策所产生的影响。同时，许多不同层级的政府公共管理部门也开始开发DSS以支持他们的工作和决策，如税务管理、劳动就业、产业管理、城市环境管理、土地管理等。这些应用，为DSS的发展提供了机遇并产生巨大的影响。

在水资源数据库系统方面，决策支持系统开始被尝试用于收集水资源数据以进行综合管理和识别，用于防震或控制洪水、供应城市需求和农业灌溉等，如许新宜的水资源管理数据库。在防洪预报与预警系统方面，决策支持系统能根据洪水预报迅速计算不同防洪调度方案的后果，供防汛决策者进行方案选择。

决策支持系统还在水资源管理调度系统中扮演着重要角色，特别是一些跨区域的大型项目，如天津滦河引水项目中水库群调度、丹江口水库优化调度、三峡工程DSS、南水北调中东线工程中的水资源规划DSS以及城市供水仿真DSS等。

此外，决策支持系统还被广泛用于解决农业生产中的节水、农田管理和耕地规划等问题。针对我国近海渔业资源的可持续利用，外海渔场的开发及我国海洋经济区、中日和中韩水域管理的需求，国家"863"计划设立专题开发海洋渔业和地理信息决策系统。该系统将遥感、地理信息系统、全球卫星定位系统与专家系统等技术，综合运用于海洋渔业。

国家"863"计划中针对西部地区生态系统保护开发的DSS，可以综合评价影响生态系统的因素，分析政策的影响力，对促进西部地区生态系统及可持续发展发挥了积极作用。将地理信息系统与统计方法相结合，并通过专家系统进行分类分析，以期对环境的改变进行研究，并提供决策支持。安徽省使用的疾病防治DSS，用于流行性传染病形势预测和"SARS"通告，对"SARS"疾病的控制和预防起到了一定的作用。

(三) 决策支持系统的重要工具——超级计算机

超级计算机作为科学决策一个重要工具，已经成为衡量各国高科技发展的要素，也成为世界各国在经济和国防方面的竞争利器，"超级计算(Supercomputing)"这一名词在1929年《纽约世界报》关于"IBM为哥伦比亚大学建造大型报表机(Tabulator)的报道"中首次出现，是一种由数百、数千甚至更多的处理器(机)组成的，是能计算普通PC机和服务器不能完成的大型、复杂课题的计算机。一些厂家这样规定巨型计算机的指标：首先，计算机的运算速度平均每秒1000万次以上；其次，存储容量在1000万位以上。如美国的ILLIAC-Ⅳ、日本的NEC、欧洲的尤金、中国的"银河"计算机，就属于巨型计算机。巨型计算机的发展是电子计算机的一个重要发展方向。它的研制水平标志着一个国家的科学技术和工业发展的程度，体现着国家经济发展的实力。一些发达国家正在投入大量资金和人力、物力，研制运算速度达几百万亿次的超级大型计算机。2010年，由中国国防科技大学研制的"天河一号"在超算排行榜上首次夺冠。2012年10月，隶属于美国能源部的橡树岭国家实验室将"美洲虎"改装为"泰坦(Titan)"，重新成为世界上最快的超级计算机。虽然本次中国与世界上最快的计算机这一荣誉失之交臂，但同年12月31日中国研制成功采用国产CPU的首台万亿次高性能计算机，KD-90系统实现了"三低一高"的特性：成本低于20万元，功耗低于900W，占地面积降低至0.12平方米，性能高达每秒1万亿次，成为国产CPU的首台万亿次高性能计算机。2013年6月17日，在德国莱比锡开幕的2013年国际超级计算机大会上，TOP500组织公布了最新全球超级计算机500强排行榜榜单，中国国防科技大学研制的"天河二号"超级计算机，以每秒33.86千万亿次的浮点运算速度夺得头筹，中国"天河二号"成为全球最快的超级计算机。2014年6月23日，在德国莱比锡市发布的第43届世界超级计算机500强排行榜上，中国超级计算机系统"天河二号"再次位居榜首，其运算速度比位列第二名的美国"泰坦"快近一倍。2014年"天河二号"第3次又被评为全球最快的计算机，获得世界超算"三连冠"，成为天河系列超级计算机后，"天河二号"第4次居世界超算之巅。经过中国科技工作者几十年不懈地努力，中国的高性能计算机研制水平显著提高，成为继美国、日本之后的第三大高性能计算机研制生产国。中国现阶段超级计算机拥有量为22台(中国内地19台，香港1台，台湾2台)，居世界第2位，拥有量和运算速度在世界上处于领先地位。随着超级计算机运算速度的迅猛发展，它也被越来越多地应用在工业、科研和学术等领域。但就超级计算机的应用领域来说，中国和发达国家，如美国、德国等还有较大差距。中国超级计算机及其应用的发展为中国走科技强国之路提供了坚实的基础和保证。因为超级计算机的用途和功能十分强大，我国才不断追求其向高、精、尖的方向发展。

超级计算机的用途主要包括以下几个方面：①民用的制药。利用超级计算机能进行分子级别的量化配方分析，使制药成分更科学更合理，并且能做到剂量成分适中。可以说超级计算机的应用能带动中国的制药业发展。②气象分析。对气象卫星侦察的信息进行集中化数据处理、量化分析、建模分析，都需要超级计算机，这样能更快速、更精准。对中国已发射的两颗全球气象卫星所提供数据的及时处理能使我们可以根据自己的力量预知全球气象信息。超级计算机的快速数据处理能力，能给中国预知全球气象增加一股力量，这一点尤其在战时更管用，我们可自立自主地预知全球气象，而不依赖别人，这是打赢一场高技术战争的根本基点。③交通业。超级计算机可以用来认识汽车、轮船和飞机等交通工具的空气流体动力学、燃料消耗、结构设计、防撞性，并帮助提高乘坐者的舒适度，具有潜在的经济和安全收益。④社会安全与健康。比如污染、灾难规划，以及对针对本国、本地区的基础设施进行恐怖活动的预防。⑤防震。对地震的模拟能够帮助人类探索预测地震的方法，从而做到有预防、有准备，降低地震带来的相关风险。⑥地球物理探测和地球科学。比如石油勘测、稀有金属的挖掘，都离不开超级计算机的支持与帮助。⑦天体物理学。模拟时间进程并加快这种模拟进程，从而对天体的发展演变进行建模和理论实验。⑧材料科学与纳米技术。对物质和能量进行计算密集型的模拟。⑨人类社会组织系统研究。比如对人口大规模的活动进行模拟。⑩模拟核试验。借助超级计算机强大的快速的运算能力在实验室进行亚临界核试验，与真正的核试验的效果是相同的。

虽然我国超级计算机已经走在时代前沿，但我国相关研究人员和科学家，正努力使之向更高端的领域发展。据2015年9月26日新华网报道，中国将研制用于模拟整个地球环境的超级计算机。9月23日，中国科学院大气物理研究所、曙光信息产业(北京)有限公司、中科院计算技术研究所、中科院计算机网络信息中心联合发布了"地球数值模拟装置"的预研和原型系统。这套基于中科院地球系统模式1.0版本的高性能计算机系统的落成，填补了中国地球系统模式大数据实践平台的空白。它包含高性能计算机硬件、地球数值模拟应用软件、并行软件支撑框架、可视化系统等多个部分，可满足对地球系统的仿真研究。科学家可借助该系统，在地球系统模式研发、短期气候预测、灰霾治理等方面做出成果。这套软件包含了完整的气候系统和生态环境系统分量，集成了大气、海洋、海冰、陆面水文、大气化学和气溶胶、动力学植被、海洋生物地球化学等子系统模式或分量模块，并通过一个通量耦合器实现各模块之间的完整耦合，可以更加逼真地实现对大气、洋流、陆面过程、生态等的仿真研究。目前这个原型系统，一天可以计算出地球的大气圈、水圈、岩土圈、生物圈等多个圈层6年的变化。它不仅仅是在地理系统科学方面的应用更加高深和广阔，在其他方面更是齐头并进，相信在我国相关研究人员以及科学家的努力之下，我国超级计算机水平将得到不断提高。

(四) 地理信息系统的应用

地理信息系统(简称GIS)的优势使超级计算机成为国家宏观决策和区域多目标开发的重要技术工具，也成为与空间信息相关的各行各业的基本工具。地理信息系统的应用主要体现在如下方面。

1. 资源清查

资源清查是GIS的最基本职能。该系统可将各种来源的数据汇集在一起，最后提供区域多种条件组合形式的资源统计和进行原始数据的快速再现。以土地利用类型为例，可以输出不同土地利用类型的分布、面积，按不同高程带划分的土地利用类型，不同坡度区内的土地利用现状以及不同时期的土地利用变化等，为资源的合理利用、开发和科学管理提供依据。

2. 城乡规划

城市与区域规划中涉及资源、环境、人口、交通、经济、教育、文化和金融等多个地理变量和大量数据，GIS可将这些数据归并到统一系统中，最后进行城市与区域多目标的开发与规划，包括城镇总体规划、城市建设用地适宜性评价、环境质量评价、道路交通规划、公共设施配置以及城市环境的动态监测等。

3. 灾害监测

借助遥感遥测数据的搜集，利用GIS可有效进行森林火灾的预测预报、洪水灾情监测和洪水淹没损失的估算，为抢险救灾、防洪决策提供及时准确的信息和决策依据。

4. 环境管理

一个地方的环境管理信息系统可以为环境管理部门提供数据和信息存储方法；可以提

供环境管理的数据统计、报表和图形编制方法；可以建立环境污染的若干模型，为环境管理决策提供支持；可以提供环境保护部门办公软件；可以提供信息传输的方法与手段。

5. 宏观决策

GIS利用拥有的数据库，通过一系列决策模型的构建和分析，为国家宏观决策提供依据。如在系统支持下的土地承载力的研究，可以解决土地资源与人口容量的规划问题。[①]

本章小结

本章内容主要介绍了政务内网的定义、目标、功能、发展与问题，并在其中突出介绍了智能决策支持系统的应用。政务内网建设是对外服务的基础和支撑，回顾历史，政务内网建设已经取得初步进展，新时期，政务内网建设的内容也有了新的重点。智能决策支持系统目前已经广泛应用于政府决策的实践之中，其发展与应用也是电子政务研究的重点内容。

关键术语

政务内网　办公自动化　公文处理　视频会议　事务管理　日程管理　流程监控
档案管理　信息服务　信息资源管理　知识管理　智能决策系统　地理信息系统

思考题

1. 论述群体办公自动化的主要应用。
2. 简述智能决策支持系统的内涵。
3. 分析智能决策支持系统的系统结构的组成部分。
4. 简述智能决策支持系统的组件。
5. 列出智能决策支持系统运行的具体步骤。
6. 简述地理信息系统的概念与类型。
7. 论述地理信息系统的主要功能与应用。

案例分析

美国亚利桑那州立大学决策剧场

为了应对当前传统决策领域所面临的政策和决策管理高度复杂化、社会化，决策效率

---

① 徐晓林，杨锐.电子政务[M].武汉：华中科技大学出版社，2009：128.

过低以及同时对多种情形进行检验和数据展示的能力有限的挑战，美国亚利桑那州立大学集多学科为一体，借助计算机虚拟现实技术、智能决策技术、数据挖掘技术、GIS技术，以科学为基础进行合理分析，通过对大量的、容易获得的相关数据的综合应用，构建了一个互动的三维虚拟可视化决策平台——决策剧场(Decision Theater)，实现了科学和实践的完美结合。

"眼见为实"是决策剧场遵循的最基本的理念，可视化、模拟与仿真、协同是决策剧场的三大特色。通过对多种可能方案的模拟和展现，决策剧场抛弃了幻灯片、电子表格等传统的决策工具，为决策者营造了一种全新的决策环境。任何决策者和社区都能置身于决策现场，身临其境地面对多种复杂问题，在充分沟通的基础上确定解决方案。决策前，决策者可以通过遥控器控制画面，从不同的角度对决策对象的三维影像进行观察，了解决策对象的过去和现状。决策过程中，决策者仅通过对相关决策参数的简单调整，即可实现对备选方案的模拟和展现，创造决策对象可视化和形象化的未来，帮助决策者最终确定最优决策方案。

决策剧场不仅具有先进的决策理念和体系架构，而且拥有一流的硬件设施。它的主体是一个视角达260度的多面巨大屏幕，能播放全景的计算机图形和三维视频。鲜活的画面给决策者带来了视觉上的冲击，但决策剧场的真正的奥秘却隐藏在屏幕的后面：8节点的双处理器计算机集群用于把数学模型转化为三维视觉图像，高性能的80节点的计算机集群用于辅助复杂模型的实时运行，专用的超高速网络能直接连接具有兆次运算能力的计算机资源，多台专用服务器用于满足群决策的功能需求等。

目前，决策剧场已成功应用于多个研究项目，它们覆盖了公共管理和私营企业管理的诸多领域，如城市发展、环境、教育、卫生、危机处理、学术研究、跨国公司商业合作等，取得了令人瞩目的成功。

(资料根据"决策剧场"网站整理)

思考问题

1. 美国亚利桑那州立大学决策剧场运用了哪些智能决策技术，从而实现了卓越的决策支持功能？

2. 我国在现代决策发展方面，比如超级计算机、智能决策以及大数据发掘方面，还需要做哪些改进和提高？

第六章
电子政务外网

电子服务是利用信息技术和政府网络工作平台，向社会、公众和其他组织提供高效、便捷和公平、公正服务的统称。发展电子政务本就包括电子服务部分，但是，因为各国电子政务发展差异较大，政府管理模式需要转型，所以严重影响了电子服务的开展和深入推进，更引起社会公众对政府电子政务的质疑。政务外网是开展电子公共服务的基础，包含了技术、管理和服务文化等多重含义，建设好政务外网，既是电子政务向更深层次迈进的表现，也是政府实现电子化办公和转型的关键。当然，政务外网还蕴含着其他商业机会和政治机会，需要全面掌控政务外网。

第一节
政务外网概述

一、政务外网的界定与特征

(一) 政务外网的定义

国家政务外网(CEGN)是按照中办发[2002]17号文件规定建设的中国电子政务重要基础设施。政务外网是政府的业务专网，主要承载政务部门不需要在内网上运行的业务和政务部门面向社会的专业性服务，与政务内网物理隔离，与互联网逻辑隔离，为政务部门的业务系统提供网络、信息、安全等支撑服务，为社会公众提供政务信息服务。

国家政务外网由中央政务外网和地方政务外网组成，主要服务于各级党委、人大、政府、政协、法院和检察院等部门，为各部门的业务应用提供网络承载服务，支持业务网络的互联互通，支持跨地区、跨部门的业务应用、信息共享和业务协同，满足各级政务部门社会管理、公共服务等方面的需要。

国家政务外网总体目标是依托统一的国家公用通信传输网络，整合建设政务外网，通过覆盖全国各级政务部门的网络平台和服务体系，支持电子政务业务系统的运行，支持跨部门、跨地区的信息资源共享，支持电子政务业务系统的互联互通和信息交换，促进政府监管能力和服务水平的提高。[①]

(二) 政府外网的特征

政府外网实质是为政府部门以外的主体提供电子服务。这种电子政务服务与传统公共服务的不同主要表现在载体和运输方式上的变化，由依附于实体、纸张的实物性及面对面或打电话的服务方式，转变为数字化和通过计算机网络传输的服务方式，这种服务方式上的转变，决定了电子政务服务既具有公共服务特性，还具有电子服务的特性。

政府外网的公共服务特性包括以下几个方面。

1. 政治性

公共管理理论认为，公共服务在本质上是政府的职能之一，是政治意志表达的一种途径。因此，政治性是电子政务服务的基本特征之一，它的应用可以提高政府的行政效率与服务水平，可以获得公众、企业用户的支持与拥护，有利于巩固政府的政治基础。

2. 权威性

电子政务服务是政府依法行使国家行政职权的途径之一。代表国家意志行使职权，权威性是其另一基本特性。

3. 公平性

电子政务服务是大众化的服务，一般以一个地区为单位，向公众、企业提供普遍性的服务，不像电子商务可以进行选择，为特定用户定制服务。也就是说，电子政务服务对所有用户都是公平的。

4. 广泛性

电子政务服务的内容覆盖了政府的主要职能，涉及税务、教育、人事、就业、公安、工商、体育、培训、社会保障、法律援助等广泛的服务领域。

5. 经济性

电子政务服务的经济性包括两个方面：一是政府提供公共服务的成本较传统模式低，在服务成本上具有经济性；二是用户获取公共服务的成本也较传统模式低。

6. 非营利性

电子政务服务的非营利性是区别于电子商务的根本特征，也是公共服务的基本特征，主要目的是保证人们能够持续地消费。

7. 安全性

电子政务服务的安全性包括两个含义：一是内容的安全性，即所提供的服务是权威的、准确的、未被篡改过的；二是过程的安全性，即要保证服务过程的稳定性及参与人的隐私安全等。

也有人从电子角度看电子政务服务的特性，认为电子政务具有随时性、全球性、数字

---

① 吕晓阳，谭共志. 电子政务理论与应用[M]. 北京：清华大学出版社，2010(9)：115-116.

化、网络外部性、交互性、多媒体、整合性、异步性、可存储性、同质性等特征。[①]

二、政务外网的运行环境与主要职能

(一) 政务外网的运行环境

政务外网在网络拓扑结构上与政务内网基本类似，但政务外网需要承载更多的业务信息，所以涉及的问题更为复杂。为保证各系统的安全，必须为各系统的网络联网提供安全隔离及网络服务质量保证，因此普遍使用MPLSVPN技术在IP网上来满足政务外网的这些要求。

虚拟专用网技术有以下两种。

1. VPN

虚拟专用网指的是依靠ISP和NSP，在公用网络中建立专用的数据通信网络技术。虚拟专用网不是真正的专用网，但却可以实现专用网络的功能。在虚拟专用网中，任意两个节点之间的连接并没有传统网络所需的端到端的物理链路，而是使用Internet公众数据网络的长途数据线路。

目前，主要有两种VPN技术：IPSec VPN和SSLVPN。IPSec(Internet Protocol Security，IP安全)VPN具有较高的安全性，比较适合拥有较多的分支机构、通过VPN隧道进行站点之间连接、交换大容量数据的中小企业。企业的数据比较敏感，要求安全级别较高，不能随便通过一台电脑就访问企业内部信息。而SSL(Secure Sockets Layer，安全套接层)VPN适合那些需要很强灵活性的企业，员工在不同地点都可以通过各种移动终端或设备访问公司内部资源。

2. MPLSVPN

多协议标记交换虚拟专用网是在网络路由和交换设备上应用MPLS技术，简化核心路由器的路由选择方式，结合传统路由技术的标记交换实现的IP虚拟专用网络，可用来构造宽带的Intranet、Extranet，满足多种灵活的企业需求。[②]

(二) 政务外网的主要职能

政务外网是架构在基础传输网络之上的IP网络，能够支持数据、语音、视频应用的多业务网络。国家政务外网的建设，可以用4个统一来概括，即充分利用现有资源，整合构建"统一的网络平台、统一的应用支撑平台、统一的安全保障体系和统一的服务体系"。

1. 网络平台

网络平台主要是利用基础传输网络资源，构建互联互通的网络共享环境，实现跨部门、跨地区的政务信息共享和业务协同。主要包括以下几个方面。

---

① 胡广伟. 电子政务服务管理[M]. 南京：南京大学出版社，2010(7)：131-134.

② 吕晓阳，谭共志. 电子政务理论与应用[M]. 北京：清华大学出版社，2010(9)：115-116.

(1) 政务外网广域骨干网：构建政务外网广域骨干网，实现中央与32个省级单位的互联。

(2) 中央城域网：组建中央城域网，实现中央政府各部门的互联，支持相关政府部门的专网接入。

(3) 省市政务外网：按照统一标准规范，由各地根据需要逐步推进。

国家政务外网可为有特殊需要的用户或业务提供专用的虚拟专网服务。各政务部门可以根据需要，构建本部门纵向虚拟专网或者横向虚拟专网。不同政务部门也可以根据不同业务的需要，构建相关业务的虚拟专网。国家政务外网能为出差用户或暂时未接入政务外网的用户，提供通过互联网安全接入政务外网或本部门业务专网的服务。国家政务外网提供基础网络服务，如IP地址注册与分配、域名注册与分配、域名解析、安全电子邮件等服务。

2. 应用支撑平台

国家政务外网建设政务外网数据中心，为政务信息资源的登记、备案和跨部门跨地区的交换提供服务，为有需求的部门和地区提供数据备份和托管服务；逐步建设统一的政务外网信息资源目录体系、建立数据交换与共享机制，实现国家政务信息资源和国家基础信息资源的目录服务，包括政务外网自身的目录、国家政府部门黄页、Web服务的目录等；建立和完善政务信息分类标准、登记制度和交换制度，逐步建立完善的信息采集、登记、处理、交换、利用和发布平台；建设面向政务工作人员为主要服务对象、以内容管理为基础的政务外网网站。

3. 安全保障体系

政务外网的安全保障体系包括如下三个方面的内容：网络安全防护体系，包括网络防护与隔离系统、数据认证与加密传输系统(第三层VPN)、防病毒系统等；网络信任体系，包括PKI/CA系统、权限管理系统和认证授权审计系统；安全管理体系，包括建设中央和省两级安全管理中心(SOC)，制订《国家政务外网安全标准指南》，用于指导贯彻执行国家已有安全法规标准，同时制定符合政务外网自身特点和要求的有关规定和技术规范。

4. 外网服务体系

建设政务外网管理中心，建设32个省级接入网的政务外网管理中心(二级网管)，负责网络运行维护和管理；形成统一的政务外网服务体系，保障外网稳定可靠地运行，提供优质服务。外网服务体系包括以下4个方面的内容。

(1) 网络管理：负责各级外网的管理，包括网络信息服务和网络运行服务，分别由网络信息服务中心(NIC)和网络运行管理中心(NOC)承担相关的服务工作。

(2) 信息交换：提供政务信息资源和国家基础信息资源的注册登记、信息发布、交换和共享服务，为有需求的部门和地方提供数据备份和主机托管服务，制定相应的应急恢复策略和方案。

(3) 安全管理：组织制定、实施政务外网安全标准，建立健全安全管理制度，提供病毒防护、安全认证、安全评估、安全监控和应急响应等服务。

(4) 客户服务：通过整合资源，组建队伍和建设呼叫中心、政务外网网站等，方便快捷地响应各部门和各地方业务应用的需求，处理客户投诉，为客户提供优质服务。

第二节
电子公共服务概述

电子公共服务(简称电子服务)具有传统服务所不具备的独特优势，例如方便快捷、节省时间、扩大服务使用者的选择范围、降低服务成本、提供个性化服务、增进服务提供者与服务使用者的关系等。

一、电子公共服务的界定与特点

(一) 电子公共服务的定义

电子公共服务是指服务实体利用各种电子化网络将工作、任务或交易过程部分或完全数字化的一种新的业务模式。它既包括传统服务的电子化，也包括计算服务、存储服务、数据服务、信息服务、知识服务、远程设备共享服务、软件服务等各种新的电子服务类型。随着电子服务应用的深入，人们将逐步认识和理解电子服务，并接受和享受电子服务。

电子服务可以从三个层次理解，即传统服务的电子化、信息技术驱动的服务创新与信息技术驱动的服务内容泛化。

电子服务具有传统政务所不具备的优势，这也是其必然取代传统政务的关键(见表6.1)。

表6.1 传统政务与电子服务全方面比较

Tab 6.1 Comparison between traditional government affairs and electronic service

类别	传统政务	电子服务
服务理念	管理、监督、管制	以公众满意为导向，以服务为宗旨
服务平台	办公室、窗口、柜台	一站式、一网式、一表式平台
服务时间	传统8小时工作制	无时间限制
服务地点	有专门的服务地点	无地点限制
服务态度	"严父式"	"慈母式"
服务效率	低	高
服务成本	高	低
服务区域	区域性	无限制

资料来源：根据相关资料整理得出

(二) 电子公共服务的特点

1. 传统服务的电子化

传统服务的电子化是指将各种传统服务通过计算机网络的运作，以更有效的方式提供给服务对象。例如，在传统的情况下，政府通过纸质文件的形式下发给有关当事人，所投入的费用很高。若改用政府网站发布，将大大降低政府公共服务成本。在传统的服务方式中，图书馆的导读服务主要是通过印刷品的形式和读者见面，许多读者由于多种原因未能享受到这项服务，然而，当图书馆可以通过自己的网站发布新书报道、选编信息快报、建立文献报道体系之后，将有更多的读者从图书馆的网站上了解到图书馆的文献信息，图书馆导读服务效果明显改善。对银行而言，一些原先的人工服务可以全部电子化，通过设立网上电子银行对柜台员工进行替代并实行全天候的业务支持，既能提高客户的效率，又能大量节约银行布点的费用。

2. 信息技术驱动的服务创新

电子服务强调产生新的服务、创造新的收入。例如，使用者驾驶汽车，当汽车的某个零件出现故障时，使用者设定的电子服务自动启动。该项电子服务将此故障信息自动传送至最近的修车厂，并协助使用者租用租车公司的拖车将车子送达修车厂，使用者自己则改搭其他车辆赴约，其中修车厂、租车公司与车主通过互联网紧密串联在一起。互联网不仅仅是一种可以用来以更快捷、更省钱的方式去做某些事情的工具，它的价值也不局限于取消了中间交易环节。它为服务提供商提供了一个更大的服务用户的手段、方式和空间。谁能有更多创新的理念和想法，谁能整合最多的传统资源和网络资源，谁就能在竞争中占尽先机。

3. 信息技术驱动的服务内容泛化

在《现代汉语词典》里，服务的解释是为集体的(或他人的)利益或为某种事业而工作。1990年，北欧学者格隆鲁斯给出了一个较为宽泛的定义，他认为"服务是指或多或少具有无形特征的一种或是一系列活动，通常(但并非一定)发生在顾客同服务的提供者及其有形的资源、商品或系统相互作用的过程中，以便解决消费者的有关问题"。这些定义有一个共性，即强调服务是提供利益和满足的行为或活动。电子服务是服务的一种特殊形式，也具有这种特性。人们一般认为传统的服务产品主要包括货物、服务性工作、信息等，电子服务的产品主要包括货物、脱机服务、数字化内容服务等。惠普公司则认为，任何应用程序或信息资源都是潜在的电子服务，网络设施和网络上的任何共享设备也可以视为电子服务，用户可通过计算机或者信息家电从互联网取得计算服务、存储服务、数据服务、信息服务、知识服务、远程设备共享服务、软件服务等各种类型的电子服务。

由此可见，电子服务首先体现为服务理念的革新，服务理念的革新促进服务模式的革新，服务模式的革新创造新的商机。电子服务正逐渐取代传统的服务运作模式，电子服务的发展趋势是服务提供商对用户而言是透明的，服务的使用和消费者不论身在何时何地，只要能够通过有线或无线方式接入各种类型的电子化网络就可以得到应有的服务。[①]

二、电子公共服务的种类与发展趋向

(一) 电子服务的种类

"从电子商务到电子政务，再到电子服务(Electronic Services)，电子服务的兴起与发展必然成为互联网的第三次浪潮。其革命性意义不仅扩大了电子商务和电子政务的外延，而且将推动现代服务业的深刻变革"。[②]"电子服务是电子政务和电子商务基于公共服务需要的升华，也就是说，由于公共管理服务的需要，电子政务与电子商务在服务功能上升级为一个统一平台——电子服务"。[③]把电子商务、电子政务等概念归入电子服务概念范畴里，能够从更高更清晰的层次展现电子服务的基本原则、活动特点、规律和应用模式等。

1. 电子商务

电子商务是包含了计算机网络技术、现代通信技术、信息安全技术、管理学、商务运营以及物流管理等多个学科的复合学科。所谓电子商务，简单地说，就是通过计算机在网上开展的商务活动。电子商务可以从广义和狭义两个角度来理解：从广义来讲，凡是在电子信息化条件与环境中从事的商务活动都可以称为电子商务，利用各种信息技术对各种商务或业务活动实现自动化，例如市场分析、物资分配、内部管理、相互合作等；从狭义来讲，"电子商务就是在技术、经济高度发达的现代社会里，由掌握现代信息技术与商务理论及实务活动规则的人，系统化地运用网络手段和使用各类电子工具，高效率、低成本、安全、方便地从事以商品交换为中心的各种经济事务活动，开展交易或与交易直接相关的活动。从服务的角度看，电子商务是政府、企业和消费者表达各自意愿的一种工具，也是在改善客户服务水平和提高速度的同时削减服务成本的一种手段"。政府可以通过电子商务活动，向社会发布采购信息、劳务信息和政府商务互动信息。电子采购是典型的政府商务活动，有效减少了政府权力寻租行为，促进政府采购透明化。

2. 电子政务

以信息技术为核心的新技术革命，正在改变政府和行政组织传统的管理和服务方式。在全球经济一体化和信息技术高速发展的背景下，电子政务应运而生，它成为政府创新的推进器，成为各国政府发展的必然选择。"电子政务就是利用信息技术特别是网络技术进行行政活动，是政府机构在其管理和服务职能中运用计算机、网络通信等信息技术，实现日常办公、信息收发、公共管理等政府事务的数字化、网络化的一种现代行政管理模

① 杨建林.电子服务的概念与内涵[J].情报理论与实践，2008：5.

② 黄文博，杜敬华，刘邦凡.论河北省电子服务和第六产业的发展与对策[J].燕山大学学报：哲学社会科学版，2011(2)：114.

③ 刘邦凡.电子治理引论[M].北京：北京大学出版社，2005：15.

式"。①电子政务也是电子政府服务的简称，电子政府的应用就是通常所说的电子政务，一般情况下也将电子政务与电子政府理解为同一个概念，区别在于它们分别是同一个概念的静态组织和动态行为，而其行为主要体现在"服务"上。电子政务是政府实现服务目标的一种手段，并不是目的。

3. 云服务

随着云计算的快速发展，云服务越来越丰富，云系统中存在着大量的服务。这种服务类型必然成为未来电子服务的主流，其主旨是将互联网中各种资源调配利用起来，为用户服务。互联网打破了地域分割形成一个统一的市场，简单地说，云服务足够智能，可以根据您的具体信息实时做出对您的需求的预期，信息的搜集和利用由"由您做"变为"为您做"，也就是说，为用户个性化需求提供产品开始，有所发展，有利可图。现在人们最怕损失的不是硬件设备和应用程序，因为它们的易过时性，哪怕是当时最新颖、昂贵、前端的硬件设备也随时面临着被淘汰。只有信息，最不容易过时，信息和人们在信息上的投资是必须被长期保留的资产，越久就越有价值。也就是说，未来所有硬件工具都将被技术虚拟化，在"云"上硬件或者应用软件都将不存在过时的问题。

(二) 电子服务的问题与趋向

1. 应用普及化、常态化

近些年，电子服务已经覆盖了大部分的商业经济领域和政府机构领域，无论是境内贸易服务，或是跨国贸易服务，无论是基于Web网络的电子商务，或是移动电子商务，无论个人应用、企业应用，或是政府采购、教育医疗事业单位应用，无论国民经济制造业、物流产业，或是服务业流通领域等，电子服务无一例外在这些领域发挥着重要作用。以上所有应用，都相应地在各级政府、主管部门以及电子服务企业、电子商务应用企业和电子配套服务企业的共同合作下，取得了一定进展。现今的电子服务应用已然呈现明显的普及化、常态化趋势，未来将更加明显。

2. 信息化逐步深入

信息化是世界经济和社会发展的大潮流，随着网络技术与信息技术的不断深入发展，企业必须尽快地利用现今的信息技术来提高自己的服务水平、服务质量满意度和市场竞争力，信息化程度成为决定企业竞争能力的重要条件。首先，随着时间推移，企业的信息系统要及时地更新或由新的系统替代旧的系统。信息化是企业长期的支持技术，只有跟上信息化产业发展的步伐，保持信息技术功能和水平的不断提升，才能使企业保持竞争力。其次，企业对投资、价值链、业务流程和项目管理等的分析和决策十分重要，而这些环节中的问题也需要电子化的技术手段协助解决。另外，企业的可持续发展与行业整体竞争实力的提升，也依赖电子信息化的进步和深入。

---

① 郝卫东，杨扬，王先梅，等.网络环境下的电子商务与电子政务建设[M]. 北京：清华大学出版社，2006：34.

3. 模式行业化

电子服务包含内容的涵盖面很广泛，例如电子商务、电子政务、电子金融、虚拟数字服务、知识管理服务、云服务等，各自都具有不完全相同的理论基础，不同应用模式有不同的服务表现形式，所面临的问题与相应的解决方式也不完全相同。目前，以上应用模式正逐步发展趋向成熟化，因此相应的各种服务形式也将在不远的未来慢慢地发展成为被普遍认可的某一行业。

4. 多元化竞争

伴随新型电子服务交易平台规模和用户规模的扩大，覆盖群体广泛，网站除了承担交易功能外，还需要掌握大量用户购买习惯与方式的数据、直接面对消费终端等，新兴电子服务交易平台在盈利与发展中，呈现多种模式平台并存和发展的趋势。电子服务交易市场只有形成百家争鸣、百花齐放的局面，实现多种模式多元化竞争，避免垄断现象，才能够在最大程度上降低用户选择使用门槛的高度，并促进电子服务整个行业健康稳定、更好更快地发展。

5. 第三方范围扩大

首先，由于现在全国范围内中小型企业数量比较多，且大部分没有与外界形成稳定的交易关系，更适合灵活动态型交易，所以中小型企业更适合第三方交易服务平台。其次，中小型企业的运营系统为了满足灵活个性化的需要，又要节省资金，独立于服务双方的第三方电子服务提供商，能够在一定程度上保证交易的公平公正性，所以中小型企业经常会把系统运营维护外包，也就是第三方电子服务提供商介入。最后，互联网的发展和信息技术发展也使得信息交流更加方便，由此资源的整合与集成利用将得到进一步研究发展，第三方电子服务是未来发展的客观趋势。[①]

6. 线上服务与实体服务相融合

电子服务多元化的发展，使近些年线上电子服务平台与线下实体服务平台呈现融合的趋势。这不但弥补了单一线上平台的服务能力不足的缺陷，也使电子服务平台的盈利方式更加多元化。毫无疑问，对于用户而言能够提供更为全面服务的电子服务平台将是更具备实力与吸引力的，而从企业和电子服务供应商角度来说，提供多种形式的服务平台也是占领更多市场份额、提高自身核心竞争力的一项条件。

7. "云"的普及和推动

云计算具有虚拟化、通用性、超大规模、高可靠性、按需服务、极其廉价、高可扩展性等属性。正因为云计算本身的特点和优势，所以其在电子服务行业中得到了广泛的应用。云计算将极大地推进电子服务的服务方式与功能的完善，提升企业的核心竞争力，同时也使电子服务行业面对新的挑战——全面合理的云安全系统必须充分考虑用户、企业、网络运营商、服务供应商、第三方机构等各个方面之间的相关性、可靠性和利益关系等，才能保证电子服务的安全运营。

---

① 夏梦. 电子服务基本问题研究[J]. 商场现代化，2008：64.

8. 安全诚信规范逐步完善

虽然相较于国外，中国电子服务起步较晚，可以说仍处于初级阶段，仍存在很多问题，如线上交易的安全问题、电子合同的法律问题、服务提供商和运营商的信用问题，但是中国现在已经进入了电子服务的快速发展时期，特别是随着云时代的到来，阻碍电子服务发展的障碍正在逐步被移除。例如，在电子商务迅速发展的近二十年，我国已经出台了十多部相关法律法规。也就是说，政府部门和所有电子服务商都在为扫除发展道路上的障碍而努力着，电子服务的安全诚信问题正在一步步得到改善和保障。①

三、电子公共服务管理

电子政务服务是区别于传统公共服务的全新方式。无论是传统服务还是电子政务服务，都需要统一的管理，包括战略管理、内容管理、系统管理、能力管理、运营管理。

(一) 电子服务战略管理

电子政务服务战略是从帮助政府更好地提供传统服务或新的服务出发，寻找和确定政府部门内部或部门间信息技术的应用领域，以实现部门公共服务战略目标的计划与方法。电子政务服务战略管理则是指制定电子政务服务战略并实施和评价战略的过程。具体而言，电子政务服务战略管理是在公共服务战略指导下，从帮助政府更好地提供传统服务或者帮助政府部门提供新的服务出发，分析电子政务服务建设与政府环境的关系，充分利用环境的优势与机会，规避劣势与风险，规定在政务服务的重点应用领域与建设策略，科学地调整政府组织结构，优化业务流程和配置政府资源，来更好地实现公共服务战略目标的过程。

1. 电子政务服务战略管理的基本条件

首先，政府部门的高层管理者和决策人员，必须能够制定出完整、有益的公共服务战略，而且要能够继续分析制定适合政府中其他层级实施的具体电子政务战略。其次，高层管理者和决策者应该坚信电子服务管理政策能够更好地帮助并且促进公共服务战略的制定。对于电子政务服务战略的管理工作，政府应该严格选择称职并且合适的人员进行认真的管理，而且电子政务服务战略管理必须按照合适的方法和程序，按部就班地进行，有条不紊地管理。

2. 电子政务服务战略管理过程中应注意的问题

从战略管理的高度看待电子政务服务的发展问题，是保证电子政务服务建设的系统性、可持续发展、实现长远目标的基本前提，是政府部门成功应用信息技术的最基础和最重要的工作之一，也是难度较大的工作。在管理中应特别注意如下几个方面的问题。

(1) 必须将电子政务服务战略与部门公共服务战略相结合。电子政务服务战略管理的根本目标是实现政府部门的公共服务战略或者形成新的公共服务战略。因此，必须将电子

---

① 姜楠. 初探电子服务的理论与应用[D]. 秦皇岛：燕山大学硕士论文，2012：27.

政务服务战略与部门公共服务相结合，这是电子政务服务战略管理的基本出发点，也是容易被忽略的最重要的问题之一。

(2) 在电子政务服务战略目标方案制定之前要重视对国家电子政务总体战略的分析。只有在协同办公、协同服务的准则的统一指导下，各级政府部门的电子政务服务系统才能不会因为数据标准、网络协议标准、业务标准等的不同而无法整合。因此，部门在制定电子政务服务战略时要注意对电子政务总体战略的分析。

(3) 在电子政务服务战略方案制定之前要重视对现有信息系统和现有电子政务服务系统的分析，特别是现行电子政务服务系统的水平与能力。部门现行电子政务服务系统的水平与能力是战略方案制定的起点，在面对当前电子政务服务系统时需要对现行电子政务服务系统的服务水平与能力进行系统评估与准确定位。

(4) 要重视对电子政务服务内容的动态分析。电子政务服务发展的动态性主要表现在服务需求的动态变化，对电子政务服务内容的分析为制定可行的绩效评估标准、为战略管理过程中检测每一阶段目标的实现情况提供参考依据。

(5) 加强对电子政务服务战略管理小组成员的培训。对电子政务服务管理人员的培训应作为战略管理的先决条件来考虑。否则，中、低层的管理人员往往不能准确回答电子政务服务战略规划提出的关键问题。

(6) 在电子政务服务建设中进行广泛参与。电子政务服务战略管理需要各级管理者、员工以及企业、公众的参与，他们都可能是电子政务服务系统潜在的操作者和使用者。

(7) 对电子政务服务应用可能产生的效益应有科学、合理的理解。

(8) 电子政务服务系统的应用应该尽可能简单。①

(二) 电子服务内容管理

1. 电子政务服务内容的分析框架

结合我国政府部门公用服务的内容界定的基本思路，要界定电子政务服务的内容需要综合考虑这几个问题。首先，部门的公共服务职能是什么；其次，社会用户对公共服务的需求是什么；再次，不同信息技术应用水平能支持的公共服务内容是什么；最后，提供一项电子政务服务是否需要其他政府部门的配合。

电子政务服务内容的分析框架如下所述。

(1) 明确政府部门所应提供的电子政务服务内容。目前电子政务服务内容包括：一是向社会提供公共信息，包括政策法规、统计数据、政府活动等信息；二是为社会办理公共事务；三是在政府决策、政策制定中引入公共参与。

(2) 明确用户的公共服务需求及其变化趋势。从公众需求满足的过程来看，公共服务内容包括：首先获取公共信息，了解各项政策法规，了解政府工作动态；然后办理相关事

---

① 胡广伟. 电子政务服务管理[M]. 南京：南京大学出版社，2010(7)：86-87.

务，与政府进行交换；接着参与政府管理，对政策、办事方法等不合理的方面提出意见和建议。从公众需求的变化趋势来看，公众服务的内容既应包括现在需要的，还应该包括将来需要的。

(3) 明确信息技术水平能支持的公共服务内容。一般来说，按照信息技术在政府部门应用水平由低到高的发展规律及各类服务内容对技术复杂性要求的高低，可以把电子政务服务实现的过程分为三个阶段：首先提供公共信息，然后实现在线办事，最后实现电子化的公众参与。而在一定的技术水平下，三者可实现协调发展，相得益彰。

(4) 明确提供电子政务服务时是否涉及其他部门，还需要考虑电子政务服务的内容是否涉及其他政府部门。

2. 电子政务服务的内容

上述分析框架中各类服务内容是通过政府网站向企业、公众等提供的，于是可以结合政府网站的结构，对电子政务服务内容进行界定，可以分为三类内容：信息服务、事务服务和参与服务。

(1) 信息服务。信息服务是电子政务服务应用的最基本内容，是指政府通过电子政务服务系统向公众、企业等发布公共信息，以促进政府行政的公开化、透明化及数据资源的广泛共享。

从内容上来看，可以依据信息来源是否涉及其他政府部门，将信息服务分为单部门服务与跨部门服务。单部门服务是指通过部门内部电子政务服务系统对外发布公共信息的服务方式，信息来源于单个政府部门。跨部门信息服务是指通过单个电子政务服务系统发布多个政府部门信息的服务方式，信息来源于多个部门。

(2) 事务服务。事务服务是电子政务服务应用中对信息技术复杂性、业务流程重整、多部门业务协作等要求较高的服务内容，指通过电子政务服务系统为企业、公众办理各项事务的服务，以提高企业、公众办事的效率。事务服务的特点是政府与用户之间实现单向或双向互动。

(3) 参与服务。参与服务是电子政务服务应用对网络安全性、系统互动功能、系统管理功能等要求很高的内容，它对参与者行为的引导、控制、管理等软技术要求也很高。它是指通过电子政务服务系统为企业、公众参与政策制定和行政决策提供服务，以提高决策质量、政策接受度、公众满意度的服务方式。

(三) 电子服务系统管理

《国家电子政务总体框架》(国信[2006]2号)对电子政务服务于应用系统进行了重点阐述，主要包括三个方面：服务体系、优先支持的业务与应用系统。总体框架指出："服务是电子政务建设的出发点和落脚点。要紧紧围绕服务对象的需求，选择优先支持的政府业务，统筹规划应用系统建设，提高各级政府的综合服务能力。"

电子政务服务主要包括面向公众、企事业单位和政府的各种服务。服务的实现程度、服务效率、服务质量是电子政务建设成败的关键。要以服务为中心，以网络为载体，逐步建立电子政务服务体系。通过计算机、电视、电话等多种手段，把服务延伸到街道社区和村镇，惠及全民。归纳起来，服务体系阐述了三个主题：信息服务、事务服务、参与服务。

1. 信息服务系统管理

信息服务系统管理，是指通过对信息服务系统的安装、使用、维护、升级来保证系统的稳定、流畅运行，以达到向企业、公众提供高质量信息服务的目标。对信息服务系统的管理包括系统前台管理与后台管理。信息服务系统的前台是指公众、企业获取政府公告信息的入口，即政府办事服务网站；信息服务系统的后台是指系统管理、使用、维护人员用来录入、编辑、发布公共信息、管理政府信息的系统平台。

信息服务系统前台管理，是指对政府信息发布网站进行管理，保障企业、公众能迅速、准确、高效地获取所需信息。具体工作内容包括：①对用户界面进行设计与评价，提高其友好度、易用性，符合大众审美观点又不失特色；②对信息内容进行管理，保证所发布信息的准确性、权威性与可得性，避免仅看到标题而无法找到详细内容的问题；③对用户获取信息的方法、途径进行管理，比如提供信息地标、获取指南、搜索引擎等，保证用户高效地获取所需的信息内容。

信息服务系统后台管理，是指对政府信息录入、编辑、发布的系统平台进行管理，保障系统使用人员及时发布信息，为公众、企业提供新鲜的信息服务内容。具体工作内容包括：①对系统使用权限、用户数据库进行管理，保证具有不同权限的用户使用对应的操作系统功能；②对系统进行配置管理、日志管理、备份管理、安全管理，保证后台系统平稳、顺畅运行，及在环境发生变化时保证系统数据不丢失、服务不间断；③对系统进行安装、升级、迁移与卸载，保证信息服务系统满足具体工作需要。

2. 事务服务系统管理

事务服务系统管理，是指通过对事务服务系统的安装、使用、维护、升级来保证系统的稳定、流畅运行，以达到向企业、公众提供高质量事务服务的目标。系统前台管理与后台管理也包括在事务服务系统之中。其中前台就是政府办事服务网站，它可以使公众、企业与政府通过网络窗口进行互动；后台是系统管理、使用、维护人员用来处理公众和企业申请、办事的系统平台。

事务服务系统前台管理，是指政府可以通过网络办事系统进行多方面管理，并且可以保证公众和企业能够快速、准确、高效地办理自己所要办理的事务。具体工作内容包括：①设计和规划具有高友好度和易用性的、符合大众使用习惯的用户界面；②对事务服务项目进行管理，保证所有办事项目能办理、好办理，避免繁琐操作，照顾普通公众电脑使用技术的现状；③为用户提示使用系统的方法，比如提示办事流程、办事指南等。

事后服务系统后台管理，是指对政府网上事务办理系统平台进行管理，保障系统24小时能正常使用，为公众、企业提供全面、深入的事务办理服务。具体工作内容包括：①对系统使用权限、用户数据进行管理，保证具有不同权限的用户使用对应的操作功能；②对系统进行配置管理、日志管理、备份管理、安全管理，保证后台系统平稳、顺畅运行，以及在环境发生变化时保证系统数据不丢失、服务不间断；③对系统进行安装、升级、迁移与卸载，保证信息服务系统满足具体工作需要。

3. 参与服务系统管理

参与服务系统管理是指政府为了使企业和公众能够更好地、更高质量地参与服务，而对参与服务系统进行安装、维护、使用和升级来保证运行的系统能够更加稳定和流畅地运行的一系列行为。

(四) 电子服务能力管理

1. 电子政务服务能力管理的内涵

电子政务服务能力管理(E-Government Service Capacity Management，EGSCM)，即政府电子政务管理部门，通过整合与运用政府数据、信息及IT资源，转化与培育形成电子政务服务能力。通过整合与运用服务能力、发现新的服务能力实现服务能力的增长，然后将因能力增长、运营带来的政府部门资源的变化与增长转化为新的能力源，从而在恰当的时间以一种经济节约的方式为企业、公众提供所需公共服务的流程、方法与机制。因此，电子政务服务能力管理致力于在合适的时间，付出合适的代价，以较高的性能价格比，使政府IT能力能够满足当前及将来提供公共服务的需求，为企业、公众提供符合服务级别协议(Service Level Agreement，SLA)定义的连续一致的IT服务。这里的SLA是指服务合同的一部分，对服务的级别进行了正式的规定。

电子政务服务能力管理涉及的不仅包括存储容量、CPU处理能力、网络宽带、外部设备等硬件、软件的性能，还包括电子服务能力、质量、成本及其持续提高等多个方面。主要关注的问题有：现有电子政务服务能力是否能满足提供公共服务的需求，且留有一定的扩展余地以适应未来的业务发展；获得相应服务能力的成本是否合适；现有的能力是否被充分利用等。

电子政务服务能力管理要考虑两个平衡：一是花费的成本与提供的能力平衡；二是供与需的平衡。做到这两个平衡则能保证以一定的代价获得的能力既满足了业务需求又不至于浪费。

2. 电子政务服务能力管理的公共效益

(1) 缩小"数字鸿沟"。公共服务是政府为广大社会群众提供的服务，所以对于每个人来说，获得公共服务的机会是均等的。随着政府对电子政务的高度重视，电子政务的发展日渐完善，贫富不同地区的电子政务公共服务项目日渐完善使得所有人都可以更好地获得信息，并得到更好的公共服务，取代了传统方法并去除了各种弊端。

(2) 以公众为中心，提供有效的信息。目前我国各地都建立起了政府网站，提供的主要信息是政策性内容，涉及公民与企业的实际服务项目则比较少。在今后的电子政务建设中，政府能合理地为公众提供更多公共服务的信息，例如教育、就业、医疗、社会保障等，可以实现公众足不出户就能办理相关事情的愿望。

(3) 逐步实现部门资源间的互通互联，为公众提供"一站式服务"。我国的政府机构存在多个办事部门，各部门间有着明确的权责划分，因此，对于广大公众来说，想要办理一件事情通常需要在多个部门间奔走。电子政务可以使部门资源间不能互通互联的问题得以解决，企业和个人申办事项的过程通过互联网实现将成为可能。

(4) 由单向转为双向，增强政府与公民间的互动。电子政务的运行可以更好地使政府与公众之间进行互动交流。这对于进一步完善电子政务公共服务建设以及政府职能的转变是非常有利的。开设一些互动窗口，了解民意，既可以更好地为公众服务，树立良好的政府形象，又可以使公民参与到民主政治的建设中来。

(五) 电子服务运营管理

提供服务的过程是一个生产和消费相结合的过程，在这个过程中，服务提供者和客户同时参与其中。因此，提供高质量服务的过程，应该是服务提供者和客户同时感到满意的过程。从本质上讲，该过程是服务的运营管理过程。基于服务管理思想，我们相信，高水平的服务运营管理，包括科学的服务需求预测、服务的开发与设计、服务营销、客户关系管理、成本与效益管理等，可以使电子政务服务在合适的成本下同时提高外部客户与内部客户的满意度。

1. 电子政务服务需求预测

服务需求预测对提高政府服务质量有很大的益处和帮助。首先，通过预测政府可以在一个长时间的跨度中对将要到来的各方面的服务需求做好准备，而对于现有的公共服务，政府可以更好地去发现服务中存在的不足及各方面的变化，以便更好地进行整改从而使服务能够得到高质量的满足，并使公众能有更高的满意度；其次，提前预测可以更好地降低成本，因为如果政府对社会服务需求进行仓促的应对，必将进行应急采购，而应急采购总会发生对价格掌握不准，花费更多的费用去完成采购，而且也会使采购能力的分析失去精准度，这样将会出现采购过量或者采购不足的问题。

因此，要对服务需求进行管理，更好地协调服务供给与需求，来提高服务能力的使用率。对服务需求进行管理的策略主要有需求划分、提供价格诱因、促进高峰期需求、开发互补服务、员工交叉培训、服务外包、使用兼职等。

2. 电子政务服务的开发与设计

政府服务具有无选择性和无替代性的特点。这一特点使得政府服务缺乏竞争性与替代性，服务质量的好坏完全由政府部门的服务政策来决定。为此，政府部门必须通过自我认识、接受公众监督与反馈来调整电子政务服务的方式与方法，从而不断提高服务的质量与公众满意度。我国中央政府制定《电子政务总体框架》来规范与指导电子政务的建设工作，为电子政务服务的发展制定了指导性原则。

3. 电子政务服务的营销管理

电子公共服务作为一种公共产品与一般私人物品有很大的不同，但是公共产品在市场导向和客户价值上却具有一般产品的普适性，即公共产品作为现代意义上的产品，最终也是为了满足产品对象的需求。电子公共服务也应该借鉴一般产品的营销策略和目标模式，从而全面提升政府的公共服务水平和绩效。另一方面，电子政务服务的营销有助于让公众与企业了解它的理念、内容并有效地消费它，从而让用户从政府信息化中真正获益，降低获取政府公共服务的成本，提高效率与满意度。

四、电子公共服务流程再造

(一) 流程再造理论的概述

20世纪80年代，市场竞争日益加剧，信息技术迅速发展，全球化的浪潮日益增强，基于3C(顾客、竞争和变革)为特征的三股力量使企业所处的环境发生了巨大的变化，原有的"科层制管理"造成的流程分工过细、追求局部效率、流程环节冗长、部门壁垒森严、忽视顾客利益等使其越来越难以适应企业的发展。因此，企业环境的变化和企业管理的实践成为企业管理理论发展的催化剂。业务流程再造理论因此诞生，它是指对企业业务流程进行根本性的再思考和彻底性的再设计，以取得企业在成本、质量、服务和速度等方面衡量企业绩效的关键指标上取得显著性进展。近些年来，业务流程再造理论演进的新趋势主要表现为在与其他理论融合的同时，纵向向上与战略融合，由业务流程提升为战略流程，向下与信息技术融合成为电子商务，是ERP的前提与基础，横向与供应链及跨组织协作融合形成跨组织的业务流程再造，同时，也有向流程管理发展的显著趋势。

(二) 政府流程再造理论与方法

在新公共管理运动的背景下，受到"再造"理念的启发，公共管理学者们提出了"政府再造"理论，即在新的背景下对政府的治理理念、组织人员、业务流程等进行彻底的重新思考、重新构建，以便使政府实现从"划桨政府"向"掌舵政府"转变；从管理型政府向服务型政府转变；从无限政府向有限政府转变。政府再造主题有很多，包括政府定位再造、政府组织再造和行政人员再造等，政府流程再造也包括在其中。因此，我们可以得出这样的结论，政府再造理论的出现受到哈默"再造"理念的影响，而政府流程再造(Government Process Reengineering，GPR)包含于政府再造理论之中。

政府流程再造是指在引入现代企业业务流程再造理念和方法的基础上，以公众需求为核心，对政府部门原有的组织机构、服务流程进行全面、彻底的重组，形成政府组织内部决策、执行、监督的有机联系和互动，以适应政府部门外部环境的变化，谋求组织绩效的显著提高，使公共产品或服务更能取得社会公众的认可和满意。

在公共管理领域，伴随20世纪70年代末开始的政府改革浪潮，一些学者提出了"再造"的概念，政府再造理论由此产生，政府再造的几大主题中也包括了政府流程再造。但是，同企业管理领域有所不同，政府再造理论中并没有把业务流程再造当作是组织重构的基础，相关论述大多集中在理论原则的层面。在为数不多的涉及操作层面的著作中，拉塞尔·M. 林登在《无缝隙政府》一书中将商业流程再造当成了推动政府组织由官僚制向无缝隙组织转变的有力工具，并就相应的一些原则进行了论述。但是，和企业流程再造相比，政府流程再造的实践经验还很有限，方法研究还不到位，也缺乏实际操作方面的理论指导。随着信息技术的不断发展、电子政务的快速兴起以及政府"IT黑洞"的产生，政府对自身流程再造的需求和应用势必不断增加。这使政府流程再造的理论和方法的研究对电子政务实践乃至政府改革实践所具有的重要价值日益凸显。[①]

(三) 电子服务流程重组模式与方法

在传统的公共服务中，不同政府部门分别面对公众提供服务。"单窗口--一站式"的电子政务服务模式使公众只需要和政府前台进行交互，而无须深入了解政府内部的组织结构和业务流程，对政府而言，意味着原有部门窗口职能的打破和统一重组，相对于传统公共服务是一种流程重组。随着电子服务的进一步深入，电子政务前台和后台之间信息交换的程度增加，越来越要求后台的政府部门根据前台服务的需要进行组织的重构，最终破除各个部门之间的界限。不同部门的电子政务后台表现为一个统一的整体，同时流程重组的程度也得以深化。进一步看，电子政务后台的流程重组又可细分为8种模式。

1. 信息共享型重组

这种模式适用于公共部门原有的组织结构较为简单，或者已经整合得很好的情形，可以节省流程变革的费用，避免不必要的政治动荡。只需要赋予虚拟前台较强的信息共享能力，对存储在电子政务后台的公民和企业数据进行搜集、处理、定位就可以实现流程重组。

2. 后台的深度重组

这种模式一般出现在电子服务的能力明显无法满足用户需要，后台供给能力严重不足的情况下，并且往往伴随着组织结构与其他部门协作方式的调整。深度再造的困难大，面临技术和管理上的许多难题，但长期效益比较显著。

3. 缩小的后台与扩张的前台

在信息集成、数据挖掘、交互操作技术的支持下，电子政务的后台日趋集中，政府的工作效率更高，作业更趋于专业化。这种模式也面临部门利益冲突的问题，但挑战性比后台的深度重组模式小。与此相反，由于信息沟通渠道的增加，前台不断扩张，扩张的形式由业务的特定需求决定。缩小的后台尤其指隶属于不同地区的同一行政级别的公共组织，可以无障碍地实现公共服务信息的交换。

---

① 刘育. 政府流程再造的方法与策略研究[D]. 长春: 吉林大学，2006: 47.

4. 在电子政务后台的不同部门间成立专门的协调机构

数据库虽然实现了各个部门原始数据的集中存放，但在数据交换机制和不同部门的交互操作协议上较为复杂，需要达成很多技术标准和管理上的共识。协调机构的建立使来自部门的信息能够更好地兼容、智能化地分配，从而降低了流程协同和整合的成本。协调机构是为了实现更好地重组而专门设立的，没有特定的政府功能。

5. 建构电子服务的通用业务模式

不同种类的电子服务虽然内容差异很大，在原理上却存在诸多共同之处。可以考虑提供一套通用的业务模式，同时适当保证不同部门使用的灵活性，以实现规模经济效应。

6. 单一入口

单一入口一般表现为提供一站式综合服务的政府网站，服务之间存在逻辑联系，可以互相交换信息，并按照便利使用者的方式组织起来。

7. 主动型服务的提供

在传统状况下，电子服务起始于公民向政府提交服务请求，主动式服务在电子政务后台强大的数据仓库、联机分析处理、决策支持、数据挖掘技术的基础上，能够在恰当的时间和地点向最需要该项服务的公民提供准确的电子服务，为使用者带来极大的方便。

8. 用户的自助式服务

在某些预先设定的情境下，用户对电子政务后台存储的数据有较大的操纵权，可以自由控制服务的进程，选择最合适的服务提供方式。[①]

(四) 电子服务流程再造程序与任务

1. 电子服务流程再造程序

(1) 勾勒远景。首先需要领导层认识到流程再造的重要性，并予以支持。流程再造需要投入资源及经费，若领导层无此共识，再造无从实施。其次寻找发现流程再造的机会，确认各项作业流程亟待改进之处，评估本机构信息技术的能力和需要，决定再造的流程。

(2) 启动再造。宣传动员组织成员，鼓励组织成员的观念创新；组成再造小组；再造小组拟定计划和执行改革计划。

(3) 审视现有流程。该阶段分为两部分：一是调查了解现有的工作流程。二是加以分析，包括确定那些将带来非增值结果的结果、不必要的步骤；把职能信息系统分为几个系统，再合成一个大流程系统；确定正式、非正式的机能失调政策，它们导致了无价值的附加活动；确定所有不必要的文件，并对所需的表格、报告提出质疑。

(4) 重新设计。重新设计过程包括：流程设计、设计人事及组织的新结构、设计新的信息系统、推出新流程原型、实施新流程、评估反馈。[②]

① 孟国庆，樊博. 电子政务理论与实践[M]. 北京：清华大学出版社，2006：23.

② 王琼，徐玲. 电子政务理论与实务[M]. 北京：清华大学出版社，2004：115-117.

2. 电子政务流程再造任务

从政务流程的定义可以看出，政务流程是政府管理活动的体现和依据，对于政府实现自身价值有着重要意义。它不仅是提升政府自身效率和工作质量的有效保障，还是政府贯彻依法治国理念的具体理念。电子政务流程再造的任务如下所述。

(1) 明确电子政务流程，体现政府的管理理念。政务流程的执行将会完全体现政府的管理理念。对我国来说，政务流程的制定、设计体现出建设服务型政府的理念。

(2) 电子政务流程将规范政府行为。政务流程的约束性和确定性要求政府机关必须执行、约束规范自己的行政行为，抑制自由裁量权的行使，真正践行为人民服务的宗旨。

(3) 维护社会公平正义。作为处理政府与公众社会事务的业务流程，它在约束政府工作人员行为的同时，也为社会公众要求政府公平处理相关事务提供了保障依据。

(4) 建立稳定的工作秩序。它对于政府管理活动有一定程度的优化，会有效减少政务活动中的冗余部分，减轻工作人员的工作压力，有效提高工作效率，促进政府建立稳定的工作秩序。

(5) 提高科学决策的水平。它使政务管理活动按照流程进行信息的有效传递及反馈，从而为部门决策提供可靠、稳定、丰富的信息来源，促进决策的科学性。

(6) 提升工作人员的工作质量。电子政务服务流程再造将会为公众以电子化的形式呈现政务办理，方便公众的同时也提升了工作人员的工作质量。[①]

(五) 电子服务标准建设

1. 我国电子政务公共服务标准规范建设的意义

(1) 标准规范的建立将为电子政务公共服务的质量提供保障，改善政府与公众的关系，促进社会稳定与和谐。

(2) 建立一整套经过科学分析和实践检验的"样板"或"标杆"，引领电子政务公共服务体系建设的方向，避免各地电子政务公共服务体系建设中各自为政和盲目发展的现象。

(3) 便于各地政府部门结合自身实际，对照标准发现差距，获取工作改进的思路，减少在重复性事务上独立摸索和尝试所耗费的时间和其他成本。

(4) 为上级政府部门开展电子政务公共服务绩效考评提供参考依据。

(5) 通过电子政务公共服务标准规范的建立与推行，推动政府公共服务向精细化、科学化方向发展，促进行政体制和行政文化的转型。

2. 对我国电子服务标准建设工作的建议

基于我国电子政务公共服务标准规范建设的思路、战略与实践现状，对这项工作的进一步开展作如下建议。

(1) 制定《电子政务公共服务标准规范建设指南》。电子政务公共服务标准规范建设

---

① 李栗燕，徐华伟.电子政务概论[M].武汉：华中科技大学出版社，2013：109-110.

是一项复杂的系统工程，涉及行政体制改革、电子政务建设、服务管理、标准化管理等多个领域的问题。为了减少各地方政府部门在探索过程中的盲目性，在各类研究机构充分酝酿的基础上，国家相关部门出台建设指南，引导各地开展此项工作。

(2) 组织研究力量探索中国传统管理模式与标准化管理的"兼容"问题。中国传统管理模式具有人性化、柔性化、更灵活等特点，在我国这种行政文化已经根深蒂固，因此在建立标准化的过程中，要研究"兼容"问题。

(3) 对关键领域的电子政务公共服务标准化问题进行攻关。可以针对公共信息等问题进行深入研究，发掘现阶段公众对信息服务的需求特征，并通过标准化管理，发挥这项服务的实际效果。

(4) 推进电子政务公共服务标准化要兼顾"个性化"需求。"个性化"必须以"标准化"为基础，是基于标准化工作程序在多种标准化选项当中搭建个性化平台，因此，电子政务公共服务标准化的内容应该包括个性化服务提供过程的标准化。

本章小结

本章介绍了政务外网的界定与特征、运行环境、主要职能以及我国政务外网的发展情况，在此基础上介绍了电子服务的相关内容。无论是电子政务外网还是电子服务，都是为了提高工作效率、满足公众需求而建立的工作方法，这终究都是管理问题。因此，本章从战略管理、内容管理、系统管理、能力管理、运行管理等5个方面全面系统地分析了电子政务服务的管理问题，从而为电子政务管理提供新视角。政务流程再造是近些年来电子政务服务改革的一个方向，电子服务首先是进行政府结构调整和业务流程再造。

关键术语

政务外网　电子服务　电子服务战略管理　电子服务系统管理　电子政务能力管理
电子政务运营管理　业务流程再造　政府流程再造　电子服务流程再造　电子服务标准

思考题

1. 政务外网的主要职能有哪些？

2. 电子服务、电子政务服务的含义分别是什么？

3. 电子服务内容管理有哪些？内容有哪些？

4. 什么是流程再造？我国电子服务标准建设应注意哪些问题？

5. 我国业务流程再造的阻力来自哪些方面？如何克服？

⏷ 案例分析

吉林省政府门户："一站式"政府监管与服务平台

1. 项目亮点

吉林省政府的门户网站是具有高性能、高可靠性、技术先进的"一站式"省政府机关公众信息服务总平台，实现了统一的信息发布、集中的信息存储备份、专业的系统管理维护、面向社会和公众的信息服务功能。

2. 项目背景

随着互联网信息的快速发展，吉林省政府认识到，按照《吉林省政府系统互联网综合门户网站2003—2005年建设规划》的要求，网站还有很多不足之处，表现在：首先应用系统功能不全，稳定性较差；其次没有形成政府门户网站整体解决方案，而且总体上也没有形成面向公众的服务体系，不能为民做实事。所以省政府决定将网站的重点转移到网上服务应用上来。

3. 解决方案

TRS针对吉林省政府门户网站应用系统的建设需求和建设目标，实现了应用中的绝大部分需求，同时为政府各部门提供了虚拟主机、电子邮件、委托开发等应用服务。最终为用户提供了完整的门户网站应用平台解决方案。

4. 客户收益

充分实现"省规划"建设目标，政府门户网站4大作用明显。吉林省政府门户网站建成后，迅速发挥出"省规划"建设目标，即推进政务公开、整合经济信息、整合服务资源、强化交流互动。

2005年，吉林省政府门户网站配合吉林省商务厅成功举办了"2005中国·吉林网上招商会"，吉林省政府网站整合全省各市州县招商信息，建设"招商引资网络平台"，用中、英、日、韩4种文字，对网招会的主要活动进行了文字、图片、语音、视频的同步直播，累计发布各类招商信息400多条、40余万字。作为唯一的网络媒体，配合吉林省经委对"2005中国·吉林国有工业企业产权转让暨项目招商大会"做了全程网上直播，共发布招商信息800多条、20余万字。网站绩效评估大幅提升，荣列省/自治区政府网站的第一位。

吉林省政府门户网站经过本次升级改版之后，在2005年中国政府网站绩效评估结果中，吉林省政府网站绩效得分为68.8，绩效排名上升8位，仅位于上海市和北京市政府网站之后，列各省、各自治区政府网站的第一位。

吉林省政府网站改版取得了巨大成功，网站技术先进、管理规范，是吉林省政务信息化建设的重要内容，是实现"数字吉林"工程的有机组成部分，在促进和推动全省电子政务建设中发挥着不可替代的龙头作用。

资料来源：http://www.trs.com.cn/solucase/case/case-jilingshenzhengfu.html
http://www.chinalawedu.com/falvfagui/fg22016/146503.shtml

思考问题

1. 一站式服务平台是电子政府服务管理的形式之一吗？它有什么特点？

2. 一站式服务为公众带来了哪些便利？它给政府又带来了什么？

3. 一站式服务有哪些弊端？在实际工作中如何克服？

第七章
政府门户网站建设和管理

政府门户网站是连接政府与服务对象的平台和接口，政府门户网站在建设理念、运行管理和评价指标等方面，是区别于商业门户网站的。为加强电子政务能力和不断拓展政府其他服务职能，发挥电子政务综合效益，各国都不遗余力地创新政府门户网站。当前，政府门户网站已经成为政府与服务对象最重要的服务接口和信息通道。本章除了要介绍政府门户网站的基本知识，更主要的是从管理和运行角度出发，介绍一些政府门户网站建设的基本理论知识和实践动态，指出共性和差异，进而具备一定的政府门户网站综合评价能力，督促政府管理部门不断推动我国政府门户网站迈向新台阶。

第一节
政府门户网站概述

一、政府门户网站的概念

网站是Internet技术发展的产物，是Internet技术体系的重要组成部分。所谓网站，是指在互联网上提供某些网络服务的信息空间。网络用户或者网民通过Internet进行信息查询、搜集及信息处理、交流和沟通，都可以通过网站的服务功能完成。至今，Internet站点已经成为一个全球性的数字化的信息资源库和知识库。用户在互联网上进行交流，一般是由进入网站开始的。从访问网站的用户的角度看，网站是互联网上人们传递、共享信息的聚集地。

网站的种类多种多样，按照其拥有者或建设者的情况可分为个人网站和机构网站。前者是由公民个人拥有或承建的网站。后者由企事业单位、社会组织或团体等机构拥有或建设而成，按照机构性质分为商业性机构网站、从事互联网服务的机构网站、非营利性组织网站、国际组织网站、军事部门网站、教育机构网站等。本书中的政府网站是指政府在互联网上提供信息和服务的站点，它拥有独立的域名。

所谓政府网站，是指政府部门利用Internet平台开发建设的面向政府业务和公共职务的网站系统(见图7.1和图7.2)。电子政务网站，从本质上可以理解为政府网站。只是电子政务网站建设不仅仅是指政府上网、在Web空间上开辟或建立一个政府站点，更强调的是基于电子政务理念及规范的电子政务系统开发技术、方法，促进业务优化和效率优先，全面和综合地进行网站建设和管理。因此，政府门户网站的开发、建设首先在于政务，政务是基础，是网站运行的根本。同时，政府门户网站的开发和建设需要遵循信息系统的相关规划原则和实施流程。

图7.1　中华人民共和国中央人民政府网站

Fig 7.1　The central people's government of the People's Republic of China website

图片来源：http://www.gov.cn/

图7.2　沈阳政府网站

Fig 7.2　Shenyang government website

图片来源：http://www.shenyang.gov.cn/

政府门户网站是由硬件、软件、内容、人员和处理构成的综合体。硬件包括服务器、网络连接设备(如交换机、路由器)和传输介质(如光缆、电缆、双绞线)等；软件包括网页制作和发布工具、动画素材制作软件、网页开发语言、数据库管理系统等；内容是指网站所提供的信息资源、服务项目、各种政务处理功能等；人员包括网站的建设者、使用者和维护者；处理是指为实现网站服务项目和各种电子政务功能的应用程序处理逻辑，包括接收前台信息输入、后台存取、交互式访问等。政府门户网站的建设和运行就是构成网站的各种要素相互配合、相互支持的动态发展过程。[①]

二、政府门户网站的目标

政府门户网站是信息化时代政府与社会公众之间交流的有效载体，是电子政务重要的对外服务窗口。政府门户网站的建设目标是：具有高性能、高可靠性、技术先进、能实现统一的信息发布、集中的信息存储备份、专业的系统管理维护和便捷的网上办事系统的政府门户网站。

政府门户网站，即将政府可以通过互联网提供的各种公共服务，按照某种适当的方式整合起来，为公众提供统一的页面样式和访问入口，公众无须逐个部门"拜访"，只须登录一个入口，就可以获取所有的业务服务。因此，政府门户和业务系统设计的理想状况是：公众一次性地将办理业务所需要的各种信息通过门户网站传递到政府的信息库中，政府各个部门将分别按照自己的需要从信息库中获取这些信息，这样各项业务可以并行处理，业务之间的衔接和次序由门户系统来实现协调和整合，最后所有业务处理完毕后，仍然通过门户网站来通知用户，或直接将处理结果告知用户。

不同层级的政府因主要职能不同，其门户系统也会有所差别。比如，国家级的门户网站主要以政务公开为主要内容，提供信息服务；省市级政府门户网站则可以以信息互动为主要内容，除了政务公开以外，还可以提供与公众交流、收集社会舆论信息等方面的功能；基层政府门户网站则要突出"一站式"的政务服务模式，以各个基层部门的业务系统为主要内容；具有行业性特点的业务垂直部门的门户网站，则以业务系统的网上服务为主要内容，凸显业务部门的应用服务等(见图7.3、图7.4、图7.5、图7.6)。这些网站标注和体现的就是政府门户网站应该具有的政务信息公开，也是公众和企业最关心、与他们生活和工作最密切的部分。

图7.3　国家级政府门户网站的主要内容

Fig 7.3　The main content of the national government's portal website

图片来源：http://www.gov.cn/

[①]　颜端武，丁晟春. 电子政务网站设计与管理[M]. 北京：北京大学出版社，2005：7.

图7.4 省市级政府门户网站的主要内容

Fig 7.4 The main content of the provincial government portal website

图片来源：http://www.beijing.gov.cn/

图7.5 基层政府门户网站的主要内容

Fig 7.5 The main content of the local government portal website

图片来源：http://www.gxhc.gov.cn/

图7.6 业务部门门户网站的主要内容

Fig 7.6 The main content of business units portal website

图片来源：http://www.jndlr.gov.cn/

在网络系统的建设中，将注重网络平台、应用体系、数据库体系和安全体系的规划和建设，实现以下目标。

1. 网络平台

支持多媒体信息传输，能灵活调度网络资源，有较完备的网管功能，有切换到备份系统的能力，有安全防范和审计分析能力。

2. 应用体系

重点建设好全局性的、自上而下的网上应用项目，包括可开放的各类静态数据库全部实现资源共享；安全、保密和可靠的内部多媒体通信系统；逐步建立支持公共政策分析和办公决策系统。

3. 数据库体系

建立分布式的安全可靠的数据库体系；具有高效的信息采集、分析、整理、数据备份和恢复功能；逐步建立适应信息共享标准的各类数据库实体。

4. 安全体系

建立标准统一、分级管理、适应应用需要、切实可行的网络安全保障体系。①

三、政府网站的种类与功能

(一) 电子政务网站的种类

政府网站是指政府在互联网上提供信息和服务的站点，它拥有独立的域名。根据网站所有者及与其他网站的关系，政府网站可分为基本网站和门户网站。

1. 基本网站

基本网站即为某一政府机关建设和拥有的网站。按照网站所有者级别的不同，可以分为中央政府机关政府网站、省级政府网站、市级政府网站、县级政府网站和乡级政府网站。其中，省、市级政府网站的任务最重，功能也比较复杂。

基本网站的特点是仅提供与某个特定政府机关有关或为其所有的信息，仅在该网站的职权范围内开展网上业务，对该机关职能范围外的情况则少有反映。它可能提供指向其他网站的一些友好链接，但是数量有限。

2. 门户网站

门户网站提供整个行业或地区的有关政府网站的陈列表，其作用好似通向这些政府网站的大门，"门户"由此得名。门户网站把多个相关的政府网站联系在一起，使用户获得对一系列相关政府机关的完整印象，从而建立统一的网上政府形象。有时候，人们也将门户网站称为总站，而将与之相连的其他基本网站称作分站或子站(友好链接除外)。分站可以是基本网站，也可以是门户网站。总站和分站在功能、风格上都有协调一致性。

---

① 王英伟.电子政务[M].北京：北京邮电大学出版社，2008：97.

政府门户网站有两种类型：

(1) 政府信息门户(Government Information Portal，GIP)。这类网站的基本作用是为人们提供政府信息，它强调对结构化与非结构化数据的收集、访问、管理和无缝集成。这类门户必须提供信息查询、分析、报告等基本功能，社会公众、企业、政府工作人员都可以通过政府信息门户非常方便地获取自己所需的信息。见图7.7。

图7.7 政府信息门户网站

Fig 7.7 Government information portal website

图片来源：http://www.gd.gov.cn/

(2) 应用门户(E-GOV Application Portal，EAP)。这类网站实际上是对政府业务流程的集成，它以办公流程和客户应用需求为核心，把业务流程中功能不同的应用模块通过门户技术集成在一起。从某种意义上说，我们可以把应用门户看成是各个政府部门站点信息办理系统的集成界面，公众、企业和政府工作人员可以通过应用门户访问相应的应用系统，实现移动办公、进行网上互动等。[①]见图7.8。

图7.8 应用门户网站

Fig 7.8 Application portal website

图片来源：http://www.hrssgz.gov.cn/

---

① 李传军.电子政务[M].上海：复旦大学出版社，2011：165.

(二) 政府门户网站的功能

政府网站是电子政务的重要组成部分，可以说，是政府为公众和各职能部门提供电子政务信息资源和政府服务的重要手段，是电子政务服务于政府工作效率提升和政府职能转变的前沿领域。政府门户网站的建设是一项涉及面广、内容复杂、技术要求高、实施周期长的系统工程，是电子政务建设的重要组成部分。^①随着信息技术的快速发展，政府网站已经成为电子政务发展的重要阵地，进一步增强了电子政务对政府职能的支撑作用。

1. 政府网站是一切电子政务的前端

《国务院办公厅关于加强政府网站建设和管理工作的意见》中详细说明了办好政府网站的重要意义：政府网站是各级人民政府及其部门在互联网上发布政务信息、提供在线服务、与公众互动交流的重要平台。办好政府网站，有利于促进各级人民政府及其部门依法行政，提高社会管理和公共服务水平，保障公众知情权、参与权和监督权，对加强政府自身建设和推进行政管理体制改革具有重要意义。

政府网站作为政府办公业务对外交流的平台，是政府发布信息、宣传形象、公众获得信息的主要载体和渠道，是电子政务建设的重中之重。各级政府网站的建设水平、服务能力、管理策略、安全保障和质量效益，直接关系到我国政府信息化建设的整体效益和地区间电子政务的协调发展，涉及公众对政府的满意度和支持率等问题。同时，作为电子政务建设的重要抓手和龙头的政府门户网站，将在建设服务型政府的进程中扮演更为重要的角色，逐步成为公共服务供给的主要载体和渠道。

从政府网站的视觉角度着眼，政府网站在电子政务系统结构中属于表现层，其突出特点是与电子政务服务对象直接接触。政府网站作为政府对公民的触点，最能体现政府的公共服务职能，是我国各级政府机关履行职能、面向社会提供服务的官方网站，也是政府机关实现政务信息公开、服务企业和社会公众、互动交流的重要渠道，并且在构建政府与社区、公民之间的互动方面充当联系的纽带。

2. 政府网站是电子政务绩效表现的载体

政府网站是电子政务的表现窗口，是电子政务建设成果对社会公众的接入渠道，是企业和社会公众获取政府信息和服务的主要渠道。同时，政府网站还是电子政务绩效表现的重要载体，是对平台支撑、信息资源和运行基础层面建设绩效的关键表征，并因此承担着对电子政务资源的整合作用。

随着政府网站的发展，现代信息网络技术将政府公共服务的内容和形式引向了更广阔的领域。加强政府网站建设，勤于创新，始终坚持"政务信息公开、在线办事和公众参与"三大功能定位，是当前一切政府网站工作的出发点和落脚点，也是电子政务建设功用的实际表现。

---

① 原忠虎. 电子政务[M]. 北京：北京大学出版社，2011：106.

电子政务的最终战略目标定位在服务型政府，政务信息公开作为建设服务型政府、透明政府的重要功能表现，是电子政务功能实现上的重要部分。政府网站作为电子政务与民众的接触点，其政务信息公开的好坏同样关系着电子政务绩效的好坏。我国政府门户网站的首要功能就是及时发布各级政府的重大决策、行政法规、规范性文件等政务信息，便于公众在第一时间知悉重大决策和了解政府动态，确保公众的知情权和参与权。[①]

3. 政府网站是政府公布和发布信息的地方，是用户检索和利用信息的场所

政府公布和发布信息及用户检索和利用信息是政府网站的基本功能，也是其作用得以正常发挥的基础。在信息和知识成为社会发展的最重要资源的当代，公众有越来越强烈的获取真实、完整、可靠和及时的信息的需求。政府在满足用户对信息需求方面负有主要责任，它既承担着"统筹规划、组织协调、统一制度、监督指导"国家信息资源的宏观管理职能，同时也承担具体的信息服务任务。政府机关具有向社会提供信息的责任，而通过网站向社会公布和发布信息是一条有效的信息服务途径。

政府网站发布信息已然成为最引人关注的一条政务公开途径。而政府信息的公开是政务公开的关键内容和主要手段。在网站上公开政府信息，用户人数多，查询方便，实时性强，受到社会越来越多的关注。而且，由于政府的工作宗旨是反映人民的意志，代表大众的声音，相对于其他组织而言，政府的形象严肃、权威、公正。政府网站上的信息来源于政府，客观上也会给公众以"权威、公正、可信"的印象。因此，相对于其他网站的信息来源而言，政府网站提供的信息质量较高。

4. 政府网站是政府展示和宣传形象的阵地，是用户了解政府的窗口

一般情况下，不办事的公民很少只为认识一下某政府机关、了解其职能而专程到政府机关中访问。人们一般仅从电视、广播、报纸、宣传栏等获得一些零星的认识。而且，电视台、广播台、报社都不可能占用大量的篇幅专门介绍某个政府机关的情况，政府在公众心目中的形象相对神秘，政府与公众的关系相对疏远。但是，通过政府机关建立自己的网站，公众便可以全面了解政府的历史、现状和发展目标，揭开政府身上的神秘面纱，促使政府办事的过程更透明，让更多的百姓可以更方便、及时地掌握和了解关于政府的信息，而不必等到需要到政府办事时才去了解政府。

5. 政府网站是政府收集公众反馈信息和了解民情的地方，是用户向政府反映情况的通道

政府通过在网站上开展调查，或设专门的投诉和答复信箱，如设立市长信箱，可以更直接地了解公众的心声，更快地获知公众的真实情况，有助于及时掌握与百姓生活息息相关的信息。对民众来说，政府网站是其行使对政府工作民主监督权力的工具。过去，群众向政府部门反映意见的渠道较少，写信耗时长，打电话找不着人；而在政府网站提供的

---

① 许跃军，杨冰之，陈剑波. 政府网站与绩效评估[M]. 杭州：浙江大学出版社，2008：33.

BBS论坛上贴帖子，向投诉信箱发电子邮件，可以更直接有效地向政府反映情况。政府网站的这个功能对于社会的民主化进程是有帮助的。见图7.9。

图7.9 广州市政府门户网站的功能

Fig 7.9 The function of the Guangzhou municipal government portal website

图片来源：http://www.gz.gov.cn/

6. 政府网站是政府对外办理公共事务的窗口，是用户到政府办事的电子入口

政府对于网络技术的应用，并非只限于开设几个发布信息的网站，而是真正将网站作为办公的一个节点。这个节点与政府机关的内网相连，政府工作人员在此网络平台上对外办公，受理业务，比如接受纳税申报、审批建筑项目等。在民众并不亲临办公室的情况下，办理相关事宜，从而提高办事效率，加快服务节奏，并且为用户提供最大限度的方便。网站在整个过程中相当于办公窗口，用户向窗口内提交相关文件材料，提出有关申请或要求，并等待窗口内政府工作人员的答复。开拓政府网站对外办公功能，已成为各国电子政府发展的重点之一。

7. 政府网站是联系贸易、促进经济发展的桥梁

政府职能涉及政治、经济、文化、社会等诸多方面。政府应当致力于为社会生产力和国民经济的发展提供多方面的条件。加之目前世界已步入全球经济一体化的时代，国家、地区、地方之间的经济竞争日趋激烈，经济实力已成为衡量一个国家、地区、地方竞争力的关键指标。政府协调、推动经济发展的责任也越来越重。政府网站应当成为互联网上联系贸易双方的信息桥梁。一方面，通过在政府网站上介绍、推广本国或本地资源，在一定程度上有助于招商引资；另一方面，政府网站还可根据本地经济的特点，为本地企业和经营者提供贸易伙伴的资料。

8. 政府网站是政府从事电子商务活动的平台

政府需要采购各种设备、材料及提供各种服务，也存在销售商品和服务的行为。在采购方面，通过网站公开招标，可以增加政府采购的透明度。我国已有不少城市或在政府网站上设立采购栏目，或单独设立政府采购网站。同时，通过网络销售产品，也是一条良好的营销渠道。据报道，美国政府已加入网上销售的行列。比如，美国财政部在网上销售证券及国债。[①]见图7.10。

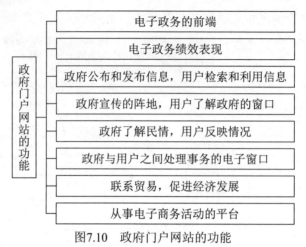

图7.10　政府门户网站的功能

Fig 7.10　The function structure of government portal website

第二节
政府门户网站建设

一、网站的建立

(一) 时间角度

时间角度就是从网站设计的开始到结束的整个过程，包含如下几个顺序衔接的工作阶段。

1. 研究规划和分析阶段的文档资料及收集素材

政府网站的设计和开发人员有必要研究网站建设项目前已有的文档资料，明确网站的用户群、网站建设的目标、预期功能、性能、网站设计规范，并尽可能从技术的角度将这些要求和思路予以细化、具体化、量化，以便更精确地定位网站。在获得网站的准确定位之后，应该广泛地收集网站制作的素材，包括文字材料、图片、相关网址等。

2. 进行网站的形象设计

进行网站的形象设计是指政府网站在视觉上的整体形象设计。网上政府也有其外观形象，包括站点的标志(LOGO)、色彩、字体、多媒体的应用效果、版面布局等。政府形象应体现政府庄重、严肃、权威的特点。在网页制作之前，应设计好网站的标志、标准色彩或主调色彩、标准字体，并大致确定多媒体的应用效果。

---

① 李传军. 电子政府管理[M]. 北京：对外经济贸易大学出版社，2008：123.

3. 构建网站的内容结构

设计者需要汇总系统分析中用户分析、内容分析、网上业务流程分析和数据分析的结果，设计网站内容的结构框架；确定网站的功能模块，明晰网站各个内存部分的关系。

4. 确立文件目录结构

用户端看到的政府网站由若干相关网页组成，需要将这些网页以有序化的方式组织在Web服务器中；同时，具有动态效果的网页还包括很多组件，如图片、动画、声音、脚本程序等，这些文件也需要按照一定的逻辑关系组织起来，保存在Web及相关服务器中。文件目录结构的优良与否，关系到网站管理员是否能方便地完成网站更新、维护与管理的任务。

5. 设计网站的链接结构

政府网站构建的基本原则是"以用户为中心"，网站用户最关心的问题是能否快速找到所需信息。而这个问题的解决，除了要在网站内容和功能开发、内容结构设计上下功夫之外，还需要将已经设计好的内容以一种便于访问的方式来实现，后者就是网站链接结构的设计。

6. 选择合适的制作工具，制作主页及其他网页

网页的编写是将网站内容结构和链接结构付诸实践的过程；在所有政府网站的网页中，最重要的、内容最全面的就是主页。它是用户访问网站的第一站，向用户全面地介绍网站包括哪些信息和服务。网站中的其他网页有时也叫子网页。网页分为静态网页和动态网页。关于动态网页，仅利用网页制作工具是不够的，还需要实现Web与数据库的连接，这时可能需要编写有关的应用程序，制作数据库。

7. 调试网站

所有网页、程序和数据库设计完毕后，须进行调试。当然，在实际工作中，一边调试、一边设计的情况比较普遍。比如，对于一类网页，先设计样板，调试通过后再成批地制作有关网页。调试成功后，网站可以交付测试。见图7.11。

图7.11　时间角度网站建立流程图

Fig 7.11　The flow chart of website setting up at time angle

(二) 逻辑角度

逻辑角度就是对各个阶段的开发工作，应该依次开展哪几方面的工作。具体内容如下所述。

(1) 设计草案。根据各阶段的工作任务，先设计出备用草案。针对结构设计、形象设计、主页设计等关键工作，草案可以不止一种。

(2) 审批草案。设计小组讨论审查备用草案，挑选出最为合适的草案作为设计方案。

(3) 实施。按照选中的方案加以实施。

(4) 修改。在方案实施过程中，对不当的细节加以调整和修改。[①]

二、网站的设计与风格

(一) 界面设计

政府网站集合同类别的相关信息为浏览者提供全面的信息查询，在设计上一般都比较强调信息的方便传递和浏览，因而在实现功能最大化的同时，要求实现用户的视觉统一和操作便捷的最大化，见图7.12。具体要求如下：

(1) 界面设计需要突出地方特色；

(2) 图形色彩统一，搭配合理，界面清楚整洁，层次结构清楚；

(3) 首页和其他各级页面的排版风格；

(4) 富有时代气息和美感，色彩搭配稳重、合理、大气；

(5) Flash动画页面丰富而生动。

图7.12　济南市政府门户网站子网页

Fig 7.12　The child pages of jinan municipal government portal website

图片来源：http://video.jinan.gov.cn/

(二) 政务一体化设计

政府将以其门户网站为中心，实现职能部门和下级政府信息共享及实时化处理。中心网站与下属职能部门中的各种业务系统相连，对于暂时没有条件自建网络的部门或下级政府，则在中心服务器上提供虚拟站点，实现网上信息交流，构成电子化的虚拟政府社区。此社区允许不同的角色加入，如各级政府领导、机关部门办事人员、企业用户、个人用户等。

政府各部门的网上系统实行统一化管理，采用一整套系统化的操作来完成页面内容制作、审批、更新、流程管理、应用开发、安全管理、角色权限管理等。

---

① 李传军.电子政府管理[M].北京：对外经济贸易大学出版社，2008：138.

整个政府部门网络分三个层次建设和管理。第一层是各级政府机关及下属职能部门的内部计算机网络系统。第二层是职能部门和下一级政府综合信息网，这个网主要为职能部门间和下级政府间提供信息传递、交换等公用信息服务，实现各职能部门间非公开、非机密、非商业化信息的共享，提高政府办公效率。第三层是面向公众的服务网络，通常"政府上网"就是指在这一层的信息服务应用。

(三) 突出重点栏目设计

政府门户网站建设中的重点是政务要闻、招商引资、网上办事、旅游开发，整个系统规划和建设中应充分考虑这些因素。突出这些栏目的特色，如利用方便的检索系统、电子地图、动态3D展示图、视频流等技术，更好地为经济建设服务。

(四) 突出服务设计

服务是电子政务最主要的功能，电子政务应充分体现"人民政府一切为人民服务"的宗旨，使民众和外商充分了解政府机关的各项情况，方便地获取政府所掌握的各种有价值的信息，更便捷地到政府机关处理有关问题，并在网上行使对政府的民主监督权利；充分展示本地的地区优势、投资环境，以吸引海内外的投资商。图7.13、7.14很好地体现了这一点。

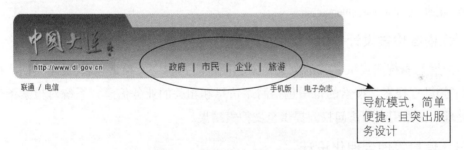

图7.13　大连市政府门户网站

Fig 7.13　Dalian municipal government portal website

图片来源：http://www.dl.gov.cn/main.html

图7.14　北京市政府门户网站

Fig 7.14　Beijing municipal government portal website

图片来源：http://www.beijing.gov.cn/

(五) 突出地方特色设计

在整个系统建设规划中，应该充分考虑突出地方特色，如：旅游资源、招商引资、经济发展、生态农业、人才等方面的特色；突出地理、经济、人才方面的优势；在公众和旅游者、投资者面前展示一个现代化的政府形象。见图7.15。

图7.15　桂林市政府门户网站

Fig 7.15　Guilin government portal website

图片来源：http://www.guilin.gov.cn/

(六) 内容检索设计

门户网站系统应提供完善的全文检索功能，用户自定义检索条件(发布日期、标题、关键词等)进行搜索，搜索的范围包括网站信息和相关的业务信息，系统对检索条件进行分析处理，根据用户的访问权限提供全文搜索结果。

(七) 信息管理合理化设计

在系统提供的主页模板上，经过信息处理工作后的信息将自动生成网页在网上发布。可以利用系统提供的模板随时扩充新的应用。信息维护和页面样式设计相分离，网站系统提供浏览器方式的信息维护工具，适用于非计算机专业人员进行维护工作，例如录入新信息和修改/删除已有信息。系统提供浏览器方式的信息维护工具，进行一般性信息维护时，只需录入文字信息，不用对页面进行格式化或排版处理。同时，信息维护工具也提供多种录入方式，除文本录入方式外，还提供所见即所得的多媒体文档输入、上传其他格式的文档(如Word、Excel等)、链接到一个网站或一个网页、关系型数据库的数据。

(八) 信息复用性设计

政府电子政务各业务系统均以插件的方式建立在统一的协同工作网站平台上，形成一个完整统一的整体，系统安装非常简单，同时日常维护费用非常低。一次性的数据，多次信息复用，有效地解决了信息孤岛问题。

(九) 系统易管理性设计

政府门户网站必须能够提供足够的系统支撑能力以满足大用户量的并发访问。作为一个体系庞大的系统必须拥有精良的系统管理工具，以保证系统的易管理性。

系统实际建设中，需要频繁地不断更新和添加系统内容，最大地体现它们的作用和价值，而这些频繁而大量的建造和维护工作的操作者更多的是非计算机技术人员(即业务人员)，他们关心的是工作界面是否友好、直观，操作是否简便。

针对以上实际需要，提供多种自定制工具，屏蔽了技术的复杂和晦涩，采用业务人员日常熟悉又经常使用的工具(如Windows资源管理器、Excel等)的操作风格，业务人员稍加培训或不需培训即可使用这些工具和维护系统。

(十) 应用可扩展设计

在整个门户网站的建设过程中，我们应该能根据计算机技术的更新和政务制度创新适时扩充新功能，整个系统应具有良好的界面，良好的对外系统接口和统一的数据标准以及技术框架，具有良好的应用可扩展性。

(十一) 安全性设计

在设计本系统时充分考虑电子政务涉及许多重要的信息，它们的安全性必须得到保证。内、外网以及各种信息要按权限分级共享，充分保证系统的安全。[①]

三、网页的设计与优化

(一) 政府网页的制作与完善

政府网站内容设计的优劣在很大程度上依靠网页制作技术的实现。网页设计是一个感性思考与理性分析相结合的复杂过程。网页设计中最重要的东西，并非软件和工具的应用，而在于设计者对政府网站性质和作用的理解，对用户心理的把握，以及对网页构成要素的使用。

由于每个政府部门的职能不一样，所以开设的栏目应该是各具特色的。吸取美国和其他一些国家的经验，我国政府网站的网页制作应该考虑运用以下做法。

(1) 中央部委、省级站点应有一个统一的顶级域名，以便公众查询，同时应有一个可提供链接到各级各类不同政府部门的中心网站。国家各部委和各级政府部门在进行各自网站建设的时候，应在统一的指导文件和标准接口下进行，域名的选取应有统一的格式和规律，分级设置，以便公众查询。

(2) 形象统一且方便用户查询。对于政府部门的主页来说，应有体现政府统一形象的标识和标志、统一的界面和规范的栏目。要禁止其他网站采用政府专用的标识，以免引

---

① 王英伟. 电子政务[M]. 北京：北京邮电大学出版社，2008：101.

起混乱。另外，还要有一个功能强大的搜索引擎，以便公众通过输入关键词来查找相关资料信息。

(3) 内容应严肃活泼。政府部门的页面内容建设应当有一定的严肃性，以体现政府的权威性和政府工作的严肃性。但同时应具有一定的活泼性，不能死板和枯燥无味。这就要在充分体现政府行政工作内容的同时，广泛充实市场经济、民族文化和社会服务等方面的内容。

(二) 政府网页设计的关键环节

政府网站是实施电子政务的窗口，与普通的个人网站或企业网站相比，有很大的差别。政府网页设计时，应坚持目的性、一致性、可用性和美观性原则，注意以下关键环节。

1. 标题

一个网站不可能仅由一个网页组成，它应有许多子页面。为了能使这些页面有效地被链接起来，政府网站的开发者最好给这些页面起一些有代表性的、简洁、概括、易记、整齐的网页标题。这样既有助于日后网页的管理，也方便搜索引擎对该网页的检索，方便用户查找。政府网站主页的标题一般与整个网站的名称一致，可直接采用门户网站的名称或政府部门的名称。其他网页分别用网站名、栏目名、文档名或其组合作为标题。如中华人民共和国外交部网站主页用"外交部"作为标题，子网页的标题采用了栏目名，如"外交政策"等。见图7.16。

图7.16　中华人民共和国外交部网站

Fig 7.16　Ministry of foreign affairs of the People's Republic of China website

图片来源：http://www.fmprc.gov.cn/mfa_chn/

2. 整体风格

网页的整体风格体现在诸多方面，如网页的布局、色彩、网页上的图片(大小、处理效果)、文字(字体、颜色)、线条(线型、线宽)、标题、语气等。对于一个政府网站内所有网页的整体风格有两方面要求：政府网站要有风格，这个风格应与政府的特点相符，具有规范、平实、简约、亲切、明朗、清新等风格特点；政府网站要有整体的风格，即网站内网页的风格应统一。

3. 易读性

易读性是指网页能在用户端很容易打开，供正常输出阅读。鉴于用户的计算机装备不尽相同，为此设计者需要充分考虑带宽、浏览器兼容性、字体兼容性和插件流行程度等。设计页面时，应考虑低端用户的情况，尽可能设计在不同分辨率下、不同浏览器中都能正常显示的网页。

4. 易理解性

易理解性是指网站的结构、功能、网页的内容及其操作能够很容易为用户所理解。用户具有不同的专业背景和理解能力，政府网站要让所有用户不但能够顺利阅读网页，还能够读懂。

5. 易检索性

易检索性是指用户能够通过不同的查找办法快速寻找到所需信息。

6. 交互性

政府网站是面向公民和企业的网站，非常需要用户的参与。双向交互性网站也是政府网站的最高形态，因此最好设计一些具有交互性能的内容或栏目，使用户有一种参与电子政府建设的新鲜感和成就感。在政府网页中常见的交互功能包括电子邮件(或电子邮件列表)、论坛、留言本、数据库搜索、问题调查等。[①]

四、网站的主题和内容

(一) 网站的主题

不同部门的政务网站的主题和工作重点根据本部门工作特点有所区别，同一部门在不同时期的重点任务也不同，因此，其网站的主题也不尽相同。主题是网站中最引人注目的部分，有些网站因为选取了有感染力的主题，取得了成功。一般来说，主题的选择要考虑以下几个问题。

1. 选材一定要"适度"

所谓"适度"是对个人主页或部门主页而言，网站的主页选材千万不要做得太广，主页的内容也不要包罗万象。因为对于个人或部门来说，其能力和时间都有限，不可能把每一栏的内容都做得丰富多彩，也不可能有那么多的精力和时间去维护、去更新。切忌做得样样俱全却很肤浅，反而给人的感觉空洞无物、没有主题、没有特色。对于一个大的政府

---

① 刘越男，王立清，钱红燕，陈兵. 政府网站的构建与运作[M]. 北京：中国人民大学出版社，2004：214.

部门而言，主题可以做得比较广，主要参考自己的实力和能力。

2. 网站内容的选择最好是与本部门的职能特性结合得比较密切的内容

对于一个部门来说，网站的制作应与本部门的职能特性紧密结合，管理职能部门应侧重于管理机构、管理权限、管理内容等的宣传；服务职能部门则应侧重于服务对象、服务范围、服务项目等的宣传。这样在制作时，才不会觉得力不从心或者脱离实际。

3. 不要太常见，目标定位不要太高

选材不要选择人人都有的题材；目标定位太高是指在这一题材上已经有非常优秀、知名度高的站点，因而要超过它是很困难的。[①]

(二) 网站内容建设的原则

1. 网站信息要能吸引用户

网站上的信息，必须能充分吸引用户的注意力，才能发挥电子政务系统的优势。因此，只有少量的重点信息放在网站上不足以吸引用户，还要有计划地把本行业的有关信息、背景知识等进行收集整理。做到既有重点信息且信息量又大，使网站的信息丰富多彩。

2. 内容要合理组织

政府门户网站的成功不仅取决于能够提供哪些信息和服务，还要看这些信息与服务是如何组织的。政府网站的网页规模往往比较大，而用户在浏览网页时都会要求能够快速、准确地检索到要找的信息，所以在网站内容的规划中，要合理地组织信息，信息量大时可以设立站内的搜索引擎。

3. 信息要经常更新

政府门户网站要让公众长期地关注，最终还是靠内容的更新和提供的服务不断完善。很多新增的内容和服务是在各级版块栏目中的，如果不在首页中显示，用户很难找到。所以，新增加的网页内容要尽量在主页中提示给用户。[②]

(三) 网站的内容结构设计

网站的内容结构设计是指根据网站需要应实现的基本功能的设计；其中，应罗列出网站提供的信息种类和服务项目，并进行适当分类或归类，明确其名称，并排定顺序。网站内容结构揭示了网站内容的内在联系和组织方式，并将各个内容在整个网站中的位置标示出来。层次结构是安排网站内容的一种常见方式，它采用分类的逻辑方法，按照从总体到分支的顺序组织网站内容。这种组织结构使用多级栏目，将所有内容以栏目为单元、以层次化的方法予以组织，形成一个主次分明、条理清晰、逻辑严谨的结构体系。

门户网站是一个完整的、开放的政府网站体系，是电子政府系统的一项重要内容。它将跨机构、跨行业的政府信息收集起来，通过门户网站用统一的方式提供不同种类、不

---

① 王琰，徐玲.电子政务理论与实务[M].北京：清华大学出版社，2004：268.
② 陈兵.电子政务技术与安全[M].北京：北京大学出版社，2005：56.

同层次的服务，即"一站式"服务。这类政府网站充分体现了"以客户为中心"的建设理念，彻底打破了按照部门或机构的职责来组织信息的方式，实现了集成式服务的功能，从根本上改变了政府服务的方式。它凭借简单、安全的访问入口，为客户提供全方位的服务和内容。

政府门户网站的内容按客户需求来组织，主要以政府为网站用户提供的服务为主线来建立信息结构。总结世界各国政府门户网站栏目设置的经验，可以发现其内容一般分为以下几个部分。

1. 政府对公民提供服务的入口

公民通过这一入口可以利用政府的相关服务，如在线报税、购物、社会福利、劳动就业、证件申请与查询(身份证、驾驶证、护照等)、法律咨询、社会安全和教育资源等。

2. 政府对企业提供服务的入口

这部分内容包括企业申办、变更、纳税、年金、资质查询、政府采购、企业法规等。

3. 部门之间的服务窗口

这部分内容包括政府信息检索、公务员名单、培训计划等。

4. 对国际用户提供服务的入口

这部分主要针对外国人提供相关服务，如本国居留证办理等。

5. 新闻

围绕着国家、中央机关、地方和行业政务活动发布新闻。

6. 地方风貌

这部分主要介绍本国、本地或本行业特色的资源，包括文化、旅游、经济等各个方面。

7. 机构简介

这部分介绍门户网站服务领域内政府机构的基本情况，如办公项目、办公时间、办公程序等。

8. 机构网站地址

这部分主要是方便用户访问相关政府网站和让用户从政府网站地址列表上挑选相关网站。

9. 其他内容

如联系方式、时事调查等。[①]

五、网站在线处理系统

网上服务既有利于政府又有利于民众，便于广大公众接受服务，而且这种服务可以降低公共服务成本，网上服务将带来政府与民众之间关系的一场革命。网上服务的定义是：

---

① 李传军. 电子政府管理[M]. 北京：对外经济贸易大学出版社，2008：140.

只有某一项服务完全可以在线完成才称其为网上服务(如果一个公民订印出一份表格，随后还要将其邮寄到或送到政府机构，就不能算网上服务)。只有当查找数据库与获取特定政府服务反馈信息相关时才被认为是一种网上服务。

随着电子政务在全世界范围的扩展，在线服务变得越来越复杂和具体，许多国家(地区)在网站上提供了很多新的服务，如提供在线服务菜单等。中国台湾、新加坡和美国拥有成熟的门户网站，成为汇集众多政府服务的中心通道，并为公众提供许多特定的政府网站的链接；为了满足日益普及的手机短信服务(Short Message Service)功能的需要，挪威政府网站就为公民提供了通过手机短信与政府机构联系的方式。

第三节
政府门户网站运行管理

一、网站维护

一个政府网站系统的建设也许需要一年，但维护网站运转的时间可能是十几年，甚至是几十年。所以，从网站的生命周期上看，政府网站的维护工作将是长久的。因此，在建立网站之初就要了解并重视网站的维护。政府网站的维护涉及的方面很多，总体上可分为系统维护和信息维护两个部分。

(一) 系统维护

政府网站的系统维护，涉及机房设施、网络环境、系统监控、技术支持等硬件系统方面，是保证网站对外提供服务的基本条件。

1. 设施

机房建设包含很多具体而细致的工作，主要有建筑设施、供电系统、主调、消防系统等方面。

2. 管理

在实际管理过程中，政府网站系统的网络管理应具有的功能非常广泛。在OSI网络管理标准中定义了网络管理最基本的5大功能：配置管理、性能管理、故障管理、安全管理和计费管理。事实上，网络管理还应该包括其他一些功能，比如网络规划、网络操作人员的管理等。

3. 监督

网站系统监控应该涉及网站的支持系统、网络系统以及主机系统等几个方面，并涵盖网站服务的全部过程。从内容来看，主要包括带宽控制、流量监控、服务器监控、服务器应用监控和安全监督等内容。

4. 安全

政府网站的系统安全，由于其特殊的背景而显得尤为重要。维护这样的网站需要有完整的安全服务体系。安全维护工作包括：全面安全策略规划与方案设计、防火墙管理、综合的安全风险评估与安全优化、7×24(指每周7天，每天24小时)入侵监控与安全事件紧急响应、安全审计与灾难备份等。

(二) 信息维护

1. 规划管理

政府网站的信息规划管理，主要包括：对网站系统业务流程的分析整理；对网站系统涉及的数据及数据流程进行分析整理；确认网站子系统划分的合理性；对各个具体的网站操作处理过程，根据实际情况建立管理模型和管理方法，并提交最终的分析报告。

2. 发布与更新管理

信息发布与更新管理的主要工作就是对需要发布或更新的内容进行分析，并进行必要的取舍，以确认是否可以发布或更新以及发布或更新的正确形式。

3. 系统评价

系统评价的目的是为了评估系统的技术能力、工作性能和系统的利用效率。系统评估度量了系统当前的性能，并为进一步改善未来的工作提供了依据。因此，评估报告的内容不仅应着眼于现有系统，还应提出改进的建议。

4. 系统备份

备份是一种数据安全策略，通过备份软件把数据备份，在原始数据丢失或遭到破坏的情况下，利用备份数据恢复原始数据，使系统能够正常工作。为了应付系统异常及保护系统的数据，政府网站需要备份系统的信息，主要包括网页信息和后台数据库信息。

二、网站运行的专职人员

规定各类人员的任务及职权范围，尽可能确切地规定每个人在各项业务活动中应负的责任、应做的事情和办事方式等。简单地说，要有明确的授权。

要对工作进行定期的检查和评价，为此，对每种工作都要建立一定的评价指标，这些指标应该尽可能量化，以便于检查和评价。

系统运用先进的技术为管理工作服务，新的系统在诸多方面与传统的系统不同。而由于对新事物的认识有一个适应过程，因此需要通过人员的组织及培训，使具有不同知识水平及技术背景的人员能尽快地适应新系统，充分发挥系统的功能。

三、网站更新的条件支持

网站的建立需要根据政府的级别以及建立网站的目的等因素而定，建立网站的价格也从几千元到十几万元不等。网站的更新经费需要经过上级审批，网站的更新经费不菲，有时甚至更高，要周密核算。

(1) 人员。一个网站的正常建立、运营与维护需要各种各样的技术人员，例如，经理、网站架构师、后台程序员、网站内容撰稿人、页面美工师等。而一个网站的更新，需要不同技术人员的全面配合。

(2) 设施。网站的更新离不开设备的支持，如系统软件与硬件、服务器等。

网站更新需要一定的空间，空间可以指虚拟上的空间，也可以指现实中的空间，如机房等。

四、网站业务监控

通俗地说，网站业务监控就是指监控网站运营状况，当网站运营不正常时，及时发现并指出问题，然后进行调试。网站业务监控要做到实时监控，对政府网站的各类业务活动展开监控，及时掌控风险，并且发出预警，引起相关工作人员的高度重视。除此之外，网站监控还应做到监控数据分析，为决策分析和运营计划提供支持与帮助。

五、网站运行制度

为合理有效地运行网站，政府部门应该制定相关的网站运行制度。该制度应该包括与网站相关的各个方面，如网站建设、网站更新、网站维护、网站安全、网站反馈等。除了与网站相关的规定之外，还要制定相应的奖惩措施，以此激励或警示相关的工作人员。

第四节
政府门户网站比较与评价

一、国外政府网站建设状况

(一) 国外政府门户网站的特点

1. 美国政府门户网站

美国政府门户网站的情况可以从地域属性和权域属性分析。从政府行政管理层次上来看，美国政府可以划分为联邦、州与市县三级。由于实行联邦制，三级政府在许多行政事务管理方面相对独立，因此政府门户网站也就划分为三级，每级政府门户网站的服务内容各不相同，彼此之间存在明确的分工。每个州政府和市(县)政府都建立自己的单一门户网站，企业或公民根据业务内容，通过访问所在地域的单一的州或市(县)政府网站，即可获得各种不同的服务。每一个政府门户网站都各具特色，包括税收、执照、注册和护照信息以及满足所在地域的每个居民的具体需求的信息。见图7.17、图7.18、图7.19、图7.20。

图7.17　美国政府门户网站1

Fig 7.17　U.S. government portal website 1

图片来源：http://www.usa.gov/

图7.18　美国政府门户网站2

Fig 7.18　U.S. government portal website 2

图片来源：http://www.usa.gov/

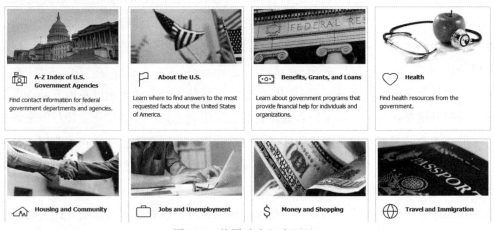

图7.19　美国政府门户网站3

Fig 7.19　U.S. government portal website 3

图片来源：http://www.usa.gov/

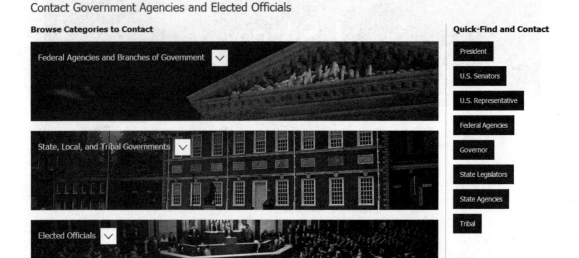

图7.20　美国政府门户网站4

Fig 7.20　U.S. government portal website 4

图片来源：http://www.usa.gov/

联邦一级的政府门户网站是"第一政府"网站。该网站于2000年6月开始建设，已经成为全球功能最为强大的超级政府网站。作为联邦政府唯一的政府服务网站，该网站整合了联邦政府的所有服务项目，并与许多政府部门，如立法、司法和行政部门建立了链接，同时也与各州政府和市县政府的门户网站都有链接。作为一个综合性网络门户，用户通过该网站可以接向任何政府网站，包括州和地方政府。"第一政府"网站所要达到的一个首要目标是：让客户只须点击3下即可找到自己所需要的各类政府信息与服务。它允许用户同时搜索全部2700万网页，使用一个由私营企业和联邦政府一起开发的高强度搜索引擎。个人通过关键词、主题或机构名称进行搜索，可以在不到1/4秒的时间内搜索到0.5兆的文件。从这个意义上讲，该网站与联邦各职能部门、州及市县级政府网站实际上就构成了一种前台与后台的关系，任何企业和公民通过前台网站，可以找到美国政府所有部门提供的所有服务。

从内容分类来看，该网站一方面按地区划分，囊括了全美50个州以及地方县、市的有关材料及网站链接；另一方面又按农业和食品、艺术和文化、经济与商业等行业来划分，各行业的有关介绍及网站也是随点随通。该网站的设计非常有特色，它将政府服务分为三类，即对公民的在线服务、对企业的在线服务以及对政府机构的在线服务。每一类又分为诸多项目，如"对公民的在线服务"就包括申请护照、天气预报、彩票中奖号码等；"对企业的在线服务"包括在线申请专利与商标、转包合同、商业法律与法规等；"对政府机构的在线服务"包括联邦雇员薪水变化表、联邦雇员远程培训以及联邦政府职位等。这种设计简单明确，任何一个寻求政府在线服务的人都可以很方便地找到所需要的各种服务。

2. 英国政府门户网站

早在1994年英国政府就建立了一个类似于政府门户网站的网站，其功能主要是提供政府网站的链接，但是服务的内容很少。2000年12月，英国政府开发出一个服务内容更多、搜索更方便而功能也更为强大的单一的政府服务门户网站系统，它由"英国在线"网站和"政府虚拟门户"网站组成。"英国在线"网站不仅将上千个政府网站连接起来，而且把政府业务按照公众需求进行组合，使公众能够全天候地获得所有政府部门的在线信息与服务。该网站的内容分为5大块：生活频道、快速搜索、在线交易、市民空间、新闻天地。"生活频道"向用户设置了11个主题的服务，用户无须考虑各政府部门的职责和分工。其他的各大块也都包括众多主题的服务内容。

"政府虚拟门户"网站是一个为了让公众和企业获得政府在线服务而进行登记注册的专门网站，它可以使公众和企业通过一个单一的入口同政府的多个部门进行沟通并实现在线办理行政事务。在"政府虚拟门户"网站运行的主要服务项目中，包含国内个人所得税在线征收和部分增值税的在线退还等内容。该网站是提供"集成化政府"服务战略的一个重要组成部分，与"英国在线"网站形成了又一种"前台—后台"关系。

3. 新加坡政府门户网站

与美国的门户网站不同，新加坡政府门户网站将政府服务划分为政府信息与电子服务、新闻公告、为企业的信息与电子服务、为非新加坡公民的信息与电子服务以及电子公民服务等几大块，虽然看上去没有像美国门户网站那样简洁，将电子政务划分为G2G、G2B、G2C三大部分，但是，从逻辑上看仍然清晰明了，栏目的设置让人一目了然。就电子政务来说，最重要的是其前台的业务流程设置与后台不同政府机构之间的业务协调处理。而恰恰是在这一点上，新加坡的电子政务建设别具一格，深受人们的称赞。其中最引人注目的是"电子公民中心"和"政府电子商务中心"。

"电子公民中心"始建于1999年4月，其目的是将政府机构所有能以电子方式提供的服务整合在一起，并以一揽子的方式轻松便捷地提供给全体新加坡公民。"电子公民中心"将一个人"从摇篮到坟墓"的人生过程划分为诸多阶段，在每一个阶段里，你都可以得到相应的政府服务，政府部门就是你人生旅途中的一个个"驿站"。每一个"驿站"都有一组相互关联的服务包。例如，在"就业驿站"里，你可以找到这些服务包："雇佣员工"(专为雇主设计)、"寻找工作"(专为求职者设计)、"退休""提高技能"和"在新加坡工作"(专为外国人提供)等。目前"电子公民中心"网站里共有9个"驿站"，涵盖范围包括：商业贸易、国防、教育、就业、家庭、医疗健康、住房、法律法规和交通运输，这些"驿站"把不同政府部门的不同服务职能巧妙地联系在一起。例如，在"家庭驿站"里，"老人护理"服务包来自卫生部，而"结婚"服务包则来自社区发展部。

"政府电子商务中心"于2000年12月正式开通，它实际上就是新加坡政府的采购系统，它把新加坡政府各部门和机构的财务系统与采购软件整合到一起进行工作。政府部门的贸易伙伴可以在网上得到政府招标的邀请并购买招标文件，供应商可以在网上索要发票、检查付款情况、提交产品目录和竞标。同私营部门的B2B交易中心一样，它也是通过来自世界各地的众多供应商的激烈竞争而获得价廉物美的产品，通过网上下单而节约更多的时间，通过更低的库存而降低成本。目前，政府通过"政府电子商务中心"采购的产品价值已经达到1.1亿美元，今后还要将80%的政府采购都搬到"政府电子商务中心"上来。见图7.21。

图7.21　新加坡政府门户网站

Fig 7.21　Singapore government portal website

图片来源：http://www.gov.sg/

(二) 国外政府门户网站建设的启示

美国、英国和新加坡三国政府门户网站建设的做法具有典型性，包含着许多网络条件下的政府行政管理与服务的制度创新。这些做法可以带给我国政府门户网站建设的启示包括以下几个方面。

1. 中央门户网站建设

中央门户网站是整个电子政务建设的关键，对此要有一整套发展战略；中央门户网站在整个门户网站建设中处于最重要的地位，具有很强的示范和规范作用。

2. 服务的极端重要性

门户网站建设必须切实以服务为目标，以公众为中心，才能发挥最大效益，否则就会事倍功半，并难以保持其可持续发展。

3. 深化服务内涵

要在"对象细化、栏目精选、及时到位"三个方面下工夫。只有不断改进，才能真正提高公众满意度。

4. 门户网站的可持续发展

要在投资、运营和发展上进行通盘考虑，注重政府门户网站的可持续发展能力和不断改进能力，防止在资金、人员和管理上的脱节。

5. 网站要发挥对部门职能的整合作用

要基于业务流程和信息流程，结合政府传统行政服务中心，进行功能的整合，逐渐建立标准规范、运转协调、透明高效的一站式办公和整合式服务。

6. 制度上保障，改善外部环境

要尽快出台和完善与电子政务配套的制度、规划和标准；加快中央门户网站的建设，提高其服务能力，提高其示范效应。

7. 跨部门工作小组的作用

建立强有力的跨部门工作小组，是做好电子政务、确保门户网站发展的组织保障；注意其他环节的改善，如加强对门户网站的指导、评价和管理等。[①]

二、我国政府门户网站建设评价

(一) 我国政府门户网站的基本现状

1. 网站建设全面推广，网站数量持续增长

绝大多数中央、省级、地级市的政府门户网站、各职能部门网站以及政府专项服务网站(如由政府有关部门举办的大学生就业网)已基本建成。区县一级政府多数已有自己的门户网站，甚至个别经济发达地区的乡镇政府也有自己的专门网站。目前我国的政府站点在数量上已经很多。特别在2000年前后，政府上网工程和网络经济处于高峰期，政府上网数量呈现高峰。

2. 网站质量不断改进

最初，众多政府网站只有简单的上网职能，常年不更新，界面也十分不友好。而目前大多数政府网站保持一定频率的更新，可读性明显增加。特别在近一两年内，一些新推出的政府网站和改版后的政府网站质量明显较高。

3. 网站的效果与影响力持续增强，正在成为政府的有机组成部分，逐渐融入政府工作流程中

过去许多政府机构把网站当作一种摆设，建而不用，访问量极低，互动性也非常差。现在政府对网站越来越重视，主动利用网站开展政府工作。公众也越来越关心网站。政府网站的影响力正不断增加。

4. 网站正处在一个不断演进的过程中，也处于一个良好的发展通道中

应该说政府网站即将度过初期的探索阶段，正在由上一阶段的"理性不足、缺少统筹

---

① 柯平，高洁. 信息管理概论[M]. 北京：科学出版社，2007：374.

规划、绩效不明显、孤岛现象明显"等状况逐渐向"务实、高效、自觉"的方向迈进。

我国政府门户网站的特征如图7.22所示。

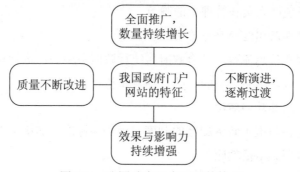

图7.22　我国政府门户网站的特征

Fig 7.22　The features of government portal website in China

(二) 我国政府网站存在的问题

目前我国政府网站也存在不少问题，甚至有些问题还非常突出，如果这些问题不能及时得到解决，将会阻碍我国电子政务工作的开展，所以必须引起高度重视。

1. 发展不平衡

政府网站发展不平衡现象目前十分突出，一些乡镇和富裕村都建设了自己的网站，但中西部地区甚至一些地级市都还没有网站。这些同一级政府之间在电子政务上存在的天壤之别，可以认为是"政府内部的数字鸿沟"，解决好了，有助于缩小社会上的"数字鸿沟"，但是如果不能有效解决，反过来又可能会扩大社会上的"数字鸿沟"。在网站质量上，不同地区之间的差异也十分巨大，不同层级的政府网站之间发展也很不平衡，甚至在同一层面，同一发展水平的地区的政府之间的差异也很大。同一层面、同一政府下的各个职能部门的网站发展水平不一致，会严重损害电子政务的整体效能的发挥。从网站建设与运营层面上看，长期存在"重新建轻整合、重硬件轻软件，重管理轻服务，重电子轻政务"等现象。还有一些突出问题就是政府各个部门的网站与政府门户网站之间的发展不平衡，个别的部门网站比门户网站办得还好。当然造成这种政府网站不平衡的原因很复杂，主要在于当地政府重视不重视、"一把手工程"落实不落实、政府信息化建设人员素质的高低。

2. 网络服务薄弱

通常来说，随着网络的日趋普遍、公众上网越来越多和服务网络化的发展，政府网站将日益发挥其"功能强大、服务面广、容易与公众沟通"的优势。但是目前这些优势发挥得还很不好，政府网站的服务人群少，服务领域窄，服务形式单调，直接服务能力弱，服务程度非常浅。需要指出的是，目前许多政府网站除了在服务公众和企业上表现得比较薄弱外，对公务员的服务也十分弱，这在一定程度上较为严重地阻碍了电子政务效益的发挥。当然，我国政府网站在服务规范、效应和整合方面处于刚刚起步的阶段。

3.围绕政府网站的发展运营机制普遍不健全

政府网站不只是建设，更需要应用和发展，建设可以外包，但是应用、管理和决策则不能外包。目前这方面在机制上还不健全，在机构设置、经费支持、管理与激励等方面，不少地区做得还不到位。这也集中反映了政府在运用政府网站的观念、思路、工作方式上还不适应。

4.整合不够

政府网站的信息孤岛现象还比较明显，各个部门网站之间、部门网站与门户网站之间存在大量相互封锁的现象，彼此不能互联互通，更不能实现互动，而且政府外网、专网和内网之间的信息也很难进行有效共享。政府网站的前台和后台数据库之间缺乏制度性的有机联系，政府网站中条块整合仍存在一些机制和体制上的障碍。这就造成目前不少政府网站的协调效益非常差，整体优势难以发挥。

5.公众满意程度差

虽然我国政府网站在从无到有的过程中进步很快，成绩也比较明显，但是也引起了许多公众的抱怨。这些抱怨在公开的大众媒体上有所反映，在一些网络论坛中也有所体现。这说明不少政府网站离公众的实际需求还有很大的差距，而且随着国际电子政务的发展以及公众对网络服务要求的提高，这种需求差距可能不会缩小，甚至还会扩大，这也说明我国政府网站建设的任务还非常繁重。

6.外部制约因素日益明显

随着电子政务的深入发展，制约因素也越来越突出，有些地方电子政务已经触及一些深层次的问题，不是单靠技术和政府信息化建设机构就能推进的。这些制约因素有传统体制的惯性、法律制度的缺失、部门协调的困难和信息环境的不良等，实际上是反映传统管理和体制对政府网站的运营不适应，因为政府网站的发展必然要求信息资源的整合和业务机构的重组。

首先，电子政务战略目标不明确，重大项目的需求边界不清晰，建设内容追求"大而全"，且效益目标不明确。从围绕"12金"的各重大项目建议书总体情况来看，存在两种普遍现象，阻碍项目立项。一是项目建议书提出的应用需求普遍"大而全"，需求边界不清晰，重点不突出；二是项目建议书提出的建设目标不明确，多数在描述社会效益，无法量化评估。第一种现象导致的结果是：投资过大，使得有限的财力"没有用在刀刃上"；第二种现象导致的结果是：模糊目标给"豆腐渣"工程带来可乘之机，无法有效对项目进行验收，投资"黑洞"风险大。

其次，部门自成体系现象严重，跨部门应用系统设计成了部门内系统，完整的电子政务体系被隔离成一个个独立的"烟囱"。这个问题是"十五"期间电子政务设计最为突出的问题之一，也是很多"金字"工程未能通过立项审批的重要原因之一。大多数跨部门的重点业务系统被牵头部门设计成了部门内系统，资源共建、共享模式没有达成共识，自建、自用和自成体系的电子政务建设模式明显，一个完整的电子政务体系被人为地割裂成了一个个"烟囱"，潜在的"信息孤岛"风险突出，政府协同能力受到极大牵制。

最后，缺乏有效的绩效评估体系和评估制度，"重建设轻应用、重电子轻政务"的现象仍然突出，电子政务投资存在很大风险。[①]

7. 政府网站安全措施不到位

在2014年12月召开的"第十三届(2014)中国政府网站绩效评估结果发布会"上，中国软件评测中心副主任张少彤介绍，2013年我国被篡改的政府网站数量达到了2430个，占监测政府网站数量的4%。张少彤表示，现在网络安全形势更加复杂，网站稳定、安全的状况直接关系到政府的形象，也给政府正常工作带来了严重的威胁。

同时，我国政府网站频繁出现一些栏目建设开天窗、内容信息不准确、链接功能不可用等现象，被网民围观批评。据不完全的数据显示，如新浪、搜狐等综合门户、天涯、猫扑等人气论坛上，2014年上半年所曝光的政府网站运行维护问题超过了200余个，网民浏览量近10亿次，留言的数量近10万条，绝大多数的网民留言把网站的运行维护能力和政府管理水平和服务态度"画上等号"，给政府机关的互联网形象打了低分。

三、政府门户网站评价指标体系

关于政府网站建设质量评价，一直是有争议的，主要是因为很难取得指标的一致性认同，我国若干研究机构和国家部门都建立了自己的指标评价体系。表7.1是2014年中国政府网站绩效评估(http：//www.mofcom.gov.cn/)针对中央部委网站的评价指标总体框架。

表7.1 中央部委办局网站评价指标总体框架

Tab 7.1 Overall framework of the central ministries and comissions website evaluation index

一级指标	二级指标	评估说明	采样方式
信息公开	基本信息公开	概况信息、工作动态、通知公告、统计信息、人事信息等基本信息的公开情况	日常采样
	重点信息公开	规章文件、规划计划、财政预算决算和"三公"经费，以及根据国办发[2013]73号文件要求，各部委网站对职责范围内重点信息的实际公开情况	年底采样
	公开保障	信息公开目录的建设和维护情况以及公开指南和年报的提供情况	日常采样
办事服务	基础服务	对本部门业务职能相关的办事服务、便民服务资源的全面性、人性化、规范性提供情况	年底采样
	重点服务	结合本部门当前重点工作和社会热点关注策划提供重点办事服务的情况	年底采样

---

① 周慧文.电子政务公众网站的评估与应用研究[M].兰州：兰州大学出版社，2007：36.

（续表）

一级指标	二级指标	评估说明	采样方式
互动交流	政务咨询	政务咨询渠道的建设情况以及答复及时性、答复质量及处理态度情况	日常采样
	在线投诉	在线投诉渠道的建设情况以及答复及时性、答复质量及处理态度情况	日常采样
	意见征集	意见征集的渠道建设情况以及针对重大决策开展意见征集的情况	日常采样
	在线访谈	在线访谈的渠道建设情况以及访谈机制、访谈嘉宾、访谈主题的策划情况	日常采样
	智能互动	通过知识库、实时交流等方式实现自动、半自动互动交流的情况	年底采样
舆论引导	决策解读	是否开通决策解读专栏，及时解读最新决策	日常采样
	新闻发布会	是否开通新闻发布会专栏，及时公开新闻发布会，响应社会热点	日常采样
	热点专题	围绕本部门相关的重点业务工作、重大决策决定建设专栏提供信息的情况	日常采样
	社会热点事件回应	选取与本部门相关的部分社会热点、焦点事件，考察网站是否及时通过发布会、动态、公告、微博等方式予以回应，引导网络舆情 (注：社会热点、焦点事件主要根据百度搜索和人民网对互联网舆情监测的结果得出)	日常采样
网站功能与管理	网站架构	网站栏目架构、页面布局的科学性和合理性	日常采样
	站内搜索	是否建立站内搜索引擎以及搜索结果的质量情况	日常采样
	可用性和安全性	网站首页、频道、页面、图片、附件和外部链接能否正常访问；是否存在漏洞、暗链、伪链；是否存在违反国家规定的信息以及低俗、庸俗和媚俗信息	日常采样
	无障碍建设	网站利用信息无障碍技术为残障人士提供便利和支撑的情况，包括可感知性、可操作性、可理解性和兼容性等	年底采样
	社会化应用	网站服务资源在主流公共搜索、百科等社会化平台中的整合情况	日常采样
新媒体应用	政务微博	是否开通政务微博以及更新维护情况和综合影响力	年底采样
	政务微信	是否开通微信公共账号以及信息和服务的提供和更新维护情况	年底采样
用户满意度	用户满意度	用户获取政府网站信息和服务的满意程度 (注：用户满意度作为2014年的探索性指标，不计权重，旨在通过试点建立一套基于用户行为的、科学合理的评价体系)	日常采样
数据开放	数据开放	政府网站面向社会第三方提供数据开放服务的情况	日常采样

上述指标可以归纳为图7.23的逻辑关系结构。

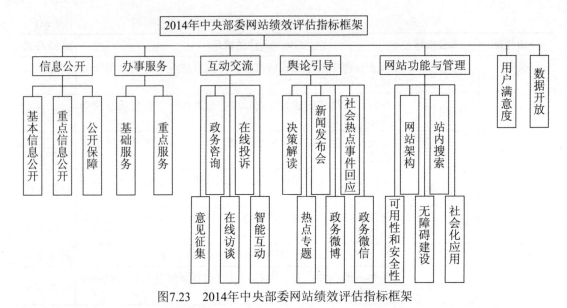

图7.23　2014年中央部委网站绩效评估指标框架

Fig 7.23　The indicator framework of ministry website performance evaluation in 2014

图片来源：http://2014wzpg.cstc.org.cn/zhuanti/fbh2014/zbg/3-2. html

四、政府门户网站建设趋势

我国政府网站发展进入了一个新阶段，一些趋势值得关注。

1. 从表象上来看，正从"上网"向"结网"转变

上网是指将传统政务信息和服务简单搬到互联网上；而结网则是指将散落在网络世界的各个政府网站进行有机的连接，形象地说，即不同的网站之间要进行对话。从过去的独立上网到结网，将使政府网站发生一场质变。

2. 从实质来看，就是通过结网行动整合信息和优化流程

电子政务的表面功夫应深入到实际改造进程中去，通过信息共享、优化流程，达到提升政府服务和效率的作用。过去可能说得多，但行动比较困难，现在有些信息已经上网，内部办公系统已经基本建成，因此进行政府之间结网的条件已初步具备。

3. 更加突出政府服务，逐渐从过去政府主导型变成以职务型为主

政府网站的建设目的越来越清楚，服务的目标(对象)越来越明确，服务方式和手段也越来越具体。也就是说，在政府网站的目的、功能、作用和绩效评估导向等方面，大家基本上取得了共识，那就是必须发挥网站的沟通和服务功能。

4. 规划与整合：推进政府网站建设的两个主题

过去电子政务存在的种种弊端，在很多情况下都与规划的缺位有密切关系。虽然中央政府一开始就重视规划问题，但是在实际过程中普遍存在自行其是的现象，即使有规划也是本部门的规划，或者从自己角度进行规划，规划的水平普遍不高，造成一些不必要的浪费。以地级市门户网站为例，我们在研究中发现有相当数量的网站连许多基本功能都没

有，例如没有市长信箱。而现在，政府网站要站在高起点，进行科学、高效的规划，快速提升网站的质量和服务能力。通过规划，有效整合各个部门的资源，并逐渐优化业务流程。在这一过程中，要注意充分发掘社会、公众、法人对电子政务不断增长的需求，并把它们具体固化到电子政务的设计和规划当中去。

5. 更加注重绩效与评估

过去不少政府网站只顾建设，不太重视应用，甚至"光建不用"。但是在新阶段我国政府网站将会特别强调其绩效，并且来自多方面的网站评估活动，将推动政府网站运营者对绩效的重视。总的来看，在今后较长的一段时期内，我国将以门户为中心，推动电子政务整体发展。电子政务将"应用深入、服务提升、管控突破、纵深发展"，这一阶段将进入攻坚阶段。要通过不断发展的政府门户网站解决信息无法共享、流程整合不到位和服务意识不强等问题，并通过网络来实现外部需要压力的传达。

在电子政务的攻坚过程中要抓住机遇，充分发挥已有的经验和优势。首先要看到制度优势，如已经颁布的《行政许可法》《电子签名法》《信息资源开发条例》和《依法治国纲要》等；其次也可以借鉴国外的先进经验和国内沿海城市的一些成功经验。[①]

本章小结

政府门户网站是电子政务的重要组成部分，本章重点介绍了政府门户网站的主要内容，其中包括电子政务网站的种类，政府门户网站的概念与目标，分析了政府门户网站的功能，并且介绍了政府门户网站建设和运行管理的相关概念与流程。最后在此基础上，借鉴了国外政府网站的发展经验，总结了我国政府网站建设的现状与问题，并分析了其未来的发展趋势。

关键术语

政府门户网站　网站开发　网页设计　网站主题　网站内容　网站维护　网站评价指标体系

思考题

1. 简述政府门户网站的概念与目标。
2. 简述电子政务网站的种类。

---

① 周慧文. 电子政务公众网站的评估与应用研究[M]. 兰州：兰州大学出版社，2007：40.

3. 分析政府网站的功能。

4. 论述政府网站设计与开发的流程。

5. 网站设计的主要影响因素有哪些？

6. 网页设计的关键环节有哪些？

7. 论述网站内容结构设计的具体内容。

8. 如何做好政府网站的维护工作？

9. 讨论：科学的网站评价指标体系应该如何设计？

案例分析

"僵尸"网站的治理

2011年6月16日，四川凉山彝自治州会理县政府网站在首页发布的一条题为《会理县高标准建设通乡公路》的新闻中，使用了合成痕迹明显的照片。在该照片中，三位县领导"飘浮"在一条公路的上空，图片说明称这几位领导在"检查新建成的通乡公路"。该照片刊登后立即引起网友热议、恶搞，被称为"悬浮照"。随后会理县政府开设微博，证实照片确实PS过，并公开致歉。

2013年12月中旬，抚顺市抚顺县旅游局的官方网站火了。这个网站仅有一张静态图片，所有链接都无法打开，被网友调侃为"年度最牛政府网站"。有评论认为，政府网站出现"睡眠""僵尸"现象的原因，是一些地方政府建立网站的目的是应付主管单位检查而非服务百姓，把网站建设当作"可有可无"的"课外作业"。

2014年1月8日和5月4日，江苏省南京市建邺区政府官网分别发表题为《南京市市长缪瑞林来CBD孵化器视察工作》和《南京市市委书记杨卫泽来CBD孵化器视察工作》的报道。两则报道除了日期、人名和职务不同外，格式、内容甚至标点符号都完全一致。

不少"僵尸网站""空壳网站"被曝光后，这些"僵尸网站"便在相关部门的重视下迅速"复活"。然而，在媒体监督、主管部门重视的"热度"退去后，一些政府网站便故态复萌，再次进入了"僵尸"状态。

不少网友表示，一些"僵尸网站"在短暂的"复活"之后又"死亡"，固然有人才、技术、资金匮乏等原因，但更主要的是因为这些地方政府部门的工作态度和作风出现了问题。

中国江苏网网友"阿东"表示，建政府网站不是赶时髦，更不是地方政府部门自我"贴金"、自说自话的形象工程，其中蕴含着社会治理现代化的大道理、大需求。如果没有意识到这一点，政府网站就容易成为应付上级检查和政务公开任务的一种道具。一旦会议少了、领导讲话少了、领导视察少了，网站就会自然而然地进入"睡眠"状态。同时，不少"僵尸"网站的"复活"，有的是迫于曝光后的舆论压力，有的则是纯粹为了应付检查，并不是主动的、真心实意地自觉整改。由此而言，"复活"后又"死亡"，也就在所难免了。

新浪网友胡匆聪指出，通过全国政府网站普查，许多原来的"僵尸网站"得以"复活"，让政府网站更好地发挥了现代化社会治理和桥梁纽带的作用，值得称赞。但一些"僵尸网站""复活"之后又"死亡"的现象却告诉我们，"大战僵尸"的任务依然很重，不可能毕其功于一役。

《法治晚报》则刊文指出，要真正治理好"僵尸网站"，避免"复活"后又"死亡"的情况出现，就要同时做好加法和减法。第一，减少重复建设。对于没必要的政务网站，该关停的关停，该并转的并转。第二，增建支撑网站信息内容建设的协调机制，完善网站运行的制度规范，选好配好专业队伍，加强业务培训，为政府网站运营提供有力保障。第三，建立常态化的政府网站内容建设考核评估和督查机制，把信息更新的数量、时限、标准，作为考核政府网站是否合格的具体指标，对于不合格的网站，要求限期整改，对负责人和工作人员进行问责。此外，还有必要探索引入外包模式，政府部门如果实在没有能力或者没有精力管好自家的网站，那就不妨把专业的事情交给专业的人去做。

资料来源：辽宁新闻网

思考问题

1. 建设政府门户网站有何意义？

2. 为什么会出现"僵尸网站"的现象？

3. 应该如何让"僵尸"网站真正"复活"？

4. 总结分析未来政府门户网站建设中应该关注的重点和发展趋向。

第八章
电子政务法规政策建设

《国家电子政务"十二五"规划》提出要"加强电子政务相关行政法规研究，积极推进电子政务相关法规制度建设，实施依法行政，完善监督措施和办法，健全行政责任制。"正所谓"没有规矩，不成方圆"。电子政务从产生到现在，涉及领域众多，建设内容广泛，亟待通过各种法规政策进行规范、引导和处置。我国从20世纪80年代开始进行办公自动化建设，到1999年启动"政府上网"工程，2006年中央政府门户网站开通，我国电子政务建设已突飞猛进，成就斐然。但是，建设当中暴露出的问题和弊端也不容回避，亟待规范解决。也就是说，我国电子政务要想进一步获得大发展，当下迫切需要进行立法约束，如立项申请、过程监管、实施监督、效果审查、经费管理等方面，必须在严格的法制约束下实施。此外，要实现法的震慑力，即通过建立一套完善的可以规范电子政务实施的法律法规体系，保障电子政务工程项目发挥应有价值。

第一节
电子政务法规政策概述

一、一般性法律、法规与政策概述

一个国家或者社会平稳有序地运行离不开不同层面的具体制度支撑和规范，法律、法规和政策是基本形式。它们依据各自职能定位，组成一个较为科学和严密的制度体系，引导或者规范不同社会主体的行为和选择，实现社会的有效治理。

(一) 宪法

宪法具有悠久的历史，从传统的国家学来看，主要经历了警察国家时期、自由法治国家时期和社会法治国家时期三个阶段。宪法的分类标准多样，表现形式也较为丰富。但从宪法的实质和功能看，宪法是一个国家的根本大法，这是被基本接受的。宪法是具有最高法的效力的一种法。任何组织或者个人，都不得有超越宪法和法律的特权。一切违反宪法和法律的行为，都必须予以追究。①

1954年9月20日，中华人民共和国第一届全国人民代表大会第一次全体会议通过了《中华人民共和国宪法》，它标志着第一届全国人民代表大会第一次全体会议是我国的制宪机关。

1982年12月4日，中华人民共和国第四部宪法在第五届全国人大第五次会议上正式通过并颁布。第四部宪法继承和发展了1954年宪法的基本原则，总结了中国社会主义发展的经验，并吸取了国际经验，是一部有中国特色、适应中国社会主义现代化建设需要的根本大法。它明确规定了中华人民共和国的政治制度、经济制度、公民的权利和义务、国家机构的设置和职责范围、今后国家的根本任务等。其根本特点是，规定了我国的根本制度和根本任务，确定了四项基本原则和改革开放的基本方针。

(二) 法律

法律是指由立法机关制定、国家政权保证执行的行为准则。法律体系是指由一国现行的全部法律规范按照不同的法律部门分类组合而形成的一个呈体系化的、有机联系的统一整体。

在中国，法律是指由全国人民代表大会制定的基本法律，如民法、刑法、诉讼法等。由全国人民代表大会常务委员会制定的其他法律或一般法律，如婚姻法等。全国人大制定和修改基本法律，即刑事、民事、国家机构和其他概括性最强的法律。全国人大常委会制定基本法律以外的其他法律。全国人大常委会修改法律的权力可以分为两个方面：一方面它可以修改自己制定的法律；另一方面可以对全国人大制定的基本法律进行部分补充和修改，但不得同该法律的基本原则相抵触。②

(三) 行政法规

行政法规是由国务院制定的规范性法律文件，是国家行政机关体系中最高的规范性文件。行政法规的目的或其事项范围主要包括两个方面：一是为执行法律，对某些行政管理事项作出规定，一般在有关法律中做出明确规定，要求国务院制定实施细则等，这被称为一般行政的授权立法；二是《中华人民共和国宪法》第八十九条第一款明确规定，作为最高国家行政机关，国务院可以"根据宪法和法律，规定行政措施，制定行政法规，发布决定和命令。"因此，制定行政法规是宪法赋予国务院的一项重要职权，也是国务院推进改革开放、组织经济建设、实现国家管理职能的重要手段，这被称为行政的职权立法。

行政法规必须根据宪法和法律的授权制定，行政法规必须经过法定程序制定，行政法规具有法的效力。行政法规一般以条例、办法、实施细则、规定等形式作成。发布行政法规需要国务院总理签署国务院令。它的效力次于法律，高于部门规章和地方法规。

---

① 习近平. 恪守宪法原则弘扬宪法精神履行宪法使命[EB/OL]. 中国城市低碳经济网，2012-12-5.

② 百度百科. 法律[EB/OL]，http://baike.baidu.com/subview/17641/11176245.htm，2015-10-11.

(四) 地方性法规

地方性法规由省、自治区、直辖市和较大的市人民代表大会及其常务委员会，根据本行政区域的具体情况和实际需要，在不与宪法、法律、行政法规相抵触的前提下制定，由大会主席团或者常务委员会以公告形式公布施行的文件。地方性法规在本行政区域内有效，其效力低于宪法、法律和行政法规。省、自治区人民政府所在地的市和经国务院批准的较大的市的人民代表大会及其常务委员会，根据本市的具体情况和实际需要，在不与宪法、法律、行政法规和本省、自治区的地方性法规相抵触的前提下制定，报省、自治区人民代表大会常务委员会批准后施行，并由省、自治区的人民代表大会常务委员会报全国人民代表大会常务委员会和国务院备案的规范性文件。这些地方性法规在本市范围内有效，其效力低于宪法、法律、行政法规和本省、自治区的地方性法规。[①]

(五) 规章

规章是各级领导机关及其职能部门、社会团体、企事业单位，为实施管理，规范工作、活动和有关人员行为，在其职权范围内制定并发布实施的、具有行政约束力和道德行为准则的规范性文书的总称。

根据《中华人民共和国立法法》的规定，法律体系框架主要分为三层：第一层为法律；第二层为行政法规；第三层为规章。规章属于行政法律规范，包括两种：一种是国务院各部委、中国人民银行、审计署和具有行政管理职能的国务院直属机构，依据法律和国务院的行政法规、决定、命令，在本部门的权限范围内制定的规章，称为部门规章，它与地方性法规基本上属于同一等级的规范性法律文件，如中国银监会与国家发展改革委于2014年联合发布的《商业银行服务价格管理办法》、财政部在2014年下发的《政府采购非招标采购方式管理办法》等；另一种是省级和较大的市级人民政府根据法律、行政法规和本省或本市的地方性法规制定的规章，称为地方规章，其效力等级低于地方性法规，如浙江省在2010年发布的《生猪屠宰管理条例》、天津市2009年实施的《天津市城市规划管理技术规定》等。

(六) 政策

政策是指国家政权机关、政党组织和其他社会政治集团为了实现自己所代表的阶级、阶层的利益与意志，以权威形式标准化地规定在一定的历史时期内应该达到的奋斗目标、遵循的行动原则、完成的明确任务、实行的工作方式、采取的一般步骤和具体措施。它是一系列战略、法令、措施、办法、方法、条例等的总称。国家政策一般分为对内与对外两大部分。对内政策包括财政经济政策、文化教育政策、军事政策、劳动政策、宗教政策、民族政策等。对外政策即外交政策。

---

① 百度百科. 地方性法规[EB/OL]，http://baike.baidu.com/view/15004.htm，2015-10-11.

二、电子政务法规政策框架

电子政务法规政策是电子政务发展的基本动力和保障，也是一个国家或区域依法管理、依法规范和依法促进电子政务发展的具体体现。从概念涵盖的内容和范围看，电子政务法规政策符合和具有一般法律法规和政策的特点和规范，当然，也有其自身的特点和内容。电子政务法律法规是以行政法为基础、跨部门的法律法规为领域，由以下三个层次的法律法规构成。

(一) 实施电子政务的基础性法律法规

电子政务的基础性法律法规主要包括与政府一般信息行为相关的一些法律法规。其中，包括规范电子政务实施主体及其程序的组织法和程序法，它们是与实施电子政务的行政主体的权限和关系以及实施行政行为的程序有关的法律法规。实施电子政务需要根据行政组织法来协调政府间、政府部门间的信息行为关系。实施电子政务还需要根据行政程序法来处理政府信息行为与行政相对人的关系。在涉及政府一般信息行为的法律法规中，最主要的是信息公开法和信息资源开发法。

美国政府信息公开法律主要由《信息自由法》(Freedom of Information Act)、《隐私法》(Privacy Act)和《阳光法》(Sunshine Act)组成。这三部法案既相互独立又有关联，是构成美国联邦政府信息公开法律体系的主要基石。

加拿大政府颁布实施的《信息获取法》(Access to Information Act)是关于信息公开的一部重要法律，由加拿大财政委员会于1982年颁布，其目的是保障公众获取政府信息的权利。它采用独立于政府机构的信息披露决定复审制度。

英国《信息自由法》(Freedom of Information Act 2000)从提交信息公开立法议案到最后实施，经过了32年的时间。

《中华人民共和国政府信息公开条例》自2008年5月1日起施行。该条例明确保障公民、法人和其他组织依法获取政府信息的权利，提高政府工作的透明度，促进依法行政，充分发挥政府信息对人民群众生产、生活和经济社会活动的服务作用。

(二) 实施电子政务的核心性法律法规

电子政务的核心性法律法规主要包括有关政府信息网络、建立政府信息网站、政府无纸化办公等直接规范电子政务活动的法律法规。

1.涉及计算机信息网络安全的法律法规

美国近年来颁布的《联邦信息安全管理法》和《电子政务法》是关于电子政务建设的两部极为重要的法律，分别于2002年和2003年开始实施。这两部法律充分肯定了电子政务建设及加强电子政务信息安全管理的意义，并着力推动其健康、有序发展。为保证取得实效，两部法律均规定，联邦部门每年均须向管理和预算办公室汇报本部门的相关实施情况，并由管理和预算办公室向国会递交两部法律的年度实施报告。

我国2000年1月1日起施行的《计算机信息网络国际联网保密管理规定》、第九届全国人民代表大会常务委员会于2000年12月28日第十九次会议通过的《关于维护互联网安全的决定》、信息产业部于2004年9月28日审议通过并公布的《中国互联网络域名管理办法》等都属于此类法律法规。

2. 规范政府电子信息管理活动与个人数据保护之间关系的个人数据保护法

20世纪70年代以来，许多国家和地区都陆续制定了个人数据保护法或个人情报保护法。英国于1998年7月16日通过《数据保护法》(The Data Protection Act 1998)，于2000年3月1日起生效。此法加强并延伸了1984年《数据保护法》中的数据保护机制，针对取得、持有、使用或揭露有关个人数据处理过程等方面提供新的法律规范。欧盟关于个人数据处理及保护的立法是全面而严密的，主要体现在三项指令的规定中：一是《关于在个人数据处理过程中保护当事人及此类数据自由流通的95/46/EC指令》，简称隐私权指令；二是《有关电信行业中的个人数据处理和隐私权保护的97/66/EC指令》，简称电信业隐私权指令；三是《关于在电子通信领域个人数据处理及保护隐私权的2002/58/EC指令》，简称电子隐私权指令，该指令取代了电信业隐私权指令，是欧盟基于电子商务及互联网发展现状制定的旨在规范电子商务消费者隐私权保护的最新立法。

3. 无纸化办公方面的法律规范

美国国会于1998年通过了《政府文书削减法》(Government Paperwork Elimination Act)，要求各级政府尽可能将政府职能进行网上运作，减少政府办公所消耗的大量纸张，5年内实现无纸化办公，使政府与公民的互动关系电子化。日本、欧盟也都有大量的此类立法，并且也提出了具体完成的目标和期限。

(三) 实施电子政务的具体运作性法律法规

电子政务的具体运作性法律法规主要涉及电子签名、网上采购、网上申报、网上解答等活动。

1. 电子签名方面

世界上第一部电子签名法是由美国犹他州于1995年制定的《犹他州电子交易法》。此后，相关的法律开始在各个国家陆续制定。如新加坡于1998年颁布的《电子交易法》，欧盟委员会于1999年12月13日制定的《关于建立电子签名共同法律框架的指令》，日本政府在2000年5月颁布的《电子签名及认证业务的法律》以及之后的《数字化日本之发端——行动纲领》，德国在2001年5月16日公布的《德国电子签名框架条件法》，等等。我国《中华人民共和国电子签名法》已由中华人民共和国第十届全国人民代表大会常务委员会第十一次会议于2004年8月28日通过，自2005年4月1日起施行。

2. 网上采购方面

1993年，美国首先开始利用信息技术进行政府采购。之后，信息采购方式成为各国政府采购争相使用的技术手段和管理模式。1993年，美国政府发表了《全国信息基础设施计划》，正式出台了"信息高速公路"计划。同年，美国颁布了《政府绩效法》(Government Performance and Results Act)，并开始陆续颁布多部涉及政府采购电子化的法律。1994年，美国颁布了《联邦采购简化法》，1996年颁布了专门针对电子政务的《克林格科恩法案》(即《信息技术管理改革法和联邦采购改革法》)。此外，美国还有总统令和备忘录以及预算和管理办公室制定的有关电子政务文件等，都为规范政府电子化采购提供了保障。2004年，欧盟将原有的4类分别制定的公共采购法合并为两个法规。新法把政府采购电子化作为其重要组成部分，为建立在现代化采购技术基础上的政府采购提供了法律依据，也为以公开、透明和非歧视方式开展政府采购电子化提供了统一的法律框架。

我国国务院办公厅于2009年4月发布了《国务院办公厅关于进一步加强政府采购管理工作的意见》，就进一步加强政府采购管理工作提出了7项要求，其中第6条要求"财政部门要切实加强对政府采购信息化建设工作的统一领导和组织，科学制定电子化政府采购体系发展建设规划，以管理功能完善、交易公开透明、操作规范统一、网络安全可靠为目标，建设全国统一的电子化政府采购管理交易平台，逐步实现政府采购业务交易信息共享和全流程电子化操作"。

第二节
国外电子政务法律、法规和政策建设状况与经验

美、日和欧洲部分发达国家一般具有良好的法治传统和法治经验，各国在"电子政务"建设过程中，遵循和沿袭了"依法行政"和"法治"传统，并且在立法层次、内容和形式方面，做到了法律、法规和政策的搭配、组合，体现出不同法律层次的协同治理效果。

一、国外电子政务法律、法规和政策的概况

(一) 法律、法规和政策的总体概况

美、日和欧洲部分发达国家高度重视电子政务法律、法规和政策的建设与完善，从20世纪90年代至今，已经建立起相对成熟和有效的电子政务法律、法规和政策体系。美国和加拿大等国从本国电子政务建设战略与需求出发，结合本国法治传统和管理特色，先后颁布了涵盖电子政务各个领域的30余部法律和多项政策，调整和补充了百余项法律、法规和政策内容。日本和新加坡等亚洲国家，围绕本国电子政务发展框架和战略构想，结合亚洲国家治理传统和法治需要，突出行政立法和政策引导，制定和实施有关电子政务法律、法规和政策50余项。欧盟国家在20世纪末，开始规划和构建面向"创制权"的电子政务发展战略，即通过整合欧盟内部的电子政务资源，制定和实施统一的、相互协调的电子政务法律、法规和政策，巩固欧盟既有的电子政务优势，占领国际电子政务标准化建设

的制高点。

(二) 法律、法规和政策建设的基本特点

(1) 强化法制观念，协调法律和政策关系。美日和欧洲部分发达国家都明确强调法律、法规和政策对电子政务的规范和引导作用，依法管理，因策行政，推动电子政务法律、法规和政策体系的建设与完善。尽管上述国家和地区具有迥异的立法传统与社会治理特色，但是他们的法治意识和法治传统却是根深蒂固的，在促进电子政务发展上均坚持法治道路、采用法治手段。例如，美国先后颁布了大量法律、法规和政策，以保证本国电子政务发展目标、战略意图、财务投入、基础设施建设等方面的实践；日本也在世纪之交制定出两部重要的基础法律；欧盟制定出整合欧盟内部电子政务发展的法律、法规和政策。

(2) 提升电子政务法律、法规和政策地位，确立其中心地位。上述国家和地区都提升了电子政务法律、法规和政策的法律地位，并将其逐步转变为政府法制建设的中心，其他行政法规和政策都要逐步向它靠拢，进行内容调整。目前，各国已经把电子政务法律、法规和政策建设确立为本国立法和政府机构法制建设的重点，这主要源于电子政务为各国的发展带来的影响已经日益重要，不再被简单地看作是一种行政手段变革，而是被视为推进本国经济社会发展的新的力量。

(3) 明确电子政务法律、法规和政策的建设重点，从技术立法转向"政务"立法，为政府及其行政改革服务。在20世纪末期，欧、美、日等国家从围绕实现计算机、网络和办公系统管理的技术立法阶段，逐渐发展到向促进政府行政管理方式的变革、加快政务流程重塑和推进电子服务等方面转变的新阶段。大量的技术立法和推进政策已经建构起日益完善的各国电子技术法制支撑体系，如关于计算机安全保护、犯罪惩治以及互联网管理等法律。

(4) 更加重视立法策略的法制引导和规范功能，防范和制止犯罪的法律、法规和政策日益成熟。上述国家和地区一般都重视利用法制规范来引导市场资源的流动，突出政府宏观调控，减少政府对市场资源的直接干涉。但是，由于电子政务不同于一般市场资源的特点，随着各国综合国力竞争的加剧，上述国家和地区开始从强制性立法和实施刚性政策，逐渐转向突出法律、法规和政策的柔性导向和劝导功能，使各种市场资源在国家既有战略和布局结构的基础上，参与电子政务发展。

(5) 更加关注保护私人权益，强调通过法律、法规和政策来提升本国技术和管理竞争力。随着电子政务的发展，尤其是大量公众信息日益掌握在政府手中，一些公众开始担心私人权益保护问题。上述国家和地区的电子政务法律、法规和政策把维护个人隐私、私人权益放在立法的重要位置。美、日等国都颁布了个人隐私权益保护条例等，防止损害私人权益事件的发生，避免公众对电子政务的不信任。

(6) 强调电子政务法律、法规和政策的体系化建设，根据技术和政务变化的需求，及时填补法制空白，加快健全法律环境。单独依靠法律文本或政策规划并不能发挥出法律、法规和政策应有的调节或规约功能。发达国家借助成型的法制建设经验，迅速建成了电

子政务法律政策的骨干框架，从基础法律到一般政策，从技术法规到政务规章，法律体系日渐成熟。

(三) 法律、法规和政策建设趋势

首先，开始关注和编撰电子政务法典或政策汇编，形成具有本国特色的和有效的法律、法规和政策覆盖网。美、日及欧盟国家在进一步整合既有电子政务法规、规划和政策的基础上，结合本国编撰法典传统，开始编撰适应本国电子政务发展需要的电子政务法典，以进一步提升电子政务法律体系在本国整个法律体系中的地位，显示出电子政务发展环境的成熟。

其次，逐渐淡化技术立法，政务创新和管理的规章建制日益成为主体。在计算机和网络管理等法律、法规和政策基本成熟的基础上，各国逐渐把由技术引起的政府管理创新规章建制列为重点。目前，美、英等国已经有了这样的转变，比如关于电子政府的法律、法规和政策明显增加，以便与技术发展和政府管理要求相适应。这部分法律将更加突出行政与社会相结合、管理与服务相结合的特点。

再次，协调电子政务法律、法规和政策内容以及共同面对电子政务新的国际问题是国际合作的重点。各个国家进一步统一协调本国电子政务法律、法规和政策与国际和他国间的关系，共同解决因为各国法律、法规和政策协作漏洞而产生的传统或新型的利用电子政务实施犯罪等问题。

最后，更加关注法律、法规和政策落实和执行效果评估，监督配套法规的相继实施。各国开始检讨本国电子政务法律、法规和政策的落实情况，尤其是评估一些政策的执行效果，这会直接影响未来法律、法规和政策走向。另外，一些鼓励民间参与和公众监督的法律、法规和政策也会相继出现，逐步完善电子政务的法律、法规和政策体系。

二、部分国家电子政务法律、法规和政策建设与评价

目前，电子政务发达的国家往往也是电子政务法律、法规和政策相对健全和完善的国家，在立法和政策实施上具有一定的代表性与典型性。

(一) 美国电子政务法律、法规和政策建设与评价

1. 美国电子政务法律、法规和政策建设

全球电子政务建设兴起于美国。在促进电子政务发展上，美国一改以往政府干预极少而主要依赖市场作用的惯例，从一开始就强调政府在促进电子政务建设中的责任和领军者地位。当然，这并不意味着政府在电子政务建设中直接充当"运动员"角色，而是在电子政务法律、法规和政策建设方面发挥领军者作用。

1) 美国电子政务法律、法规和政策建设的总体概况

1993年，新组建的克林顿政府提出了一项旨在改变全球信息产业发展和政府管理模式

的计划——美国信息高速公路计划，即NII。为确保这项工程的顺利推进，美国政府先后制定和实施了上百部法律、法规和政策及规范性文件。

2) 近20年美国主要电子政务法律、法规和政策及规范性文件

(1) 夯实电子政务发展的基础性法律、法规和政策。这类法律、法规和政策是夯实电子政务发展的法律基础，是构成一个国家或政府的框架性或纲领性法律文件，是确立国家电子政务的立法地位的骨干法律主体，由一系列规范电子政务实施主体及其程序的组织法和程序法构成，是从行政上规范和确立电子政务主体、明晰职责分工和管理权限的关键。2002年，小布什总统签署的《电子政府法》及《电子政府法实施指南》中规定：白宫管理和预算办公室下设一个电子政府信息办公室，由政府CIO(首席信息执行官，下同)负责电子政府的资源协调和预算问题；设立一个由各个行政部门CIO组成的委员会，负责政府各部门的合作和信息资源共享；在财政部设立电子政府专项基金，保障电子政府建设经费的拨付，等等。

(2) 促进信息化发展和维护计算机与网络安全、竞争力等法律、法规和政策建设。信息技术是电子政务发展的基石，制定信息技术方面的法律、法规和政策是保证技术利益和技术安全的关键。同时，制定严格的计算机和网络安全法律、法规和政策，以确保计算机和网络不受黑客、病毒和犯罪分子破坏。美国先后颁布和实施了《计算机保护法》《网上电子安全法案》《反电子盗窃法》《计算机欺诈及滥用法案》《网上禁赌法案》等。2003年，美国出台《网络空间国家安全战略》，提出了5大优先发展领域和47项行动建议，将信息网络安全置于战略高度。2007年，美国科技政策界最为重要的战略咨询机构——总统科技咨询委员会向总统提交了《领导于挑战：世界竞争中信息技术研究与开发》报告，指出在网络和信息技术方面保持领导地位对于美国经济繁荣、安全和生活质量都是不可缺少的，这种领导地位源自美国"网络和信息技术生态环境"，包括美国的市场地位、商业环境和领先的教育及研究环境。其他国家和地区已经认识到在网络和信息技术方面保持领导地位的价值并在努力追赶。为继续保持这种领导地位，必须加强对长期、跨学科项目的研究，在高端计算、网络安全和信息保障、人机互动、网络信息技术和社会科学等方面大力开展研究与开发工作。

(3) 加快政府信息公开和保护私人权益的法律、法规和政策建设。政府信息公开是电子政务民主执政的前提，也是促进社会信息流动、降低社会信息交易成本的手段。为防止互联网在提供巨大的信息资源的同时，出现侵犯公民的个人隐私、商业秘密乃至国家安全等方面的问题，美国加快了在信息公开立法上的保护私人权益法律、法规和政策制定实施进程，先后制定实施了《公共信息准则》《削减文书法》《消费者与投资者获取信息法》《个人隐私保护法》《儿童网络隐私保护法》《电子隐私条例法案》等。1967年开始施行的《信息自由法》是政府信息公开法律中最具代表性和示范意义的法律，它主要确立了以下4点原则：①政府信息公开是原则，不公开是例外；②政府信息面前人人平等；③政府

拒绝提供信息要负举证责任；④法院具有重新审理的权力。整部法律共包括7个部分，主要规定了公众对政府信息的获取权、政府信息的公开方式、处理信息请求的程序、政府信息的豁免条款和公众如何诉求等。此后，该法在1996年改动较大，制定了新的《电子信息自由法》，正式确立了法律对电子政务信息的适用性，要求联邦机构建立电子阅览室，方便公众在线获取政府信息。①2008年，美国政府制定并公布了《公开促进政府效力法》，使得美国政府信息公开受到了更大程度的监督和约束。

(4) 加强知识产权保护和IT创新的法律、法规和政策建设。高速发展的信息社会和日益开放的网络空间，要求必须健全知识产权保护，鼓励人们自主和原创性地进行知识创新，推动IT业创新，提升IT竞争力。美国在1998年10月颁布了《美国数字千禧版权法》，之后相继出台了《联邦商标淡化法和联邦商业间谍法》《技术转让商业化法》《美国发明人保护法》《反电子盗窃法》《数字著作权法》《反域名抢注消费者保护法》等。2004年，美国著名的智囊团——竞争力委员会完成了《创新美国：在竞争与变化的世界中繁荣》的报告，指出创新是美国的灵魂，是确保美国在21世纪处于领导地位的非常重要的手段，建议美国政府全面构建一种新型的合作、管理和监测机制，以确保美国在未来的全球经济中获得成功。2006年，美国提出覆盖未来10年的科技、创新、教育的综合性战略——"美国竞争力计划"，指出国家的未来越来越依赖于新思想的产生、科学与工程领域劳动力的活力以及新知识的创新性应用。

(5) 推动与电子政务相适应的政府管理机制创新法律、法规和政策建设。美国联邦政府和州政府颁布的相关方面的法律、法规和政策主要有《政府绩效结果法案》(1993)、《电子信息自由法修正案》(1996)、《电子签名法案》(1998)、《因特网税务自由法案》(1998)、《政府纸质文书消除法》(1998)、《反垃圾邮件法案》(2003)等。美国政府为推动政府信息管理机制创新，1996年在《克林格-科恩法案》中要求联邦各部门任命CIO，履行本法案条款所规定的IT管理任务和《文书削减法》规定的、范围更宽泛的信息资源管理任务，提升政府信息化应用水平和效率，在该法案规定的CIO的8项岗位职责中，有5项是直接与IT密切相关的。

2. 美国电子政务法律、法规和政策建设的特点

首先，完善电子政务与信息化发展的基础环境，创造有利条件，促进电子政务与信息化的发展。电子政务是一项社会系统工程，成败的关键在于是否具备应用推广的条件、环境是否成熟。电子政务系统工程涉及面广，所需的条件也是多方面的，要求的环境也较复杂，如技术成熟度与可靠性、社会的认可程度、资金的支持和供给的力度与稳定性、管理机构的参与和支持、基础设施的完善程度等。美国立法和制定政策机构着眼于这些软硬件建设，快速地颁布各项相关的法律和政策性文件，促进这些条件资源的匹配和成熟。

其次，排除法律上的障碍，为电子商务、电子政务等信息化建设的发展提供法律上的

———————————
① 陈传夫，黄璇. 美国解决信息公共获取问题的模式[J]. 情报科学，2007(1)：12.

依据。法律总是落后于技术和产业的发展，这样就产生了法律空白、法律盲区、法律滞后甚至法律障碍，一方面给予探索者更广阔的活动空间，另一方面也使很多商业行为和模式得不到法律的支持，甚至产生推广的阻力。美国在其《全球电子商务政策框架》中指出："各国政府应当认识到，互联网的精华化和爆炸性的成功的部分原因是其非集中化特性和自下而上的管理模式。各国政府还应当认识到，互联网独特的结构向现有的规则模式提出了在保障和技术方面的重大挑战，因而要相应地调整自己的政策。"尽管不能完全解决电子政务、电子商务发展的障碍，但构筑旨在有效促进和保障国家信息化飞速发展的，涵盖其内在规律、外在市场规则和法律规范的支撑体系，是十分必要的行动。

再次，坚持技术中立原则，在立法上为技术发展留有空间。不同体系和模式的技术方案会在抽象的法律规范中找到适合自己的位置，而法律良好的包容性又会为技术的发展留有充分的空间，不会把新的技术解决方案视为异物而排斥于外。目前，在法律范畴的概念中，由于网络的虚拟性、复杂性、多样性和灵活性，直接对一些法律术语的明确性、固定性和稳定性造成了冲击，产生了如何使一些法律术语适应一种动态性、复杂性更强的范畴的问题，即技术中立性问题。另外，在一些法律系统中要包容技术规范，法律系统要做到不偏不倚，要为技术的发展预留空间。

最后，在信息化立法的过程中，政府通过积极的推进者与参与者的角色定位，积极推进信息化的发展。经济合作与发展组织在1997年提出，在促进电子商务和电子行政管理原则协调发展方面，应建立有效的对话方式，政府应调整现行法律(包括知识产权保护法)和法规，使其不仅适用于"有形"产品的需要，也适用于"无形"产品的需要，而且还应就政策制定和实施方面达成一致。美国政府为新技术及新经济的引进创造了条件，做出了榜样，启动了市场和需求，更帮助广大消费者树立了信心，增强了企业的竞争力。美国通过法律、法规和政策明确规定政府在国家信息化发展中的宏观规划指导作用，从战略的角度使用立法规划手段对国家信息化建设予以支持，大力推广普及信息技术，建立全民参与的信息化发展机制。

(二) 欧盟电子政务法律、法规和政策建设与评价

欧盟各成员国的科技和政府管理体制有一定差异，电子政务法律、法规和政策建设也略有不同，但从趋势上看，这些差异正在被共同的目标和一致的利益选择替代。

1. 欧盟电子政务法律、法规和政策发展三阶段

阶段一：以1993年《成长、竞争力与就业》白皮书的发表和首次提出欧洲信息社会的具体意见为标志，重点在于加快信息社会的网络基础建设。

阶段二：以2000年3月《里斯本战略》的颁布并实施为标志，欧盟委员会提出，要在2010年前成为"以知识为基础的、世界上最有活力和竞争力的经济体"，并以电子政务、电子医疗和卫生、电子教育与培训、电子商务4大主要应用为支柱，推动信息社会向前发展。

阶段三：以2005年6月提出建设欧盟信息社会2006—2010年战略计划《i2010——建立

充满经济增长和就业机会的欧洲信息社会》(简称《i2010战略》)为起始标志。2006年，欧盟委员会发布了《"i2010"电子政务行动计划：加速欧洲电子政务，使所有人受益》(以下简称《电子政务行动计划》)。该项计划是欧盟信息化总体战略"i2010"所确定的工作目标之一，其发布实施标志着泛欧层次的电子政务建设步入系统化发展的轨道。

2. 欧盟电子政务法律、法规和政策的分类比较

根据各类法律、法规和政策的具体性质和调整对象重点的差异，欧盟电子政务法律、法规和政策的分类比较，如表8.1所示。

表8.1 欧盟电子政务法律、法规和政策的分类比较

Tab 8.1 A comparison of the classification of the EU e-government law，regulations and policy

类别	具体内容
政策性文件	《有关实施对电信管制一揽子计划的第五份报告》《电子通信服务的新框架》《电子欧洲——一个面向全体欧洲人的信息社会》
规范性文件	《关于聚焦电信、媒体、信息技术内容及相关规范的绿皮书》《欧洲共同体委员会信息社会的版权和有关权利的绿皮书》
规划及其行动计划	《促进21世纪的信息产业的长期社会发展规划》及相应的行动计划
规范和指导各国信息化发展的"指令"	《欧洲电子商务提案》《关于数据库法律保护的指令》《关于内部市场中与电子商务有关的若干法律问题的指令》《协调信息社会中特定著作权和著作邻接权指令》《著作权/出租权指令》《远程消费保护指令》《电信部门的隐私保护指令》《卫星广播指令》《软件保护指令》
促进本国信息化发展的法律规范体系	英国的《电子通讯法》(2000年)，爱尔兰的《电子商务法》(2000年)，德国的《信息与通讯服务法》(1997年)和《数字签名法》(1997年)，意大利的《数字签名法》(1997年)和《电子信息与文书法》(2000年)

资料来源：根据《欧美电子政务与信息化政策法律环境发展启示》整理得出，http://www.topoint.com.cn/html/article/2004/12/183131. html.

3. 欧盟电子政务法律、法规和政策建设的特点

首先，采取注重欧盟整体信息化推进、法制统一与充分发挥各国特长和优势相结合的原则，从不同角度推进信息化的发展。欧洲各国在发展信息技术和产业领域各有所长，如：北欧各国长于无线通信技术支持下的网上服务，德国、英国长于多媒体、数据库的开发应用服务，法国长于基于民族文化特质的内容服务等。欧盟委员会要实现欧洲信息社会的目标，就必须借助各国优势互补的模式，加上欧盟在宏观上对政策法律环境的建立和完善，突出了既注重整体推进，又充分发挥各国特长的原则，从不同角度推进信息化，提高欧洲在信息化领域的竞争力。

其次，利用欧洲一体化的优势，协调各国的法制环境，为信息化与贸易、交流等创建无障碍的法制环境。欧盟信息化政策的显著特色是其颁布的各种各样的"指令"，这些"指令"在内容上有其突出特点。比如，在欧盟《关于内部市场中与电子商务有关的若干法律问题的指令》中，明确表示，"本指令的目的是保障内部市场的良好运行，重点在于保障信息服务得以在各成员国之间自由流通；为实现这个目的，本指令致力于在一些领域使各成员国关于信息服务的国内立法趋于统一"。

再次，重视信息化发展过程中对信息服务内容的管制和净化。互联网是一柄"双刃剑"，欧盟各国采取统一积极措施，净化互联网环境和内容，为他国树立了可供借鉴的榜样。比如，针对互联网服务提供商，很多欧洲国家都采取了较为严格的管制态度。1996年5月，法国逮捕了两家网络公司的主管，原因是在这两家公司的网站上提供了大量的儿童色情照片；而在德国的巴伐利亚州，也发生过类似的案例。所以，目前在互联网服务提供商(简称ISP)的法律责任问题上，特别是在ISP提供的主页空间上有侵犯他人的知识产权、名誉权等行为时，针对ISP究竟要不要承担连带责任的问题，欧盟采取的是相对严格的责任原则，即：如果ISP在接到权利人的通知之后，不立即采取有效行动关闭侵权网站，就要承担法律责任，有的成员国甚至规定ISP必须及时把侵权者的有关信息提供给权利人。

最后，重视网络隐私权的保护。欧盟主张设立严格的网络个人隐私保护标准。通过设立特别委员会，欧盟敦促各国以立法的形式来保护网络隐私权。欧盟对网络隐私权保护的框架文件有4个：一是为配合经济合作与发展组织的《关于隐私和个人资料的跨国境流动的保护指引》制定的《关于在自动运行系统中个人资料保护公约》；二是1998年10月生效的《关于个人资料的运行和自由流动的保护指令》；三是1997年7月欧委会个人资料保护工作组制定的《关于个人资料向第三国传递的第一个指导——评估充分性的可能方案》；四是1999年部长会议关于互联网隐私保护指引备忘录中规定的《关于在信息高速公路上收集和传送个人资料的保护》。

4. 欧盟电子政务法律、法规和政策建设的趋势

(1) 推动欧盟成员国的行政管理创新，制定以公共服务旗舰项目为核心和互操作技术研发、实现跨国界服务的法律、法规和政策，提升欧盟电子政务创制权。

(2) 重视信息技术和产业的可持续发展，准备在欧盟范围内建立一个适用于电子商务(或政务)的法律与管理框架，力争形成一个具有全球示范作用的法律环境。

(3) 欧盟委员会将信息化发展政策的重点倾向于放在标准的制定，围绕整合信息技术和政府管理，打通政务系统的阻隔，通过法律、法规和政策推进多种因素有效联系起来。

(4) 统一协调欧盟内部不同国家之间的电子政务应用政策，尤其是通过欧盟电子政务促进机制，加快电子政务法律、法规和政策的成熟。

5. 德国电子政务法律、法规和政策建设与评价

德国是欧盟中电子政务发展较快的国家，也成为欧盟电子政务法律、法规和政策的主要开拓者。德国在1997年8月1日正式实施《信息和通讯服务规范法》(即《多媒体法》)后，在1999年制订了德国"21世纪信息社会行动计划"。2000年，德国政府又出台了"联邦在线2005"，制定未来5年政府网站发展规划，它是联邦政府为了推动德国向信息社会演进的一项重要政策，也是政府现代化过程中的一个重要组成部分，是欧洲规模最大的电子政府计划。为了引入电子政府，德国对私法与公法的法律框架进行了调整。除了增加使用数字签名的规定外，对其他许多领域，例如数据保护、公共合同签订的法律，商业注册

法，信息公开法等法律、法规也进行了修改。此外德国提出，未来的法律，例如正在进行的资金预算方面的立法也需要考虑电子政府的发展情况。同时，德国还对行政程序规定进行了修改，允许使用数字媒体。公民与政府之间可以通过书面、口头或电子形式来进行沟通，并在所有的行政管理领域中产生法律效果。

德国在电子政务和信息安全领域的标准化建设独树一帜，既是欧盟的领头羊，也在国际上发挥了先锋作用。在德国标准化学会(DIN①)的主持下，开展了一个以电子政务标准化为内容的"Media@Komm"项目，该项目根据联邦政府的一个关于电子政务的倡议而提出。联邦政府在倡议中提出，到2005年，联邦行政管理机构要能通过互联网提供服务。DIN主持制定了信息技术安全领域列入最高优先级的37个国际标准和专业报告，这些标准和专业报告涉及IT安全的基本原理与方法、密码编码机理和算法以及IT安全评估标准等领域。根据实际应用的要求，DIN还制定了一系列合适的标准，涉及信息完整性和保密性、对象真实性的认定、数字签名的实现、管理公用密码的可靠基础设施的建设、证明数字签名的可靠性及保密性等。目前，DIN正在将其中多个信息技术安全方面的德国国家标准修订为欧洲标准。

(三) 日本电子政务法律、法规和政策建设与评价

日本是世界上具有高层次电子政务能力的少数几个国家之一，这与日本多年来奉行的依据法律、法规和政策治理国家传统密不可分。日本总是能在电子政务建设出现危机或转折时，通过法律法规整合资源，强化建设力度，确保电子政务建设方向正确并得到公众支持。

1. 日本电子政务法律、法规和政策建设状况

日本政府有计划、有重点地推进电子政务始于1993年起草的《推进行政信息化基本计划》。该计划于1994年12月(1997年12月修订)发布，这是日本政府推出的第一个政府信息化建设5年计划，主要目标是在国家行政机关建设信息基础环境，重点建设项目包括建立使用计算机的工作环境、推进数据编码等基本项目的标准化、建立电子文件交换系统等信息系统、完善并扩大数据库建设、强化政府对新技术的评估机制、建设高技术通信网络等。

从2001年开始，日本政府先后推出了"E-Japan"系列信息化战略计划，明确将电子政务建设确定为日本信息化建设的5大重点领域之一。经过多年建设，日本电子政务相关法律法规有30多项，其中最重要的电子政务法律、法规和政策是2000年提出的《IT基本法》、2001年的《电子日本战略》和2006年的《IT新改革战略》。

2. 日本电子政务法律、法规和政策建设的特点与趋势

首先，大力改善电子政务法制环境，提升政策能力。日本在《电子日本重点计划

---

① 　DIN(Deutsches Institutfür Normunge.V.)是德国最大的具有广泛代表性的公益性标准化民间机构，目前设有123个标准委员会和3655个工作委员会，大约有6000个工业公司和组织成为其会员。DIN的宗旨是：通过有关方面的共同协作，为了公众的利益，制定和发布德国标准及其他标准化工作成果并促进其应用，以有助于经济、技术、科学、管理和公共事务方面的合理化、质量保证、安全和相互理解。

2004》确立"以民为主，政府支援"的高度信息化社会原则。政府要进行一系列的使市场能够平稳发挥作用的环境整治工作和推出一批行政管理体制改革措施，鼓励民间通过自由、公正的竞争，完成各种标新立异的研发创意，推进日本信息革命的发展。日本在这方面制定和实施了很多政策，以保护知识产权和促进科技成果转化，以法律政策激励公众广泛参与和加强权益保护。

其次，通过立法引导并加强政府信息化建设，规范政府业务。日本在电子政务相关法律、法规和政策中，对政府内部机构信息化建设做了明确、详细的要求，例如，办公的网络化、电子化、无纸化、电子签名、信息安全制度等，以法律、法规和政策带动社会信息化发展，促进电子政务发挥实际成效。此外，通过政府内外部管理和服务的规范化与示范化，使公众对电子政务的接受度快速提升。

再次，设立电子政务主管机构，权责清晰。日本各府省在首席信息官(CIO)下设立新的综合管理机构——项目管理办公室，机构权责清晰，统一管理部署府省内信息系统的规划、开发、应用、评价等业务，并编制出可灵活执行上述业务的预算方案，以提高电子政务的建设效率，尤其是促进日本电子政务标准化进程和提升日本电子政务的国际影响力。

最后，重视政府服务和流程创新法律、法规和政策建设，逐渐减少基础类设施建设。日本电子政务在最近十年取得飞速发展，基础设施建设和人力资源培训基本结束。日本也把电子政务法律、法规和政策建设重心转向政府"政务创新"和实体政府业务的网络实现问题上，行政类法规将明显增多，对政府的管理会进一步加强。

三、部分发达国家电子政务法律、法规和政策建设经验

在经合组织(OECD)列举的电子政务建设的外部障碍中，法律障碍高居第一位。在某种程度上，电子政务能否成功的关键在于政府能否提供一个完善有效的法律、法规和政策体系。

(一) 制定专门的电子政府法

电子政府法属于纲领性立法，具有统领、指导及协调各单行本电子政务法律法规的作用，它既是制定各个子项法律法规的依据，又是理顺电子政务法律体系内部层次关系的前提，因此，制定专门的电子政府法可以促进各国电子政务快速发展。目前，美国、奥地利、意大利、拉脱维亚、保加利亚、波兰、芬兰、韩国、新西兰、澳大利亚、南非等国家都已经制定了电子政务专门法。而如日本、加拿大、新加坡、英国、法国、德国等国家则没有专门法律，主要散见于单项法中。

澳大利亚于1999年制定的《联邦电子交易法》，其适用范围不仅局限于政府，也适用于电子商务。芬兰在2000年开始实施《行政管理电子送达法》，该法的目的在于促进公共管理领域的电子送达，规定了电子送达中行政机关以及行政管理相对人的权利、义务和责任，也规定了数据安全和电子身份的相关重要要求。巴西于2000年10月18日开始实施《电子政府总统令》，主要目的是在政府理事会中设立电子政府行政委员会，并赋予其统筹电

子政府发展的相应职权，负责在联邦公共行政管理体系中推广和采用信息与通信技术、发布指令、指导各部门制订电子政府发展的年度计划等。

(二) 制定与电子政府尤其是与政务管理创新相关的法律、法规和政策

以美国为例，除《电子政府法》之外，美国还有4类推动政务管理创新和信息建设的相关法律、法规和政策：一是作为电子政府核心内容的推进行政机关信息化的法律；二是与电子政府关系密切的政府信息公开制度；三是在推进电子政府建设过程中，对个人权利保护的法律、法规和政策；四是确保信息安全的法律法规。这4方面法律、法规和政策构成了严密的美国电子政务发展网。具体法律、法规和政策例举见表8.2。

表8.2　美国电子政务相关法律、法规和政策例举

Tab8.2　America e-government relevant laws，regulations and policies

类型	法规和政策例举
促进行政机关信息化	《公文削减法》《信息技术管理改革法》《行政绩效评估法》
政府信息公开制度	《信息自由法》《电子信息自由法》
个人隐私权利保护	《隐私权法》《儿童在线隐私保护法》
确保信息安全	《计算机安全法》《计算机安全增强法》《联邦信息安全管理法》

资料来源：根据《欧美国家电子政务与信息化政策法律环境发展的启示》整理得出，http://www.topoint.com.cn/html/article/2004/12/183131. html.

(三) 制定或修改行政程序法

以西班牙为例，1992年西班牙颁布的《行政程序法》第38条规定，公共行政机关为接收个人或行政部门的书面材料及通知而建立的总登记及其所有登记都必须输入电脑。第45条规定，公共行政机关为开展活动或行使其职能，应在宪法或法律有关的限定范围内推动技术及电子、电脑或电讯媒介的使用与运用。如果与公共行政机关的技术媒介通用，那么在遵守每个程序规定的保障及手续前提下，公民可通过技术及电子、电脑或电讯媒介与公共行政机关相连接来行使自己的权利。公共行政机关通过电子、电脑或电讯媒介发出的资料，或这些媒介所储存的原件的复制件，只要其具备真实性、完整性并保存可靠，利害关系人的签收以及本法和其他法律规定的保障及手续的履行均得到保证，那么上述复制件都享有原始资料的有效性及效力。另外，其他国家也在程序法上对电子政务运行和管理做出积极的调整回应。

(四) 制定或修改其他法律

电子政务立法与整个国家法律的协调，是通过法律的"立、改、废"实现的，即除了制定新的相关法律法规之外，在原有法律法规基础上不断修改、完善更是一条便利途径。英国政府为减少政府规制，在法律改革方面的举措之一就是大力废止不必要的规制措施。自1999年开始，英国政府分别为每个部门任命了规制改革部长，负责清除过时的规定或负担。英国于2001年制定的《规制改革法》为加速清理和简化现行法律提供了基础保障。根据该法的规定，各部部长可以通过发布命令的方式，经议会两院批准后，废止法律规定中

增加负担的条款。

(五) 使用其他政策工具

在一些国家政府的其他政策工具中，电子政府战略或行动计划(包括欧盟的"指令")是最为普遍的、使用最多的，几乎每个国家都有类似的战略或行动计划。如：美国、加拿大、新加坡都奉行"以公民为中心"，利用ICT实现政府转型战略，但各自的侧重点不同。美国强调降低政府运行成本，提高政府效率和有效性；加拿大强调政府重组其内部流程，向用户提供不断改进的优质服务；新加坡强调电子政府的服务对于提升本国在区域竞争与全球竞争中的地位和影响的作用。

第三节
中国电子政务法规政策建设与完善

中国在电子政务法规政策建设与电子政务互动发展方面的成效并不显著。因此，为确保中国电子政务建设的良性发展和深入推行，应进一步克服在关键立法和政策实施中存在的诸多难题，推动中国电子政务法规政策的建设与完善。

一、中国电子政务法规政策概况

(一) 中国电子政务法规政策建设的总体状况

从国际看，电子政务法规政策的建设历程大体经过三个阶段：首先，构建促进计算机技术和网络技术发展的法规政策；其次，加快实施与政府管理创新相关的法规政策，如督促政府信息公开、信息公开中有关个人数据保护的法规的实施；最后，制定关于电子签章、电子政务的专门性法规政策等。我国已经颁布了百余部与电子政务相关的法规政策、行动计划和意见等，电子政务法规政策体系也已初具规模，具体表现为以下几类。

(1) 电子政务与政府信息公开类：国务院《中华人民共和国政府信息公开条例》《海南省政务信息化管理办法》《广州市政府信息公开规定》《天津市电子政务管理办法》等。

(2) 电子政务中的信息服务与信用体制建立类：《互联网信息服务管理办法》《互联网电子公告服务管理规定》《互联网出版管理暂行规定》等。

(3) 电子签名与认证服务类：《中华人民共和国电子签名法》《海南省数字证书认证管理试行办法》等。自2005年4月1日起，我国《电子签名法》开始实施。该法立法的直接目的是规范电子签名行为，确立电子签名的法律效力，维护各方合法权益。立法的最终目的是促进电子商务和电子政务的发展，增强交易的安全性。

(4) 行业信息化类：财政部《会计电算化管理办法》《网上银行业务管理暂行办法》

《网上证券委托暂行管理办法》等。目前，国际上许多国家都已开展了电子化政府采购的实践。电子化政府采购，是指政府利用信息网络技术，实现公共部门采购货物、工程和服务的一种采购形式，核心内容是通过电子系统打破时间和空间障碍，增强采购信息透明度，为政府采购活动提供便利。

(5) 信息系统软硬件建设及信息基础设施建设类：《电信设备进网管理办法》《电信建设管理办法》等。

(6) 信息服务市场管理与登记许可类：《中国互联网域名管理办法》《网站名称注册管理暂行办法》等。

(7) 信息安全与保密类：《中华人民共和国计算机信息系统安全保护条例》《计算机病毒防治管理办法》《广东省电子政务信息安全管理暂行办法》等。

在上述分类中，第五类与第七类同属于涉及计算机网络系统和维护网络安全阶段的法规政策；第二类与第六类同属于政府信息公开和信息公开中个人数据保护阶段的法规政策；第一类、第三类与第四类则属于电子政务阶段的法规政策。

(二) 中国电子政务法规政策建设的特点

(1) 制定法规政策主体的多元性和交叉性。由于信息化涉及我国政府多个部门和社会领域，因此制定这些法规政策的主体也必然是多元的。在我国，这些主体和法规政策主要包括：全国人民代表大会制定的有关电子政务的法律法规；国务院和有关部委制定的有关电子政务的全国性法规、规章与规定；地方人大和政府制定的有关电子政务的地方性法规与规章以及各级政府制定的具有一定法规性质的、有关电子政务的规划及计划等。

(2) 电子政务法规政策层次复杂，法律层次较低。至今为止，我国并没有一部专门规范电子政务的法律法规，涉及电子政务的法律法规都分散在其他各个部门法之中，而且层级较低，绝大部分都是各种部门规章、地方法规，内容不够完善甚至存在大量冲突的情况。即使是我国自2005年4月1日起实施的《电子签名法》也主要用来规范电子商务领域的电子签名活动，基本没有涉及电子政务领域。

(3) 电子政务技术安全立法明显多于政务管理立法。我国对电子政务运行环境和技术安全等网络立法高度重视，覆盖了计算机、信息和网络技术安全的多个方面，信息技术立法层次高、规范对象全、行政执行效果较好。但是，电子政务法规政策发展的另一个重点——政务管理类法规政策明显缺乏，无论在立法层次还是在可执行性上，都仍需要很大的提升，这也反映出电子政务在具有技术安全保障后，其建设重心应转向政务管理上来，而这又受到我国政府管理中现有制度和体制改革进程的影响。

(4) 重点领域涵盖面广。在信息服务和网络服务领域，我国制定了较为详细的登记、备案或许可的管理体系。目前，这些领域包括：ISP的经营管理，ICP的经营管理，BBS的经营管理，域名的管理，电信设备入网的管理，软件的管理，网上证券、网上银行、网上出版的管理等，涵盖大部分信息服务和网络服务领域。

二、中国主要的电子政务法规政策与评价

(一) 关于政府网站建设和管理的若干规定

近年来，随着国民经济和社会信息化的发展，尤其是电子政务的深入推进，我国政府网站建设和发展不断加快。2006年1月1日，中央政府门户网站正式开通，标志着由中央政府门户网站、国务院部门网站、地方各级人民政府及其部门网站组成的政府网站体系基本形成。网站建设和管理方面的规章政策将构成电子政务法规政策的重要内容之一。2006年12月29日，《国务院办公厅关于加强政府网站建设和管理工作的意见》出台。2007年以后，各省、自治区、直辖市相继制定该《意见》的实施办法和具体方案，主要内容包括：不断健全和完善政府网站体系；着力加强政府信息发布；切实提高在线办事能力；持续拓展公益服务；稳步推进互动交流；不断改进网站展示形式；切实提高技术保障水平；有效提升安全保障能力；进一步完善运行管理机制。

该《意见》的出台和实施对于规范各级政府网站建设、发挥政府网站职能具有重要意义。但是，该《意见》还仅是一般规范性文件，与法律等规范性文件相比较，在约束力、影响力和规范严谨性上，还有较大的差距。这一方面反映出我国政府网站管理尚处在初级阶段，还需要实践探索；另一方面也反映出我国电子政务在整体上立法层次较低的现状。电子政府网站建设和管理是电子政务发展的基础，是电子政务运营的根本保证，其立法层次较低正是我国电子政务法规政策的基本现状。

(二) 《刑法》中关于计算机信息类犯罪的规定

《刑法》是一个国家在打击刑事犯罪方面的根本大法，《刑法》中所规定的罪责对全社会具有直接有效的震慑力和约束力。我国1997年《刑法》中关于计算机信息类犯罪有明确的规定，在2009年《刑法修正案(七) 》中又进一步明确和补充了若干犯罪规定。这些犯罪规定，进一步丰富了电子政务法规政策中有关刑事犯罪方面的内容，对维护电子政务安全和信息化建设具有重要意义。

我国在1997年颁布的《刑法》中，第六章"妨害社会管理秩序罪"的第一节"扰乱公共秩序罪"第二百八十五条规定：违反国家规定，侵入国家事务、国防建设、尖端科学技术领域的计算机信息系统的，处三年以下有期徒刑或者拘役。

第二百八十六条规定：违反国家规定，对计算机信息系统功能进行删除、修改、增加、干扰，造成计算机信息系统不能正常运行，后果严重的，处五年以下有期徒刑或者拘役；后果特别严重的，处五年以上有期徒刑。

违反国家规定，对计算机信息系统中存储、处理或者传输的数据和应用程序进行删除、修改、增加的操作，后果严重的，依照前款的规定处罚。

故意制作、传播计算机病毒等破坏性程序，影响计算机系统正常运行，后果严重的，依照第一款的规定处罚。

第二百八十七条规定：利用计算机实施金融诈骗、盗窃、贪污、挪用公款、窃取国家秘密或者其他犯罪的，依照本法有关规定定罪处罚。

在2009年颁布的《刑法修正案(七) 》中进一步规定：《刑法》第二百八十五条中增加以下两款。

第二款：违反国家规定，侵入前款规定以外的计算机信息系统或者采用其他技术手段，获取该计算机信息系统中存储、处理或者传输的数据，或者对该计算机信息系统实施非法控制，情节严重的，处三年以下有期徒刑或者拘役，并处或者单处罚金；情节特别严重的，处三年以上七年以下有期徒刑，并处罚金。

第三款：提供专门用于侵入、非法控制计算机信息系统的程序、工具，或者明知他人实施侵入、非法控制计算机信息系统的违法犯罪行为而为其提供程序、工具，情节严重的，依照前款的规定处罚。

尽管我国《刑法修正案(七) 》在打击网络犯罪上还有一定的"真空"，如：在第二百八十五条中除了违法侵入三大领域罪之外，没有涵盖"重大公共利益"领域；一些罪罚力度尚需要进一步平衡；等等。但总体上，《刑法修正案(七) 》进一步强化了信息安全保护，扩大了刑法适用范围，加大了对网络犯罪的处罚力度，能够起到积极的社会防范和打击效果。

(三) 2006—2020年国家信息化发展战略

2006年11月，中共中央办公厅、国务院办公厅印发《2006—2020年国家信息化发展战略》(以下简称《战略》)，提出了到2020年我国信息化发展的战略目标。

《战略》提出，到2020年，我国信息化发展的战略目标是：综合信息基础设施基本普及，信息技术自主创新能力显著增强，信息产业结构全面优化，国家信息安全保障水平大幅提高，国民经济和社会信息化取得明显成效，新型工业化发展模式初步确立，国家信息化发展的制度环境和政策体系基本完善，国民信息技术应用能力显著提高，为迈向信息社会奠定坚实基础。

《战略》提出了我国信息化发展的9大战略重点：推进国民经济信息化；推行电子政务；建设先进网络文化；推进社会信息化；完善综合信息基础设施；加强信息资源的开发利用；提高信息产业竞争力；建设国家信息安全保障体系；提高国民信息技术应用能力，造就信息化人才队伍。

为落实国家信息化发展的战略重点，《战略》指出，中国将优先制定和实施6项战略行动计划，即国民信息技能教育培训计划；电子商务行动计划；电子政务行动计划；网络媒体信息资源开发利用计划；缩小数字鸿沟计划；关键信息技术自主创新计划。

《战略》还提出了具体的保障措施：完善信息化发展战略研究和政策体系；深化和完善信息化发展领域的体制改革；完善相关投融资政策；加快制定应用规范和技术标准；推进信息化法制建设；加强互联网治理；壮大信息化人才队伍；加强信息化国际交流与合

作；完善信息化推进体制。

在关于优先制订和实施6项战略行动计划的第五部分——"五、我国信息化发展的战略行动"之"(三) 电子政务行动计划"中，明确指出：规范政务基础信息的采集和应用，建设政务信息资源目录体系，推动政府信息公开。整合电子政务网络，建设政务信息资源的交换体系，全面支撑经济调节、市场监管、社会管理和公共服务职能。建立电子政务规划、预算、审批、评估综合协调机制。加强电子政务建设资金投入的审计和监督。明确已建、在建及新建项目的关系和业务衔接，逐步形成统一规范的电子政务财政预算、基本建设、运行、维护管理制度和绩效评估制度。

三、中国电子政务法规政策建设存在的问题与改进

(一) 中国电子政务法规政策建设的难点与重点

1. 法规政策建设的难点

首先是观念和认识问题。"通过立法，可能会在限制这项技术的同时让渡出更大的国家利益，产生许多立法悖论"——这是普遍存在于网络、IT、电子商务、电子政务以及信息化领域中，需要十分警惕的法制观念和认识问题。这种观念在短期内是很难被纠正过来并转化为大家都接受的一致行动。法规政策固然重要，但改变不当的观念和认识问题的视角更重要。

其次是"法难责众"的实践性窘境。在网络和IT领域存在大量的普遍性违法行为，诸如网络色情、计算机软件的盗版和非法使用、域名抢注、网络版权侵权等违法行为相当猖獗。然而，在实践中却很难及时、有效地制止某一项或某种违法行为，因为多如牛毛的违法者和随时随地发生的违法行为使得"法难责众"的情况普遍存在，法律的严肃性和权威性因此受到挑战。

最后是法规政策稳定性与动态性矛盾的问题。随着IT和网络的快速发展，产生了大量的技术性难题，尤其是技术和产业竞争倡导的"更新、更高"理念与法规政策秉承的相对稳定、不能"朝令夕改"背道而驰。此外，还有法规条例与技术方案的契合问题、地方规章制定在数量和速度上超前于国家法律法规的问题、信息产业跨部门的活动对既有行政管理体制模式的挑战问题、一整套法制辅助机制的建设问题，等等。

2. 法规政策建设的重点

(1) 政府信息公开中的法律问题。亟须出台可实施的《政府信息公开条例》的配套规定，完善有效监督政府信息公开的机制和条件。

(2) 信用体系建设中的法律问题。完善的电子政务法规政策是信用体系建立和发展的前提与保障，而信用体系的建立和发展又是促进电子政务快速发展的重要手段，因而亟须立法确保两者关系的稳定发展。

(3) 电子政务与行政法及行政诉讼法。电子政务产生很多新的行政行为和方式，行政

程序也会发生很大变化，这些都需要给予新的立法规范，在法规上界定其合法性。

(4) 电子签名立法。电子商务签名问题已基本解决，而电子政务签名中的问题尚须进一步解决。

(5) 电子政务的法律效力问题。电子政务一系列新的行政方式和结果，都需要相关法律给予确认和保障，解决其与传统行政法规的衔接问题。

(6) 网上行政行为的合法要件问题。

(7) 电子政务的技术标准化问题。

(8) 公民隐私权保护问题。

(9) 电子政务的安全问题。

(10) 电子政务建设的资金问题。需要通过立法给予确保，尤其是对后期建设和管理费用的预算与可持续投入的法规保障。

(11) 电子政务法规体系建设应重点关注的方面。

(12) 电子政务立法模式的选择问题。

(13) 电子政务建设的阶段性和电子政务立法各阶段性相协调的问题。

(14) 电子政务立法的法律层级问题。

(二) 中国电子政务法规政策的改进

首先，应按照《2006—2020年国家信息化发展战略》要求，及时制定和实施电子政务法，尽快建立相对应的电子政务立法框架，包括法律性质、地位、主体、核心法规内容、管理措施以及与相关法规的关系。

其次，重点解决目前制约电子政务运营的法规政策。一旦确立了某种电子政务运行模式后，必须立刻围绕该模式进行充分的法规政策建设与完善，通过立法保障电子政务运营模式的高效执行。其中，管理措施、运营模式、具体规范都是立法重点。

最后，分门别类地推进不同性质的具体法规政策的规范进程，完善法规体系。鉴于法规政策体系的复杂性和多层次性，应该在国家层面上统筹规划电子政务法规政策，重点推进若干亟需的法规政策，分层次、有步骤地推进法律类、法规类和规章类电子政务法规政策的完善。

📽 本章小结

电子政务法规政策是电子政务健康、有序发展的重要保障，同时，建立起完备成熟的电子政务法规政策体系，也是电子政务发展成熟的标志之一。本章围绕电子政务法规政策框架以及应该重点建设的内容，结合各国实践，进行了一定的探讨。特别是结合所能获得的电子政务法规政策资料，力图梳理出电子政务法规政策体系，力图尽量与其本质和规律相一致。电子政务法规政策既具有一般法规政策所具备的特性，更具有自身的结构和内容。但是，受到电子政务发展不成熟、不完备以及诸多发展问题的影响，各国电子政务法规政策建设均不成熟。美国、欧盟和日本等国家与地区的电子政务法规政策相对健全和完善，有关电子政务法规政策框架、内容、基础、环境等都较为完整和可以执行。我国电子政务法规政策建设起步尽管较晚，但发展很快，特别是各级政府相应地制定和执行了一批有关电子政务建设的规范、方针、指南等，较好地协调、推动和规范了我国电子政务建设。但是，受到我国电子政务状况、立法传统与能力、执法环境等条件的约束，我国整体电子政务法规政策建设水平较低，体系不完备，要素缺乏，一些问题已经严重阻碍电子政务发展的进程。因此，要充分认识到我国电子政务法规政策建设是一个较长期的过程，需要借鉴国外电子政务建设相对发达国家的法规政策建设经验，重点解决困扰我国电子政务法规政策建设中的难点，突出实施中的重点问题，组建专业机构和人员，系统规划我国电子政务法规政策制定、实施和废止的进程与内容，尽早制定《电子政务法》，加强行政法规、政策向法律转变，加强电子政务法规政策体系建设，完善法制监督，最终实现我国电子政务领域法规政策体系成熟，充分发挥电子政务法规政策保障、引导和约束等功能。

关键术语

法律　行政法规　政策　电子政务法规政策体系　法制建设　法治　电子政务法
基础性法规政策　指导性法规政策　约束性法规政策　立法传统

思考题

1. 什么是电子政务法规政策？它有什么特点？

2. 为什么要制定和实施电子政务法规政策？

3. 发达国家或者地区电子政务法规政策建设的基本特点和趋势有哪些？

4. 发达国家或者地区电子政务法规政策建设有何借鉴之处？

5. 我国电子政务法规政策取得了哪些进展？还面临哪些问题？

6. 电子政务法规政策体系应该包括哪些内容？

案例分析

《电子政务法》课题组的建议和专家评论

中国社科院法学所《电子政务法》课题组负责人、国家信息化专家咨询委员会委员、中国社会科学院法学研究所宪法与行政法研究室主任周汉华研究员介绍："我国在信息公开、信息共享、信息化、征信管理、办公自动化、个人信息保护与信息安全等领域至今都没有法律或者行政法规层级的法律规范，亟须制定一部统一的《电子政务法》。"到目前为止，我国没有一部法律或者行政法规专门系统地规定电子政务。现行电子政务的规定大多数属于部委规章或者地方立法，效力层级比较低，不利于树立电子政务的法律权威。

电子政务立法势在必行。"随着中国电子政务建设的推进，相关法律法规出台的滞后已经在很大程度上制约了电子政务的发展。"周汉华说，目前我国虽然已经制定了《政务信息公开条例》和《电子签章条例》。但是，由于我国的特殊国情，行政权的作用一直很大，80%左右的法律都需要由行政机关负责执行。周汉华认为，由于开展电子政务必然会触及某些政府部门的利益，如果没有明确的法律法规对其行为进行约束，容易出现信息化建设"各自为政"或对信息化工作进行抵制等现象，从而背离了开展电子政务的初衷。"任何公民都有权利要求政府公开信息。"国家信息化专家咨询委员会委员、国家行政学院教授汪玉凯表示，必须通过立法来保障公民获取信息的权利。

强调服务性。"立法的目的是为了服务。"周汉华说，《电子政务法》就是为了规范国家机关、事业单位和社会团体组织的电子政务活动，推动信息技术在公共管理领域的应用，促进跨部门合作，提高公共管理的水平和透明度，更好地为公民、法人或者其他组织提供信息与服务。据他介绍，国外电子政务立法大多数集中在信息技术应用方面，一般均不涉及前端的建设与后端的保障与促进。

"为安全而安全，为电子而电子，为管理而管理，为立法而立法的现象必须改变。"针对我国目前的电子政务立法指导思想不明确，工业和信息化部信息化推进司副司长秦海提出，"必须把电子的还给电子，把政府的还给政府。"他说，电子政务的最大意义在于政府机关可以充分利用现代信息通信技术，更好地为公众提供优质的公共服务，实现从以管理者为中心向以服务接受者为中心的范式转变。因此，只有立足于服务，才能准确反映政府与公众之间的关系，电子政务才具有生命力，才能得到公众的认同。

国家部门已经开展《电子政务法》立法前期调研，适时进入立法程序

国务院办公厅认为，国务院有关部门已开展了《电子政务法》立法前期调研，形成了初步研究成果，立法的条件日趋成熟，建议将其纳入全国人大常委会立法计划。

十一届全国人大五次会议期间，戴仲川等30位人大代表提出议案，建议制定《电子政务法》。代表们在议案中认为，我国传统政务运行环境和模式由现实世界延伸到虚拟空间，电子政务建设取得了很大的成绩，现行法律难以适应电子政务的发展，存在着电子政务网络重复建设、结构不合理、业务系统水平低、应用和服务领域窄、信息资源开发利用滞后，互联互通不畅、标准不统一、安全隐患等问题，建议制定《电子政务法》。

国务院办公厅认为，随着电子政务的快速发展，我国电子政务立法工作不断加强，颁布了《电子签名法》《政府信息公开条例》等法律法规，地方政府出台了一批地方性电子政务规章规定，但现阶段我国电子政务的发展仍存在体制机制的深层次问题，确需研究制

定《电子政务法》。全国人大财经委同意国务院办公厅意见，建议将该法列入全国人大常委会立法规划。

资料来源：陈丽平. 电子政务法立法已开展前期调研[J]. 法制日报，2012(12).

思考问题

1. 我国电子政务立法的紧迫性表现在哪几个方面？重点要解决什么问题？

2. 如果着手《电子政务法》制定工作，大体程序要经过哪些步骤？

3. 你对我国《电子政务法》以及相关法规政策建设有什么期待？有何建议？

第九章
电子政务安全体系建设

电子政务安全是指要在电子政务系统建设和运行过程中，在充分估计各种安全风险的基础上，最大限度地保护硬件、软件、信息和网络的安全，其核心是保护电子政务的信息安全，以确保政府在网上能够有效行使行政监管和行政服务职能。加强电子政务安全体系建设是实现电子政务安全的有效措施。建设电子政务安全体系首先需要对电子政务安全的概念、内容、目标等有一个全面的把握，然后再逐步建立电子政务安全技术体系、电子政务安全制度环境体系、电子政务安全管理体系等，最终实现电子政务安全。

第一节
电子政务安全概述

一、电子政务安全的界定与目标

(一) 电子政务安全的概念

电子政务安全是指电子政务系统资源和信息资源不受自然和人为有害因素的威胁和危害。所以，凡是涉及电子政务系统的保密性、完整性、可用性、真实性和可控性的所有内容，都是电子政务安全的研究领域。

(二) 电子政务安全的内容

电子政务的安全主要有以下几个方面的内容。

(1) 人员安全。即对接触电子政务核心机密的人员进行组织审查和法律法规教育工作，培养安全意识和观念。

(2) 制度安全。即依法建立完善、有效的规章制度来保证电子政务的安全性。

(3) 物理安全。即电子政务系统不受自然灾害、物理设备、人为破坏等因素影响其正常运行，尤其是随着电子政务应用范围的扩展，要能适应一些恶劣的自然环境。

(4) 网络安全。即保护电子政务系统在网络运行中不受侵害，如设置防火墙、安装网络入侵检测系统、信息识别系统和实时监控等。

(5) 传输安全。即政务信息在传输过程中不会被窃听和篡改，保证传输专线的安全性。

(6) 存储安全。即电子政务信息在存储过程中，不能因为存储设备的原因而使数据丢失，应该采用先进的信息存储技术、数据备份技术和恢复技术。

(7) 访问安全。即只有经过授权的人才能访问相应的数据，而未经授权的人则不能够对信息进行任何操作。

(8) 用户认证安全。即通过计算机验证身份是否合法，防止有人通过假冒他人而进行信息窃取。

(9) 病毒防护。即防止由于计算机病毒的攻击造成电子政务系统的破坏。

(10) 操作系统安全。即保证在系统软件规模膨胀的情况下，系统能够安全运行。

(11) 数据库管理系统安全。即保证数据库存储和管理系统的安全，避免因为数据库自身的原因导致不安全问题。

(12) 电子政务应用系统安全。即要同时关注应用系统的功能完备和系统安全，避免在操作端出现风险。

(三) 电子政务安全的目标

总体而言，电子政务的安全目标有三个方面：保护政务信息资源不受侵犯；保证信息资源的拥有主体即政务主体，面临最小的风险并能获取最大的安全保障；保证政务信息基础设施、信息应用服务和信息内容的保密性、完整性、真实性、可用性和可控性。具体而言，可以分为如下几个目标。

(1) 可用性目标。即确保电子政务系统有效地运转并使授权用户得到所需的信息服务，这是电子政务系统的首要安全目标。

(2) 完整性目标。即保障电子政务系统不被破坏，数据不被篡改，确保数据完整性和系统完整性，是电子政务系统另一个重要的安全目标。

(3) 保密性目标。即不向非授权用户暴露私有或者带密级的信息，仅次于可用性目标和完整性目标。

(4) 保障性目标。即提供并正确实现电子政务功能；在用户或者软件无意中出现差错时，提供充分保护；在遭受恶意的系统攻击和破坏时，提供充足防护，不仅需要提供预期的功能，而且需要保证不会发生非预期的行为。

(5) 可记录性目标。即电子政务系统要能够如实记录一个实体的全部行为，为拒绝否认、威慑违规、隔离故障、检测和防止入侵、事后恢复和法律诉讼提供支持。

二、电子政务安全面临的挑战

(一) 人为因素的挑战

人为因素对电子政务构成的安全威胁，包括政府内部和政府外部两个领域。

1.政府内部人为因素的挑战

(1) 内部人员恶意破坏或滥用职权。由于政府工作人员掌握很多重要的信息，一旦信息泄露危害十分大，既违背了市场的竞争秩序，又不利于政府决策公平和公开决策。

(2) 执行人员操作不当。这种情况是因为公务人员的保密意识较差，或者没有掌握相应的保密技术，造成信息泄露。

2.政府外部人为因素的挑战

例如黑客攻击、信息间谍、信息恐怖等活动，有些不但窃取信息，还对信息进行篡改，严重危害了信息存储的有效性，对政务信息的安全环境造成了极大的破坏。

(二) 技术因素的挑战

电子政务系统的建立主要依靠于互联网和现代信息设备，而其中运行着大量的涉及国家机密和政府机密、需要得到有效保护的数据和信息。这些数据和信息极易受到反对势力、恐怖分子和黑客等的攻击。技术因素对电子政务安全的挑战可以分为以下几个方面。

(1) 物理层的挑战，即信息技术基础设备和网络的安全问题。物理层所包括的信息技术基础设备和网络是整个电子政务系统的物质承载体，如果在这一层面出现了安全问题，那其他层面的安全问题就得不到妥善解决，就有可能威胁整个电子政务系统的平稳运行。

(2) 应用软件层的挑战，即计算机操作系统和其他核心应用软件的安全问题，主要指依附电子设备而存在并得以使用的计算机操作系统以及其他关乎电子政务系统有效运作的核心应用软件。首先，所有系统软件在设计和制造时都无法做到尽善尽美，并且存在大量系统漏洞和"后门"，这给黑客留下了大量的攻击目标；其次，我国信息技术在某些领域相对落后，软件自主性较弱，操作系统和核心应用软件过分依赖国外产品，极易出现安全隐患。

(3) 安全保障机制层的挑战，即与电子政务系统配套的安全保障技术系统。现实中，我国各级政府建设的绝大部分电子政务安全保障机制或多或少都在安全预警、快速反应、防御能力和信息资源恢复等方面存在缺陷。首先，过分依赖国外技术，产品缺乏自主性，使整个电子政务系统的安全系数大打折扣；其次，安全保障技术配置不当，致使功效无法完全发挥，很多地方政府在规划电子政务系统时，只是一味地追求设备和技术的先进性，忽略了安全保障机制是一个整体、一个相互关联的系统；最后，对电子政务网络空间未能实现有效地划分等级，致使安全保护效率低下。应属于内网或专网的涉密信息有时被划分至外网而造成信息外泄。此外，由于网络空间划分不当，内网不能和外网甚至互联网实现有效隔离，致使内网时常受到网络攻击，加重了防御系统的负担。

(三) 管理体制因素的挑战

1.电子政务安全管理机制不健全

在电子政务安全问题上，我国不仅缺少一个具有最高权威的信息安全管理机构，还缺少一个与国家信息化进程相一致的信息安全工程规划。各级政府信息化发展的起步时间和发展阶段各不相同，发展水平参差不齐，不少地方政府由于编制等原因，还没有设置一个专门的信息安全管理机构，未形成有效的信息安全管理责任制。

2. 电子政务立法缺失和立法滞后

目前，电子政务立法缺失和立法滞后问题已非常严重。《电子政务法》还没有被纳入立法范围，无法为电子政务安全工作提供有效的法律依据。

3. 现有的法律文件的操作性和针对性不强

我国关于电子政务方面的法律文件涉及多个部门，由于未能做到统一协调，存在重复要求、交叉实施的问题，导致操作性和针对性不强，无法为电子政务安全工作提供有效指导。

(四) 其他方面的挑战

1. 自然灾害等不可抗力带来的挑战

电子政务运行处于特定的环境当中，必然会受到环境因素的影响，如水灾、地震等，甚至会导致整个电子政务系统的全面瘫痪。

2. 硬件设备故障、人为因素等造成的断网断电

电子政务的运行是依赖于网络和相关通信设备的，在断网断电的情况下，整个电子政务系统将无法运转，并处于瘫痪状态。这无疑会带来数据无法保存、数据丢失、黑客趁机对电子政务系统进行恶意攻击等安全隐患。

三、电子政务安全建设的重大意义

随着电子政府建设的逐步深入和电子政务应用的日益增多，涉及国家秘密的敏感信息开始进入电子政务网络。[①]这使得电子政务发展对电子政务安全建设的需求日益强烈，从这个意义上，电子政务安全建设对于电子政务的有序建设和发展具有十分重要的现实意义，具体包括以下几个方面。

1. 维护电子政府的良好形象

电子政务是政府直接对外服务的窗口，在很大程度上代表着政府的形象，因此，只有提供真实、可靠、及时、方便的信息服务，公众才会接受电子政务。[②]倘若电子政务出现安全危机，便不能保证网上信息的安全性和可靠性，使得公众利益受损，削弱政府的权威性，由此则会对电子政府的形象造成不良影响。

2. 保证政务系统的稳定运行

电子政务网络中应用系统繁多，应用系统中容易出现用户和权限管理混乱、管理维护复杂等情况。加强电子政务安全才能控制政务系统中的权限，维护政务系统平稳和安全

① 张锐昕. 电子政府与电子政务[M]. 北京：中国人民大学出版社，2011(1)：227.
② 张锐昕. 电子政府与电子政务[M]. 北京：中国人民大学出版社，2011(1)：251.

运行。同时，加强电子政务安全建设才能合理地解决网络开放性与安全性之间的矛盾，一方面能够有效阻止非法访问和攻击对系统的破坏，另一方面也能保障电子政务系统的信息畅通，使得电子政务系统稳定高效运行，为公众提供优质的电子公共服务。

3. 保护涉密政务信息的安全

加强电子政务安全建设有利于保护国家机密、国家秘密和个人隐私等涉密政务信息的安全。电子政务所涉及的很多内容和数据是极其重要和敏感的，它关系到整个国家的经济和军事信息。特别是在信息战为主的今天，信息一经泄露，很有可能造成毁灭性的伤害。因此，必须提高信息安全防范意识，切实加强电子政务安全建设，这样电子政务信息的安全才能得到保障。

4. 系统信息的安全备份与恢复

大量的电子政务活动都依赖于基础数据，加强电子政务安全建设，有利于实现系统的安全备份与恢复机制，可以实现数据的保护，增加数据在意外丢失时恢复的可能性。

第二节
电子政务安全技术体系

电子政务安全技术体系建设是维护电子政务安全的技术支撑，能够检测、防范攻击并恢复系统功能，切实保障系统数据的安全和系统的可用性。强大可靠的电子政务安全技术体系离不开对自主核心技术的开发和应用以及常规安全核心技术的普遍应用，同时需要两者的紧密结合。

一、开发自主核心技术是基本保障

(一) 自主核心技术的重要性

1. 自主核心技术自身的性质和特点

自主核心技术是指经过较长时期积累而形成的一组先进的、复杂的、具有较大用户价值的技术和能力的集合体。它具有开发成本高、难度大、周期长等特点，掌握自主核心技术便意味着占据了相应领域发展的制高点，掌握了主动权，对于各领域的发展都具有十分重要的意义，对于电子政务的建设与发展当然也不例外。

2. 我国电子政务自主核心技术开发的现状

我国电子政务核心关键技术受制于人，缺少高端的具有自主知识产权的产品。过去十多年来，我国在核心信息技术和产业方面发展迟缓，有些领域甚至出现退步，信息化核心技术的缺失已经成为中国面临的十分严峻的信息安全威胁。高端芯片、核心软件、关键元器件以及专用设备、仪器仪表等领域，技术对外依存度高，一些核心技术、产品和装备依赖进口，具有自主知识产权的产品竞争力不足。[①]

3. 实现我国电子政务信息安全

信息安全是电子政务构建成功的重要保证。政务活动与商务活动有明显不同，它涉及公民个人隐私、商业机密乃至国家安全等方面的内容。在电子政务建设过程中其信息安全必然会受到各种各样的威胁，要想成功地抵御这些威胁，就必须开发涉及电子政务方面的自主核心技术，真正掌握保障电子政务信息安全的主动权，占据电子政务发展的制高点。

(二) 自主核心技术缺失导致的潜在威胁

1. 信息安全受到威胁

电子政务自主核心技术的缺失会使得我国丧失信息安全保障的主动权。当前，网络空间日益成为承载政治、外交、文化、军事使命的全新战略疆域。互联网成为西方国家进行信息窃取和意识形态渗透的有效工具，这在很大程度上是因为他们掌握着相关核心技术。在这种情况下，信息安全就无法得到保障，电子政务中涉及的国家信息、商业信息、公民个人隐私面临着很大的被泄露风险。

2. 增加行政成本预期

如果缺乏自主核心技术，仅限于相关技术的简单应用，那么当风险真正发生时便会造成很大的损失，其中包括系统维修、系统升级等引发的损失。这种电子政务安全的不确定性无疑会增加行政成本预期，加重政府财政负担，同时会套留一部分财政资金，不利于财政资金的合理利用。

3. 不利于电子政务的健康稳定发展

如果电子政务核心技术长期依赖国外采购，我国电子政务建设进程势必受到影响，不利于我国电子政务建设健康稳定推进，也会严重阻碍我国服务型政府建设，影响行政效率和行政质量的提高。

(三) 我国网络自主核心技术的开发进展

1. 服务器

杰拓公司多年来一直引领着安全可控服务器技术的前进方向，自研生产了多款产品和方案，如凌动、赛扬、至强E3/E5一系列安全可控的服务器、服务器主板等，可广泛应用在政府、银行、金融、电信、能源、教育等关系国计民生的关键行业，满足用户对于数据处理能力与安全可控的双重需求。

2015年，在德国汉诺威通信和信息技术博览会上，浪潮集团携其代表国内顶尖技术的云计算设备和大数据解决方案精彩亮相，吸引了众多参观者的眼球，其中包括具有自主知识产权、在国内互联网行业市场占据一半份额并走向国际市场的Smart Rack服务器等。

---

① 中国电子政务网. 中国电子政务"十三五"面临的机遇与挑战[EB/OL]. http://www.e-gov.org.cn/news/news007/2015-05-06/156180.html，2015.

作为服务器市场的后来者，华为服务器接连斩获佳绩：整体出货量连续七个季度稳居全球第四位；刀片服务器居于全球第二位；高密服务器成功进入Gartner Modular Server Magic Quadrant模块化服务器魔力四象限；Fusion Server服务器在全球市场出货量大幅攀升。另外，在全球金融、政府、ISP、大企业等多个领域，华为服务器都实现了高覆盖和稳增长。

2. 杀毒软件

金山毒霸是完全依靠国产互联网安全技术不断发展的专业安全产品，是真正完全具有自主知识产权的专业国产杀毒软件。金山毒霸是国内唯一一家通过国际最严格的AVC杀毒产品性能测试的国产杀毒软件。金山毒霸从2007年就着手进行云安全系统的研究和应用，"金山毒霸2011"是中国首款以云安全为核心技术的杀毒软件。

世界顶级安全软件评测机构AV-TEST发布"2014杀毒软件年终成绩榜"，我国360自主研发的QVM人工智能引擎初次参赛便排名世界前列，一举打破了欧美厂商在该项权威评测中的垄断地位，这是国产自主杀毒引擎在国际权威评测中取得的最好成绩，标志着我国的杀毒核心技术不再受制于人。

3. 操作系统

中标麒麟桌面操作系统是一款面向桌面应用的图形化桌面操作系统，针对X86及龙芯、申威、众志、飞腾等国产CPU平台进行自主开发，率先实现了对X86及国产CPU平台的支持，提供性能最优的操作系统产品。

为满足政府、国防、电力、金融、证券等领域，以及企业电子商务和互联网应用对操作系统平台的安全需求，中标软件有限公司研发了安全可控、高安全等级的操作系统平台产品——中标麒麟安全操作系统软件V5.0，为用户提供全方位的操作系统和应用安全保护，防止关键数据被篡改、被窃取，系统免受攻击，保障关键应用安全、可控和稳定地对外提供服务。

4. CPU

2015年6月，国产芯片龙芯在《中国科学：信息科学》公布了新一代龙芯CPU所采用的GS464E架构以及相关测试数据，其在架构设计上比上一代产品GS464有了质的提升，已经远远超过了上一代产品GS464。并且，绝大多数参数已经接近英特尔在2012年推出的Ivy Bridge，甚至在分支误预测率和浮点程序性能上的有些指标还超过了Ivy Bridge的指标。总体而言，GS464E的设计已经接近国际最先进水平，是一款国内顶尖的拥有自主知识产权的处理器核心产品。

二、普遍应用安全核心技术是基本手段

电子政务安全技术体系的建设需要普遍应用安全核心技术，包括数据加密技术、病毒防范技术、访问控制技术、安全扫描技术、数据备份与灾难恢复技术、安全认证技术等。

(一) 数据加密技术

数据加密技术是最基本的信息安全技术，通过变换和转换等各种方法将被保护信息转换成密文，然后再进行信息的存储或传输，保证数据在存储和传输过程中的保密性。数据加密技术的保密性直接取决于所采用的密码算法和密钥长度。

电子政务对数据完整性以及身份鉴定技术提出了更高的要求，数字签名、身份认证就是为了适应这种需要在密码学中派生出来的新技术和新应用。数据传输的完整性通常通过数字签名的方式来实现。接收方在收到数据的同时也收到该数据的数字签名，接收方使用相同的算法计算出接收到的数据的数字签名，并将该数字签名和接收到的数字签名进行比较，若两者相同，则说明数据在传输过程中未被修改，数据完整。具体应用于以下方面。

(1) 通信保密。加密技术最常用于保护计算机用户之间和通信设备之间的通信，例如将电子邮件信息加密，接收邮件时通过软件包或外部程序进行解密，保证电子邮件内容不被窃取。

(2) 加密存储。对存储在介质如硬盘中的数据采取加密措施，防止数据被窃。

(3) 身份认证。使用加密来对用户的身份及信息进行认证，如用户的登录身份认证、数字签名和数字凭证等。

(4) 口令交换。将用户在进行网络系统登录时需要提供的用户名和口令进行加密，保证安全。

(5) 软件保护。对重要的应用软件和程序采用加密技术实现保护，防止被盗。

(二) 病毒防范技术

计算机病毒是指编制者在计算机程序中插入的破坏计算机功能或者毁坏数据、影响计算机使用，并能自我复制的一组计算机指令或程序代码，具有传染性、破坏性、隐藏性、潜伏性、非授权性、不可预见性等特征，对电子政务安全的威胁极大。具体而言，病毒防范技术包括以下两种。

(1) 主机防病毒。即通过主机防病毒代理引擎，实时监测计算机的文件访问和网络交换，把文件与预存的病毒特征码进行比对，发现病毒并采取措施，保护计算机主机不受侵害。

在主机防病毒的基础上发展出主机-服务器型防病毒，即针对普通用户防病毒意识不强以及能力不够而导致主机防病毒措施名存实亡的情况，把用于升级的病毒引擎和病毒码放在服务器上，实现每台计算机自动更新防护。

(2) 网关防病毒。即在网关位置对可能导致病毒进入的途径，如HTTP、FTP、SMTP等，进行截留查杀。但是网关防病毒必须在网关使用应用代理，大量消耗了网关资源，造成网关吞吐性能的急速下降。而且，网关防病毒难以覆盖所有的交换协议，仍有可能让病毒以特殊的形式通过网关。因此，网关防病毒一般工作在FTP和SMTP环境中，并应与主机防病毒相配合。

(三) 访问控制技术

访问控制是保证网络安全最重要的策略之一，主要任务是保证网络资源不被非法使用和访问。访问控制技术包括：入网访问控制、权限控制、目录级安全控制、属性安全控制以及服务器安全控制。

(1) 入网访问控制，即控制哪些用户能够登录到服务器并获取网络资源，控制准许用户入网的时间和平台。它一般包括三个步骤：用户名的识别与验证、用户口令的识别与验证、用户账号的缺省限制检查。对网络用户的用户名和口令进行验证是防止非法访问的第一道防线。为保证口令的安全性，用户口令不能显示在显示屏上，口令长度应不少于6个字符，口令字符最好是数字、字母和其他字符的混合，用户口令必须经过加密。用户还可采用一次性用户口令，也可用便捷式验证器(如智能卡)来验证用户的身份。网络管理员可以控制和限制普通用户的账号使用、访问网络的时间和方式。用户账号应只有系统管理员才能建立。用户口令应是每个用户访问网络所必须提交的证件，用户可以修改自己的口令，但系统管理员应该可以控制最小口令长度、强制修改口令的时间间隔、口令的唯一性、口令过期失效后允许入网的宽限次数。用户名和口令验证有效之后，再进一步履行用户账号的缺省限制检查。

(2) 权限控制，即针对网络非法操作所设计的一种安全保护措施，可以控制不同的用户和用户组可以访问哪些目录、子目录、文件和其他资源，可以指定用户对这些目录、文件、设备能够执行哪些操作。受托者指派和继承权限屏蔽是权限控制的两种实现方式。受托者指派控制用户和用户组如何使用网络服务器的目录、文件和设备。继承权限屏蔽相当于一个过滤器，可以限制子目录从父目录那里继承哪些权限。一般可以将用户分为以下几类：①特殊用户，即系统管理员；②一般用户，由系统管理员根据他们的实际需要为他们分配操作权限；③审计用户，负责网络的安全控制与资源使用情况的审计。

(3) 目录级安全控制，即用户在目录一级指定的权限对所有文件和子目录有效，用户还可进一步指定对目录下的子目录和文件的权限。对目录和文件的访问权限可以分为：系统管理员权限、读权限、写权限、创建权限、删除权限、修改权限、文件查找权限、访问控制权限。这些权限取决于用户的受托者指派、用户所在组的受托者指派、继承权限屏蔽取消的用户权限。这些权限的划分与组合可以让用户有效地完成工作，还能有效地控制用户对服务器资源的访问，加强网络和服务器的安全性。

(4) 属性安全控制，即网络系统管理员应给文件、目录等指定访问属性。网络上的资源都应预先标出一组安全属性。用户对网络资源的访问权限对应访问控制表，用以表明用户对网络资源的访问能力。属性设置可以覆盖已经指定的任何受托者指派和有效权限，一般包括向某个文件写数据、拷贝文件、删除目录或文件、查看目录和文件、执行文件、隐含文件、共享、系统属性等权限。

(5) 服务器安全控制，即设置口令锁定服务器控制台，防止非法用户修改、删除重要信息或破坏数据，或者设定服务器登录时间限制、非法访问者检测和关闭的时间间隔等。

(四) 安全扫描技术

安全扫描技术即对局域网络、Web站点、主机操作系统、系统服务以及防火墙系统的安全漏洞进行扫描，使系统管理员及时了解系统中存在的安全漏洞，并采取相应的防范措施，降低系统的安全风险。安全扫描技术可以分为以下几类。

(1) 网络远程安全扫描，即对远程主机的安全漏洞进行检测并作一些初步的分析。

(2) 防火墙系统扫描，即对防火墙系统配置及其运行操作系统的安全进行检测，通过源端口、源路由、SOCKS和TCP系列号来猜测攻击潜在的防火墙安全漏洞，进行模拟测试来检查其配置的正确性，并通过模拟强力攻击、拒绝服务攻击等来测试操作系统的安全性。

(3) Web网站扫描，即通过检测操作系统、Web服务器的相关服务、CGI等应用程序以及Web服务器的配置，查找Web站点中的安全漏洞并进行修补从而提高Web站点的安全性。

(4) 系统安全扫描，即通过对目标主机的操作系统的配置进行检测，报告其安全漏洞并给出一些建议或修补措施。例如，检查潜在的操作系统漏洞、不正确的文件属性和权限设置、脆弱的用户口令、网络服务配置错误、操作系统底层非授权的更改以及攻击者攻破系统的迹象等。

(五) 数据备份与灾难恢复技术

电子政务系统中保存的重要信息一旦丢失或被破坏将造成不可估量的损失，因此必须建立一套响应与恢复机制，确保出现自然灾害、人为操作故障、系统崩溃、网络攻击或硬件故障等情况时系统中的信息能得以恢复。数据备份与灾难恢复技术就是要提高在系统发生故障时或遭到破坏时修复的速度和机率，帮助系统快速还原到初始的状态。

一般而言，备份的内容包括：①系统文件备份，如注册表备份、硬盘分区表备份、系统文件目录备份等；②用户资料备份，包括用户名和密码备份、邮件信息备份、聊天记录备份、收藏夹备份等；③数据库的备份。

(六) 安全认证技术

安全认证的目的在于保证信息的真实性，应对假冒和攻击的有效方法。由于其他多项安全技术都依赖于认证，因此安全认证可以说是一种最重要的安全服务。

(1) 消息认证。即在两个通信者之间建立通信联系后，分别对收到的信息进行验证，确认信息由发送方产生、未被修改、按时发送等，保证信息的真实性。

(2) 内容认证。通常采用"校验和"的方法实现，即在发送信息时，发送方按照特定的校验算法，根据给定的认证密钥，计算出一个"校验和"，与消息一起传送。接收方使用同样的方法对消息内容进行计算，将所产生的"校验和"与收到的"检验和"进行比较，若相同则认为是正确可靠的。

(3) 来源认证。即使用不同的系统特征参数，判定消息发送者的真实身份，如双方共享的密钥、口令等。

(4) 顺序认证。即使用顺序编号、时间值加密和通行字表法等方法验证消息顺序的正确性。在网络环境中，还可以利用网络协议本身提供的排序功能来保证数据顺序的正确性。

(5) 身份认证。主要用于鉴别用户身份，主要利用一些只有被认证方才拥有的信息进行认证，如生物学信息。这是安全系统中最基本的安全保障。身份认证一般可以分为以下三种：

① 基于口令的认证方式。这是最常用的一种技术，但由于安全性仅依赖于口令，一旦用户的简单口令被猜中或者泄露，用户就可以被冒充，威胁电子政务系统的安全。

② 基于智能卡的认证方式。这是一种双因素的认证方式(PIN +智能卡)，即使PIN或智能卡被窃取，用户仍不会被冒充。每个用户持有一张智能卡，智能卡存储用户个性化的秘密信息，同时在验证服务器中也存在该秘密信息。进行认证时，用户输入个人身份识别码(Personal Identification Number，PIN)，智能卡认证PIN成功后，即可读出智能卡中的秘密信息，进而利用该秘密信息与主机之间进行认证。

③ 基于生物特征的认证方式。一般是以人体唯一的、可靠的、稳定的生物特征(如指纹、虹膜、脸部、掌纹等)为依据，进行图像处理和模式识别。这种技术从安全性、可靠性和有效性上看相比传统的认证手段更安全、可靠。

三、安全协议

安全协议是以密码学为基础的消息交换协议，其目的是在网络环境中提供各种安全服务。密码学是网络安全的基础，但网络安全不能单纯依靠安全的密码算法。安全协议是网络安全的一个重要组成部分，我们需要通过安全协议进行实体之间的认证、在实体之间安全地分配密钥或其他各种秘密、确认发送和接收的消息的非否认性等。安全协议的安全性质包括机密性、完整性、认证性、非否认性、正确性、可验证性、公平性、匿名性、隐私属性、强健性和高效性。

(一) 安全协议的分类

安全协议由于其应用领域不同，在实际应用中出现了越来越多的安全协议，这些安全协议很难被严格地进行分类。以下内容是根据安全协议的功能以及所采用的密码体制对安全协议进行分类。根据协议功能的不同，安全协议可分为4类：

(1) 密钥交换(协商)协议。协议参与方利用这一类协议建立起共享秘密，例如会话密钥等。这类协议的主要用途是完成协议参与方的会话密钥的建立。

(2) 认证协议。认证协议主要包括身份认证协议、消息认证协议、数据源认证协议和数据目的认证等，其主要目的是防止参与方或攻击者的假冒、篡改、否认等攻击。

(3) 认证和密钥交换协议。这一类协议将认证协议和密钥交换协议相结合，在对协议参与方的合法身份进行有效认证的基础之上，协商或分配后续通信中所需要的会话密钥。

这一类协议是网络通信中应用最普遍的安全协议之一。

(4) 电子商务安全协议。电子商务安全协议中主体的利益目标可能是不一致的，或者根本就是矛盾的，这一点是与上述类型不同的，因此在这一类协议中，协议主体之间往往相互不信任。故这一类协议应保证协议参与方都不能通过损害其他参与方的利益而获得它自身不应得的利益。①

(二) 安全协议设计的原则

在设计协议时，保证安全协议能够满足保密性、无冗余、认证身份等设计目标，应该遵照以下安全协议设计原则：设计目标明确无二义性；最好应用描述协议的形式语言，对安全协议本身进行形式化描述；通过形式化分析方法证明安全协议实现了设计目标；安全性与具体采用的密码算法无关；保证临时值和会话密钥等重要消息的新鲜性，防止重放攻击；尽量采用异步认证方式，避免采用同步时钟(时戳)的认证方式；具有抵抗常见攻击，特别是防止重放攻击的能力；进行运行环境的风险分析，作尽可能少的初始安全假设；实用性强，可用于各种网络的不同协议层。

Dolev和Yao于1983年提出了Dolev-Yao攻击者模型。它是对攻击者的知识和能力进行概括的最早的模型，此后关于安全协议的形式化分析或多或少都受到他们的工作的影响。"永远不低估攻击者的能力"，这是设计安全协议时应当时刻牢记的一条重要原则。②

(三) 安全协议的应用

安全协议可用于保障计算机网络信息系统中秘密信息的安全传递与处理，确保网络用户能够安全、方便、透明地使用系统中的密码资源。安全协议在金融系统、商务系统、政务系统、军事系统和社会生活中的应用日益普遍，而安全协议的安全性分析验证仍是一个悬而未决的问题。在实际社会中，有许多不安全的协议曾经被人们作为正确的协议长期使用，如果用于军事领域的密码装备中，则会直接危害军事机密的安全性，会造成无可估量的损失。这就需要对安全协议进行充分的分析、验证，判断其是否达到预期的安全目标。③

四、电子安全基础设施

电子安全基础设施包括公钥基础设施和授权管理基础设施。

(一) 公钥基础设施

公钥基础设施(Public Key Infrastructure，PKI)是国家信息安全基础设施的重要组成部分，以公开密钥技术为基础，可以为各种网络应用提供采用加密和数字签名等密码服务所

---

① 卿斯汉. 安全协议的设计与逻辑分析[J]. 软件学报，2003(7)：1306.

② 卿斯汉. 安全协议的设计与逻辑分析[J]. 软件学报，2003(7)：1306.

③ http://baike.baidu.com/link?url=he3fDvbw63YjINBF7O52uh-JaNMP-RO-siTx-mvmB3rp4292QNC5YuE83RPTa_y_fzhWZ9q6B8-I5dOmmTkHaa.

必需的密钥和证书管理，如会话保密、认证、完整性、访问控制、源不可否认、目的不可否认、安全通信、密钥恢复和安全时间等服务，保证网上传递信息的安全、真实、完整，主要包括密钥管理中心(Key Management，KM)、证书认证中心(Certificate Authority，CA)、审核注册中心(Registration Authority，RA)、证书查询验证服务系统(Lightweight Directory Access Protocol，LDAP)和在线证书状态协议(Online Certificate Status Portocol，OCSP)。

1. 公钥基础设施的组成

(1) 密钥管理中心。这是整个PKI的基础，向CA中心提供密钥的产生、登记、分发、查询、注销、归档及恢复等服务，同时向授权管理部门提供密钥恢复服务。

(2) 证书认证中心。这是PKI的核心执行机构，其任务包括：身份认证服务，即为进行电子政务业务实体定义唯一的电子身份标识，并通过该标识进行身份认证，保证身份的真实性；数据完整性服务，即保证收发双方数据一致性，防止信息被非授权修改；不可否认服务，即为第三方验证信息源的真实性和信息的完整性提供证据，为解决电子政务中的争议提供法律证据。

(3) 审核注册中心。这是用户和CA中心之间的中间实体，是证书服务系统的用户注册和审核机构，负责管理用户资料，接受用户申请，一般由CA中心授权设立并运作，由CA中心统一管理。提供的服务包括：用户数字证书申请受理，用户真实身份审核，用户数字证书申请与下载，用户数字证书撤销与恢复，证书受理核发点设立、审核及管理。

(4) 证书配套系统。其功能在于为电子政务系统中证书查询验证服务系统提供备份存贮和在线查询。证书生成后，通常使用一个证书目录或中央存储点进行存储。通过目录访问协议LDAP，目录客户端可定位条目项及它们的属性；OCSP则可以提供在线证书状态查询验证的服务，检查用户证书是否有效。

2. 公钥基础设施管理

1) 证书管理

证书管理主要包括以下几个方面。

(1) 策略批准。即在实现认证操作之前生成各种认证策略以指导认证过程，它主要包括操纵策略——阐明有关个人、设备和应用事宜；签发策略——检查用于签发证书的准则。

(2) 证书签发。它包括检查公开密钥信息的正确性、计算公开密钥信息的签名，最终由两者生成证书。

(3) 证书发布。签发后的证书被存放在数据库中，以便第三方或证书用户访问，并且通过访问控制确保证书数据的安全。

(4) 证书归档。数字签名文档的有效期比证书有效期长，因此为了确保失效的证书仍可以访问，就必须对证书、证书撤销表等数据进行长期归档。

(5) 证书撤销。一是撤销证书归档，对于过期证书和被撤销证书要在安全的环境中保存一段时间；二是撤销证书公布，应定期发布证书撤销列表，方便用户查询了解。

2) 密钥管理

密钥管理主要是指对密钥的安全管理，其功能主要包括：①密钥产生，可以由用户自己产生，也可以由CA中心产生；②密钥备份及恢复，确保用户遗忘密钥保护口令时仍可找回并访问密钥及加密的数据，或者对密钥进行托管与恢复加密密钥；③密钥更新，需要配备相应的密钥更换规程，定期更新密钥。

(二) 授权管理基础设施

授权管理基础设施(Privilege Management Infrastructure，PMI)是指国家信息安全基础设施(National Information Security Infrastructure，NISI)，它的目标是向用户和应用程序提供授权管理服务，提供用户身份到应用授权的映射功能，提供与实际应用处理模式相对应的、与具体应用系统开发和管理无关的授权和访问控制机制，简化具体应用系统的开发与维护。PMI使用属性证书表示和容纳权限信息，通过管理证书的生命周期实现对权限生命周期的管理。属性证书的申请、签发、注销、验证流程对应着权限的申请、发放、撤销、使用和验证的过程。而且，使用属性证书进行权限管理方式使得权限的管理不必依赖某个具体的应用，而且有利于权限的安全分布式应用。

1. PMI技术的授权管理模式及其优点

授权服务体系主要是为网络空间提供用户操作授权的管理，即在虚拟网络空间中的用户角色与最终应用系统中用户的操作权限之间建立一种映射关系，一般需要与信任服务体系协同工作，才能完成从特定用户的现实空间身份到特定应用系统中的具体操作权限之间的转换。

PMI技术通过数字证书机制来管理用户的授权信息，并将授权管理功能从传统的应用系统中分离出来，以独立服务的方式面向应用系统提供授权管理服务。由于数字证书机制提供了对授权信息的安全保护功能，作为用户授权信息存放载体的属性证书同样可以通过公开方式对外发布。同时，由于属性证书并不提供对用户身份的鉴别功能，属性证书中将不包含用户的公钥信息。

授权管理体系将操作授权管理功能从传统的信息应用系统中剥离出来，可以为应用系统的设计、开发和运行管理提供很大的便利。应用系统中与操作授权处理相关的地方全部改成对授权服务的调用，因此，可以在不改变应用系统的前提下完成对授权模型的转换，进一步增加了授权管理的灵活性。同时，通过采用属性证书的委托机制，授权管理体系可进一步增加授权管理的灵活性。

与信任服务系统中的证书策略机制类似，授权管理系统中也存在安全策略管理的问题。同一授权管理系统中将遵循相同的安全策略提供授权管理服务，不同的授权管理系统之间的互通必须以策略的一致性为前提。

与传统的同应用密切捆绑的授权管理模式相比，基于PMI技术的授权管理模式主要存在以下三个方面的优势。

(1) 授权管理的灵活性。基于PMI技术的授权管理模式可以通过属性证书的有效期以及委托授权机制来灵活地进行授权管理，从而实现了传统的访问控制技术领域中的强制访问控制模式与自主访问控制模式的有机结合，其灵活性是传统的授权管理模式所无法比拟的。与传统的授权管理模式相比，采用属性证书机制的授权管理技术对授权管理信息提供了更多的保护功能；而与直接采用公钥证书的授权管理技术相比，则进一步增加了授权管理机制的灵活性，并保持了信任服务体系的相对稳定性。

(2) 授权操作与业务操作相分离。基于授权服务体系的授权管理模式将业务管理工作与授权管理工作完全分离，更加明确了业务管理员和安全管理员之间的职责分工，可以有效地避免由于业务管理人员参与到授权管理活动中而可能带来的一些问题。基于PMI技术的授权管理模式还可以通过属性证书的审核机制来提供对操作授权过程的审核，进一步加强了授权管理的可信度。

(3) 多授权模型的灵活支持。基于PMI技术的授权管理模式将整个授权管理体系从应用系统中分离出来，授权管理模块自身的维护和更新操作将与具体的应用系统无关，因此，可以在不影响原有应用系统正常运行的前提下，实现对多授权模型的支持。

2. 授权管理基础设施PMI系统的架构

PMI授权服务体系以高度集中的方式管理用户和为用户授权，并且采用适当的用户身份信息来实现用户认证，主要是PMI体系下的数字证书，也包括动态口令或者指纹认证技术。安全平台将授权管理功能从应用系统中分离出来，以独立和集中服务的方式面向整个网络，统一为各应用系统提供授权管理服务。

授权管理基础设施PMI在体系上可以分为三级，分别是信任源点(SOA中心)、属性权威机构AA中心和AA代理点。在实际应用中，这种分级体系可以根据需要进行灵活配置，可以是三级、二级或一级。授权管理系统的总体架构如图9.1所示。

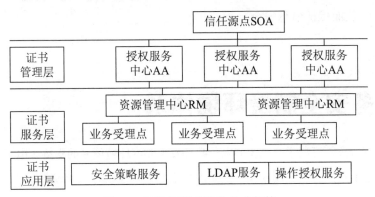

图9.1 授权管理系统的总体架构

Fig 9.1 The general structure of Privilege Management

资料来源：根据相关资料整理得出。

(1) 信任源点(SOA中心)。信任源点(SOA中心)是整个授权管理体系的中心业务节点，也是整个授权管理基础设施PMI的最终信任源和最高管理机构。SOA中心的职责主要包括：授权管理策略的管理、应用授权受理、AA中心的设立审核及管理和授权管理体系业务的规范化等。

(2) 授权服务中心AA。属性权威机构AA中心是授权管理基础设施PMI的核心服务节点，是对应于具体应用系统的授权管理分系统，由具有设立AA中心业务需求的各应用单位负责建设，并与SOA中心通过业务协议达成相互的信任关系。AA中心的职责主要包括：应用授权受理、属性证书的发放和管理，以及AA代理点的设立审核和管理等。AA中心需要为其所发放的所有属性证书维持一个历史记录和更新记录。

(3) 授权服务代理点。AA代理点是授权管理基础设施PMI的用户代理节点，也称为资源管理中心，是与具体应用用户的接口，是对应AA中心的附属机构，接受AA中心的直接管理，由各AA中心负责建设，报经主管的SOA中心同意，并签发相应的证书。AA代理点的设立和数量由各AA中心根据自身的业务发展需求而定。AA代理点的职责主要包括应用授权服务代理和应用授权审核代理等，负责对具体的用户应用资源进行授权审核，并将属性证书的操作请求提交到授权服务中心进行处理。

(4) 访问控制执行者。访问控制执行者是指用户应用系统中具体对授权验证服务的调用模块，因此，它实际上并不属于授权管理基础设施的部分，但却是授权管理体系的重要组成部分。访问控制执行者的主要职责是：将最终用户针对特定的操作授权所提交的授权信息(属性证书)连同对应的身份验证信息(公钥证书)一起提交到授权服务代理点，并根据授权服务中心返回的授权结果，进行具体的应用授权处理。

对于PMI基础设施，由于它是建立在PKI基础之上的，因此必须遵循国家统一的标准，按照国家的统一部署和管理规定，有序开展这项建设工作，地方不能各自为政。按照效益的原则，实现以较少的投入取得较大的收益，从而可以极大地减少技术上的困难，同时可以节省巨额的资金投入。同时，PMI基础设施所采用的技术也应该建立在我国自己的技术平台之上，从而保证信息安全。

第三节
电子政务安全制度环境体系

电子政务安全离不开科学、完善的电子政务安全制度环境体系的支持，电子政务安全制度环境建设包括电子政务安全法规建设、电子政务安全标准建设、电子政务安全设施建设等。

一、电子政务安全法规建设

(一) 信息获取法律

政府信息获取方面的法律主要涉及政府向人民强制获得同意取得相关信息的法律制度。结合电子文件的实际，可将网上发布的行政通告视为一种新的书面形式的行政行为，这样就涉及依法行政和相关法律的诉求问题。

(二) 信息安全和隐私保护法律

制定统一的隐私保护标准如隐私保护法、数字签名的标准，以及针对敏感程度不同的信息制定相应的加密标准，确保政府采集的公众信息安全地存放和维护，加强对信息安全和隐私的有效保护是电子政务安全法规建设的重要内容。我国已经出台了《中华人民共和国电子签名法》，对电子政务和电子商务的发展起到保障作用。但电子政务在实施行政监管和公众服务中还有大量的个人信息进入政府网络信息数据库，这样就带来了个人隐私信息保护的问题，有必要加快出台《个人隐私信息保护法》。

此外，电子交易、信用管理、安全认证、在线支付、税收市场准入、信息资源管理方面的法律、法规也须尽快建立。

总之，电子政务安全关系到国家的主权、国家的安全和公众利益，需要有相应的法律为电子政务的安全提供保障。

二、电子政务安全标准建设

随着我国信息安全测评认证制度的建立与推进，以及我国信息安全有关主管部门管理力度的加大，我国信息安全标准化工作将迎来更大的发展机遇。在国家质量技术监督局的领导和支持下，国家信息安全标准体系的框架已初步形成。今后还需要在以下两个方面做好工作。

1. 统一

信息安全标准化建设也是一项系统工程，包括标准管理、标准制定、标准宣传贯彻和监督检查等一系列工作。仅标准制定一项就涉及国外标准的收集研究、消化吸收、结合实际、测试验证、起草评审和报批发布等一系列繁杂细致的工作，要做好我国信息安全标准工作，必须加强各部门、各行业内部和外部的联合与合作，并逐步形成具有统一性的共同标准。

2. 分级

在制定信息安全标准时必须考虑安全功能和安全投入的相对关系，采取风险管理与适度安全的原则，这就要求标准必须划分等级，以便按需定级，防止投入不足或投入过大。美国的标准在20世纪七八十年代只有最高要求一级，后来随着实践的深入和形式的变化，划分成三级。我国的信息安全标准从密码到产品、再到系统都应当考虑风险管理和适度安全原则，并以此为基础进行保护等级的划分。

三、电子政务安全设施建设

(一) 物理安全

物理安全是指保护计算机网络设备、设施以及其他媒体免遭地震、水灾和火灾等环境事故以及人为操作失误或错误及各种计算机犯罪行为导致破坏的过程。

具体来说，电子政务中的物理安全主要包括以下几个方面：一是系统运行中的安全隐患，主要包括电源问题、水患与火灾、电磁干扰与泄露以及其他的环境威胁；二是物理访问风险与控制，物理安全威胁不单来自环境，还来自人为操作失误及各种计算机犯罪行为；三是电子政务信息系统的场地与设施安全管理，是指中华人民共和国国家标准GB 50173—93《电子计算机机房设计规范》、GB 2887—89《计算站场地技术条件》、GB 9361—88《计算站场地安全要求》对应用信息系统的场地与设施进行的安全管理。

(二) 场地设施

机房是信息系统的运行和管理中枢，高可靠性的机房是政府电子政务系统稳定运行的关键保障，对业务连续性和数据安全而言具有基础性的意义。其中，电子政务的场地设施安全管理的内容包括以下几个方面。

1. 场地设施的安全管理分类

对相关电子政务场地设施进行安全管理分类是维护电子政务场地安全的重要措施，能够防止因相关设备之间的相互干扰而对电子政务的稳定、安全运行造成影响。

2. 场地与设施安全管理要求

加强对相关设施以及电路的定期安检，防止因设备老化、存储介质毁坏、电源故障、电压不稳等问题而导致整个系统的故障。

3. 出入控制

严格监管人员出入和信息出入，禁止非相关人员出入设备所在地，密切监督信息流，防止因人员和信息的非法进出而造成信息外泄的风险。

4. 电磁波、磁场防护

电磁波、强磁场、电磁辐射可能带来设备短路、存储介质毁坏等破坏性问题，从而可能造成数据信息毁坏、被窃取或偷阅，这使得磁场防护成为场地设施安全管理的重要内容。

第四节
电子政务安全管理体系

电子政务安全管理体系包括电子政务安全行政管理、风险管理、人员管理、保障管理和运维管理。

一、电子政务安全行政管理

(一) 安全组织机构

建立有效的安全管理组织机构是电子政务安全管理的基础，其目的在于统一规划各级网络系统的安全，制定完善的安全策略和措施，协调各方面的安全事宜等。这一组织机构应该具有如下职能：明确本单位电子政务系统的安全目标，据以制定整体的安全策略；根据电子政务的安全策略，制定并实施各项安全措施，如明确职责、检查安全措施的落实和监督执行等；制定明确的规章制度，作为日常安全工作应遵守的行为规范，及时修改完善不能满足管理需要的制度规章；制定安全规划和应急方案，采取主动和被动相结合的风险防范措施；制定敏感和保密信息的安全策略，划分需要保护的数据的范畴、密级或保护等级，确定存取控制方法和加密手段。

(二) 安全责任制度

健全的规章制度是电子政务安全管理有效实施的保障，一般应包括以下内容。

(1) 系统运行维护管理制度，包括设备管理维护制度、软件维护制度、用户管理制度、密钥管理制度、定期检查和监督制度以及各种操作规程等。

(2) 计算机处理控制管理制度，包括编制及控制数据处理流程、程序软件和数据的管理、复制移植和存储介质的管理、文档日志的标准化和通信网络系统的管理等。

(3) 文档资料管理制度，主要是对非电子化的各种凭证、单据、账簿、报表和文字资料制定妥善保管和严格控制的相应规章。

(4) 操作和管理人员管理制度，包括岗位分工制度、权限划分制度、合法操作制度、异常情况报告制度、人员引进和调离制度以及教育培训制度等。

(5) 机房安全管理制度，包括机房出入管理制度、身份认证机制、机房安全防范制度、机房卫生管理制度以及机房运行操作管理制度等。

(6) 定期检查与监督制度，包括对系统安全运行的定期检查、对各项规章制度的落实情况的定期检查、对制度执行情况和人员工作情况的监督等。

二、电子政务安全风险管理

电子政务系统安全风险管理的目的在于保障政府组织活动的正常运转，可以分成风险评估和风险控制两个阶段。[①]

(一) 安全风险评估

安全风险评估是指确定电子政务系统面临的风险级别，并据此制定风险管理策略，是风险控制的前提和基础。基本步骤包括以下内容。

1. 风险识别

风险识别是指通过分析电子政务系统本身的技术特点，明确风险分析的对象，标识系统边界及其所包含的资源，确定风险管理的范围，找出系统本身的薄弱环节，分析威胁的来源、类型、级别和出现概率等，进而识别风险。

---

① 赵国俊. 电子政务[M]. 北京：电子工业出版社，2003：193.

2. 风险度量

风险度量，即确定风险对组织或系统的影响程度，应主要评估完整性损失、可用性损失、机密性损失、责任性损失以及相关保证措施的损失等方面，进而确定风险级别。

3. 制定风险管理策略

制定风险管理策略的目的在于最有效、最大限度地消除威胁、降低风险，并为风险控制提供指导。

(二) 安全风险控制

安全风险控制指的是根据风险评估阶段的结果，对已标识的风险采取规避、转移和降低等措施，将电子政务系统的安全风险降低到可接受的水平。具体包括以下内容。

(1) 选择风险控制手段。它包括：预防手段，即通过消除系统缺陷及其被利用的可能性排除系统威胁；限制手段，即将威胁的影响限制在一定范围之内；检测响应手段，即主动进行入侵检测并积极给予响应以消除不利影响等。

(2) 风险规避措施。如将重要的计算机系统与外网隔离，避免外部攻击的风险；建立并实施恶意软件控制程序，减少系统受恶意攻击的机会；通过教育和培训，强化工作人员的安全意识与安全操作技能等。

(3) 实施必要的风险转移措施。如通过购买商业保险将风险进行转移。

(4) 降低威胁的影响程度。如建立并实施持续性的安全管理计划，包括针对应急、备用、恢复等活动的安全要求，建立并实施对系统进行监控的程序，以主动探测威胁、抑制其扩大化。

(5) 对剩余风险的接受。在采取各种安全控制手段后，仍有部分风险未能控制或未被意识到，可以分为可接受和不可接受的风险，即剩余风险。对于可接受的风险采取接受措施，对于无法接受的风险则再加强控制，进一步降低风险。

三、电子政务安全人员管理

电子政务的大部分安全问题是由人为差错造成的。不仅因为人本身就是一个复杂的信息处理系统，而且人还会受到自身生理和心理因素的影响，受到技术熟练程度、责任心和道德品质等素质方面的影响。因此，对人员的教育、奖惩、培养、训练和管理等应该成为电子政务安全管理需要关注的内容。

具体而言，电子政务安全人员管理包括人事审查与录用、岗位与责任范围的确定、工作评价、人事档案管理、提升、调动与免职和基础培训等。从事每项安全活动，都应该有至少两人在场，他们要签署工作情况记录，以证明安全工作已经得到保障。在实际工作中还应该明确如下原则：①任期有限原则，任何人不应长期担任与安全有关的职务；②职责分离原则，不要了解职责以外的与安全相关的事情，尤其是机密数据的接收与传送、安全管理与系统管理、密钥管理等，与其他工作应分开编程与操作；③最小权限原则，只授予用户和系统管理员执行任务所需要的最基本权限，对超级用户的使用要权限分散。

四、电子政务安全保障管理

电子政务安全保障管理包括实体安全管理、软件系统管理和密钥管理。

(一) 实体安全管理

实体安全管理就是要保护计算机和网络设备、设施免遭地震、水灾、火灾以及人为等因素的破坏，包括环境安全、设备安全和存储媒体安全。

1. 环境安全

环境安全是保证各种计算机或电子设备可靠运行的重要因素。如果系统运行环境不能满足要求，就会降低系统的可靠性和安全性，轻则造成数据或程序出错、被破坏，重则加速元器件损耗和缩短机器寿命，或发生故障导致不能运行。因此，电子政务系统的运行环境应按照国家有关标准设计实施，须具备消防报警、安全照明、不间断供电、温湿度控制和防盗报警等能力，以保护系统免受水、火、地震、静电、噪音和虫害等因素的危害。

2. 设备安全

设备安全包括对设备进行定期管理和物理保护、设备的维护保养、设备的报废淘汰处理及重复利用、通信线缆和通信设备管理、防电磁信息的泄漏、截获以及抗电磁干扰等。此外，还应包括对场外设备包括移动设备和固定在工作场所之外的设备的安全管理，如笔记本电脑的使用、通信设备和通信线路的装置安装要稳固牢靠，具有一定对抗自然和人为因素破坏的能力等。

3. 存储媒体安全

存储媒体安全指的是保障重要数据及其存储媒体不被破坏和不被窃取。要加强对含有敏感信息的可移动媒体如磁盘、光盘、打印文件和存储卡等的管理，防止被窃取；其次要建立信息存储程序，以保护信息免受因未授权而被泄漏和滥用等。还应针对不同类型的媒体建立不同的媒体安全处置方法、审批程序和处置记录等措施。

(二) 软件系统管理

电子政务系统的软件部分涉及操作系统、网络系统、设备驱动程序、数据库系统和应用软件系统等。由于计算机软件系统本身存在许多不完善甚至是错误之处，所以在运行时必然会出现一些安全漏洞，因此对软件系统的管理同样不可忽视。软件系统的安全管理包括以下内容。

(1) 保护软件系统的完整性，包括防止软件丢失、被破坏、被篡改、被伪造，其管理问题涉及软件的选择和开发规程、软件安全保密测试、系统漏洞检测与修补、软件加密以及防动态跟踪等方面。

(2) 保证软件的存储安全，包括保密存储、压缩存储、备份存储以及系统恢复等重要措施。

(3) 保障软件的通信安全，包括软件的安全传输、加密传输、安全下载、完整下载、用户识别以及审计与追踪等要素。

(4) 保障软件的使用安全，包括合法的使用和合理的使用、用户合法性的管理、授权访问、系统的访问控制、防止软件滥用、防止软件被窃取、防止软件被非法复制以及按规程操作等。

(三) 密钥管理

密钥管理涉及密钥自产生到最终销毁的整个过程，包括系统的初始化、密钥产生、存储、备份恢复、装入、分配、保护、更新、控制、丢失、吊销和销毁等内容。安全的密钥管理要求密钥难以被窃取，密钥有使用范围和使用时间限制，密钥分配和更换过程对用户透明。具体包括以下内容。

(1) 密钥生成管理。应由专门的密钥管理部门或授权人负责，应由随机数生成器产生密钥，并且密钥生成的算法应由有关机构审批。

(2) 密钥分发管理。在分发过程中应采用安全的信道。密钥的传送方式可以是集中传送，即用主密钥来保护会话密钥的传递，并通过安全渠道整体传递主密钥；也可以分散传送，即将密钥分解成多个部分，用秘密分享的方法传递，到达后再复原。

(3) 密钥保存管理。可以整体保存，也可以分散保存。

(4) 密钥销毁。应有相应的管理和仲裁机制。

五、电子政务安全运维管理

电子政务安全运维管理是指为保障电子政务系统(包括基础设施、网络、信息系统、信息资源和机房环境等)的安全、稳定和高效运行而进行的一系列规划、实施、监控与评估过程。

(一) 主要内容

电子政务安全运维管理的主要内容包括：运维资产管理、运维人员管理、运维安全管理和运维绩效管理等。

1. 运维资产管理

运维资产管理是对已正式投入使用的信息化基础设施、软件等资产的动态配置管理。

IT资产管理是全面实现信息系统运行维护管理的基础，提供丰富的IT资产信息属性维护和备案管理，以及对业务应用系统的备案和配置管理。基于关键业务点配置关键业务的基础设施关联，通过资产对象信息配置丰富业务应用系统的运行维护内容，实现各类IT基础设施与用户关键业务的有机结合，以及全面的综合监控。这其中包括：综合运行态势、系统采集管理和系统配置管理。[①]

---

① 李维. 五步构建信息安全保障体系之运维服务[EB/OL]. http://alexliyu.blog.163.com/blog/static/162754496201010325357103/，2010.

2. 运维人员管理

运维人员管理是对参与运维工作的人员的资格、能力和行为的管理。要明确规定各类人员的任务和职权范围，并对其工作进行定期检查和评估。而且要对运维人员进行组织及培训，使具有不同知识水平和技术背景的人员尽快适应运用先进技术为管理工作服务的新系统，充分发挥新系统的功能。

3. 运维安全管理

运维安全管理是在电子政务系统运维过程中为保障信息的机密性、完整性和可用性而对信息安全的职责、制度、标准和流程的管理。

4. 运维绩效管理

运维绩效管理是指要科学评价运维服务过程和服务结果，发现问题并提出改进措施。建立安全运维审核评估中心，可提供对信息系统运行质量、服务水平、运维管理工作绩效的综合评估、考核、审计管理功能。[①]

(二) 特点

总体来说，电子政务集中运维主要有以下几个特点。

(1) 网络规模庞大、复杂。电子政务网络系统既要覆盖政府各类业务部门，又要连接各级政府，同时还要将网络向下延伸到街道、社区。

(2) 环境复杂。电子政务网络系统应用和网络层面上必须覆盖以上所有的业务机构和相关部门，形成多系统、多数据库、多应用平台、多厂商网络及系统设备、多业务应用等复杂的管理环境。

(3) 缺少运维人员。电子政务系统大多涉及政府政务，在很长一段时间内运维工作都是由政府员工来承担。由于政府人事制度的特殊性，运维人员在数量和技术水平上都有很大的不足，同时很多政府部门缺少专门的信息化部门，这就给运维工作带来了很大的困难，需要有一定的创新。[②]

本章小结

电子政务安全体系建设首先详细介绍了电子政务安全的概念、内容及其目标。之所以要重视电子政务安全体系建设，是因为其对电子政务具有重大意义，但同时电子政务安全也面临着来自人为、技术、管理体制以及其他方面的挑战。为了保障电子政务的安全，需要从技术体系、制度环境体系以及管理体系等方面建设电子政务安全体系。

---

① 李维. 五步构建信息安全保障体系之运维服务[EB/OL]. http://alexliyu.blog.163.com/blog/static/16275449620101032535 7103/，2010.

② 由凡. 电子政务集中运维管理系统设计与实现[D]. 北京：北京邮电大学，2009：12-13.

关键术语

电子政务安全　安全挑战　技术体系　核心技术　基础设施　制度环境
标准化建设

思考题

1. 什么是电子政务安全？它有哪些内容？

2. 电子政务安全建设包括哪些目标？其意义是什么？

3. 电子政务安全面临着哪些挑战？

4. 电子政务系统的标准化建设包括哪些内容？

5. 电子政务广泛应用的安全核心技术有哪些？

6. 电子安全基础设施包括哪几个部分？它们各自有什么特点或功能？

7. 根据所学知识，你认为怎样才能促进我国电子政务安全制度环境体系的建设？

8. 电子政务安全设施建设应该从哪几个方面着手？

9. 请简要谈谈电子政务安全管理体系的内容。

案例分析

中美网络战：大哥莫说二哥

网络安全与传统安全最大的不同在于，大众传媒是可以通过多种渠道感知传统安全问题的，例如航母、装甲部队、战斗机部队的反常调动，人们能够很快判断出某地区冲突是否升级。而黑客在互联网上的活动是无形的，看不见，摸不着。专业的网络安全机构在获得高级别授权的情况下，才有可能寻找到黑客攻击的蛛丝马迹。所以，许多时候"网络战"只有当事双方的攻坚，外界难以对真实情况进行深入的探究。

中美"网络战"的欢乐10年

1999年5月8日，美军B-2轰炸机轰炸了我国驻南联盟大使馆。国内反美情绪高涨，鉴于当时中美军力差距是全方位的，许多心中愤懑的军事爱好者就想象着各种打败美国的非常规办法，《超限战》所提及的"网络战"一时成为焦点。

2008年初，美联社记者到上海作了一则视频报道，报道中那名记者不断地试图将黑客活动与中国政府联系起来。令人啼笑皆非的是，不但那几名接受采访的青年人拒绝承认与政府有关系，而且很明显美联社记者找来接受采访的青年人是"水货"——他们未接受过高等教育，混迹在网吧里，也没有掌握编程技术，只会在网上下载别人制作的网络攻击程序。

美国在网络安全问题上"贼喊抓贼"

在2010年，就有人在国内军事论坛上透露过美国有组织黑客入侵我国互联网的情况。此人活跃于军事科研界，消息颇为灵通，至少对于歼20等国产新型常规武器装备的说法是非常准确的。他当时这样说，"别看论坛上老吹嘘中国黑客有多牛，美国那边有组织的黑客入侵才真的可怕，他们通过控制我国互联网骨干网的一些大型路由器，窃取海量数据，最后才在自己的服务器上分析提取有效的信息"。

这与现实的间谍战争一样，我国受到了"损失"，但并不希望美国知道自己已察觉其网络入侵活动。当时我国采取的对抗措施则是加强戒备，重要单位实行"物理隔绝"，即内部网络与互联网彻底断开，拷贝资料不使用硬盘、优盘，只刻录光盘等。

2013年初，美国Mandiant网络安全公司发表了一份长达76页的调查报告。这份名为APT1的报告指控，解放军位于上海的某个部队自2006年起进行了针对115家美国企业的黑客攻击，力图窃取商业机密。APT1报告出炉后，美国方面显得理直气壮，一度宣称要在重大国际场合上向中国提出网络攻击问题。

可正当美国要对我国发起外交诘难时，2013年6月，美国中情局前雇员斯诺登逃亡香港，并向多家国际媒体披露了美国国家安全局自2007年起实施的绝密网络监听计划，即棱镜计划。通过实施棱镜计划，美国国安局可以直接登录微软、谷歌等网络巨头的服务器，随意获取用户个人隐私信息。

一面监听全世界，一面指控中国

美国政府的双面人特性在棱镜门事件中暴露无遗，不好再到国际会议上指责中国发动网络攻击，但美国在双边交往中坚持向中国施加压力。2014年5月，美国司法部罕见地对解放军驻上海某部的5名军官提出刑事指控。

但中国利用解放军黑客部队获得的情报，赢得了哪些商业优势？美国政府并没有说明，实际上这也是一个很难判定的问题。而且，难道企业的商业利益会比国家安全利益更重要？

正所谓"大哥莫说二哥"，既然认为所有国家都从事间谍活动，那么美国就不应该在网络黑客问题上三番四次地提出诘难。

网络安全是一个彻底"军民融合"领域，我国互联网安全能否稳固，在于国产IT互联网设备能否达到一流水平，在关键领域全面替换进口产品。

资料来源：http://news.qq.com/a/20150922/058618.htm

思考问题

1. 中国应采取哪些措施来保障网络安全？

2. 中国互联网安全技术该如何发展，来应对"如果打网络战，美国想赢就一定能赢"的局面？

第十章
电子政务绩效管理

随着信息技术的发展和政府体制改革的不断深化，电子政务成为当前我国信息化建设的重点和热点。近年来投入到电子政务的人力、物力、资本迅速增加，项目的规模和数量在不断扩展，电子政务绩效成为社会广泛关注的焦点。评估电子政务绩效是一个新的、动态感很强的研究课题，具有前瞻性和挑战性。加强电子政务绩效评估研究，开展电子政务绩效评估工作，对推动电子政务持续、健康、协调发展有着非常重要的意义。

第一节
电子政务绩效概述

一、电子政务绩效的内涵与原则

(一) 绩效

在现代汉语词典中，绩效表示"成绩、成效"。"成绩"指"工作或学习的收获"，强调对工作或学习结果的主观评价。"成效"指"功效或效果"，强调工作或学习所造成的客观后果及影响。[①]而绩效则可以进一步被理解为"工作或学习的收获以及所造成的客观后果和影响"。

但是在学术界，对绩效作一个精确的定义显然是比较困难的。目前主要有两种观点：一种认为绩效是结果，另一种认为绩效是行为。例如伯纳丁认为："绩效应该被定义为工作的结果，因为这些工作结果与组织的战略目标、顾客满意感及所投资金的关系最为密切"。而坎贝尔则认为："绩效是行为的同义词，它是人们实际的行为表现并且是能观察到的"。[②]

通过对以上相关概念的理解，可以把绩效定义为个人或组织进行某项行为所产生的效果和影响。这里涉及绩效相关的两个重要方面：产生绩效的主体可以是组织也可以是个人；绩效所表示的是行为的结果和影响，而不是行为本身。把握好这两点对于理解绩效所

---

① 卓越. 公共部门绩效评估[M]. 北京：中国人民大学出版社，2004：2.

② 张旭霞. 公共部门绩效评估[M]. 北京：中国商务出版社，2006：7.

包含的内容、影响因素及测量方法具有重要作用。

(二) 电子政务绩效

通过以上对绩效内涵的阐述，可以给电子政务绩效下一个定义，即政府在实施电子政务过程中的业绩、成就和表现，主要包括政府转变效果、政府的服务水平和资源投入情况三个方面的内容。电子政务绩效可以从政府和电子政务两个角度来看：就政府角度而言，电子政务已介入政府的管理服务之中，旧的政府绩效管理模式显然不能符合新的电子政务建设的需要；就电子政务角度而言，电子政务要获得更长远的发展，必然需要对电子政务应用后产生的效果进行评估。同政府绩效相比，电子政务绩效主要是指电子政务活动所带来的绩效，包括电子政务的投入、产出、效果与影响等方面，它是政府绩效的重要组成部分。[①]

(三) 电子政务绩效关注的主要内容

1. 社会公众满意度

建设电子政务的目的就是为了提高公共服务水平，因此公众的满意度、企业的满意度以及相关机构业务合作过程中的满意度是关键。在加快推进电子政务建设的过程中，要通过电子政务的广泛应用，突破时间、空间、数量的限制，以增强政务信息公开和政府行为透明度为核心，提供多种技术平台从而促进社会对公共行政的参与和监督，增强公共产品的供给能力，进而提高社会公众对政府的满意度。

2. 成本-收益

评估电子政务绩效必须要衡量电子政务建设项目的效用，避免电子政务建设呈现比规模、比设备等贪大求全的趋势，项目建设规模不断膨胀，边际成本远远大于边际收益的不良现象。

3. 运作管理

运作管理主要体现在政府网络系统建设过程中渠道的畅通性和电子政务管理平台的适应性与扩展性。对于电子政务网络建设来说，如果信息流通不畅就意味着电子政务系统的效益无法实现，效率无法提高。而电子政务管理平台是不同主体共同使用的基础设施，所以平台的维护、升级管理、软件安装配置应用以及相关的支持服务和增值服务，体现出电子政务系统的回应性和公平性。

4. 社会效益

提高目标的可测量性是提高电子政务效益的一个关键。然而电子政务建设的目标之一是社会效益，对于社会效益来说，其可测量性指标弱于财务指标、工程技术指标，因此应通过用户满意率调查、运行数据统计等间接计量社会效益，以保证指标的全面性。[②]

---

① 杨道玲, 于施洋. 论电子政务绩效本质及其评估导向[J]. 中国管理信息化, 2009(3): 15.

② 吴洁平. 电子政务理论与绩效[M]. 长沙：湖南大学出版社, 2007: 192.

二、电子政务绩效评估及其原则

(一) 电子政务绩效评估的含义

电子政务绩效评估就是由专门的机构和人员依据大量的客观事实和数据，遵循统一的标准和特定的指标体系，通过定量与定性对比分析，运用科学的方法、标准和程序，对在电子政务实施过程中，政府在行政职能、业务流程、组织结构、公共服务和信息利用等方面的改进、创新和转变的成果和效果进行尽可能准确地评价，在此基础上对其绩效进行改善和提高，如图10.1所示。

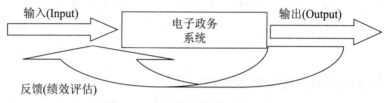

图10.1　电子政务绩效评估示意图

Fig 10.1　The schematic diagram of e-government performance evaluation

资料来源：蔡立辉.电子政务[M].北京：清华大学出版社，2009：413.

很明显，电子政务绩效评估是对电子政务建设过程的评价，评价对象是一定时期内政府的各种创新和转变成果以及能力的提高程度，其目的是了解当前电子政务建设绩效的现状，并指导电子政务获得更高效的发展。根据电子政务的组成和特点，电子政务绩效评估的内容既包括对前台的评价，也包括对后台的评价。对前台的评价主要是以政府网站为媒介，评价政府服务的可用性、可得性、交互性和响应性，进而评价政府的公共服务能力和公民、企业等利益相关者的满意度；对后台的评价主要是评价政府自身的运作能力，特别是政府通过对信息技术的充分利用，在职能、组织、流程、人力资源、公共服务等方面的改变以及在效率、效能方面的改善。[1]

(二) 电子政务绩效评估的原则

电子政务绩效评估必须遵循一定的原则，才能保证评估结果有效、有针对性。具体来说，电子政务绩效评估应遵循如下原则。[2]

1. 科学性原则

科学性原则主要体现在理论与实际相结合和采用科学方法等方面。电子政务绩效评估要有科学的规定性，各个评估指标的概念要科学、确切，有精确的内涵和外延，计算范围要明确，不能含糊其辞，不能有不同的解释，亦不能各有所取。评估指标必须与绩效、效益的科学概念相一致。

科学性原则还要求评估指标体系要能比较准确地反映在不同情况下所反映出来的不同特

---

① 徐晓林，杨锐.电子政务[M].武汉：华中科技大学出版社，2009：296.

② 李传军.电子政务[M].上海：复旦大学出版社，2011：362.

点。电子政务的绩效评估，要能反映政府工作的特点和信息化工作的价值。电子政务的工作内容既不同于企业，也不同于传统的政府工作。这些特点决定了对电子政务进行绩效评估的指标体系明显区别于对传统政府部门的评估体系，也区别于一般的信息化评估指标体系。

2. 系统优化原则

对电子政务进行绩效评估是一个广泛、综合的系统性问题，必须建立若干指标进行衡量，才能评估其全貌。这些指标必须相互联系、相互制约。系统优化原则要求评估指标体系要统筹兼顾各方面的关系，包括统筹电子政务在"经济效益、社会效益、管理效益"等方面的关系，统筹当前与长远之间的关系、整体与局部之间的关系、技术与经济之间的关系、定性与定量之间的关系，等等。

遵循系统优化原则要求在设计评估指标体系时采用系统方法。例如系统分解和层次分析法，由总体指标分解成次级指标，由次级指标再分解成次次级指标，即目标层、准则层、指标层，并组成树状结构的指标体系，使体系的各个要素(单项指标)及其结构(横向结构、层次结构)能满足系统优化的要求。也就是说，通过各项指标之间的有机联系方式和合理的数量关系，体现出对上述关系的统筹兼顾，并达到评估指标体系的整体功能最优，能够较客观全面地评估电子政务的绩效。

3. 通用可比性原则

电子政务的绩效评估，不仅仅涉及纵向比较，也应进行横向比较。因此，评估指标体系的设计必须在两个方面具有通用性和可比性：一是对同一单位不同时期进行比较，评估指标要具有通用性、可比性；二是对条件不同、任务不同的单位进行横向比较，要根据各单位在实现电子政务过程中的共同点进行设计，同时采取调整权重的方法，适应不同性质、不同类型的单位。

另外，评估指标应尽可能与国内、国际的有关评估指标相一致，评估指标的定义尽可能采用国内、国际标准或公认的概念，评估的内容尽可能剔除不确定性因素和特定条件环境因素的影响。

4. 实用性原则

实用性原则体现在以下4个方面。

(1) 评估指标体系繁简适中，计算评估方法简便易行。在基本保证评估结果的客观性、全面性的条件下，指标体系尽可能简化。计算方法、阐述方法简便、明确、易于操作，便于在计算机上进行统计分析。

(2) 评估指标所需要的数据应易于采集，各种数据尽可能在现有的统计制度、会计制度中获取。

(3) 各项评估指标及其相应的计算方法、各项数据，都要标准化、规范化。

(4) 在评估过程中体现质量控制原则，依靠评估数据的准确性、可靠性和计算评估方法的正确实施来保证整个评估过程的质量。

5. 目标导向原则

电子政务绩效评估的目的不是单纯地评出优劣和名次，而是要引导和鼓励电子政务建设朝着正确的方向和目标发展，指标体系在设计过程中要具有正确的目标导向作用。

贯彻目标导向原则，需要明确电子政务绩效评估的目标，例如一方面要重视成本-收益，另一方面也要重视公众满意度；一方面要把信息技术的应用推广作为目标，另一方面也要考虑政府机构的安全性原则，提高工作人员的信息化技术水平。[①]

三、电子政务绩效评估的对象与内容

(一) 电子政务绩效评估的对象

首先，电子政务网站绩效评估的对象是政府网站，其目的是评估政府网站建设的效益。它的评估内容通常包括网页风格、栏目设置、互动功能、信息更新等。网站不仅是电子政务重要的对外服务窗口，也是电子政务绩效评估的重要对象。

再者，电子政务应用系统绩效评估的对象是电子政务应用系统，其目的是评估应用系统建设的效益。它的评估内容通常包括体系架构、硬件能力、软件功能、应用效果、建设投资等。它也不能代替电子政务绩效评估。这是因为尽管应用系统是电子政务的重要技术支撑，但建设电子政务的目的不是构建应用系统；应用系统的建设绩效影响电子政务的绩效，但不能全面体现电子政务的绩效水平。信息技术及其应用系统的真正绩效不在于其自身，而在于其对组织流程、结构、管理模式的改进和提高。

(二) 电子政务绩效评估的内容

根据国际、国内电子政务发展的经验，电子政务评估的范围主要侧重以下几个方面。

1. 电子政务的基础设施

电子政务的基础设施情况是衡量一个地区、一个部门发展电子政务活动基本条件的重要指标，既要考察基础设施的建设情况，更要评估其实际使用情况。

2. 电子政务的信息资源

促进政府信息资源更有效的开发和利用是发展电子政务的重要目标，通过政府对适合电子政务发展的信息资源开发和利用的状况，可以在很大程度上对电子政务的发展水平做出判断。

3. 社会接受程度

社会公众和政府公务员对电子政务的了解、认可、接受以及满意程度是反映电子政务有效性的关键性指标，也是真正体现电子政务"以公众为中心"的发展理念的重要表现。

4. 政府电子化服务供给水平

政府电子化服务提供的深度与广度是衡量电子政务发展水平的重要标志，直接反映出

---

① 孟庆国，樊博. 电子政务理论与实践[M]. 北京：清华大学出版社，2006：78.

政府在电子政务环境下通过互联网向公众提供政府服务的能力和状况。

5. 电子政务领导能力

电子政务领导能力主要包括政府在组织实施和应用电子政务方面所表现出来的领导能力、协调力度、决策水平以及电子政务建设管理的有效性等。

6. 政府变革情况

政府变革情况主要考察政府在电子政务发展过程中所进行的政府流程重组、机构改革、职能调整等一系列反映政府深层次变革的进展情况。[①]

四、电子政务绩效评估的指标体系与模式

(一) 电子政务绩效评估的指标体系

作为电子政务绩效评估的核心要素，评估指标体系用以明确电子政务绩效评估的具体内容和指标权重等，包括评估指标、指标权重、指标评估标准、指标评分方法等内容。评估指标体系的设计是电子政务绩效评估的重要环节和主要内容之一。

1. 绩效评估指标与电子政务绩效评估指标

指标是一种衡量目标的单位或方法，绩效评估指标是指衡量工作效果、效益的单位或方法。绩效评估指标的概念来源于关键绩效指标，是指通过对组织内部流程的输入端、输出端的关键参数进行设置、取样、计算、分析，以衡量流程绩效的一种目标式量化管理指标，是把组织的战略目标分解为可操作的工作目标的工具，是组织绩效管理的基础。电子政务绩效评估指标是指在电子政务绩效评估过程中，为了保证评估的科学性、全面性、客观性而设计的一套量化式的变量体系。电子政务绩效评估指标体系作为电子政务绩效评估的核心要素，不仅能够保证对已有电子政务建设情况进行科学、全面、客观的评估，而且能够正确指引今后电子政务建设的发展方向。

2. 确定指标体系的原则

确定指标体系时应遵循SMART原则。

S代表具体(Specific)，指绩效考核要切中特定的工作指标，不能笼统。

M代表可度量(Measurable)，指绩效指标是数量化或者行为化的，验证这些绩效指标的数据或者信息是可以获得的。

A代表可实现(Attainable)，指绩效指标在付出努力的情况下可以实现，避免设立过高或过低的目标。

R代表现实性(Realistic)，指绩效指标是实实在在的，可以被证明和观察。

T代表有时限(Time Bound)，注重完成绩效指标的特定期限。[②]

---

① 许跃军，杨冰之，陈剑波. 政府网站与绩效评估[M]. 杭州：浙江大学出版社，2008：17.

② 蔡立辉. 西方国家政府绩效评估的理念及其启示[J]. 清华大学学报：哲学社会科学版，2003(1).

(二) 电子政务绩效评估模式

目前存在的电子政务绩效评估模式主要有以下4类：聚焦政府网站的绩效模式，基于基础设施的技术指标的评估模式，软硬件综合的指标体系模式，关注全社会的网络绩效模式。

1. 聚焦政府网站的绩效模式

政府网站作为电子政务的最终表现，很大程度上是G2C(政府对公民)的触点。如果把电子政务的中间流程假设为难以测评的"黑箱"，那么可以从易于量化的"产出"(Output)着手进行考核，并将此项考核拟似为整个流程的绩效。这是目前一些国际机构进行此类电子政务评估时运用的原理。

聚焦政府网站绩效的优势是运用"黑箱原理"，将政府网站的绩效拟似为电子政务整体流程绩效的方法，便于测评和量化分析，并且突出了电子政务"服务于民"的思想；其弱势是测评针对的是网站的外在表现，而非全程的管理实况。

世界市场研究中心(World Markets Research Center)与布朗大学(Brown University)，分类测评政府网站的各项指标包括以下方面。

(1) 总体指标：针对联系信息、出版物、数据库、门户网站和网上公共服务的数量5个方面。

(2) 操作指标：具体细化为电话联系信息、联系地址等22个指标。更深入的政府网站测评还针对网上服务能力、网上信息、保护隐私政策、残疾人通道和网络安全5类指标进行了细化分析，如表10.1所示。

表10.1　美国布朗大学与世界市场研究中心电子政务评估指标

Tab 10.1　The e-gvernment evaluation index of Brown University and WMR

测评内容	打分情况	测评方式	测评对象
在线信息，在线服务，隐私与安全，残疾人接入，外语接入，广告，使用者费用情况，沟通工具	有18个指标，每个指标4分(共72分)；有28个指标，每个指标1分(共28分)总计100分	所有样本数据均在政府网站上获取	全球198个国家的1935个政府网站

资料来源：蔡立辉.电子政务[M].北京：清华大学出版社，2009：429.

重点测评政府网站几大类指标的方法，以埃森哲(Accenture)为例，主要有服务成熟度和传递成熟度指标。服务成熟度划分为公布信息、交互和政务处理3个层次；传递成熟度指传递机制的状况，它包括"一网式"的程度、顾客意向进行设计的程度、顾客关系管理技术、网站链接的能力、额外增值服务的程度。

2. 基于基础设施的技术指标的评估模式

国际IT界用基础设施作为电子政务的绩效评估标准，该模式以IBM为代表。对电子政务的基础设施设定了三类实用的技术指标：灵活、可升级、可靠。

基于基础设施的技术指标的评估模式的优势是有利于政府加强电子政务的基础设施建

设，特别是硬件方面的绩效提升，有助于政府在长期建设过程中的资源节省和硬件的可持续发展；其弱势是"技术决定论"的理念，有重"电子"轻"政务"的倾向，容易忽略公民对于电子政务的期望。具体的评估指标包括以下方面。

(1) 灵活(Flexibility)。适应快速变动的信息环境；操作标准是使用统一的标准并公开；具备重新运用现有软件的能力；相对独立的基础设计；整合内部与外部的服务。

(2) 可升级(Scalability)。能够随着需求的增长相应地扩充容量；操作标准是以共享或免费软件平台为核心设计电子政务的应用软件；建立负载平衡(Load Balancing)机制，使电子政务的各项服务形成一个逻辑系统；在增减或修复某个具体部件时不需要变更整个操作系统。

(3) 可靠(Reliability)。操作标准是为保障最终用户安全，要坚持连贯、实用的特点。

3. 软硬件综合的指标体系模式

电子政务不仅仅指基础设施这些硬件方面的问题，更需要将设施和技术与具体操作的人力资源紧密结合起来，使电子政务既有"电子"又有"政务"。

软硬件综合的指标体系模式的优势在于有利于全面考评电子政务的绩效，得出总体上的结论；弱势是该指标体系模式的信息处理是在原有一手指标的基础上进行的二次加工，在汇总和加权时存在人为增加误差的因素。

因此，一些国际机构采用软硬件综合的指标体系，联合国与美国行政学会提出两类指标(见表10.2)。

表10.2　联合国与美国行政学会电子政务评估标准

Tab 10.2　The e-government evaluation standard of UN and American society for administrative

一级指标	二级指标
电子政务完备指数 (E-government Readiness Index)	政府网站评估指数(1/3)
	通信基础设施指数(1/3)
	人力资本指数(1/3)
电子政务参与指数 (E-Government Participation Index)	教育、健康、社会福利、财政、就业等

资料来源：蔡立辉. 电子政务[M]. 北京：清华大学出版社，2009：429.

(1) 政府网站的状况。操作指标为5个层次：起步层次、提升层次、交互层次、政务处理层次、无缝或完全整合层次。

(2) 基础设施的状况。操作指标为6项关键指标：每百人拥有计算机数量；每万人拥有互联网主机数量；公民上网的百分比；每百人拥有电话数量；每百人拥有移动电话数量；每千人拥有电视机数量。

(3) 人力资源的状况。操作指标为3项关键指标：UNDP的发展指数、信息通道指数、城市公民的百分比。

4.关注全社会的网络绩效模式

电子政务本质上需要政府与公民和企业的互动，此过程是推动电子政务成长和成熟的最大动力。因此，要从全社会的网络绩效出发，在社会信息化的环境中真实地考察电子政务的绩效。

关注全社会的网络绩效模式的优势是能够将电子政务的绩效评估进行全面的社会整合，得出更加全面、综合的结论；弱势是评估的面广、类多，首先面临着评估数据的来源问题，其次是数据的精确性问题，最后是数据之间的相关性和整合的问题。

哈佛大学国际发展中心，采用了以下两类指标：

(1) 网络使用情况(Network Use)。操作指标对应为信息通信技术使用方面的数量与质量。

(2) "加速"要素(Enabling Factors)。操作指标对应为网络获取(信息的基础设施、软硬件与支持要素)，网络政策(信息通信技术的政策、商务与经济环境)，网络社会(网络学习、机会与社会资本)，网络经济(电子商务、电子政务与相应的基础设施)。[①]

第二节
电子政务绩效管理的背景与体系

一、电子政务绩效管理的背景与意义

(一) 电子政务绩效管理的背景

在工商企业管理中，绩效管理制度可以追溯到20世纪初期泰勒《科学管理原理》中的时间研究、动作研究与差异工资制。法约尔《工业管理与一般管理》从更宏观的视角进行研究，把这种绩效管理从工商企业推广到各种社会组织。从此，绩效管理的理论与方法成为了适用于包括经济、行政、军事和宗教组织在内的一般的管理理论与方法。但绩效评估与绩效管理真正运用到政府管理中来，则是始于20世纪50年代美国的绩效预算制度。 20世纪70年代以来，西方国家普遍开展的政府改革(学界普遍把这场改革称为"新公共管理运动")使绩效评估在政府管理中得到了广泛应用。[②]

自20世纪90年代以来，电子政务作为信息技术的产物，被各个国家和地区政府视为"信息高速公路"建设中的核心工程，成为提高行政效率、降低行政成本的必选方案。然而，国际上越来越多的实践和研究表明，电子政务项目的失败率极高，存在高度的风险。我国电子政务建设已经取得了长足的进步，但在一定程度上形成粗放型的发展。在政府的责任和绩效日趋公开的情况下，电子政务建设成功与否，不仅关系到投入资金的产出效

---

① 许跃军，杨冰之，陈剑波.政府网站与绩效评估[M].杭州：浙江大学出版社，2008：17.

② 蔡立辉.西方国家政府绩效评估的理念及其启示[J].清华大学学报：哲学社会科学版，2003(11).

益，还会影响公民对政府的信任度和支持率，因此，建立健全有效的电子政务绩效评估体系已刻不容缓。[①]

(二) 电子政务绩效管理的意义

科学的电子政务评价理论和考评系统对电子政务的发展具有重要的意义。首先，科学的评价理论是评测电子政务发展水平和绩效的依据。这对于及时发现和纠正电子政务发展中的不足，总结电子政务发展中的得失，引导电子政务的良性发展具有重要价值；同时，国家性的、地方性的电子政务比较，对于引导电子政务的相对竞争具有重要意义。其次，科学的评价是电子政务标准化的重要依据。电子政务的评估体系作为一个检验体系，实际上更是一个指导体系。科学的电子政务评价理论，对于引导电子政务的标准化、国际化具有重要的意义。

随着电子政务建设与应用的日益深入，电子政务评估越来越得到政府、企业和公众的重视。电子政务评估具有重要的作用和意义，突出表现在以下几个方面。

1. 帮助政府树立更新、更高的发展目标，不断促进政府管理变革

对实施后的电子政务绩效进行评估已成为促进政府管理变革的经常性工作。电子政务的发展将加快政府在管理体制、管理观念、管理方式和管理手段上的转变，切实实现政府职能向宏观调控、社会服务、公共管理和市场监督方面的转化，但是否达到一定指标只能用电子政务建设的结果来衡量，并不能代表电子政务目标的实现。由于电子政务建设涉及政府管理的全过程，政府构建电子政府时所面对的困境，不只局限于信息技术应用层面，还与现行法律、相关政策、制度安排，以及现实政府的管理体制、管理组织、管理方式、工作作风和人员素质等方面因素密切相关，难免引发一系列矛盾、冲突和变革，需要政府加大力度不断进行政府管理变革。

同时，通过电子政务绩效评估，有助于政府及时发现管理中存在的问题，有针对性地采取改革措施，使我国电子政务拓展的广度和深度随着政府工作目标的提升而不断加强，使电子政务沿着健康、正确的轨道前行。

2. 帮助政府提升信用，使之成为令公众满意的政府

政府信用是指政府组织机构对外承诺以及实践承诺的程度与水平。维护好政府信用是维护国家信用的基础和前提，也是维护社会信用的基础和前提。

电子政务的实施对维护政府信用提出了严峻挑战。电子政务应该"以网络为工具，以用户为中心，以应用为灵魂，以便民为目的"，其中，用户是核心，便民是根本。电子政务建设的一项重要任务就是"积极推进公共服务"，在大大提高政府办事效率的同时，大大改善政府的服务形象。由此可见，电子政务的实施有助于建立健全政务公开的信息平台，提高政务信息的透明度，这对于健全社会监督网络、强化政府的政策信用、执法信用

---

① 黄波，万道濮，张诺.电子政务绩效评估概述[J].电子政务，2008(10)：15.

和服务信用，对改善政府形象，加快公开、透明、规范、高效的诚信政府建设进程，帮助政府成为令公众满意的政府，都会起到极其重要的作用。

3. 帮助政府提高工作绩效，使之成为高效政府

电子政务对提高政府工作绩效的贡献主要体现在信息的利用效率、办事效率和提供先进的管理工具等方面。

4. 促使政府尽快出台合理的发展战略和对策

电子政务建设没有现成的章法可循，需求也在不断变化，困难很多。出于我国与发达国家政体、政府职能、城市功能及文化背景的差异，不能照搬照抄其他国家的模式。进行电子政务评估有利于政府和广大公众了解我国各级政府电子政务的运作和发展状况，找出与发达国家之间的差距，从而客观理性地对待这种差距，促使政府尽快制定出适合我国国情的、有中国特色的电子政务发展战略与对策，趋利避害，建设好中国的电子政务。

5. 帮助决策者寻找适合的电子政务方案

电子政务绩效管理为我国各级政府及其部门的电子政务发展计划的决策者和实施者们提供参鉴比较的机会，使他们优化和改进方案，开拓工作思路，寻找最适合我国的电子政务方案。

6. 引导IT开发商和服务商的开发战略

中国的电子政务正持续地给众多IT开发商和服务商带来巨大的商机。目前，我国IT企业在办公系统软件、操作系统软件以及嵌入式CPU等一些关键技术领域都取得了突破性进展，使我国电子政务系统建立在具有自主知识产权的、安全可靠的网络技术环境下。为获得持续增长的商业机会，IT服务商必须清晰判断中国电子政务发展的现状与趋势，从而不断调整自身战略发展规划。我国电子政务评估对IT开发商和服务商确立企业的发展战略具有重要的引导作用。

目前，我国电子政务应用系统的规模和社会影响越来越大，急需研究并提出科学的绩效评估理论，以规范、指导和评价电子政务建设实践。因此，加强电子政务绩效评估，对于扎实推进电子政务、提高行政效率、完善公共服务和促进建立服务型政府具有重要的现实意义。①

二、电子政务绩效管理体系的构建思路

电子政务绩效评估是一项长期的工作，因此，它应该是一个持续性的工作，应该有一个相对统一、相对规范、周期性的评估流程，评估的结果也应该得到进一步的运用和反馈，电子政务绩效只有通过不断地完善和发展才能实现其目的。电子政务绩效评估工作的基本评估流程由评估项目设定、确定评估方案、实施评估工作以及总结报告评估结果4个阶段构成，如图10.2所示。

---

① 许跃军，杨冰之，陈剑波. 政府网站与绩效评估[M]. 杭州：浙江大学出版社，2008：7.

图10.2　电子政务绩效管理体系

Fig 10.2　The e-government performance management system

资料来源：李栗燕，徐华伟. 电子政务概论[M]. 武汉：华中科技大学出版社，2013：269.

(一) 评估项目设定

评估项目设定包括明确评估主体和评估客体两个方面。评估主体应具备相应的权力，并能够影响评估客体，使客体向着主体所希望的方向调整，通常评估主体是政府自身、社会公众、第三方专业评估机构，也可以是其中两者或是三者的组合。评估主体的主要职责是根据评估任务的要求，配备相应的专业评估人员，进行评估工作任务分解，确定评估工作思路，制定评估方法，进行评估操作。评估客体是指评估的对象。为了保证评估工作的顺利实施，评估的主客体之间应进行充分的沟通与协调。

(二) 确定评估方案

确定评估方案包括确定评估目标、评估依据、项目负责人、评估工作人员、评估时间、评估任务、评估方法、评估指标、评估标准以及评估资料10项工作。

首先，要确定评估目标，因为评估目标是整个电子政务绩效评估的指南，是用来衡量部门或项目绩效是否达到初定目标；然后，根据有关电子政务战略规划及政策标准的要求，明确评估工作的目标导向、项目负责人、工作操作人员、评估要求、评估原则等；接着，再根据评估的目的、任务和评估对象，结合评估客体的业务性质和评估内容进行评估指标的设计和调整，并进行指标要素的信度和效度的检测，以保证绩效指标具有代表性和可操作性；最后，要对评估指标进行权重设计，予以量化，确定综合评分，并明确评估资料的适用范围，确保评估的准确性。

(三) 实施评估工作

评估工作的实施过程包括征求专家意见、收集分析评估数据、数据处理分析、形成初步评估结果、综合评议修正评估结果、确定评估结果以及撰写评估报告7个项目。

认识和判断评估客体的情况必须了解评估客体的相关信息，因此应该围绕评估客体收集意见、采集数据，可以通过直接引用已有的权威资料上的专家发布的统计年鉴或调查数据等获得，也可以采用调查采集的方式获取数据；接着，要对收集的数据信息进行分类和整理，将其数值与对应的评估标准进行对比，再通过综合评估获得综合评估数值，形成初步评估结果；在接下来的综合评议中要给予评估客体充分申诉的机会，评估的主客体双方要进行充分的沟通交流，把存在分歧的数据进行进一步的评测和修正，在形成公正的评估结果后再撰写评估报告。

(四) 报告评估结果

评估报告是评估工作最终成果的体现，应包含评估的全过程。完成好的评估报告应递交给评估组织并存档备用，将评估结果反馈给评估客体，使评估客体能够根据评估结果了解自身电子政务发展的优势、劣势，了解取得的成绩和存在的差距并分析其原因，为后续电子政务的发展提供改进的依据，加强其薄弱环节的重点建设，保障电子政务按正确方向发展。①

三、电子政务绩效管理体系和机制

电子政务绩效评估是一项较为复杂的系统工程。要建立一套科学规范的电子政务绩效评估体系，是一个涉及范围广、技术要求高、考虑因素多的复杂系统。

电子政务绩效评估过程中最重要的是建立衡量的指标体系。一组既独立又相互关联，并能够较完整地表达绩效评估的目的和评估对象系统运行目标的评价指标构成了绩效评估指标体系。但是，构建电子政务绩效评估指标体系是一个复杂的系统过程，在指标体系的构建过程中必须遵循科学性原则才能构建出科学合理的指标体系。建立科学电子政务绩效评估指标体系的原则主要包括以下几个方面。

(一) 目标一致性原则

所谓目标一致性，就是电子政务绩效评估指标体系与被评估对象的战略目标、绩效评估的目的三者之间的一致。首先是电子政务绩效评估指标与被评估对象的战略目标的一致性；其次是绩效评估指标与绩效评估目的的一致性。

(二) 科学性原则

科学性原则主要体现在理论与实际相结合和采用科学方法等方面。电子政务绩效评估要有科学的规定性，各个评估指标的概念要科学、确切，要有精确的内涵和外延，计算范围要明确，不能含糊其辞而导致各取所需。评估指标必须与绩效、效益的科学概念具有一致性。科学性原则还要求评估指标体系能比较准确地反映在不同情况下的不同特点。电子政务的绩效评估，要能反映政府工作特点和信息化工作的价值。电子政务的工作内容不同于企业，也不同于传统的政府工作内容。这些特点决定了对电子政务进行绩效评估的指标体系要明显区别于传统的绩效评估指标体系，也区别于一般的信息化评估指标体系。

(三) 系统优化的原则

对电子政务进行绩效评估是一个广泛的、综合的系统性问题，不是用一两个指标就可以解决问题。因此，必须建立若干指标进行衡量，才能评估其全貌。这些若干指标必须互相联系、相互制约。系统优化原则要求评估指标体系要统筹兼顾各方面的关系，包括统筹

---

① 李栗燕，徐华伟. 电子政务概论[M]. 武汉：华中科技大学出版社，2013：269.

电子政务在"经济效益、社会效益、管理效益"等方面的关系，统筹当前与长远之间的关系，整体与局部的关系，技术与经济之间的关系，定性与定量之间的关系等。遵循系统优化的原则就要求在设计评估指标体系的方法时采用系统的方法。也就是说，各个要素之间的有机联系方式和合理的数量关系，体现出对上述关系的统筹兼顾，并达到评估指标体系的整体功能最优，能够较为客观全面地评估电子政务绩效。

(四) 可比性原则

电子政务绩效评估不仅仅是对同一单位的一个时期与另一个时期相比较，同时还会涉及不同单位之间的比较，因此评估指标体系的设计必须在两个方面具有通用性和可比性：一是对同一单位不同时期进行比较时(即纵向比较)，评估指标要具有通用性、可比性；二是对条件不同、任务不同的单位进行横向比较，要根据各单位在实现电子政务过程中的共同点进行设计，同时采取调整权重的方法，以适应不同性质、不同类型的单位。此外，评估指标还应尽可能与国内、国际的有关评估指标相一致，评估指标的定义尽可能采用国内、国际标准或公认的概念，评估内容应尽可能剔除不确定性因素和特定条件下环境因素的影响。

(五) 实用性原则

实用性原则主要体现在以下4个方面。

(1) 评估指标体系繁简适中，计算评估方法简便易行。在能基本保证评估结果的客观性、全面性的条件下，指标体系应尽可能简化。

(2) 评估指标所需要的数据要易于采集，各种数据尽可能在现有的统计制度、会计制度和数据库中获得。

(3) 各项评估指标及其相应的计算方法、各项数据都要制度化、标准化和规范化。

(4) 在评估过程中体现质量控制原则，依靠评估数据的准确性、可靠性和计算评估方法的正确实施来保证整个评估过程的质量。

第三节
电子政务绩效管理状况比较

一、国外电子政务绩效管理状况

(一) 国外电子政务绩效管理的一般情况

随着电子政务的全球化推进，电子政务绩效评估研究引起了各国的高度重视，许多研究机构、咨询公司和学者对其展开了深入的研究和实践，尤其是美国等电子政务发展处于领先地位的国家。美国前副总统戈尔在上海举行的第三届亚太地区城市信息化论坛上介绍电子政务建设经验时提到："我们在让每一个机关上网的同时，建立了一些具体的业绩评估，对联邦部门的每一个计划进行评估，结果显示各个部门的质量是很不一样的"。目前，国际社会在电子政务绩效评估方法和评估指标方面已经形成比较成熟的体系，在国外电子政务绩效评价和研究方面比较有影响力和代表性的机构主要有三类：一是美国、加拿大、印度等政府以及联合国等机构；二是以美国布朗大学、新泽西州立大学纽瓦克分校和韩国成均馆大学等为代表的大学及研究机构；三是以埃森哲、益特纳(Gartner)、IBM等为代表的第三方商业公司。

1. Accenture的评估方法

Accenture是世界著名的咨询公司，它从2000年开始，用其独有的评分系统对发达国家的电子政务进行评分，并发布年度报告。2002年，Accenture在对世界上具有代表性的23个国家或地区的政府门户网站进行调查和分析的基础上，提出了一个电子政务绩效评估指标体系。这套评估指标体系将169项政府在线服务项目分为9大类，如保健与人类服务、司法与公共安全、国家财政收入、教育、运输与车辆、管制与参与、采购、邮政等，并将其作为评价指标。

Accenture的指标体系侧重于测评电子政务的总体成熟度，它认为信息公开与通信程度是一种公共服务，信息公开化程度越高，通信越发达，就表明公共服务成熟度越高。总体成熟度又分为公共服务成熟度和客户关系管理两个指标，服务成熟度的权重为70%，客户关系管理的权重为30%。其中，服务成熟度又包括服务成熟广度和服务成熟深度两个方面。服务成熟广度是指政府负责提供的服务中已经在网上实现的比例；服务成熟深度是指政府服务的完备水平。具体来说，是把政府服务分成发布、生动和交易三个层面，以反映某一项服务所能达到的最高成熟度。而客户关系管理(Customer Relationship Management, CRM)测量政府将服务提供给用户时达到的精确程度，体现为政府网站的构成和用户的满意度，具体包括5个子制表，分别是洞察力、互动、组织性能、客户建议和网络。

2. Gartner的评估方法

另一个著名的咨询公司Gartner，也制定了一套关于电子政务的绩效评估指标。与Accenture不同的是，Gartner的电子政府战略评估体系并不是对世界各国电子政务发展水平作横向的比较，而是对某国特定电子政务项目的有效性进行评估。Gartner主要从三个方面评估电子政务项目的有效性，即公民的服务水平、运行效益以及政治回报，而每个大类又包含一系列具体参数；比如，在公民的服务水平一项中就包括了诸如成熟性、是否成功、有用性等若干具体指标。应该说Gartner公司的评估指标是侧重于量化的一套评价系统。

3. 联合国公共经济与公共管理局的评估方法

2002年5月，联合国公共经济与公共管理局和美国公共管理学会一起，对联合国190个成员国的电子政务建设情况进行了调查研究与分析比较，并发表了一份联合报告。该报告从"政府网站建设现状""信息基础设施建设"以及"人力资源素质"三个方面提出了衡量一国电子政务发展水平的"电子政务指数",并以此对133个成员国的电子政务发展水平进行了评估。

该报告将各国电子政务的网站建设划分为起步阶段、提高阶段、交互阶段、在线事务处理阶段以及无缝链接5个阶段,并且以数字1、2、3、4、5分别赋予这5个阶段,以量化各国的"政府网站建设现状"。每个阶段又根据差异情况划分为4档,每档间隔0.25。具体数字来自评估者对有关国家网站的调查分析。比如,"信息基础设施建设"包括6个主要指标:每百人计算机拥有量、每万人的互联网主机拥有量、网民占国家人口的比例、每百人的电话线拥有量、每百人的移动电话拥有量、每千人的电视机拥有量。"人力资源素质"包括3个指数:联合国开发计划署的人文发展指数、信息提供指数以及城镇人口与农村人口比率。

这个报告的优点是,所衡量的指标都能从公开出版物上找到数据。但是,该报告对于"政府网站建设现状""信息基础设施建设"以及"人力资源素质"三个方面的权重分配情况以及各子方面的权重分配情况未作说明,也没有给出具体的计算公式。

4. 美国政府的评估方法

美国在电子政务评估领域,已经建立了完善的体系。评估的主体是美国审计署,由其对联邦政府各个部门的电子政务进行评估(其组织架构如图10.3所示),评估内容非常全面,涵盖从系统的信息安全到系统的投资分析等方面。2006年美国管理与预算局(OMB)公布了电子政务的评估报告,报告中提出对电子政务的评估主要分为3个维度:

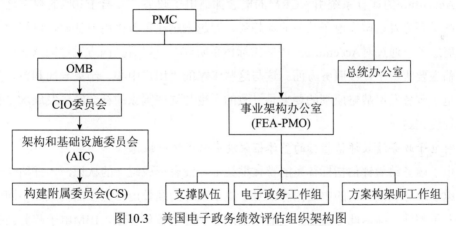

图10.3 美国电子政务绩效评估组织架构图

Fig 10.3 The chat of e-government performance evaluation organization structure in the US

资料来源:蔡立辉.电子政务[M].北京:清华大学出版社,2009:442.

(1) 应用/参与——相关团体(企业、机关、其他组织)参与电子政务的程度;

(2) 使用——终端用户的使用水平;

(3) 客户满意度——终端用户对电子政务产品或服务的满意度。

近来,美国管理与预算局(OMB)对电子政务评估在以下两方面有所重视。

(1) 成本节约——在成本节约、避免浪费、减轻政府和市民的负担方面的表现。

(2) 效率——在节约时间和生产力提高方面的表现。

2008年2月，美国管理与预算局(OMB)向议会提交了第三份年度报告，即《关于电子政务带来的效益的报告》，报告中评估了依据《总统电子政务提案》建设的电子政务给各个部门带来的效益，以及市民和联邦雇员从中获得的收益。具体包括对联邦"在线一站式招聘"的评估、对美国国税局免费文件使用状况的评估、对旅游局旅游在线效益的评估、对基金会网站的评估、对联邦政府网站公众服务的评估、对政府福利网站的评估。[①]

(二) 国外电子政务绩效评估的特点

从相关文献上来看，电子政务绩效评估已经成为全球各大电子政务相关研究机构、咨询机构的重点研究课题，一些电子政务处于领先位置的国家已经在实施电子政务的绩效评估。总体而言，国外电子政务绩效评估及网上人事人才公共服务绩效评估的特点体现在以下几个方面。

1. 评估对象集中于网站外部绩效

从相关文献来看，电子政务绩效评估主要集中在政府网站层面，主要从政府网站外部特征入手，考虑到外部绩效，却较少涉及电子政务的内部运营绩效。当前，对电子政务内部绩效方面进行深入的理论研究比较鲜见，而在评估实践中，其绩效构成结构框架中包括流程优化、制度建设、成本投入等内部绩效的也很少。

2. 评估内容集中于在线公众服务

从Accenture的评分系统引入CRM的概念评估电子政务，并给予30%的权重这一点来看，反映了西方发达国家电子政务的新趋势，即越来越注重改善用户体验，以用户为中心提供政府服务。通过对Accenture的评估指标体系研究，可以看到西方发达国家的电子政务绩效评估主要集中于在线服务方面。这与这些国家的"用户中心、结果导向和市场基础"的三大电子政务发展战略原则的要求是一致的，也与这些国家的社会经济发展水平和政府信息化程度相适应。

3. 对电子政务绩效评估指标的整体框架没有形成统一认识

在电子政务绩效评估指标体系的整体框架上，没有形成统一的认识，"评估什么"已经成为电子政务绩效评估的主要困惑。对于电子政务的绩效由哪些方面构成，不同研究者的观点并不相同，并由此分流出不同着眼点的多种绩效评估体系。IBM电子政务创新研究院的评估体系从技术角度来理解绩效的构成，提出灵活性、可升级、可靠性三维度指标。Accenture的评估体系从社会效益角度来理解绩效的构成，提出服务成熟度和客户关系管理两维度指标。有的评估体系涵盖了基础设施建设、信息资源整合、信息安全系统等要素。有的评估体系包括政务平台系统、相应管理体系等要素。不同指标体系的评估指标各有侧重，使得各种评估结论不具有横向可比性。[②]

---

① 蔡立辉.电子政务[M].北京：清华大学出版社，2009：442.
② 庞诗.我国网上人事人才公共服务模式研究[M].北京：中国经济出版社，2013：133.

二、我国电子政务绩效实施情况

电子政务是一个新兴事物，因此对其绩效进行评价的历史也较短，评价体系还不够成熟，在我国则表现得更加明显。根据我们所掌握的文献，国外关于电子政务绩效评价的研究从2000年左右开始，中国则大致从2002年开始。

近年来，我国政府开始重视对电子政务建设的绩效评估，政府部门和一些科研机构在绩效评估体系的制定方面进行了研究。我国在绩效评估指标体系方面，借鉴了一些西方发达国家的做法和经验，尽管有一些争论，但有些评估体系已经在实践中应用，并在社会上产生了一定的影响。

(一) 互联网实验室关于电子政务的实施情况

互联网实验室(Chinalabs.Com)推出的《电子政务战略测评》，从公众服务、办公自动化和科学管理三个方面对电子政务的效果进行评估。评估结果是：目前我国电子政务进行得最好的是办公自动化，最差的是公众服务。该《测评》引入了社会卷入度、用户体验度、信息化成熟度、环境变革度4个指标，每个指标下还有若干小节。这是中国第一份电子政务评估的系统方案，收到了良好的市场反响。

(二) 广州时代财富科技公司关于电子政务的研究

2002年5月15日，广州时代财富科技公司(www.FortuneAge.com)发布的《中国电子政务研究报告》显示，目前我国的电子政务还处于比较低的水平，无论是信息的实用性和完整性，还是实质性的电子政务功能都离公众的期望有很大差距，中国的电子政务化为22.6%。这项指标是在对196个政府网站的内容、功能及问题进行详尽分析的基础上，根据评价电子政务水平的指标体系得到的。该指标体系是一个较为全面的评估体系，包含政府机关的基本信息、政府网站的信息内容和用户服务项目、网上政务的主要功能以及电子政务的推广应用4个方面，共计30项评价指标。

(三) 中国电子信息产业发展研究院关于电子政务的研究

中国电子信息产业发展研究院与中国信息化绩效评估中心(北京化工大学)连续五年对全国政府网站进行调查和评估，是近年来最有影响力的全国性政府门户网站评估。2006年的评估指标主要集中在关于政府网站发展建设中的信息公开、公共服务和公众参与等方面的绩效水平，评估结论认为，各级政府网站平均拥有率达到85.6%，比2005年上升4.5个百分点；在评估指标要求更为严格的情况下，各级政府网站的"信息公开、在线办事和公众参与"能力保持快速上升趋势。2007年部委网站绩效评估按照业务特点以及是否具有面向社会的行政办事服务职能，将部委网站分成"具有面向社会行政办事服务职能的部委网站"和"其他部委网站"两类进行评估。其中，对具有面向社会行政办事服务职能的部委网站进行评估和排名，而对其他部委网站仅进行点评，不进行排名。

(四) 政府机构关于电子政务的评估研究

当前，我国电子政务建设领先的地区已经在电子政务绩效评估方面取得了一些进展。《广东省信息化发展纲要实施意见(2005—2010年)》明确提出了该如何"加强信息化建设项目评估"——制定信息化项目效果评估办法和评估指标体系，并按照"科学、公正、客观、实用"的原则，组织第三方对政府投资的信息化建设项目进行效果评估，评估结果作为预算投资、行政考核的依据。江苏、青岛等省市也开始尝试不同深度及形式的电子政务绩效评估。[①]

三、电子政务绩效管理的经验与启示

从国内相关文献和评估实践来看，电子政务绩效评估的研究和实践还处于起步阶段，大多数的评估体系仍然停留在理论的探讨阶段。在政府实施的实际评估中，主要还是围绕网站做功能性评估，比如信息公开够不够细化、标准化等。总体来说，国内电子政务绩效评估及人事人才公共服务绩效评估的经验与启示主要表现在以下几个方面。

(一) 要客观分析本地现状

电子政务绩效评估的成败取决于绩效体系是否对考核对象具有进一步发展的引导性，这需要充分结合国情、省情、市情。脱离本地实际的评估体系对电子政务发展有百害而无一利。

各地的电子政务均有其特有的发展规律、发展阶段和发展惯性，而真正理解这些因素的，只能是长期处于第一线的实际工作者，只有将评估的发言权交给他们，才能够避免评估体系流于形式或者发生负效应现象。如果评估对象还处于网络建设的阶段，就无法评估电子政务对于政府职能的实现程度，而只能将重心放到鼓励网络合理发展，并逐步引导信息资源的整合建设的方向上来。

因此，只有指标体系能够体现出不同阶段、程度及矛盾所构成的现状差异，才能够建立行之有效的绩效评估体系，并实现有效的引导作用。把握好绩效评估体系的理论共性及实践个性的矛盾，才能够将理论逻辑性和实践引导性充分结合，并建立真正围绕电子政务最终发展目标的评估系统。

(二) 要理清适宜的评估目标

目标管理是电子政务绩效考核的重要手段。评估目标必须建立在对现状的理解基础之上，才能够建立起符合电子政务发展规律的评估体系。

目前，我国电子政务的绩效评估多数存在着目标模糊的情况，评估结果对实际工作缺乏指导作用。另外，有些评估体系虽然有一定的目标导向，但由于评估方式存在缺陷，同

---

① 庞诗.我国网上人事人才公共服务模式研究[M].北京：中国经济出版社，2013：133.

样会使其引导作用不能得到充分发挥。

赛迪顾问认为，要通过建设电子政务绩效的目标管理联席评审制，即让群众和专家对各单位电子政务发展的目标进行审查、评议、提出修改意见和建议，使广大人民群众的愿望和利益成为各单位发展电子政务的目标任务，并落实在各单位的日常工作中。同时，通过电子政务的目标联审，使各单位的目标任务公之于众，也有利于群众对党政部门工作的监督，进一步保证这些目标任务贯彻落实；有利于从更深层次上开辟一条问计于民、借助群众智慧的渠道，从而拓宽群众参政议政的渠道，确保了电子政务评估目标设置的科学性、规范性与合理性，从而进一步提高目标管理绩效考核的客观公正性。

(三) 要合理选择评估模式

在结合现状及评估目标的基础上，才能够合理选择具体的评估模式。目前，我国绝大多数的电子政务绩效评估体系仍处于使用价值层面，所开展的评估仍然是围绕电子政务的具体组成内容。电子政务的绩效评估，包含了政府网站、信息化项目、政务系统等要素，但并不能仅仅停留在这个层次，而是要在不同的时期，根据各地自身的政府职能及电子政务发展状况，对评估方法进行综合的考虑和权衡，逐步发展为反映电子政务对政府职能的实现程度的绩效评估，并最终发展到电子政务的价值评估的层次。

(四) 评估对象不应集中于政府网站的评估

政府网站是电子政务最直接的表现形式，对它的建设和使用情况的研究能让我们最直接地掌握中国电子政务的现状。因此，很多电子政务绩效评估体系在构建的时候，其逻辑起点就是网站的评估。建立科学的电子政务评估体系、对电子政务总体框架进行系统评估，对于电子政务的实施不仅具有指导意义，也有规范作用。但是，仅仅从政府网站的信息披露情况、网上办公情况和网站本身设计、连接等特性对电子政务整体框架进行评估未免过于单一，而且不利于对电子政务的宏观和整体把握。

(五) 评估体系要重视电子政务发展的不均衡性

受国际电子政务绩效评估理论的影响，我国电子政务绩效评估的实践更多采取的是理论特点鲜明的评估体系。这些评估体系在强调理论体系的同时，忽视了电子政务在各地的不同发展程度。在我国的部分地区开展的电子政务绩效评估实际工作过程中，多数绩效评估体系由于缺乏可操作性而流于形式，使评估过程中所应有的良性激励效应无法发挥其作用。这些问题具体表现在不同评估主体的评估范围有所不同，评估方法也存在很大的差别。比如，市内电子政务管理机构所组织的评估有时是针对电子政务建设项目，有时针对的是全市各委办局的网站；由省组织的评估则更为多样化，有的是针对政府垂直机构的建设，有的是各市整体建设水平的评估，有的甚至是将多种评估对象融合起来。由于各种评估范围及对象纵横交错，界定模糊且不确定，使具体的评估工作无所适从，这是目前影响我国电子政务绩效评估发展的关键症结之一。

(六) 绩效指标的选取要具有严密的逻辑层次关系

从相关文献上来看，对电子政务绩效指标体系本身的研究并不多见，它往往使指标所包含的信息出现重复或遗漏。绩效指标体系是总体绩效目标的层层分解，应体现出指标之间相互支持的逻辑关系，并突出关键指标。但是在实践中应用的指标体系的内部逻辑关系不明显，使指标选取出现重复和片面的情况，在权重的组织上没有完全体现出指标的重要性分布，使评估结果缺少说服力。只把电子政务绩效指标体系看作描述电子政务建设现状的一个工具，不关注或者很少关注其本身的科学合理性，导致现行的一些电子政务绩效指标体系存在许多问题，不能适应电子政务绩效评估的需要。

本章小结

管理学认为，不可衡量则无法管理，评估电子政务是管理电子政务的重要内容。尽管许多国际知名机构和组织所提出的电子政务评估体系在目的、视角、指标、标准等方面存在着较大的差异，但它们的总体目标都是试图借助评估来提高电子政务整体的或某一个方面的绩效水平，进而引导电子政务的持续发展。目前还没有一个成熟的、公认的电子政务绩效评估体系，电子政务的高投资、高风险、高失败率的特点，增强了电子政务绩效评估的紧迫性和重要性，使其成为当前电子政务发展中的重点、热点和难点问题。本章主要介绍了电子政务绩效评估的主要概念，电子政务绩效评估的模型与指标体系建设，以及当下国内外绩效评估的发展状况，并试着提出了一些建议。

关键术语

绩效　电子政务绩效　电子政务绩效评估　评估原则　评估体系　评估内容　评估方法

思考题

1. 简述绩效、电子政务绩效的定义。
2. 简述电子政务绩效关注的内容。
3. 简述电子政务绩效评估的定义与原则。
4. 电子政务绩效评估的对象有哪些？
5. 列举电子政务绩效评估的主要内容。
6. 电子政务绩效评估指标体系建立的原则是什么？
7. 电子政务绩效评估有几种模式？分别简述其内容。
8. 归纳总结电子政务绩效管理的意义。

9. 构建电子政务绩效评估体系需要哪几个步骤？

10. 分析电子政务绩效管理的经验与启示。

案例分析

我国部分政府部门的电子政务绩效评估实践

（一）吉林省政府

吉林省政府从2003年起责成省政府办公厅构建互联网站评议考核指标体系，每年年底组织一次全面的网站评估工作。在2003年，吉林省政府办公厅采取"单位自检、网上征求意见、检查组集中检查评议"的方法，开始对市(州)政府和省政府工作部门的58个政府网站进行绩效评估。2004年，吉林省政府办公厅出台了一系列政府网站绩效评估工作办法，制定了规范的政府网站绩效评估指标体系。此后评估指标的内容和标准逐年修改完善，将评估范围逐渐扩大到包括省政府部门、市(州)、县(市)的政府系统。2006年全省政府网站绩效评估工作由吉林省政府办公厅与中国网通吉林省通信公司共同组织实施，这次对评估指标做了较大调整。根据政府网站中门户网站和部门网站两种不同类型，对省政府部门网站和市(州)、县(市)政府门户网站采用了不同的评估指标体系，分成两类进行评估。吉林省政府通过网站绩效评估带动了各部门、各地方推进政府网站建设的积极性和主动性。几年来，吉林省政府网站建设进步很快，根据国信办委托中国电子信息产业发展研究院做的全国网站绩效评估结果，吉林省在全国处于前列。

（二）北京市政府

北京市从2000年开始进行政府网站评议活动，每年都确定评议的重点主题。如2003—2004年度政府网站评议的主题为"评议政府网站，检查政务公开"，目标是推进"阳光政务"，提高"网上政府"的职能作用。2006年度政府网站评议工作的重点是进一步推进政务公开、深化在线服务和公众参与，同时提高网站管理的水平和质量。北京市政府网站绩效评估的突出特点是注重多方参与，评估中引入群众评议，成立了由市政府特约监察员、无党派人士、信息领域专家等组成的专家评议组，此外还向社会公开招聘8名群众评议员，组成群众评议组参加打分评议。另外，首都之窗主站点和参评各单位的网站同时开展"网民评议政府网站"活动，由网民进行在线评议。同时，北京市政府从2004年起开展电子政务绩效评估工作，并把电子政务绩效评估与政府部门绩效评估有机结合，提高了电子政务绩效评估工作的权威性和激励约束效应。

（三）计划单列市及地市级政府

除了北京、吉林等省级政府以外，部分计划单列市和地级城市也陆续开展了政府网站评议活动，试图通过政府网站对电子政务的成效进行透视和审视。例如，青岛市电子政务办公室2003年度开始对全市64个政务网站进行评估。2004年，在网站评估的基础上开展了电子政务绩效评估工作，指标除了政府网站的政务公开和对外公共服务以外，还包括机关内部的办公自动化应用、内网资源建设等。

安徽淮南市政府把综合性的电子政务绩效评估作为政府绩效管理的重要组成部分，建立了一套党政一体的电子政务绩效评估体系，其主要内容包括执行力、公信力、回应力和发展力等4个方面。2003年、2004年连续两年对政府门户网站进行评估，从2005年开始对全市的电子政务绩效进行全面评估。评估方法是首先由各评估对象对照各自年度绩效评估方案进行自查自评，并形成自查报告。市信息办成立若干评估小组进行绩效核实，其中满意度调查由群众评议员作为第三方组织实施。

此外，宁夏、上海、深圳等省市也都开始了电子政务绩效评估工作，一些中央部委也正积极着手准备工作。从总体上看，一方面我国电子政务建设正在进入更加注重业务应用、更加突出高效安全的新的发展阶段，对电子政务绩效评估的需求不断增强；另一方面，第三方评估机构的外部评估和部分省市的带头示范作用都对全面开展电子政务绩效评估工作产生了有力的促进作用。我国电子政务绩效评估工作正面临一个重要的发展机遇期。

资料来源：http://baike.sogou.com/v57681949.htm.

思考问题

1. 以本案例为例，具体分析电子政务是如何提高政府绩效的？

2. 你认为，今后我国的电子政务绩效评估应该如何开展？

第十一章
电子政务文化建设

电子政务不仅是公共管理技术层面的变革，随着实践的深入，电子政务行为本身必然产生和渗透出大量关于电子政务的意识、思想、观念、认知甚至是习惯方面的改变，直到逐渐固化下来，深刻影响着电子政务的具体实践。这就是电子政务文化[①]，一种来自文化的力量。电子政务文化既是公共管理理念的一个具体体现，又是行政文化的一个重要分支和组成部分，在某种程度上看，电子政务文化可以说就是目前行政文化的具体体现和深入发展，必将对电子政务建设起到积极的导向、推动和促进作用。但是，鉴于目前电子政务建设的紧迫形势和现实需求，各国研究者、建设者和决策者几乎都在关注电子政务的具体规划和发展，很少有人关注和发掘电子政务文化的内容和价值，这不能不说是电子政务领域研究和实践的重要缺失。

第一节
电子政务文化概述

从词的构成特点看，电子政务文化是一个复合名词，应该是具有典型电子政务特征的"文化"形态。当然，电子政务文化也使得电子政务开始具备文化特质和内涵，是电子政务发展到新阶段的标志。

一、电子政务文化的定义与特点

(一) 电子政务文化的定义

电子政务文化是由多种文化交汇衍生出的新形态文化，从其存在领域和内容构成看，电子政务文化最主要是由技术文化、行政文化以及网络文化融合而成。也就是说，电子政务文化是一个集多种文化特征于一身，而又区别于某类文化的"文化混血儿"；从文化分

① 本章是中央高校基本科研业务费专项资金项目"电子政务文化：内涵、框架与策略"的研究成果之一，项目号[N130414002]；辽宁省人力资源和社会保障厅百千万人才项目"治理能力现代化视域下辽宁电子政务文化建设研究"，项目号[2014921015]。

类学看，应该属于行政文化的亚文化范畴。

基于此，电子政务文化是指在电子政务长期发展中，在一定的电子政务外部文化环境的作用下，由电子政务活动的相关主客体所产生、积淀、创新并最终稳定下来的，对电子政务参与者和外部环境起作用的一系列理念意识、制度规范以及行为倾向等。它固化为某种潜意识或者行为习惯，通过电子政务活动表现出来，是当代中国特色行政文化的具体体现之一，对服务型政府建设、电子政务实体发展和社会文化创新均具有不可低估的影响力。

(二) 电子政务文化的特点

电子政务文化作为行政文化、技术文化和网络文化等文化元素汇集的集大成者，除了具有它们的基本特征外，还具有自己的独特之处。

1. 承载主体的多元性

这是由电子政务活动过程的主体复杂性决定的，一个完整的电子政务活动涉及多个主体，而且主体分工、素质能力、责任目标各有差别，没有这些主体的积极互动过程，就没有电子政务文化。

2. 表现强度的差异性

电子政务是政府实现公共管理的一种有效形式，而且会逐步成为主要平台和行政方式。但是，受到电子政务发展差异的影响、参与者素质能力的制约以及实际公共行政的多样性，都决定了公众个体在电子政务文化层面的实际表现有很大的差异，不可能出现理想中的均等性和一致性状态。

3. 框架结构的稳定性

电子政务文化的出现和稳定发展，逐渐形成自身的稳定框架和层次分明的结构，为电子政务文化明确了在整个文化图谱中的定位，也为不断丰富电子政务文化内容，提供了明晰的界线和区域。

4. 内容的丰富与创新性

创新是文化的内在特质，电子政务文化内容本身具有包容性，是多种文化元素的汇合。此外，电子政务内容与形式也处在发展变化中，决定了电子政务文化内容必然是与时俱进的。

5. 社会影响的促动性

电子政务文化是一种积极的文化形式，必然对现有的行政文化、网络文化等产生积极影响，也将对革新社会文化起到积极的促进作用，尽管其培育尚需时日，但其积极向上的影响力、为广大公众所接受并乐见其成的引导力，体现了时代文化的精髓和内涵。

二、电子政务文化的背景、阶段与意义

(一) 电子政务文化的生成背景

1. 电子政务渐趋成为主导性行政模式

电子政务和电子政务文化是相辅相成的关系。一方面，电子政务是以电子政务文化为指导进行建设的；另一方面，电子政务的建设中出现的问题以及进行的创新推动了电子政务文化的发展。电子政务文化建设的背景与电子政务的发展历程有着千丝万缕的关系。目前，电子政务已经贯穿和渗透到政府行政活动的各个领域和层面，逐渐成为行政的主流，电子政务的发展必然会催生电子政务文化。

2. 相关文化创新进程明显加快

随着信息技术的发展，除了行政文化、技术文化之外又增加了新的内容——网络文化开始出现并得到繁荣发展，这些与电子政务相关的文化进入了加速创新的进程，这些相关文化的发展必然会推动电子政务文化的生成与发展。

首先，行政文化是电子政务文化的方廓。电子政务文化从属于行政文化的范畴，行政文化在信息技术发展基础上的创新很大一部分是电子政务文化的萌芽，即电子政务文化在行政文化内部实现了自身的孕育和发展。因此，行政文化创新进程的加快在某种程度上促进了电子政务文化的分化和形成。

其次，技术文化是电子政务文化的根脉。电子政务文化与技术文化是交叉的关系，在电子政务层面的技术文化都属于电子政务文化的范畴。随着电子政务的技术研究和发展，技术文化逐步囊括了电子政务相关的技术文化，同时技术文化的范畴和理念也随之不断地创新发展。因此，技术文化创新进程的加快必然对电子政务文化产生一定的积极影响。

最后，网络文化是电子政务文化的神经。电子政务文化与网络文化也是交叉的关系，两者存在重合的部分。电子政务文化同网络文化的相似之处，是以信息技术为技术依托；但不同的是电子政务文化是现代信息、通信技术对政府管理模式的再造，而网络文化则是对人们社会生活的"再造"，相比较而言就宽泛得多。政府门户网站的建设不仅改变了政府的服务模式，同时也影响了公众的社会生活。因此，网络文化的创新和发展为电子政务文化的发展创造了一定的条件。

3. 行政主客体行为亟待软约束规范

与所有的行政行为一样，电子政务是人的活动，不仅包含行政的主体——政府行政人员，同时也包括行政的客体——公众。因为人类的行为要受到非理性因素的影响，在电子政务的实现过程中不可避免地会出现一些问题，主要表现在行政人员的行为不规范、服务意识薄弱；公众的参与意识不强、缺乏与之匹配的成熟制度；信息安全问题严重等。电子政务现在已经渐趋成为行政主流，因此要想更好地建设电子政务，必须严格规范行政主客体的行为。

(二) 电子政务文化的发展阶段

电子政务文化发展将经历三个阶段，基本与电子政务发展阶段类似，但是在进入当前阶段，则表现出独特的发展方式与内容。

1. 孕育阶段(20世纪80年代及90年代初—21世纪初)

从20世纪80年代及90年代初至21世纪初，随着电子政务的出现、建设和发展，电子政务文化开始孕育和萌芽，政府和社会公众逐渐加深了对电子政务的技术认识，形成了一定的技术依赖和技术理念，为电子政务文化的产生奠定了基础。

(1) 办公自动化阶段。各政府部门开始尝试利用计算机技术辅助一些最基础的政务活动。相应的电子政务文化的萌芽主要体现为物质层文化和理念层文化。在物质文化层面，强调设施建设和技术更新，还没有正式提出"电子政务"概念；在理念文化层面，追求效率，政务信息化初见端倪，主要集中在政府内部的一些应用，如使用计算机、传真、打印机、复印机等现代办公设备和计算机技术、网络管理技术等协助处理信息等，都着眼于政府部门内部效率的提高，但并没有将重心放到"公共服务"上来；国家有关部门和专门领域的信息系统建设也开始推进，建立了各种纵向和横向的内部信息办公网络。

(2) 专业领域信息化阶段。我国政府信息化建设进一步加快，相应的电子政务文化的萌芽主要体现为物质层文化和行为层文化，强调设施建设、技术型文化、业务型文化和能力型文化建设，具体表现为全国兴起建设信息高速公路的潮流，旨在推动国民经济信息化和社会化的计算机联网、应用工程在专业领域的应用，主要表现在政府核心业务的建设——金字工程，使海关、税务、公安、审计等部门的管理实现了系统化和网络化，大大提高了这些核心业务的管理水平和效率，从而推动了政府专业领域的信息化。

(3) 政府上网阶段。互联网经济快速发展，市场经济体制改革深入，需要提供灵活、高效、便捷的政府服务，相应的电子政务文化的萌芽主要体现为物质层文化和行为层文化，停留在网络设施、政府上网、若干重点领域和相对比较基础层面的建设，同时强调效率型文化：政府网站不断建成开通，封闭性的或与互联网相隔离的政务专用网络的建设也在同步推进。政府门户网站的建设在政府管理信息系统的同时，实现了政府与公众的对接，有助于政府办公更加高效。

2. 生成阶段(21世纪10年代前后)

21世纪10年代前后，电子政务文化正式生成：政府人员逐渐依赖和应用外网办公；公众开始以电子政务的形式参与政府的活动；电子政务流程和业务模式逐步形成；信息实现公开化；开始建设电子政务规范标准和法律制度；成熟的服务型、民主型、透明型文化理念深入人心。电子政务发展的相应阶段及其具体表现如下所述。

(1) 全面建设阶段。电子政务进入全面建设阶段，相应的电子政务文化主要表现为物质层文化和理念层文化。在物质文化层面，政府信息化建设全面启动规划建设了，"两网一站四库十二金"，同时成立了"国家信息化工作领导小组"；在理念文化层面，中共中央办公厅、国务院联合下发的《国家信息化领导小组关于我国电子政务建设指导意见》，提出了推动国家信息化"政府先行，带动信息化发展"的发展战略和电子政务的指导思想、目标、原则、框架、未来的发展重点等，并把更多的信息化服务，特别是政府利用网络和门户为社会公众提供的信息服务和网上办事，放到了突出的地位，体现了服务型文化。

(2) 调整阶段。电子政务进入理性发展阶段，电子政务文化主要表现为制度层文化，体现了法治型文化和流程型文化。具体表现为构建了国家电子政务总体框架：服务与应用系统、信息资源、基础设施、法律法规与标准体系、管理体制。各部分之间的关系是：服务是宗旨，应用是关键，信息资源开发利用是主线，基础设施是支撑，法律法规、标准化体系和管理体制是保障。

3. 成熟与完善阶段(21世纪20年代以后)

21世纪20年代以后，随着电子政务的不断成熟和完善，在信息资源整合阶段政府将进行大部制改革，电子政务建设应用在政务公开、信息整合、应用协同三个方面，资源整合加强，相应的电子政务文化包括理念层文化、制度层文化、行为层文化和物质层文化的有机结合。电子政务文化将进入成熟和完善的阶段：互动性文化成熟、电子治理加快、公众参与度提高、明确电子政务文化发展框架和政策等。

(三) 电子政务文化的重要意义

1. 推动电子政务硬件完善与效能发挥

从电子政务的发展史看，每个阶段电子政务的发展都离不开电子政务文化，电子政务文化起着不可或缺的指导作用。办公自动化阶段和专业领域信息化阶段，主要从物质层面建设电子政务文化，强调基础设施建设和技术的研发，并没有将重心放到"公共服务"上来。在政府上网阶段和电子政务全面建设阶段，互联网经济快速发展，市场经济体制改革深入，需要提供灵活、高效、便捷的政府服务，因此电子政务文化在继续完善物质层文化的同时，强调理念层文化：追求效率型文化和服务型文化，并确定了电子政务的指导思想、目标、原则、框架、未来的发展重点。理念层文化的发展为电子政务的建设指明了方向。在调整阶段，电子政务进入理性发展阶段，电子政务文化主要表现为制度层文化：构建国家电子政务总体框架，推进规范化，出台相关法规，体现了法治型文化和流程型文化。制度型文化的完善也规范了电子政务的建设，使其有法可依。不同的时期，电子政务文化都应适应电子政务建设的需求。现阶段是信息资源整合阶段，政府进行了大部制改革，电子政务建设应用在政务公开、信息整合、应用协同三个方面，资源整合加强，相应的电子政务文化应该实现理念层文化、制度层文化、行为层文化和物质层文化的有机结合，从而更好地指导电子政务的自身建设。因此，电子政务自身硬件诉求完善了电子政务文化建设。

2. 提高行政人员的服务意识与行政效率

党的十七大报告中提出加快行政管理体制改革，建设服务型政府，并明确指出要健全政府职责体系，完善公共服务体系，推行电子政务，强化社会管理和公共服务。首次将电子政务的作用定义为加快行政管理体制改革，建设服务型政府的重要手段；实施电子政务是改革开放的需要，是建设服务型政府的基础工作。党的十八大报告提出，要按照建立中国特色社会主义行政体制目标，深入推进政企分开、政资分开、政事分开、政社分开，建设职能科学、结构优化、廉洁高效、人民满意的服务型政府。电子政务包含着服务型本身属于服务型政府的基础工作。因此，电子政务文化必然包含服务型的理念，行政人员的工作本身就体现着服务的本质。此外，电子政务文化的建设在潜移默化中影响着行政人员的服务意识，摆脱原有的"政府主体"的观念，建立以"顾客"为中心、公众本位的服务理念。

同时，电子政务文化也包含效率型文化。一方面，电子政务的实施打破了部门分割的状态，实现了资源共享，进而大大地提高了行政效率；另一方面，电子政务文化还要求公务人员实时在线处理业务、节省中介环节，大大提高了政府工作效率。这些理念牢固扎根于行政人员心中，时刻促使公务员限时办结各种公众诉求、社会问题，提高公众对政府服务的满意度。综上所述，电子政务文化的建设有利于提高行政人员的服务意识与行政效率。

3. 丰富行政文化的内容，加快行政文化体系建设

纵观人类发展史，世界各个国家和民族因处于不同的发展阶段，具有不同的经济基础和政治制度，也就拥有不同性质、不同形态的思想文化。当代中国，作为思想文化的主体和主流，社会主义文化居于核心地位，其最大特质是以先进文化为引领。[①]而行政文化则是社会主义文化的重要组成部分，是对行政实践中起指导作用的文化，因此行政文化体系的建设十分关键。电子政务文化作为行政文化的重要组成部分，其自身的建设必然有助于行政文化的丰富与完善，具体体现在以下几个方面。

(1) 电子政务文化是摆脱传统行政文化束缚的产物。电子政务是适应官僚制的剧烈变革而发展的，现阶段我国社会的官本位思想严重，尤其是行政人员的认识滞后，直接阻碍了电子政务的发展。电子政务在我国的政府应用程度和公众接受程度始终不高，很重要的一个原因就是受到官本位思想和官僚行政体制文化的制约。[②]电子政务文化的建设突破了官本位思想和官僚行政体制文化，摆脱了传统不良行政文化的束缚，真正体现了"以民为本"的服务理念。

(2) 电子政务文化丰富了行政文化的内容。电子政务文化作为一种新兴的文化形式，具体包括服务型文化、民主型文化、透明型文化、法治型文化、效率型文化等，这些都是行政文化的重要组成部分。

(3) 电子政务文化的发展加快了行政文化体系的建设。行政文化体系的构建，是一个各种文化不断积淀和过滤的过程。不管是不良传统行政文化的摒弃，还是现在行政文化即

① 中华人民共和国中央人民政府门户网站.《决定》解读：坚持社会主义先进文化前进方向[EB/OL]. http://www.gov.cn/jrzg/2011-11/09/content_1988712.htm，2011.

② 熊英.我国电子政务发展的行政文化障碍分析[J]. 科技进步与对策，2003(2)：136.

电子政务文化的丰富，都加速了行政文化体系的建设。

(4) 电子政务文化的建设有利于行政文化的传播和推广。电子政务的核心任务之一是传播文化和信息资源以服务于公众，即电子政务文化中服务型文化的体现。政府掌握社会绝大部分的信息资源，也必然决定了其主导着文化的传播和宣传；而另一方面电子政务又是信息和文化传播的新形势，更加赋予其效率性、公平性，因此电子政务文化的建设对文化的传播效力是传统方式无法比拟的。

综上所述，电子政务文化建设有利于摆脱传统文化的束缚、丰富行政文化的内容，加快行政文化体系的构建和行政文化的传播与推广。

4. 促进网络文化的繁荣发展

电子政务文化与网络文化既有相似之处，又有不同之处。虽然电子政务文化是现代信息、通信技术对政府管理模式的再造；网络文化是对人们社会生活的"再造"，相比较而言宽泛得多。但总的来说，这两种文化都是以信息技术为技术依托的，电子政务信息技术的发展必然推动网络技术的发展，网络技术的发展也必然反作用于电子政务。总之，电子政务文化和网络文化是信息技术在不同领域应用的反映与结果，无论哪一领域的发展都会相应地带动另一领域的繁荣。因此电子政务文化的建设必然会推动网络文化的繁荣发展。

5. 引导社会文化的创新进步

电子政务文化本身属于积极健康的文化，对社会的发展起到推动的作用。同时电子政务通过网络平台实现政务公开、信息共享、民主参与、提高效率、改善服务、整合流程等，这些都是对政府管理和运作模式的创新，作为其外在反映的电子政务文化必然体现出同以往文化不同的特色即文化层面的创新。因此从某种程度上电子政务文化的发展会带动和引导社会文化的创新进步。

第二节
电子政务文化的框架与内容

当一种技术和业务模式长期存在，并渗透到人们的生产生活各个领域中去，深刻影响人们的意识和行为模式的时候，这种技术或者业务模式便具备了某种文化特性，并且反过来会深刻地影响技术或者业务模式的发展状态。我国电子政务的长期发展和渐趋形成的稳定意识观念和行为范式，已经表明电子政务文化初见端倪。这就需要全面勾勒出电子政务文化的结构和对应的具体内容。

一、电子政务文化的框架

电子政务文化具有特定的宏观与微观结构，也具有相应的具体内容。这是电子政务文化成为一种文化的标志，也是电子政务文化在文化图谱中的定位和具体展示。

(一) 电子政务文化的宏观结构——基于文化图谱的定位

一种文化区别于其他文化，关键是这种文化在整个文化图谱中要有明确的定位，并且具有与其他文化相区别的明晰边界。从理论上看，电子政务文化必须明确与以下4类文化的关系。

1. 文化是电子政务文化最深厚的根基

从词源和语义上考察，西方"文化"一词是从拉丁语Culture转化而来的，意指对土地的耕耘、加工和改良。后来，引申为改造、完善人的内在世界，使其外延和内涵都变得更为广泛和丰富。到19世纪末，文化开始意指"一种物质上、知识上和精神上的整体生活方式"。

根据中西方关于文化的历史及定义，可以归纳出文化的4点共性：①文化是一种社会历史现象，每一个社会或者社会的每一个发展阶段都有与其相适应的文化，并随着社会物质生产的发展而发展。因此文化的定义只能在发展演变中掌握。②文化包含两种元素：显型元素和隐型元素，即文化现象和文化精神。③文化可分为4个层面：物质文化、制度文化、行为文化和精神文化。④文化的主体是人，文化是人创造的，但文化反过来也对人起到指导和教化的作用。

电子政务文化属于文化的范畴，文化是电子政务文化最深厚的根基，它也应该具有文化的上述共性，这是任何一种文化的基本特征。文化是它最宽泛也是最包容的文化层级：该层级包括了一切属于文化形态的意识、观念、行为规范和心理、习惯等内容，它在最高层次上和宏观导向上引导和制约电子政务文化，是在一定历史时期和社会范畴里，对各种具体文化的最大规约和包容。电子政务文化要与这个时代的总体文化状况相符合、相一致。

2. 行政文化是电子政务文化的方廓

如何界定行政文化的概念，目前理论界缺乏清晰一致的认识，分歧主要集中在行政文化的内容和主体两个方面。

(1) 行政文化的内容方面。在行政文化内容方面的主要分歧在究竟是从广义文化的物质—制度—精神结构的哪些层面来确定文化学的学科对象。门泉东(1989)在《行政文化改造的意义》一文中指出："行政文化是文化在行政管理中表现出来的一种独特的文化样式，是一定行政组织中行政员工集体创造并公认的文化，是行政物质文化、行政制度文化和行政精神文化有机结合的整体。"[①]这是行政文化早期的定义，认为行政文化的内容包括物质、制度和精神三个方面。彭国甫(1998)在《现代行政管理新探》一书中则是从制度和精神两个层面来界定行政文化。夏书章(1998)在《行政管理学(第二版)》中对行政文化的界定则仅仅是从精神的层面。

(2) 行政文化的主体方面。王沪宁、竺乾威(1988)在《行政学导论》中认为行政文化主体仅仅是作为行政行为主体的政府工作人员和公务人员，而忽视了其他的参与主体。申永

---

① 门泉东. 行政文化改造的意义[J]. 理论界，1989(6)：13.

丰、鄢洪涛(2005)在《寻找行政与文化的合理契合点——关于行政文化概念的思考》一文中关于行政文化主体的界定则相对宽泛得多，把参与客观行政体系及其运作过程的所有社会成员都看成是行政文化的主体。

综上所述，行政文化概念的界定为电子政务文化提供了一些可借鉴的经验，首先必须厘清电子政务文化的内容和主体，以免出现概念不清和认识误区。电子政务文化的内容不仅包含理念、制度，也包括行为和物质层面，而电子政务文化的主体不仅是电子政务执行的主体，而是更为宽泛的参与电子政务体系及其运作过程的所有社会成员。

必须弄清楚电子政务文化在行政文化体系中的地位，电子政务文化是行政文化的重要分支，是行政文化不可分割的一部分。行政文化是电子政务文化的方廓，是具体文化的限定层级。电子政务文化是行政文化的具体体现：该层级把各种具体文化进行了性质归属和门类分类，是对低结构层次文化的进一步限定和定位，指向具体实践层次文化。电子政务文化在这个结构上表现为交叉归属，即是行政文化和技术文化的交集区域。电子政务文化总体上归属于行政文化范畴，是一种创新形态的文化，是在电子政务深入发展的实践基础上演化和衍生出来的新的行政文化内容；但是电子政务文化归根结底是由现代信息、通信技术实现的具有深刻技术因素的文化类型，其无时无刻不深刻烙印着信息通信技术的文化特质，其内容甚至就应该具有技术的特殊文化组成，以进一步与传统行政文化相区分。因此，该层级塑造和规约了电子政务文化的特质、内容和价值，电子政务文化是适合中国特色行政生态的新文化，是政府管理理念的新变革，也是当代技术在政府实践领域展示的技术文化新形式。

3. 技术文化是电子政务文化的根脉

电子政务发展的平台就是现代信息技术及其配套技术，因此，电子政务文化也必然具备技术文化的特性。但电子政务文化包括的不仅仅是技术文化，还应该有理念、行为、物质层面的内容。明确技术文化的概念，才能丰富和正确理解电子政务文化的内涵。对于技术文化的研究，理论界主要有以下4种不同观点。

第一种观点认为技术和文化是对立的，并不存在技术文化这一概念。这种观点早在古希腊时期就存在，到了近代日趋加剧。例如，技术哲学家阿诺德·格伦认为，"技术基本上是一种生物和本能的现象，而不是理论的或文化的成就"。[1]很显然，这种观点是与现代可持续发展的技术观相背离的。

第二种观点从文化的角度看技术，提出了技术文化论。例如，法国技术哲学家路易·多洛认为，应把技术归于文化之列；卡西勒尔把技术看成是"文化中活生生的一部分"[2]；日本学者把技术看成是一种"文化技术"，主张文化包括技术[3]。上述论述在本

---

① F.拉普. 技术哲学导论[M]. 沈阳：辽宁科技出版社，1985：57.
② 李克特. 科学是一种文化过程[M]. 上海：三联书店，1985：53.
③ 张明国. "技术-文化"论——一种对技术与文化关系的新阐释[J]. 自然辩证法研究，1999(15)：15.

质上把技术看成是文化中的一个组成部分，确定了技术在文化中的位置。

第三种观点从技术的角度看文化，提出了文化技术论。德国技术哲学家海德格尔从技术角度认为，"文化的本质就是技术展现的过程和结果""文化具有技术的性质"。[①]

在技术视野中的文化不仅是技术产生的源泉，同时也是技术活动的过程及结果，其文化层次结构不仅在形式上与技术相对应，而且在内容上也是相融的。

第四种观点则认为技术和文化是一体的，提出了技术-文化一体论。张明国在《"技术-文化"论——一种对技术与文化关系的新阐释》一文中提出了技术-文化的概念及其相互作用下形成的"技术-文化"系统。

综上所述，关于技术-文化的理解，不能只从技术的角度看文化，防止走向技术决定论或技术统治论的极端；同样也不能仅仅从文化的角度看技术，防止忽略技术-文化的器物结构层，当然更不能割裂技术和文化的关系。因此，技术-文化一体论更能恰当地描述技术和文化的关系。同时技术-文化与电子政务文化在许多方面存在相似之处：一方面，从电子政务的角度看文化，文化通过对电子政务进行认识和反映，在思维及行为方式上以电子政务的具体方式、程序、规范为基础并凭借由其衍生出来的一种适宜的运行或操作机制，达到对电子政务发展方向和目标进行调控；另一方面，从文化的角度看电子政务，电子政务也具有文化那样的器物层、制度层和观念层三个结构层。

技术-文化是特定文化指向层级，该层级文化具有典型的特殊领域文化结构特征，是具有稳定结构层和保护壳的特质文化。从内涵上讲，电子政务文化的发展是建立在技术-文化的基础上的，技术-文化是电子政务文化的根脉，没有技术-文化提供的"养分"与"支撑"，电子政务文化就不能发挥其既有的功能。从外延上讲，技术-文化与电子政务文化是交叉的关系，电子政务文化包涵一部分技术-文化，但除了技术的诉求，电子政务文化还包含理念层、制度层、行为层的其他文化内容。

4. 网络文化是电子政务文化的神经

网络文化是随着信息技术的发展而诞生的产物，网络文化的研究对电子政务文化范围的确定具有重要意义。

Mark Dery(1992)在《网络文化》一文中的观点只局限于网络文化的特点和内容，而忽视了最重要的网络文化技术支撑——计算机和因特网的应用。匡文波、李贤民、臧学英等主要是从网络文化的技术支撑角度来定义的，强调网络文化必须依托信息技术的应用才能产生。匡文波(1999)在《论网络文化》一文中指出，"网络文化是指以计算机和通信技术的融合为物质基础，以发送和接收信息为核心的一种崭新文化。这是一种与现实社会文化的特点不相同的文化"。[②]郭良、翁寒松等学者则认为网络文化是一种新的社会文化，网络的出现对人类社会生产方式、生活方式、通信方式、工作方式、决策方式、管理方式等

---

① 冈特·绍伊博尔德. 海德格尔分析新时代的科技[M]. 北京：中国社会科学出版社，1993：168.

② 匡文波. 论网络文化[J]. 图书馆，1999(2)：16.

各个方面都产生了深远的影响。

有少数学者从媒体文化的角度对网络文化进行了界定，还有学者认为网络文化是一种产业革命形成的新文化，是继农业革命、工业革命之后的一次全方位的产业变革。综上所述，电子政务文化同网络文化具有相似之处，即都是以信息技术为依托的，不同之处在于电子政务文化是现代信息、通信技术对政府管理模式的再造，网络文化则是对人们社会生活的"再造"，相比较而言就宽泛得多。从内涵上讲，网络文化是电子政务文化的神经，电子政务文化的传播和发展是通过纵横交错的网络文化进行的，网络就相当于电子政务文化的神经，起到覆盖和联通的作用。从外延上讲，网络文化与电子政务文化也是交叉的关系，存在一部分共有的文化。

5. 电子政务文化的全文化图谱结构定位

从宏观结构——基于全文化图谱的结构定位，电子政务文化在文化、行政文化宏观层次的地位得到确定，同时也确定了技术文化、网络文化和电子政务文化的特殊关系。电子政务文化不是独立存在的，是多种文化的交集和新衍生产物。电子政务文化与文化、行政文化是从属关系，文化是电子政务文化最深厚的根基，行政文化是电子政务文化的方廊，而与技术文化和网络文化则是交叉的关系，技术文化是电子政务文化的根脉，网络文化是电子政务文化的神经，如图11.1所示。

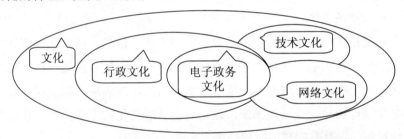

图11.1　电子政务文化在社会文化图谱中的定位与关系

Fig 11.1　The position and relationship of the e-government culture in the social cultural map

资料来源：根据相关资料整理得出

(二) 电子政务文化的微观结构——基于树状结构的分析

电子政务文化的微观结构是指电子政务文化的内部层次构成，也就是电子政务文化具体包含的结构层次及其构成，这是电子政务文化最基本的内核，是区别于其他文化的具体表征。按照文化构成包含的理念层文化、制度层文化、行为层文化以及物质层文化的4分法，电子政务文化的微观层次可以分为以下几种。

1. 电子政务理念层文化

理念层文化是电子政务的核心价值观、理念、愿景等，支配电子政务活动主体的行为方式和价值选择，引导电子政务未来发展走向，是电子政务文化的集中体现和最高层次。一般来说，具有什么样的电子政务文化，就会产生什么样的决策和行为结果；反过来，它会影响电子政务文化的形成和发展。理念层文化对其他微观结构层次文化具有制约性，一且形成稳定的理念层文化，也标志着电子政务文化的成熟，必将对电子政务活动及其主体产生极大的影响和作用。

2. 电子政务制度层文化

制度层文化是指电子政务的方针、模式、内部机制、标准、规章制度、法律法规等在电子政务发展中的作用、形式、体系、内容被广泛认同，并形成一定的观念意识和自觉行为。电子政务法规政策是电子政务健康有序发展的保障，但是，受到传统管理模式的影响，通过法规政策规范和促进电子政务发展的意识、方式和理念等并未渗入到电子政务主体的行为中，可见，电子政务制度层文化是极其重要的，是相对于电子政务硬件建设的另一个主要领域，一旦该领域的建设和完善被广泛认同，并且成为自觉习惯和行为范式，电子政务制度层文化才会真正体现出其价值。

3. 电子政务行为层文化

行为层文化是各个主体在参与电子政务建设、管理和接受服务过程中，具体外化出的行为倾向和自觉行动。电子政务将成为未来主导的公共行政模式，各个主体参与电子政务活动必然在心理和行为等具体层面上展示出一些固化的行为模式和解决问题的行动方案，比如政府面向公众提供信息行为的主动性、有效性，公众参与政府服务的工具选择、路径倾向等。这些行为层文化的内容和形式具体表现出电子政务文化的发展状况和实效。

4. 电子政务物质层文化

物质层文化是指在电子政务活动中，对必需的人才、信息、技术、设施等实体性物资的态度与心理反应。物质层文化是支撑电子政务文化的基座，是前面三种文化的前提，没有物质层文化，其他一切电子政务文化都是空谈；当然，理念层、制度层、行为层文化分别对物质层文化进行指导、规范和操作，也是对物质层文化的主观反映。物质层文化受到时代的物质状况制约，具有明显的时代烙印。

上述4种微观结构文化及其关系，可以通过树状结构表现出来，理念层文化是树的顶部，引领其他文化发展；制度层文化是树的主要躯干，稳固、有序和坚定地保护电子政务挺拔发展；行为层文化是树的枝杈，不断探索新的领域，纵横交错，处处体现着电子政务文化；物质层文化是树的根基，是电子政务的物质形态和文化前提。

二、电子政务文化的内容

电子政务文化的内容很丰富，而且还会随着电子政务实践的发展而不断推陈出新，不断变化充实。结合电子政务文化的微观结构，大体可以把电子政务文化的内容进行如下分类。

(一) 理念层文化内容——服务型文化、民主型文化和诚信型文化

1. 服务型文化：电子服务技术与业务系统从内容到形式最本质的体现就是服务、服务精神和服务理念

电子政务是改善政府公共服务，提高公共服务水平和质量的重要平台。一方面电子政

务本身就是政府服务技术和手段的创新，政府部门通过电子服务，可以促进政府与民众的互动，有效实现民众诉求，加快服务型政府建设；另一方面电子服务更好地体现了"以人为本"的精神，公众权利在政府服务中得到最大的尊重和满足，公职人员也逐渐形成尊重和实践"公民本位""以顾客为中心"的意识。

2. 民主型文化：互动的网络平台，畅通的民众参与监督渠道

电子政务具有传统行政模式所不具备的即时、互动、全面、真实等特性。电子政务让政府的行为处在公众监督之下，公众的知情权、参与权、监督权、表达权等都得到有效体现。因此，民主型文化成为电子政务文化从孕育到成长的内在文化之一，更是电子政务文化的精神实质，在电子政务的世界里，遮蔽和晦涩的行政行为都将遭受民主权利的有力抨击，进而体现电子政务文化的民主精髓。

3. 诚信型文化：塑造政务权威和诚信意识，建立诚信办公制度的思想

从哲学意义上说，"诚信"既是一种世界观，又是一种社会价值观和道德观，无论对于社会或个人，都具有重要的意义和作用。"诚信"就是取信于民、团结人民的人文精神和道德信念。诚信型文化是电子政务文化不可或缺的组成部分，电子政务信息公开、办事承诺制度等体现了政府诚信，对社会公众也具有积极的诚信召唤作用。

(二) 制度层文化内容——法治型文化、流程型文化

1. 法治型文化：依靠制度和法治维护电子政务权威，全面规约电子政务实践

首先要求在社会上建立起严密的法律制度体系，能够确保电子政务有法可依；进而在理念和行动上达成如下共识：电子政务都是处在严格的制度管理体系中的，任何违背制度规约的行为必须受到法律处置，任何公务行政中的推诿、漠视和渎职行为，都将受到法治追究，法治已成为公职人员在行政中普遍遵循的意识习惯。

2. 流程型文化：一整套科学规范的系统，确保政务信息流能严谨、封闭、依序地流经各个处置节点

电子政务自身具有严谨的运行系统，各个业务单元是依据公务流程设计并不能被擅自篡改的，以往公务行政中的随意性、人为性和无法查证性，都会在电子政务业务流程体系中消失，流程的封闭性、技术客观性、任务处置顺序性成为流程的基本特征。由此，必然形成全新的流程型文化，即更加关注具体事务、关注公众满意度、关注组织流程再造，降低外部信息干扰和"噪音"侵袭，最大限度地维护政务信息的真实性。这些变化必将极大地改变传统政务处理模式形成的思维和习惯，并逐渐促使公务人员接受和创新流程型文化。

(三) 行为层文化内容——能力型文化、透明型文化、效率型文化

1. 能力型文化：包括政务管理或服务人员的综合素质适应性和公众运用电子政务的能力

电子政务要求政府管理人员或者服务人员必须具备较高的技术能力和政务应变能力，时刻不忘记提高自己的业务素质；政务对象也要具备基本的网络技术使用和操作能力，能

够不断提升素质以更好地适应政府网络办公的需要。电子政务在管理和服务上的优势，促使各个参与主体不断提高技术能力、业务能力和适应能力，而且这是一个不间断的过程，能力型文化随着这个过程逐渐成为人们的思考和行为习惯，并得到广泛认同。

2.透明型文化：倡导政务公开、透明和公众参与监督的意识与信念

电子政务实现了政府信息更加公开、透明，公众能够接触到透明的信息政策与服务，政府与公众可以在透明的平台上，更好地研讨公共政策或解决公共问题。这就要求政府部门及其人员要改变传统封闭的内循环办公模式，树立透明、开放的政务信息处理模式。该理念会指引办公人员主动公开政府信息，主动寻求公众对重要决策的监督，提高政府办事效率和廉洁办公的程度。

3.效率型文化：快捷及时的政务处理和简便易行的公众信息处理理念

电子政务要求行政组织结构更加合理，并在开放、民主和透明的业务流程中，提高公共管理效能和社会服务质量。"效率"成为电子政务存在和发展的重要支撑，堪称电子政务的"灵魂"，这就提醒电子政务活动主体必须牢固树立效率意识、效率观念，依托技术支持，实现公众服务效率的最大化、最优化。

(四) 物质层文化内容——技术型文化、业务型文化

1.技术型文化：技术价值的回归与理性接受

技术型文化加强了公共服务的规范性、科学性和严谨性。依靠电子信息技术及其网络，不但拓展了人类的自身活动极限，而且能够极大限定"人治"的不确定性，即基本行政业务能够在相对封闭的技术体系内运行，政务结果比较稳定和可信赖。技术型文化要求政务活动的相关主体要尊重技术特性，严格执行各环节责任人员的岗位责任，最终形成各类人员各司其责，各履其职的责任意识和行为取向。

2.业务型文化：电子政务的"血液"和最基本要素

电子政务之所以不是技术躯壳，而是行政事务，就在于其通过一道道业务，把政府或社会的各个部门有机地衔接起来，真正实现具体业务。可以讲，没有业务的电子政务只能是空洞的、没有活力的"血管"；而有业务不处理，必然出现"血栓"。因此，广大公务人员必须逐渐形成高效处理各种业务的理念和能力，并且把更多精力投入到职内核心业务上来，保障"血管"畅通。

第三节
电子政务文化治理与实施对策

中国电子政务文化建设方兴未艾，理论内涵不断拓展，实践诉求日趋强烈。随着电子治理的兴起，电子政务文化日益受到关注，理论界和政府、社会逐渐意识到电子治理不应

该仅仅是电子政务自身软硬件建设、优化和发展问题，还应包括电子政务文化，或者说电子政务文化本身就是一种电子治理模式。因此，当前研究电子政务文化建设，并且以治理思想和路径促进中国电子政务文化的发展成熟，具有十分重要的理论和现实意义。

一、电子治理与电子政务文化互促的内在逻辑

电子政务发展经历了从无到有，到壮大的迅猛发展过程，电子治理已经成为当今电子政务发展的更高表现形式。电子治理的内涵不断丰富，实践价值愈益突出，文化治理价值开始逐渐受到人们重视。电子治理与电子政务文化之间应有的内在逻辑也逐渐清晰，即要全面实现电子治理，离不开电子政务文化建设，两者是内在统一关系，当下优先进行电子政务文化发展，已经成为电子治理的当务之急。

(一) 电子治理内涵的拓展

20世纪90年代以来，信息通信技术(ICT)迅猛发展，电子政务的出现，改变了政府与公众的交往方式，并且成为一种新的公共治理平台。电子治理无论在内容上还是方式上，都实现了对电子政务的超越，更好地展示了技术、社会、政府、公众的全新关系。但是，人们理解电子治理更多是停留在技术操作和路径实施层面，忽略或尚未对电子治理本应包括的文化治理给予足够重视或研究。

在中国古代，"古人结绳而治，后人易之以书契"，这是中国最早的关于文化具有治理功能的描述。也就是说，人类创造和生产文化是为了有效地克服和解决人与社会之间出现的问题，具有疏导、宣泄、沟通的意义。到了当代社会，文化治理价值更加突出。景峰、武占江等人专门论述了中国治理文化的发展与内容，重点探讨了道德与法律文化形态对治理的重要影响。关于电子治理内涵的研究比较广泛，其中，日本学者Okot-Uma认为，电子政务包括电子民主、电子政府和政府电子商务三个方面。联合国教科文组织(UNESCO)认为，电子治理的实施领域包括：电子民主、电子服务、电子行政。中国学者陈祥荣等人从中国实际出发，认为电子治理包括电子民主和电子政务两方面内容。也就是说，电子治理的内涵规范的对象是电子政务，手段是电子民主和服务等，具体过程包括：政策制定和修改过程中的电子参与；电子协商，即公民、利益团体和公务员的交互作用过程；参与民主，即公众有权及时获取政务信息，并参与其中。由此可见，电子治理的内涵深刻包含了一种文化层面的治理，即如果没有民主、参与和互动等文化观念或者意识形态的指引，将无法实现电子治理在制度层面的设计和工具层面的具体实施。应该肯定的是，电子治理内涵的拓展涵盖了"以公众为对象，政府提供公共服务、提高公众参与、体现民主的一种新型行政管理文化，这就是电子政务文化的本质"。

(二) 电子政务文化的实践治理价值

电子政务文化具有的治理特征，源于其深刻的内在含义。有学者认为，电子政务文化

是客观电子政务体系及其运作过程对社会成员产生的一系列理念、制度、行为及器物层面的深刻影响，它是伴随电子政务行为产生的，并随着电子政务实践的发展而发展起来，对电子政务实践具有积极的反作用关系。同理可见，电子治理的主要对象是电子政务，则必然包括电子政务文化；反过来，电子政务文化又具有重要的治理功能，开展电子治理一方面是在积极培育电子政务文化，同时，又得益于电子政务文化的社会治理参与。因此，开展电子政务文化治理研究和推进工作，具有极为重要的实践价值。

电子政务文化具有指导、约束、创新电子治理的价值。根据马克思主义的观点，物质决定意识，意识反作用于物质。电子政务文化属于意识范畴，必然对电子政务、电子治理产生积极的反作用，从而影响整个现代行政系统，达到治理目的。

电子政务文化能够不断提升电子治理水平，改善治理效率。电子政务文化是电子治理的主要内容，也是积极有效的治理手段。电子政务行为和器物治理主要是通过技术、制度设计来实现的；电子政务文化治理则表现为文化的渗透、引导和服务，能够超越一定的物质约束，实现较高水平的电子治理。

电子政务文化治理具有深远的社会价值和持续的影响力。电子政务文化能够广泛地影响着治理主体的行为和思想，并且产生持续久远的效果。器物治理往往是短期的，针对特定对象发生的行为。制度设计也具有一定的滞后性和行为缺陷。文化治理则是直接解决治理主体的认知、思维和价值判断，是对治理主体深远持续的行为影响。一旦治理主体形成稳定的电子政务文化，必然会产生与之匹配的电子政务行为乃至社会行为，这比器物和制度约束更具有改造意义。

(三) 电子治理与电子政务文化关系的逻辑梳理

电子治理与电子政务文化之间具有的内在逻辑关系，是电子政务文化治理的关键前提。中国电子政务文化治理不同于国外之处在于电子政务文化一方面尚处在培育发展中，需要正确的发展和构建；另一方面电子政务文化要在积极参与电子政务治理的进程中，发挥文化的治理价值。这种双重任务决定了中国电子政务文化治理之难，也决定了电子政务文化治理的重大研究意义。

1. 电子治理内在地包涵电子政务文化治理

电子治理是以信息通信技术为中介，以服务为原则，提高公众参与政府管理程度，促进公众与政府管理系统互动的一系列行为。电子治理无论在内涵还是现实需要，都应该包括电子政务文化治理。否则，仅仅强调电子政务治理，是不全面的，也是不准确的。电子政务文化治理与电子政务治理构成了电子治理的两翼：物质的和精神的。两者相互作用，才能实现电子治理的目的。目前，关键是把电子政务文化治理纳入电子治理范畴，统筹电子政务与电子政务文化治理，而不是偏废一端，实现电子治理内涵的完整回归。

2. 电子治理离不开电子政务文化建设

电子治理的核心在于电子参与、公众与公务员的交互行为、民主参与等。行为的效率取决于治理主体和参与者文化的认知和自觉行动理念的强弱。电子政务文化发展程度和被人们接受程度，均能够通过治理行为充分展示出来。电子政务文化的实践价值全面而深刻，对电子治理效果的影响毋庸置疑。如果偏执于电子政务治理，忽略电子政务文化参与，则治理目的是很难达成的。因此，从理论或实践角度看，电子治理均需要电子政务文化治理：培育文化和文化参与治理并重。

3. 电子政务文化是实现电子治理的重要路径

具体来说，电子政务文化参与电子治理主要体现在两个方面：电子政务文化的培育过程和电子政务文化的治理过程。电子政务深厚的实践土壤以及中国行政文化、社会文化的独特养分，形成中国电子政务文化的内容和表现形式。这个过程本身包含了文化整合、文化构建和文化价值彰显等诸多内容，而表现就是在先进的电子政务文化指引下，符合电子政务发展规律的制度、行为、思维相继在实践中体现，电子治理效果愈发明显。电子政务文化治理则是遵循事物否定之否定的发展逻辑，不断自我创新电子政务文化的内容和形式，发挥文化的社会治理价值，改善电子政务行为和社会公众的态度、评价等，促进建立具有民主性、透明性、参与性的公共管理和社会管理理念，实现社会电子治理的目标。

二、中国电子政务文化治理面临的挑战分析

中国电子政务文化发展可能将面临更多、更复杂的挑战。一方面中国电子政务的发展不成熟，硬的技术支撑体系不完善，现有行政模式改革尚不到位，人员素质也难以与电子政务的要求相匹配，不能为电子政务文化提供充分的实践支持；另一方面中国行政文化、传统文化以及社会其他类型文化与电子政务文化理念、内容和目标均有较大差距，在外部环境上束缚了电子政务文化。此外，电子政务文化自身也在不断地进行建构和解构，进行激烈的自适应性调整等。

(一) 电子政务文化与既有相关文化的冲突

1. 电子政务文化与既有行政文化的整合

电子政务文化是在电子政务兴起后，逐渐形成和发展起来的新的行政文化。因此，从根本上说，是电子政务改变了原来的行政模式，进而电子政务文化改造了行政文化。行政文化是在传统行政模式基础上发展起来的文化形态，与传统行政是相适应的。中国电子政务发展是对传统行政结构、组织模式和运行方式的激烈变革，必然引发行政流程、行政观念的根本变化。在这一过程中，必然发生新的文化观念、管理思维和行为方式等诸多变化，也就是行政文化必然要顺应行政组织变革，逐渐发展电子政务文化。由于行政文化是电子政务文化的母本、根据，这决定了在既有行政体制内，电子政务文化并非全部取代行政文化，而是改良、提升和与时俱进，即是一种整合关系。这种整合的进程必然伴随治理过程，也就必然发生诸多矛盾和问题。

2. 电子政务文化与传统社会文化弊端的较量

电子政务文化深深扎根于中国文化的土壤中，反映在行政行为、人员观念和业务流程的各个方面。也就是说，实践电子政务文化的主体、客体和中介无不深刻烙印着时代文化、传统文化的印痕，当电子政务文化以一种革除时弊的内容展现出来，传统行为模式、观念和意识编织起来的栅栏将会对电子政务文化造成巨大阻拦和破坏。中国改革开放已经超过30年，但是，改革开放意识、市场意识至今还在与保守思维、钝化思维做斗争。电子政务文化要想得到社会认可、接受，同样要经受长时期的怀疑、攻击甚至诋毁，不革除传统文化的流弊，电子政务文化难以兴替。

(二) 电子政务文化与公职人员认知和素质的冲突

1. 公职人员既是电子政务文化的开拓者又是抵制者的角色冲突

电子政务引起行政模式变革，公职人员是主要参与者和实践者，感受和体会也应该是最深刻的。在日常和突发事件的行政管理活动中，公职人员会在顺应时势变化和消极抵制之间徘徊、博弈，进行利益最大化选择。部分公职人员会积极推动和践行电子政务文化内容，推广电子政务文化；同样，也会有部分公职人员消极或者拒绝接受电子政务文化，主要是新的文化很可能改变既有的行政文化，进而改变利益格局。此外，在某种情形下，公职人员自身可能同时扮演电子政务文化开拓者和抵制者的同一角色，这必然给电子政务文化全面替代传统行政文化带来诸多障碍。

2. 公职人员"认识到"并不代表"做得到"文化愿景与能力的冲突

从行政伦理角度看，公职人员都应该是"善政"者，但并不排除其能力与愿景之间存在差距造成的行政偏差问题。即每个公职人员都可能认识到某种行政行为应该"为"或"不为"，但是，确实因为能力不济，难以实现行政目标。电子政务文化充满着时代的文化魅力，更具有某种独特气质，如技术文化、网络文化特征。每个公职人员都可能会积极培养和实践电子政务文化，但并不是每个人都能在短期内掌握电子政务文化的真谛，领悟电子政务文化的内容，由此造成的愿景与能力冲突，有可能打击公职人员学习和践行电子政务文化的信心和未来行动力。

(三) 电子政务文化与传统行政模式的冲突

1. 电子政务文化直指传统行政模式的弊端

一般来说，人们把"科层制"行政组织模式称为传统行政模式。随着社会变迁，科层制管理模式的弊端掩盖了其光辉，在具体运行中出现的问题更是饱受诟病。新公共行政模式无论是在理念还是组织设计上并不能完全解决科层制痼疾，直到电子政务在理念和实践上进入各国公共行政领域，终于在最少的公职人员和最佳的公共行政间找到了平衡点。电子政务文化是适应电子政务的一种新兴文化，是坚决排斥传统行政模式、坚决革除传统行政模式弊端的革命性文化。传统行政模式不但会在组织结构设计上不甘退出历史舞台，而且会利用结构优势，压制电子政务文化的形成和发展，这种斗争会一直持续到完全建立起电子政务行政模式。

2. 电子政务文化与电子政务之间会有一个调适整合过程

尽管电子政务文化是电子政务的产物，但其一旦产生，就会有相对独立性，并且对电子政务发展有直接的引导或者抑制作用。行政文化与行政模式的关系演进过程表明，电子政务文化与电子政务之间不会总是表现出相适应性，而一定会出现超前或者落后的矛盾阶段，两者的调适整合过程，就是行政模式和行政文化发展的过程。毫无疑问，这两者的调试过程不会是一帆风顺的，应该引起重视，在电子政务文化发展之初，就努力使其与电子政务相适应，而非成为"绊脚石"。

(四) 电子政务文化自组织冲突

电子政务文化具有内在的结构和系统，其形成过程也是电子政务文化自组织冲突和融合的过程。自组织理论清楚地表明，事务内部会在内在矛盾的作用下，各个要素自发地进行有序重组，这也是事物内部斗争的结果。电子政务文化作为新生事物，除了面临激烈的外部环境束缚和竞争，也面临着来自内部的重组、排序和优化等。其自组织进程决定了发展的快慢，更决定了未来在文化图谱中的地位和形态。自组织程度决定了它与外部要素、环境产生冲突的结果和未来走势。

三、推进中国电子政务文化治理的策略建议

中国电子政务文化建设工程是与中国电子治理同步发生的，两者既交融，又各自有独立的发展路线。运用治理理论和方式探讨电子政务文化，将会避免电子政务文化建设可能出现的偏颇和迷失，会促进电子政务文化体系的建立和成熟；同时，把电子政务文化建设纳入电子治理体系，会促进电子治理事半功倍，实现全面的电子治理。

(一) 电子政务文化建设必须以政府为主导，公务员是主力军和践行者

电子政务文化具有多重属性。从其内容和发展来看，电子政务文化绝不单单是政府的事情，更绝不是政府一方制定出来的。电子政务文化有其客观性和发展规律。其中，必须肯定的是，电子政务文化建设的主体必然是政府及其广大公务员。电子政务文化首先在广大公务员的行政活动中、日常生活中表现出来，并且深刻地影响着公务员行为和行政活动。同时，电子政务文化对社会其他文化产生的冲击，有可能引发文化危机和显性冲突，等等。因此，必须坚持由政府主导构建电子政务文化的主体地位不动摇，政府掌控电子政务文化的主流和方向，通过规划、引导和示范，弘扬电子政务文化的正能量，教育广大公务员承担历史职责，成为践行电子政务文化的先行者、先试者，推动电子政务文化在行政管理或者服务中充分地被体现出来，这将对社会具有极大的暗示和引领作用。

(二) 必须建立健全群众参与的文化互促共建机制，形成政府与社会共进的文化形态

群众参与是电子治理的主导思想之一。电子政务文化的受众包括广大群众，没有广大群众积极接受和反馈电子政务文化，电子政务模式将面临来自群众的信任危机，最终必然走向灭亡。广大群众可能对传统行政文化中的弊病极度愤懑，对电子政务文化展示出来的形式和内容尚不能完全领会和接受，但是，好的东西是不能被阻挡的，电子政务文化同样如此。政府要放下架子，主动邀请群众参与电子政务文化建设，给群众提供日常有效的电子政务文化互促共建机制，特别是形成政府与公众相互信赖支持的文化发展格局，才能为下一步通过电子政务文化建设带动电子政务发展，提供稳定的根基。

(三) 鼓励社会文化创新，为电子政务文化营造积极的创新型文化环境

电子政务文化是文化图谱中一个较低位置的文化形态。如行政文化、网络文化、技术文化等都排在其前面。换句话说，电子政务文化的发展离不开社会相关文化的创新发展，没有良好的外部文化创新环境，电子政务文化面对的挑战和冲突可能更加艰巨。各级政府要更加坚决贯彻党的文化繁荣政策，通过税收减免、贷款优惠、技术支持、文化人才补贴等方式，促进区域内文化活跃起来，文化环境高尚起来。可以想象，电子政务文化只有植根于传统文化精髓的土壤中，才能在未来真正地走得更远，发展得更为全面。

(四) 承认和尊重电子政务文化多层次、多属性的结构特征，建设开放型文化创新体系

电子政务文化是由多种文化集成发展而来的新型文化，这也是其区别于传统行政文化的基本特征。这就要求在认识和推进电子政务文化建设过程中，必须尊重构成电子政务文化属性的文化特征，以包容和共促的心态，去积极建设一种复合型行政文化，适应现代行政变革需要。另外，电子政务文化汇集了诸多现代文化优点，必将反映在现代行政管理或者服务过程中，正是这种开放性的文化特征，才使电子政务文化能够不断汲取人类文化精髓，替代传统行政文化，成为现在乃至未来行政管理中的显性文化。因此，电子政务文化要坚持开放性、创新性的文化特征，兼收并蓄，博采众长，电子政务文化将会赢得广泛的认可，并转化为实质的行政管理活动，促进传统行政转型。

(五) 改善政风环境，加快既有行政文化向电子政务文化转变的制度建设和舆论准备

良好的政风环境如春风化雨般滋润着忙碌运转的行政活动。尽管事物变化的决定因素来自事物内部，但不可否认，外部因素确实会阻碍或者抑制事物的顺利发展。政风环境是行政文化的外显，也是行政文化的重要外部因素。改善政风环境就是树立良好的行政风尚，为行政文化营造积极向上的外部文化环境和氛围。这就需要各级政府必须加强电子

政务文化制度建设，宣传电子政务文化，形成广泛的舆论支持，全面促进电子政务文化治理。

(六) 强化电子政务文化制度建设，建立有效的电子政务文化与实践互促机制

良好的制度能够确保电子政务文化规范有序地发展。政府要通过顶层设计，下大力气抓电子政务文化制度建设，如明确电子政务文化的具体形式、内容、结构等，鼓励公务人员践行电子政务文化，用先进的电子政务文化武装头脑，开展行政工作。同时，电子政务工作的深入，也会有力促进电子政务文化建设，两者之间需要建立起互促机制，也就是公务员能够不断总结自己的电子政务行为和认知，通过长期的学习和积累，最终形成电子政务文化。这需要有良好的责任意识、能力素质和制度保障，能够让公务员有信心、有机遇创建电子政务文化；反过来亦然。因此，这种互促机制是电子政务文化和电子政务行为共同发展的关键。

(七) 探讨电子政务文化建设进入政府政绩考核的方案和监督机制

尽管目前列入政府政绩考核的指标持续增加，政府有些难以应付，但是，这确实是提升政府责任，改善政府行动的重要举措。电子政务文化具有的重要意义不言而喻，特别是中国电子政务发展面临的问题与国外一些国家相比较，有其特殊性。这更要求上层政府要下决心把电子政务文化列入各级政府考核体系中。这需要对电子政务文化进行分解和归类，列出具体考核指标和可测量要素。同时，这种考核要能够通过外部渠道可观测和可监督，这样的考核机制，才是高效的，才是能够真正实现电子政务文化治理的捷径。

📽️ 本章小结

电子政务文化的出现和发展不是偶然的，也不是瞬间状态，而是由多种因素交叉积累产生的新生文化。对电子政务文化的解读和建构实质是为了更好地促进电子政务在中国的应用，不断丰富中国行政文化的内涵。电子政务文化的含义解读、结构分析以及内容诠释仅仅是揭开了电子政务文化研究的序幕，一方面需要对上述的研究进行深入的理论探讨和实践应用；另一方面还需要对电子政务的文化模式、机制、政策以及电子政务文化的社会教育展开深入研究。

电子政务文化是新型行政文化，其孕育、发展和成熟需要电子治理作保障；同样，全面的电子治理也必然包含电子政务文化的发展成熟，从中国电子政务文化和电子治理状况看，两者只有相辅相成、共同促进，才能实现电子政务文化的跃迁。很显然，电子政务文化的发展不会是风平浪静的，因为各种矛盾和束缚必然亟待电子政务文化去面对和战而胜之。电子政务文化内涵和体系的成熟，是对电子治理的重要推进。电子政务文化治理需要采取科学有效的措施，勇于突破，大胆创新，采取组合拳，连续进攻，才能踏平电子政务

文化治理之路，实现电子政务文化的全面发展与繁荣。

关键术语

文化　技术文化　网络文化　行政文化　电子政务文化　文化战略
服务型文化　法治型文化　文化框架　文化内核　文化创新

思考题

1. 如何界定文化、技术文化、网络文化？
2. 什么是电子政务文化？它有哪些特点？
3. 电子政务文化包括哪些具体内容？
4. 电子政务文化建设目前面临哪些具体问题？
5. 如何更好地实施电子政务文化建设？
6. 结合实际谈谈电子政务文化建设最重要的举措是什么？要求举出例子。

案例分析

电子政务文化建设需要什么

(一) 太原市电子政务建设：思想认识和工作习惯转变很重要

"太原的信息化建设起步已经好多年，但是电子政务的具体概念是什么，如何加快电子政务建设成了摆在我们面前的一个新问题。"2011年11月11日，太原市电子政务建设研讨会刚开始，太原市委常委、常务副市长李俊明就提出了一个核心问题。

研讨会上，埃森哲公司相关负责人分析了目前国际、国内电子政务发展趋势。谈到太原市电子政务建设与国内发达城市的差别，埃森哲医疗与公共服务事业部亚太区总经理徐乃洋打了个比方，"如果说国际电子政务建设指数为5，北京、上海的指数为1.5，而太原的指数则为1。也就是说，太原市电子政务建设与国内发达城市相比差距并不算大"。

徐乃洋特别强调，电子政务建设的过程是一个政府组织变革的过程，是各级领导干部思想转变的过程，需要各级领导干部全过程地变革管理、支持和积极参与。"在电子政务建设过程中，无论是高层领导、中层领导还是公众，思想认识和工作习惯的转变很重要"。

(二) 凉山州：电子政务还需跨越"习惯鸿沟"

凉山州电子政务大厅按"一库两网三平台"的规划进行建设。"一库"指建立在全州行政审批电子监察基础上的统一标准数据库；"两网"是充分依托电子政务外网和互联网形成"互联网业务受理，外网业务办理"的运行模式；"三平台"指应用平台、展示平台及管理平台。

　　用于建设凉山州本级电子政务大厅和各县市电子政务大厅，购置软硬件设备一共花费近400万元。"重金"打造的凉山州电子政务大厅完全实现了互联网终端、移动终端与政务服务中心的互通，极大地方便了群众办事。

　　"既然知道有电子政务大厅，为什么不在家里或办公室办理股权变更手续？"面对这一问题，市民陈艳香说，"去电子政务大厅问问情况还可以，但真要在家里或办公室办理手续感觉不踏实，还是习惯到政务服务大厅窗口来办理"。

　　有陈艳香这样习惯的人不占少数。凉山州电子政务大厅开通以来，在网上开展了"您对凉山州电子政务大厅最关注的内容或功能是什么"的调查，到2012年8月底，38%的票投给了"能够在线通过即时聊天工具进行咨询"，32%的票投给了"能够在线直接提交申请，在线填写申请表格等材料供政务中心窗口预审核"，25%的票投给了"能够在线查看办事指南，了解办事需要的申请材料、办理流程、办理时限等信息"。

　　网上调查说明，95%的投票者把电子政务大厅定位为咨询或预审，鲜有人真正想通过这一平台完全实现在家或在办公室办理业务。要让凉山大部分群众迅速迈过"习惯"这道坎不容易。凉山州政务服务中心已着手一项针对各部门、各单位、各企业和普通群众的电子政务使用规范、基础知识的培训和宣传，希望办事群众早日享受到电子政务之便。

　　资料来源：四川日报网. http://region.scdaily.cn/jrsz，2012-10-17.
　　　　　　　太原日报. http://www.sznews.com，2011-11-12.

思考问题

1. 太原市电子政务建设遇到挑战的根源是什么？为什么难以清除？

2. 凉山州开通了电子政务大厅，但是为什么市民还是要到政务大厅现场来咨询和办事？该如何解决这类问题？

第十二章
电子治理

20世纪90年代以来，随着信息时代的来临和信息网络的日渐成熟，信息通信技术(Information Communication Technology，ICT)的迅速发展改变了全世界，也深刻地影响着政府。国内外敏锐的专家及学者将信息通信技术和"治理理论"相结合，适时提出了电子治理(Electronic Governance)的概念，为公共管理理论和实践变革以及电子政务建设推进提出了一个新的研究发展方向，成为信息时代政府实现"善治"的新思路。[①]要研究我国的电子治理，必须与我国的电子政务发展状况、社会信息化进程和特殊的国内外环境统筹起来考虑，走出有中国特色的电子治理道路。[②]

第一节
电子治理概述

一、电子治理的兴起与研究状况

电子治理的兴起离不开信息革命。信息革命是以计算机和网络技术为基础的一场科技革命。NICT(New Information and Communication Technology)主要指20世纪80年代兴起的以计算机网络为核心的新信息通信技术。NICT的普遍应用使人类社会政治生活发生了相当深刻的变化，并对政府的机构、职能及运作等方面提出了更高的要求。电子政府的建立和实施已成为当前公共行政改革与发展的重要内容之一。它的缘起既是信息技术进步的必然结果，更是政府再造的理性选择。

电子治理研究起源于一些西方国家的研究人员和学者。21世纪初，电子治理理论一经出现就引起了学术界的高度关注，在国际召开的一些重要会议，积极推动了电子治理的理论发展与实践研究。2004年7月，韩国召开了以"电子治理"为主题的第26届行政学国际会议。会议专门聚焦电子治理、电子政务，充分说明电子治理、电子政务已经在国际行

① 孟庆国，关欣. 论电子治理的内涵、价值与绩效实现[J]. 行政论坛，2015(4)：33.
② 本章已获得国家社会科学重大项目"意识形态视域下网络文化安全治理研究"资助，项目号[15ZDA039]。

政学界受到广泛、高度地重视。2007年12月，国际电子治理理论与实践年会(International Conference on Theory and Practice of Electronic Governance，ICEGOV)创建。该年会专注于探讨"电子治理"理念，是国际电子政务领域最知名的学术会议之一，目前已成功召开四届年会。2009年9月，亚太电子治理国际研讨会在台北召开，以"促进电子政务、电子治理领域发展"为主题进行知识交流。2010年11月，在台北召开了电子治理世界高峰会。会议由我国台湾政治大学电子治理研究中心举办，会议主题为"电子治理的发展与实践"。来自我国大陆以及奥地利、捷克、新加坡、菲律宾、澳洲、韩国等国家或地区的电子治理相关领域的专家学者参加了会议，探讨了关于电子治理与电子化政府的发展过程中的若干关键性议题，例如电子治理创新模式、电子治理的管理新思维、电子治理影响评估与应用、数位包容与数位参与等。

国外政府也很重视对电子治理问题的研究。英国和加拿大于2000年共同成立了英联邦电子治理中心(Commonwealth Centre for E-Governance，CCEG)，专门致力于电子治理的研究和实践工作。从2003年起，每年下半年，国际电子治理会议(International Conference on E-Governance，ICEG)在不同的国家轮流召开。这些都充分说明电子治理已经在国际行政学界受到广泛、高度地重视。国外已经开展的关于电子治理方面的研究不仅具有重要的学术意义，而且对各国政府电子治理、电子政务的推动也产生了积极的促进作用。[①]

在过去的十年间，国内外学术界对于电子治理的理论和实践已经做了一些开创性研究，取得了不少非常有价值的研究成果。许多学者目前主要的研究领域包括：电子治理的内涵，电子治理的目标及影响作用，电子治理的实践及模型，电子治理实施的范畴、阶段、问题及方法，电子治理的案例等。[②]

电子治理作为一种治理模式，虽然各国国情不同，在推行中所采取的方式和遇到的具体问题也不尽相同，但对电子治理的研究和实践却是各国公共管理体制改革的必然发展路径。国外经验表明，政务活动的发展，从办公自动化到电子政务，再到电子治理是一个层层深入、不断递进的发展过程。[③]

二、电子治理的界定与特点

1) 电子治理的界定

对电子治理的理解，有广义和狭义之分。从广义上讲，按照第二十六届国际行政科学会议主题报告的解说，电子治理不是信息通信技术在公共事务领域的简单应用，而是一种更多地与政治权力和社会权力的组织与利用方式相关联的"社会-政治"组织及其活动的形式，它包括对经济和社会资源的综合治理，涉及如何影响政府、立法机关以及公共管理

---

① 史达. 电子治理的概念解析及基本框架研究[J]. 电子政务，2011(10)：2-3.
② 孟庆国，关欣. 论电子治理的内涵、价值与绩效实现[J]. 行政论坛，2015(4)：33.
③ 史达. 电子治理的概念解析及基本框架研究[J]. 电子政务，2011(10)：2-3.

过程的一系列活动。

从狭义上讲，电子治理是指在政府与市民社会、政府与以企业为代表的经济社会的互动和政府内部的运行中运用信息技术、易化政府行政、简化公共事务的处理程序，并提高其民主化程度的治理模式。①

狭义的电子治理主要通过三个主体、两个层次来理解。三个主体是指政府、市民社会和以企业为代表的经济社会；两个层次分别是指政府与公民G2C(Government to Civil Society)、政府与企业G2B(Government to Business)、政府与政府G2G(Government to Government)之间的互动和政府内部运作IEE(Inter-Government Efficiency and Effect)。此外，还应该包括企业与公众B2C(Business to Citizens)之间的商业消费互动活动。互动，指政府产品和服务的提供、信息交换、交流、审批和系统整合等活动；政府运作，指所有后台办公过程和整个政府内部行政系统之间的互动，见图12.1。②

图12.1 电子治理环境下城市治理主体互动模式模型

Fig12.1 Interactive mode model of urban governance body under the environment of electronic governance

资料来源：MICHIEL BANKUS，2001. 有部分改动

清华大学孟庆国认为，电子治理是电子政务发展的延伸、深化和演进的新趋势，是借助信息通信技术建构运转有序、信息通畅、各行为主体及社会资源相互影响并共同促进而形成支持科学决策的多层次治理形态。多层次治理形态强调了"政府-社会-技术"整体无缝式的治理结构及网络开放式的交互关系方式，体现了新的政府治理以及社会管理模式的诞生与演进。

电子治理作为一个复杂的"政府-社会-技术"系统，包含了政府、社会和技术三个层面，涵盖了"政府再造""治理模式""社会进步""公众参与""信息通信技术""信息资源"和"系统特性"7项关键性要素，见图12.2。

在电子治理系统中，拥有多元治理主体，即政府组织、社会组织(利益集团组织)、企业和社会公众(公民社会)。多元主体依托信息技术手段，并以政府为主导，社会组织协

---

① MichielBackus.E-Governance and Developing Countries[EB/OL]. IICD Research Brief-No.1，March 2001，www. ftpiicd.org/files/research/reports/report3.pdf，2001.

② 徐晓林，周立新. 数字治理在城市政府善治中的体系构建[J]. 管理世界，2004(11)：140-141.

助，企业和社会公众积极参与，实现治理主体的共同管理和合作协商，进而形成了自组织、自适应和开放互动式的自治型的治理模式。

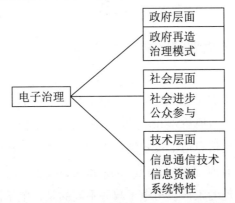

图12.2 电子治理的"政府-社会-技术"系统组成结构

Fig 12.2 The "Government-Society-Technology" system of electronic governance

资料来源：孟庆国，关欣. 论电子治理的内涵、价值与绩效实现[J]. 行政论坛，2015(4)：35.

2) 电子治理的特点

具体来说，电子治理的基本特征包含以下6个方面。

(1) 远见卓识的治理理念。电子治理体现了善治目标，致力于构建完美的治理结构，促进社会管理实现公共利益最大化，彰显国家权力向社会回归，还政于民的执政理念。

(2) 多元协作的治理主体。电子治理拥有政府组织、社会组织(利益集团组织)、企业和社会公众(公民社会)等多元治理主体。多元主体彼此在各自的核心优势范围内发挥治理作用并相互配合协作，从而形成整体合力来共同管理社会公共事务。

(3) 整体快捷的治理方式。电子治理的方式日益多样，解决层面日益广泛，给传统治理带来巨大冲击。因而迫使政府或公共部门的管理方式不断采纳并融入先进便捷的信息通信技术，并利用信息通信技术的潜力改善决策过程和民众的关系等，以实现整体式和快捷化的政府治理和社会管理方式。

(4) 网络开放的治理结构。电子治理利用信息通信技术将治理结构进行重新设计与调整，即政府或公共部门结构重塑再造，充分体现"政治-社会-技术"的崭新网络治理结构，并开放、吸纳和融入先进的治理理念和方法，调整政府或公共部门结构，使结构变得更加扁平和具有弹性，以适应信息社会环境下的公共管理和公共服务。

(5) 动态演进的治理过程。电子治理的内涵丰富，要素众多，且关联错综复杂，要素之间相互作用影响并推动着电子治理不断发展。电子治理演进过程的实施，体现了治理主体间的相互协调和配合。积极变革和重组政府或公共部门的业务流程，有效拓展和完善公共服务的媒介渠道，以最终实现"善治"。

(6) 多层融合的治理形态。电子治理的形态是指社会民主善治文化的营造，企业利益和公众价值的实现与满足，政府或公共部门组织形态网络化和交互式的变迁，充分体现了现代社会文化形态、价值形态、组织形态等多层次治理形态的创新与融合。[①]

三、电子治理与电子政务的比较

(一) 电子政务与电子治理的区别

1. 单一主体与多元主体

电子政务的主体是单一的，即政府部门。电子政务强调的是政府的管理和服务职能。电子政务主要集中于政府、政府管理和政府服务范围内的虚拟政府形式及活动。而电子治理则是多元主体，即在开展信息通信技术的过程中，有民众、社区、企业和政府部门的共同参与。在电子治理中，政府部门的权限(Competence)减小，政府部门需要依赖其他主体的合作，才能完成电子治理的工作。与电子政务不同的是，电子治理强调的不再是政府的直接能力(Directive Capacities)，而是鼓励网络中其他机构的积极参与。

随着政府治理环境的复杂性、动态性和多元性突显，公共问题日趋复杂，政府作为唯一的公共行政治理主体已不现实，社会、企业、公民等共同参与治理已成必然。政府需要社会力量的参与，实现政府和社会、民众的互动，对公共行政共同治理，才能产生巨大的能量，解决日益增加和复杂的公共问题。政府、社会、公民的共治不仅有利于民主政治的发展，提高政府的治理能力，弥补政府力量的不足，实现责任共担和利益共享，同样也有利于达到政府治理"小而能"的目的。

2. 政务流程信息化与政务流程重构

Singla(2002)[②]认为，电子政务是政府业务流程的信息化，但并没有改变这些业务流程。电子治理不仅仅是传统政务流程或数据的电子化、网络化，而且是旨在从本质上重新界定政府的运作方式，重新设定政府管理当局、立法部门以及公众的责任。电子政务是利用电子手段(尤其是互联网技术)提供例行的政务信息或交易活动，而电子治理则是在公众与政府之间通过技术媒介使双方能够更好地进行沟通，关注并参与政策的制定与演进发展，更好地表达公众的民主意愿。Marche(2003)[③]等也指出，电子治理和电子政务是公众与其政治结构之间相互关系的两个不同方面。电子治理强调的是政府制定决策的方式，而电子政务关注的是如何执行这些决策；提供公众服务是电子政务的职能，而电子治理考虑的重点在于是否提供该项公众服务。

3. 政府导向与公众导向

电子政务是政府从其自身角度考虑如何利用信息技术实现政府的目标，如何为公众提供良好的服务。尽管出发点是好的，但基本视角是政府导向的。政府更多地扮演了生产

---

① 孟庆国，关欣. 论电子治理的内涵、价值与绩效实现[J]. 行政论坛，2015(4)：34.

② Singla M L. E-governance：Transforming the National Bone Marrow[J]. Journal of Management Research，2002(3)：165-166.

③ Marche S，McNiven J D. E-government and E-governance：The Future Isn't What it Used to Be[J]. Canadian Journal of Administrative Sciences，2003，20(1)：74.

者、监督者和控制者的角色，视组织成员和公众为其管理的对象和客体，而忽视了政府活动中的社会和公众参与。政府如果想真正改善公众与政府打交道的体验，使公众在政府决策中拥有更多的权利，那么政府就应当站在公众的角度去考虑问题。政府的最高施政目标是为人民服务，社会和公众是主体，为社会和公众服务是公共管理的职能和角色定位。因此，电子治理要求以公众需要为行政运转的轴心，公众的权利和利益高于政府的利益。电子治理更加强调的是政府的开放性，更加关注的是社会公众的参与。信息技术的发展使得在政府治理中开展更广泛的政府民主行政和公众参与成为可能，公众可以通过在线论坛等多种方式更广泛地参与到各种层次的电子治理活动当中。

(二) 电子治理与电子政务的联系

尽管电子治理和电子政务的概念存在着较多的不同，但两者仍有许多共同点。比如，电子政务和电子治理都有助于提高政府的透明度，提高对公众需求的反馈性。电子治理和电子政务都不以盈利为目标，都致力于为公众提供良好的产品或服务。因此，电子治理与电子政务并不是相互替代、此消彼长的关系，电子治理应当是电子政务发展过程中的高级阶段。

长期以来，政府管理的理念是"治人"，而不是"治于人"，政府可以凭借强制力和权威性任意发挥自己的意志，实现对社会、企业、公民的管理，电子政务的发展并没有真正从理念上解决这一问题。与电子政务相比，电子治理的概念体现出一种公众、企业与政府之间的新关系，体现了公众、企业的参与，是一种范式转变。[①]

所谓范式，是指一种全新看问题的方法，它随着科学技术、文学艺术和其他领域的发展而发生着变化。这种转变的重要性在于：现实世界中的重大变化往往需要在概念上和理论上的创新与之相适应。电子治理要求政府不再把公众当作安静、沉默的观众，而是把他们作为伙伴，共同致力于治理和发展。在电子治理条件下，公共部门会更加公开和透明，能够得到公众的充分理解，对公众负责；能够彻底抛开繁文缛节，实行过程的公开民主，有利于公众监督的实行；能够为每一个人提供其所需要的个性化服务，有利于提高纳税人的资金价值；使公众为获取政府的服务而耗费更少的时间，大量减少政府在工作过程中不可避免的失误；大大提高政府公职人员工作的价值含量和工作成就感等。

因此，从公共管理、政府发展的角度看，电子治理之所以值得重视，主要在于其能够赋予公共管理和政府服务更多、更高层面的价值，在于其能够促进政府管理更规范、更民主、更廉洁、更具责任心。[②]

---

① "范式转变"的概念是由哲学家兼科学史学家托马斯·库恩于1962年在其《科学革命的体系》一书中最早提出来的。目前，"范式"这一概念已经被广泛地用来描述一种广义的模型、一种框架、一种思维方式或一种理解现实的体系。

② 史达. 电子治理的概念解析及基本框架研究[J]. 电子政务，2011(10): 2-3.

四、电子治理的价值与影响

电子治理是在既定的价值体系和制度安排下，达成"善治"目标的手段，其意义和功效并非仅仅由技术决定，而是由所处的政府、社会决定。

电子治理战略实施的价值目标在于充分利用信息通信技术变革影响政府和社会，实现"政府再造""政府治理模式变革""社会进步发展""公众参与""政府与社会关系改善"，最终改善"政府与社会关系"，达成"善治"目标。

清华大学孟庆国认为，电子治理对于政府作用影响的内在关联目标为"增进政务透明、强化政府责任、增强政府回应、提升政府效能"；电子治理对于社会作用影响的内在关联目标为"创新社会管理、推动社会进步、改进公民参与、保障公民权利"。

(一) 电子治理的技术保障目标——技术采纳、信息资源使用、系统内在互动

电子治理的有效实施离不开技术层面的支撑，其技术层面通过使用先进信息通信技术，掌握和应用政府信息资源，调动系统内在复杂互动关系来实现对政府和社会层面的影响。

(二) 技术对于政府的价值作用——组织再造、模式变革

信息通信技术的变革伴随着组织变革，转变着政府间的割裂，对政府层面产生深远影响，实现电子治理对于政府作用影响的内在关联目标，促进政府组织再造、治理模式变革。

(三) 技术对于社会的价值作用——社会进步、公众参与

信息通信技术改变了公共服务的提供形式，搭建了社会公众与政府之间互动的渠道，对社会层面会产生深远影响，实现电子治理对于社会作用影响的内在关联目标。电子治理对于政治文化转型、社会资源配置、社会结构变迁和公民权利回归具有促进作用，进而调动社会积极力量，保障公民有序参与社会决策和管理，实现公共利益最大化以及创建和谐、民主、法治、共赢、公平的社会环境。

(四) 电子治理对于政府与社会的价值作用——关系改善、善治实现

电子治理系统内在的"政府、社会、技术"三个层面存在互动影响，并对政府以及社会产生了良性效应，积极推动政府和社会的互动发展以及关系改善，保障了"善治"目标得以实现。[①]电子治理的价值实现需要"政府、社会、技术"三个层面的互动和共同推进，见图12.3。

---

① 孟庆国，关欣. 论电子治理的内涵、价值与绩效实现[J]. 行政论坛，2015(4): 36-37.

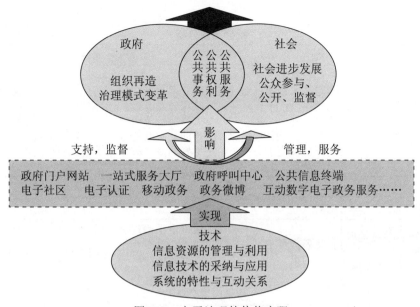

图12.3 电子治理的价值实现

Fig 12.3 Value realization of electronic governance

资料来源：孟庆国，关欣. 论电子治理的内涵、价值与绩效实现[J]. 行政论坛，2015(4)：37.

五、电子治理的SWOT分析

Backus(2001)提出对发展中国家和地区的电子治理进行SWOT分析。SWOT通常用于企业分析，它是指从企业资源和环境因素的分析中发现企业的优势(Strengths)和劣势(Weaknesses)以及来自环境的机会(Opportunities)和威胁(Threats)。SWOT分析方法在电子治理中的应用，其意图并不是对电子治理的效果进行测评，而是主要用于帮助评估政府开展电子治理的可能性和现实性，而且有助于正确地设置电子治理目标并制订旨在充分利用电子治理机会、实现这些目标的电子治理计划。Backus提出从政治因素、社会因素、经济因素和技术因素4个方面对电子治理进行SWOT分析[1]，见表12.1。

表12.1 电子治理的SWOT分析

Tab12.1 SWOT analysis of electronic governance

政治因素分析			
优势	劣势	机会	威胁
与民主政治相结合； 把互联网作为改革的拉动因素； 树立政府现代化的形象	预算约束； 缺乏互联网相关立法； 政府中没有承担电子治理责任的人员； 缺少技术专家； 决策制定过程缓慢； 政府机构的等级制度	募集外部资金； 引入竞争机制； 增加政府透明度； 重构政府组织	官僚主义； 侵犯隐私权； 腐败； 维持无序状态，进而缺乏透明度； 政治局势不稳定； 政府公务员的抵触

---

① 史达. 电子治理的概念解析及基本框架研究[J]. 电子政务，2011(10)：5.

(续表)

社会因素分析			
优势	劣势	机会	威胁
人们具有强烈的学习信息技术的欲望； 一些人具有熟练的技能	基础教育缺乏； 信息技术普及率低； 文盲率高； 语言差异； 公众对"自服务"模式的接受程度不高； 技能缺乏	就业率上升； 教育体系改善； 大量廉价劳动力； 推动互联网的普及； 更好的健康医疗体系	缺乏对信息技术人员的后续培训； 人们对新技术的抵触； 数字鸿沟； 侵犯隐私权
经济因素分析			
优势	劣势	机会	威胁
有利于向外部融集发展电子治理的资金； 增加面向企业的透明度	投资者数量不足； 预算约束	通过电子治理来降低成本； 发展新企业； 更多的税收收入	腐败
技术因素分析			
优势	劣势	机会	威胁
所有技术都是全新的； 后发优势	IT技术人员短缺； 互联网使用成本较高； 信息孤岛； 缺乏技术标准； 软件许可使用成本高	购买二手硬件设备； 使用统一的标准	技术附庸

资料来源：史达.电子治理的概念解析及基本框架研究[J]. 电子政务，2011(10)：7.

上述这些指标体系和分析方法，在全球范围内进行了一定的实证比较研究，是被普遍接受和认可的比较成熟的电子治理测评体系和分析方法。我国在尚没有一套有效的电子治理指标体系的情况下，可以甄选应用，以更好地探索适合中国电子治理的定量研究方法。[①]

第二节
电子治理的主要内容

一、网络监管

网络监管，主要负责对互联网网络的监督、监管和检查，主要是监管外部的网络状况，类似于网监、网络警察的性质。

(一) 网络实名制

网络实名制作为一种以用户实名为基础的互联网管理方式，可以成为保护、引导互联

---

① 史达.电子治理的概念解析及基本框架研究[J]. 电子政务，2011(10)：7.

网用户的重要手段和制度，并保护青少年免受网络不良因素影响。但是在该条件下，如何保证网民的监督权和言论空间，也产生了很大争议。

2004年5月13日，中国互联网协会发布了《互联网电子邮件服务标准》(征求意见稿)，首次提出"实名制"并且强调电子邮件服务商应要求客户提交真实的客户资料，该资料将是判断邮箱服务归属的标准。①

2013年3月28日，国务院办公厅发布《关于实施<国务院机构改革和职能转变方案>任务分工的通知》。通知规定了2014年将完成的28项任务，包括发布新的行政事业性收费和政府性基金项目目录及收费标准并组织实施、推动建立统一的信用信息平台、建立以公民身份证号码为基础的公民统一社会信用代码制度、出台并实施不动产统一登记制度、出台并实施信息网络实名登记制度等。②尽管该制度饱受争议，但是世界上绝大多数国家，都是采取有效实名制来管理网络。

(二) "净网行动"

"净网行动"即"净化网络环境专项行动"。为依法严厉打击利用互联网制作传播淫秽色情信息的行为，全国"扫黄打非"工作小组办公室、国家互联网信息办公室、工业和信息化部、公安部共同决定，自2014年4月中旬至11月，在全国范围内统一开展打击网上淫秽色情信息的"扫黄打非·净网2014"专项行动。

2014年全国以打击非法出版物，扫除淫秽色情文化垃圾，打击假媒体、假记者站、假记者为重点，开展"清源2014""净网2014""秋风2014"和"固边2014"4个专项行动。在利益驱动下，制黄传黄活动趋于多变、隐蔽，网络淫秽色情现象仍然较为严重。针对这一现象，全国"扫黄打非"办公室部署开展此次专项行动，大力净化网络文化环境。以此来保护广大网民干净上网、文明上网，特别是广大青少年可以免受各种"流毒"侵蚀，形成文明健康的上网观。

(三) 舆情监控

舆情监控是指整合互联网信息采集技术及信息智能处理技术，通过对互联网海量信息自动抓取、自动分类聚类、主题检测、专题聚焦，实现用户的网络舆情监测和新闻专题追踪等信息需求，形成简报、报告、图表等分析结果，为政府全面掌握群众思想动态、做出正确舆论引导，提供分析依据。

舆情监控系统的大致工作流程分为以下三个部分。

1. 制定危机预警方案

针对各种类型的危机事件，制定比较详尽的判断标准和预警方案，以做到有所准备，一旦危机出现便有章可循、对症下药。此步骤主要是确定好监控的目标网站和过滤关键词。

① 百度百科. 网络实名制[EB/OL]. http://baike.baidu.com/view/731760.htm，2015-10-04.

② 国务院. 明年6月底前实施不动产登记和网络实名制[EB/OL]. 中国网. news.china.com.cn，2013-03-29.

2. 密切关注事态发展

保证第一时间知悉事态发展，加强监测力度，可以通过第一时间大量采集、汇总各种互联网上的信息来实现。

3. 及时传递和沟通信息

与舆论危机涉及的政府相关部门保持紧密沟通。建立和运用这种信息沟通机制，已经成为网络舆情管理部门的重要经验。以上海为例，无论在地铁调价，还是普陀城管打人等"网络热点舆情"处理上，各部门协同作战、相互配合、共同商议，判断危机走向，对预案进行适当修正和调整，以符合实际所需是危机应对的重要措施。

二、政务微博与网络发言人

(一) 政务微博

政务微博，是指中国政府部门或公务人员推出的官方微博账户，力行"织博为民"。但是，受到开设微博最初理念定位不清以及微博管理机制落后、人员配备不足等原因的影响，政务微博暴露出诸多问题。

1. 政务微博命名混乱

有以机构名称全称命名的，有以简称命名的，有以地方名称加地方特点命名的，有政务微博名称与机构名称没有明显相关性的。政务微博名称混乱不利于用户识别，政务微博的真实性、权威性大打折扣，用户无法查询和搜索，不利于政务微博的推广和宣传。

2. 政务微博的建立处于无序状态

无序状态表现为以下方面：一是建与不建的问题。中国还没有明确的法律法规约束政府及其工作人员是否一定要建立政务微博；二是注册政务微博时，所选择的门户网站处于无序状态。中国公开向用户提供微博注册服务的门户网站已有80多家。政务微博在哪一个网站上都可以注册，没有限制。

3. 政务微博缺乏运行机制

政务微博运行处于自发状态，没有法律、纪律对其运行加以约束和限制。其主要表现为以下方面：一是信息发布不及时，信息发布数量不均；二是对用户提出的评论、意见和建议不能及时有效地回复和解决；三是互动功能不足，没有充分利用微博的各种交互工具来完成应有的功能。

4. 政务微博缺少必要的营销手段

缺少营销理念的后果是政务微博的粉丝数和关注对象不足、发帖数量不足。在一般情况和条件下，政务微博粉丝数的多少不是至关重要的，政务微博不能以追求粉丝数为终极目的。然而粉丝数越多，影响力越大是不争的事实。当突发事件发生时，政府需要在第一时间播报事态发展情况，粉丝数的多少至关重要。粉丝数越多，政府的声音传达越迅速，有利于争取主动权，是防止流言和谣言的最好办法。[①]

(二) 网络发言人

网络发言人是新闻发言人制度的组成部分，江苏、云南、广东、贵州等地方政府部门已经率先开展了网络发言人制度。2008年12月30日，"睢宁县网络发言人"设立，在西祠胡同网站正式注册，ID号为15885917，授权上网跟帖或发布信息，自此"网络发言人"成为一个专有名词。2009年2月12日，江苏省睢宁县发文正式实施网络发言人制度。

网络发言人的设立是政府网络问政的方式之一，是政府及时引导网民、披露真相、解决问题的积极尝试，是我国民主政治发展在网络上的新体现。"网络发言人"为打造"网络民主"做出了一个注脚，也给疏通民意、回应网友在网络上的建议与质疑提供了平台。"网络新闻发言人"的设立，是对新闻发言人制度在互联网空间的延伸和拓展。网络舆情的变化正在促使政府角色转变，信息发布从传统媒体向网络媒体延伸；从单向传递向多点、动态传递转变；从定时、定量传播向网上24小时随时发布更新转变。

网络发言人的最大价值在于开拓了政府与网民在网上交流的权威通道，不仅有望对疏导网络民意产生实际效果，而且体现了行政理念的成熟开放，在某种程度上还可能给现实中的新闻发言人带来一定压力，使政府与民众的互动更真诚、更顺畅。

但网络发言人制度也有其弊端：由于网络发言人可能会采用外交辞令、套话，回答的针对性不强，回复时间较为迟缓等，网络发言人产生的实际作用或许与公众期待相距甚远。另外，公众所担心的是会不会出现新的互联网控制趋势——借助网络之名，屏蔽一些对其不利、不愿意回答、不乐意看见的信息与问题，将其沦为一种事实上的预先审查制度？或者，"网络发言人"制度是否如同现在一些既有的制度一般，在经历短暂的喧嚣之后，又逐渐淹没为无人问津的"鸡肋"？[②]

三、数字鸿沟

"数字鸿沟"又称为"信息鸿沟"，即信息富有者和信息贫困者之间的鸿沟。在英文里，数字鸿沟常统称"Digital Divide"，本意是数字差距或者数字分裂。联合国开发计划署的顾问Dennisi指出，数字鸿沟实际上表现为一种创造财富能力的差距。数字鸿沟体现了当代信息技术领域中存在的差距现象。这种差距，既存在于信息技术的开发领域，也存在于信息技术的应用领域，特别是由网络技术产生的差距。

从世界范围内来看，信息革命及信息化的高速发展所带来"数字鸿沟"等问题是跨国界的，需要世界各国的平等参与、深入研讨、协商处理和共同管理。发展中国家如何应对"数字鸿沟"问题、缩小南北"数字鸿沟"，不是简单的信息化建设问题，必然涉及缩小南北整体经济差距、扶贫、减债、增加官方发展援助等一系列根本性问题。在信息领域的

---

① 百度百科. 政务微博[EB/OL]. http://baike.baidu.com/view/5725316.htm，2015-10-04.

② 百度百科. 网络发言人[EB/OL]. http://baike.baidu.com/view/2724287.htm，2015-10-04.

新规则的制定方面，由少数几个信息大国或国家集团说了算的局面是不正常的，不符合国际关系民主化的潮流，也不符合信息技术的发展趋势。努力缩小和消除"数字鸿沟"，是建立国际政治经济新秩序的重要组成部分。

在中国，数字鸿沟造成的差别正在成为中国继城乡差别、工农差别、脑体差别"三大差别"之后的"第四大差别"，其本身已不仅仅是一个技术问题，而正在成为一个社会问题。网络用户虽然持续增长，但其普及和应用主要发生在城市，网络用户中只有极少数是农民。尤其值得注意的是，同我国的地形梯级分布相似，我国不同地区使用数字技术的程度也呈梯级分布，只不过方向刚好相反，表现为东部沿海城市数字化程度相对来说比较高，而中西部地区数字化程度较低。无论是实际上网人数，还是上网人数所占人口比例，东部省区都大大超过中西部地区。①

四、网络安全与公民隐私

(一) 网络安全维护

网络安全是指网络系统的硬件、软件及其系统中的数据受到保护，不因偶然的或者恶意的原因而遭受破坏、更改、泄露以及系统连续、可靠、正常地运行，网络服务不中断。网络安全包含网络设备安全、网络信息安全和网络软件安全。从广义来说，凡是涉及网络上信息的保密性、完整性、可用性、真实性和可控性的相关技术和理论都是网络安全的研究领域。

从网络运行和管理者角度来说，他们希望本地网络信息的访问、读写等操作受到保护和控制，避免出现"陷门"、病毒、非法存取、拒绝服务以及网络资源非法占用和非法控制等威胁，制止和防御网络黑客的攻击。对安全保密部门来说，他们希望对非法的、有害的或涉及国家机密的信息进行过滤和防堵，避免机要信息泄露，避免对社会产生危害、给国家造成巨大损失。从社会教育和意识形态角度来讲，网络上不健康的内容，会对社会的稳定和人类的发展造成阻碍，必须对其进行控制。网络安全主要包括：系统安全、网络安全、信息传播安全和信息内容安全。②

(二) 网络文化安全

网络文化作为一种全新的文化形态，与传统意义上文化的生产与传播方式存在显著不同。对于网络文化安全的内涵，有狭义和广义的理解。狭义上，网络文化安全是指网络文化在生产、传播和消费过程中维护国家文化权益的良性状态。而广义的网络文化安全不仅包括网络文化在生产、传播和消费过程中不得损害他国网络文化权益的状态，还包括维护国家文化安全，发展与之协调发展的网络物质技术、网络制度法规、网络精神素养、网络

---

① 百度百科. 数字鸿沟[EB/OL]. http://baike.baidu.com/view/95170.htm，2015-10-11.

② 百度百科. 网络安全[EB/OL]. http://baike.baidu.com/view/17495.htm，2015-10-04.

行为文化等方面的安全。

网络文化安全作为国家文化安全的一部分，一般可以分为三个层次，即网络物质文化安全(主要包括像防火墙之类的各种网络安全硬件设备和软件产品)、网络制度文化安全(包括各种维护网络安全的法律法规和规章制度)和网络精神文化安全(包括人们对网络安全的意识、心理、理论、价值倾向)。①

1) 面临的挑战

我国网络文化安全正面临着严峻挑战，主要包括以下内容。

(1) 网络信息安全缺失。网络信息来源渠道多、信息量大，其中充斥着诸多虚假信息、不良信息、有害信息甚至包括实施的网络犯罪信息，如网上窃取国家机密或商业秘密、网络非法交易、电子讹诈、网络谣言，这些现象都给我国的网络文化安全提出了新的巨大挑战。

(2) 网络文化对传统文化的挑战。网络文化作为新事物，无疑是文化生产力发展的结果，是先进文化的代表。高效多元的网络文化传播方式不仅深刻改变了人们的生活方式，也对传统文化规则、文化行为和价值标准产生了巨大影响，同时也造成了强烈冲击。

(3) 网络文化对我国道德价值观念的冲击。消极的网络文化在很大程度上削弱了大众对马克思主义意识形态的共识，弱化了马克思主义意识形态的指导作用；网络色情文化泛滥成灾，西方霸权文化的日益渗透，使国人的道德价值观念由对精神文化的追求演变为注重自我的个人主义与享乐主义。

2) 建设措施

要加强我国网络文化安全建设，具体措施包括以下内容。

(1) 创新网络文化管理理念。党的十八大报告中有19处表述提及信息、信息化、信息网络、信息技术与信息安全，并且首次明确提出了"健全信息安全保障体系"的目标，同时也指出要"加强和改进网络内容建设，唱响网上主旋律。加强网络社会管理，推进网络规范有序运行"。十八届三中全会明确要求："要切实维护国家文化安全"。网络文化安全管理工作需要坚决贯彻"科学发展，依法管理，确保安全"的理念，不断优化网络社会管理方式，一方面要着力构建立体的网络文化安全防范体系，包括网络技术防范、法律制度防范、网民意识防范等；另一方面，注重发展社会主义网络文化，净化网络文化安全环境，不断增强网络文化整体实力和竞争力。

(2) 网络技术防范。网络技术是网络文化信息内容传播的物质载体。网络信息监控与内容过滤技术是防范网络信息肆意传播的重要手段。为了有效规范网络文化传播内容，维护网络文化安全，学术界对网络文化信息内容监控与过滤技术的研究正如火如荼地进行。

(3) 网络文化安全法制化保证。加强我国网络文化安全立法工作，能够用法律手段有效地严厉打击当前我国社会普遍存在的各种网络犯罪现象，是提高我国网络文化法制化的

---

① 王燕，杨文阳，张屹.中国网络文化安全发展现状及相关政策研究[J].情报杂志，2008(4)：145.

最根本途径。

(4) 网络道德伦理建设。网民的道德素质高低事关我国网络文化建设的成败，对维护我国网络文化安全的意义十分巨大，当前我国网络文化面临的许多安全性威胁，在很大程度上是由我国部分网民的道德素质低下造成的，比如网络黑客问题、网络病毒传播问题、不良信息充斥网络等。提高网络道德，会在一定程度上降低网络文化安全问题发生的概率。

(三) 公民隐私

伴随着智能手机等移动信息终端设备的普及使用，现代人的生活深深地被卷入移动互联网络中。人类发展的历史已经一再证明，新的媒介技术不仅会带来传播范式和传播效果的改变，而且还会影响人们的生活方式、生产模式、消费模式乃至社会结构、价值观念。网络互联技术帮助人们达成所愿，却也埋下了隐私泄露的巨大隐患。研究网络时代的公民隐私泄露问题，已经迫在眉睫。[①]

据美国中央情报局前雇员爱德华·斯诺登披露的绝密计划，美国国家安全局有一项代号为"棱镜"的秘密项目，要求电信巨头威瑞森公司必须每天上交数百万用户的通话记录。不仅如此，在过去6年间，美国国家安全局和联邦调查局通过进入微软、谷歌、苹果、雅虎等9大网络巨头的服务器，监控美国公民的电子邮件、聊天记录、视频及照片等秘密资料，提取其中的音频、视频、聊天记录、照片、邮件、文档以及联系方式等信息，以便分析人员追踪个人动态及其整个圈子。有资料显示，美国设在犹他州的"棱镜"服务器的容量足以储存未来100年整个人类的电子信息。

在大数据时代，公众被置于各种各样的偷窥用户信息的"棱镜"之下，完全成了一个"透明人"。我们在"享用"网络、手机、电话、平板电脑等现代信息工具提供给我们的便利之时，其实也被各种收集网上信息的利益集团和个人"剥光了衣服"，在各种现代信息工具上裸奔。我们被各种各样大数据的使用者置于"棱镜"的聚光之下。[②]

安全和自由是公民合法权益的重要内容，如何做到既保护公民安全，又不因滥用技术而侵犯公民自由，是一个令人深思并亟待解决的重大而现实的问题。

人肉搜索只是搜索引擎的一种形式。它是指利用网民的力量去有针对性地搜寻信息的一种机制。但是后来它逐步演变为一种在网络上用人的力量去找人工具。由于在网络上肆意公开他人在现实生活中的真实身份，引发严重的隐私侵害，引起了人们的广泛批评。针对社会对网络人肉搜索暴力现象普遍的负面评价，不仅有人大常委会委员建议立法规范人肉搜索；在广东深圳、江苏徐州等地，一些地方性的法规已经对其明令禁止。

人肉搜索和偷拍偷录是普通个人对媒介工具的使用，具有典型的双面效应：一方面张扬了个体的权利，人们能够运用手中的媒介曝光违法乱纪或违背社会公德的人和事，有效实施舆论监督；另一方面，由于使用的环境特殊，使用人肉搜索和偷拍偷录，很容易由于

① 毛德胜.移动互联时代的公民隐私泄露问题[J].中国广播电视学刊，2015(6)：45.
② 陆高峰.大数据时代的公众隐私[J].青年记者，2013(7)：45.

个人的非理性，而做出侵害他人隐私的行为。[①]

五、在线服务与私人定制服务

(一) 在线服务

在线服务是指利用互联网技术，向用户提供线上服务的方式。它主要分为应用程序在线服务和人力资源在线服务。应用程序在线服务构成了互联网应用的基础，它包括我们常见的Web浏览、电子邮件、论坛、即时通信、游戏、下载和专门信息服务(股票等)、在线视频等。目前它更进一步扩大到软件服务化(SaaS软件即服务)，它是一种通过互联网提供软件的模式，如百度杀毒、易维帮助台等。

人力资源在线服务是目前较为新兴的在线服务方式，即个人或团体以技能、知识、智力、创意等方式通过互联网实时向被服务者提供服务。它包括远程电脑维护、远程教育、远程护理和远程监控等。人力资源在线服务强调实时性与交互性。实时性是由在线服务的性质决定的，是指服务双方必须同时在线，在同一时间提供服务和接受服务，与线下任务线上交易模式有本质区别。交互性是指服务双方在服务交付过程中存在沟通和协同。

人力资源在线服务的技术实现主要包括以下内容：① 必须要有服务交付支持软件，即建立服务双方相互连接的软件工具，该软件具备支撑服务的一切技术手段；② 要具备服务需求和服务信息发布平台，一系列配套体系的完善，也是实现在线服务的必要条件；③成熟的在线交易平台，即被服务者向服务者支付报酬的途径。[②]

(二) 私人定制服务

在信息化社会的今天，公众利用互联网参与社会互动、社会管理已经成为必然趋势。为了向公众提供更多的人性化服务，"私人定制服务"出现在公众生活，主要针对不同人群的不同需求，制定个性化服务，以满足公众的多元化需求。

从标准化服务到定制服务可以说不仅仅是商家创新服务、满足公众的新途径，也为政府、公共部门推动管理模式改革，提升公共服务质量，提供了可借鉴的新模式。近年来，我国政府、公共部门相继探索推出不同形式的私人定制服务，收到了良好的社会反馈。其中，以江苏省东海县质监局为例，政府部门针对不同类型的企业，积极探索个性化服务企业的新方式，因地制宜做好服务企业工作的新路子。其优秀经验有以下几方面内容。

(1) 为重点企业提供定制式服务。建立中层以上干部联系企业制度，每月走访联系一次挂钩的重点项目，了解项目建设情况。尤其是对需要生产许可或产品认证的重点项目和企业，主动靠前跟踪服务，全面了解和掌握项目进展和企业具体情况，帮助重点项目顺利投产。

① 向淑君. 敞开与遮蔽——新媒介时代的隐私问题研究[D]. 武汉：武汉大学，2009：34.

② 百度百科. 在线服务[EB/OL]，http://baike.baidu.com/view/544356.htm.2015-10-04.

(2) 为工业园区企业开展"服务直通车"服务。积极搭建技术支撑平台，为企业办理生产许可证申请、产品质量检验检测、产品标准制定、特种设备安装检验、标准化示范区建设、名牌申报、计量检定、产品及管理体系认证等服务事项。针对企业需求建立了整改销号台账，做到问题整改一个销号一个，确保服务取得实效。

(3) 开展"一对一"服务。提高生产加工企业的质量检验和管理人员的业务素质，提高企业产品出厂检验能力水平，采取"一对一"帮扶指导等方式，开展企业质量检验培训工作。该局2014年已对全县20家30余人次企业检验员进行了业务培训。

(4) 为小微企业提供免费服务。严格落实有关免费检验、免费办理、免费服务等规定，2014年已减免1500家小微企业的组织机构代码证书工本费。切实减轻企业负担，促进企业加快发展。

(5) 实施量身定做服务。帮助食品企业申请换证、组织食品技术专家在厂房改造、质量管理体系建设、实验室整体布局、生产许可必备材料等方面制定明确的帮扶措施，帮扶企业尽快通过生产许可验收，尽快投产见效益。[①]

六、电子垃圾治理

(一) 电子信息垃圾

开展垃圾短信息治理专项行动，是落实《全国人大常委会关于加强网络信息保护的决定》中关于治理垃圾电子信息制度的要求。《全国人大常委会关于加强网络信息保护的决定》主要规定了公民个人电子信息保护、网络身份管理和垃圾电子信息治理三项制度。

垃圾电子信息的危害性在于其违背了接收人意愿，干扰了接收人的生活。因此，判断电子信息是否为垃圾信息需要根据接收人的意愿判断。对垃圾电子信息的判断具有主观性，可能因接收人的不同而有所不同，即违背某人意愿而发送的电子信息可能是其他人乐于接收或者有所需要的信息。

违背接收人意愿发送电子信息，一方面干扰了接收人的生活，具有危害性，应加以规制；另一方面它也是互联网行业发展，特别是电子商务所不可缺少的业务开展方式之一，尤其是对于中小企业而言，利用网络发送电子推广信息可以节省成本、扩大受众面。治理垃圾电子信息，应当立足社会发展现状，深刻认知当前的互联网形势，平衡信息接收人利益保护和业务模式发展需要。由于垃圾电子信息的危害性在于其违背接收人的意愿，对于垃圾电子信息的界定一般从其"不请自来"的特性入手。

对于特定的垃圾电子信息接收人而言，很难证明垃圾电子信息对其造成了损害(该损害在事实上难以确定)，也难以确定垃圾电子信息发送人的真实身份，若其向法院提起诉讼追究信息发送人的民事责任，不具有现实性。较为现实的做法是向行政部门举报，从行政监管角度对垃圾电子信息进行规制。

---

① 李其维. 私人定制提高针对性[J]. 中国质量技术监督，2014(10): 37.

行政部门监管针对垃圾电子信息做出的行政措施，一般以垃圾电子信息的发送行为具有较强社会危害性为前提。垃圾电子信息发送行为具有较强社会危害性，主要是指违背接收人意愿多次发送信息。前文已经提及垃圾电子信息不应一概禁止，相关法律也应确认未经接收人同意发送电子信息的合法性，不能因为信息的"不请自来"而承担法律责任。治理垃圾电子信息，虽然以其"不请自来"的特点作为界定因素，但应当以其发送次数作为规制的切入点，即治理垃圾电子信息以行政规制为主，行政规制以垃圾电子信息多次违背接收人意愿发送为切入点。①

(二) 电子产品垃圾

电子产品垃圾俗称"电子垃圾"，是指被废弃不再使用的电器或电子设备，主要包括电冰箱、空调、洗衣机、电视机等家用电器和计算机等通信电子产品等电子科技的淘汰品。电子垃圾需要谨慎处理，在一些发展中国家，随意丢弃电子垃圾的现象十分严重，造成的环境污染威胁着当地居民的身体健康。

"电子垃圾"又称"电子废弃物"英文名称为E-waste，也可以用Waste Electronic Equipment来表示。废弃不用的电子设备都属于电子废弃物。电子废弃物种类繁多，大致可分为两类：一类是所含材料比较简单，对环境危害较轻的废旧电子产品，如电冰箱、洗衣机、空调机等家用电器以及医疗、科研电器等，这类产品的拆解和处理相对比较简单；另一类是所含材料比较复杂，对环境危害比较大的废旧电子产品，如电脑、电视机显像管内含有铅，电脑元件中含有砷、汞和其他有害物质，手机的原材料中含有砷、镉、铅以及其他多种具有持久性和生物累积性的有毒物质等。

完善电子废弃物处理的法律法规体系，采取法律手段强制电子废弃物的循环利用，有助于电子废弃物处理过程的全程管理和监督，也是促进电子废弃物循环产业市场化的可靠保证。

2003年，国家环保总局发布了《关于加强废弃电子电气设备环境管理的公告》，要求加强电子废弃物的环境管理。《废弃电器电子产品回收处理管理条例》已于2008年8月20日在国务院第23次常务会议上通过，自2011年1月1日起施行。主要采取了如下举措。

1. 征收基金

资金的短缺一直是规范"电子垃圾"科学处理的一大瓶颈，这一难题将随着"废弃电器电子产品处理基金"的建立迎刃而解。按照《条例》，电器电子产品生产者、进口电器电子产品的收货人或者其代理人应当按照规定交纳一定费用作为废弃电器电子产品处理基金，用于废弃电器电子产品回收处理费用的补贴。

2. 标注提示

为了方便废弃电器电子产品的回收处理，国家鼓励电器电子产品的生产者自行或者委托销售者、维修机构、售后服务机构等回收废弃电器电子产品。《条例》规定，电器电子产品销售者、维修机构、售后服务机构应当在其营业场所的显著位置标注废弃电器电子产

---

① 许长帅. 有关治理垃圾电子信息的四个问题[EB/OL]. 中国信息产业网，2013-10-31.

品回收处理的提示性信息。

3. 资格审批

按照《条例》，国家对废弃电器电子产品处理实行资格许可制度，设区的市级人民政府环境保护主管部门审批废弃电器电子产品处理企业资格。申请废弃电器电子产品处理资格，应具备完善的废弃电器电子产品处理设施和与所处理的废弃电器电子产品相适应的分拣、包装以及其他设备。

对于那些没有取得"电子垃圾"处理资格而擅自从事处理活动的，将由工商行政管理机关依照《无照经营查处取缔办法》的规定予以处罚。环境保护主管部门查出的，由县级以上人民政府环境保护主管部门责令停业、关闭，没收违法所得，并处5万元以上50万元以下的罚款。

4. 专业引导

把市场竞争机制引入电子废弃物循环利用产业领域，充分发挥企业的主观能动性。国家应当把电子废弃物产业确定为战略产业，并从多方面予以优惠政策，鼓励和推动其发展。电子废弃物循环利用企业在依靠技术创新实现资源综合利用的前提下，依托市场实现规模化生产，实现经济效益、社会效益和环境效益的协调统一。

七、网络社会治理

网络社会的发展是中国社会进入信息化社会的自然结果，同时也是信息化建设的重要成果。然而，网络社会的快速发展，一方面对整个社会的发展产生极大的积极推动影响，如促进经济发展、促进创新、降低信息沟通成本、提高政府效率、有利于政府工作透明化和监督以及加强官民互动等；另一方面，网络社会的发展也对传统的治理体系产生了极大的冲击，这集中体现在网络社会由于其具有超越地域性、隐蔽性、复杂性等特点，使其在公共舆论、社会动员、社会组织、社会意识和隐私安全等方面对传统的公共治理秩序产生了极大的冲击。

网络社会最基本的特性是网络社会本身所具有的复杂性以及由复杂性所引发的可治性问题。困扰网络社会治理的一个重要的政治矛盾是，一方面网络社会极大地扩展了公民参政议政的权利和渠道，同时网络的言论自由等权利是公民重要的人身权利；另一方面，对网络社会的严格管制或者控制有可能会极大地损害公民的这种权利。因此，从保障公民权利和形成政治平衡的角度来说，这就成为反对网络管理的一种主要的政治价值的阻力。

网络社会的治理与政务公开、效能建设、反腐败以及提高政府能力和廉洁程度之间的关系比较复杂。一个基本的原则是对网络社会的治理并不能成为阻碍或者拖延政务公开、效能建设、反腐败等的理由和解决政府缺乏网络信任的办法。怎么样将两者结合起来，并通过自身的建设而妥善解决整个网络社会的官民信任和冲突问题并增加实际政府的合法性，是需要认真研究的问题。[①]

---

① 何哲.网络社会治理的若干关键理论问题及治理策略[J]. 理论与改革，2013(3)：26.

我国电子治理的进展与状况

一、我国电子治理发展概述

与西方发达国家相比，我国真正地对电子治理机制进行投入建设的起步较迟。同时，电子治理所依赖的电子通信技术实际运用到政府办公、私营机构及公众家庭中也相对较晚，但目前的发展形势很好很快，从全方位的角度来看已向前迈了很大一步。国务院于1992年便规划出在我国构筑电子办公决策信息系统的具体方案。它包括：机关首脑和中央及地方各政府部门之间以及政府与其各部门的工作人员之间的工作交流，对国家及地方的基础信息，如人口、地理、资源等方面的建设提出了明晰的指导方案。

目前，国家制定的这些政策在工作中已经看到了实际效果，在我国的各个政府部门和各地区的电子治理建设指导工作中取得了长足的进步。而与此同时，正是在这一系列政策的导向下，我国电子治理的发展步伐已经加大加快。

政府网上交互式办公已开始迈出步伐。在"金"字系统工程取得重大进展的同时，电子治理开始进入蓬勃发展的时期。电子治理打破了各地区、各地域间的空间制约，开始了网络关系的发展。截止到1999年年末，我国政府网络中心几乎全部覆盖。这些都有赖于电子设备的大量投入以及通信技术的不断成熟。而我国政府基本上落实了数字化办公。与此同时，我国政府还设有对外的网络界面，对外公布政务消息，对外提供电子服务。我国的数字化愿景是，建立设备完善、组织科学、平台畅通的电子治理机制，并落实建成数据集结储存库，开始政府在网上的电子政务工作。

一些地区、部门的专业化政府服务网站繁荣发展。最典型的例子就是深圳市拥有属于自己的网站，这在全国是领先的。该网站构筑起全市政府部门统一的公共通信网络平台，同时又充分利用无线数据网、邮电通信网、有线电视网和卫星网等，集成数十个各种信息数据库，这里涵盖了5套市班子、6个区以及88个局委办，有非常可观的容量。

二、电子治理面临的挑战

信息技术的进步为政府治理带来了便捷、协同、数字民主等积极效应，但也不能忽视在信息通信技术发展的同时也对电子治理的理念与范式提出了新的挑战。

(1) 自助式政府目标难以实现。电子治理的实施是复杂的，建立电子政府不仅需要远见，而且需要政府高层具有强大的政治领导能力，熟悉日常生活中使用计算机和互联网的技术。对电子政府最起码的要求是能在网上填写一些表格，在这一基础上发展成熟的电子治理则需要在文化、办事程序以及确定政府是一个实体等方面发生深刻变化。

(2) 严重的安全威胁。政府信息是需要精心管理的重要国有资产，信息安全在一定程度上是电子治理的生命保障。信息安全涉及保密性、完整性、可用性等问题。随着科技的发展，政府信息化正在由专属主机、封闭网络、开放式分散处理系统，逐步走向国际互联网的多媒体信息交流和业务处理。

(3) 网络传媒对民主发展的负效应。在信息社会，以网络为主导的大众传媒，有学者称之为"第四种权力"，它一方面对民主的发展起了重要的积极推动作用；另一方面，对民主的发展也产生了一定的负面影响。确切地说，以网络为主导的大众传媒，并不必然带来民主政治的发展，主要是因为：以网络为主导的大众传媒削弱了国家的凝聚力；以网络为主导的大众传媒，导致了信息拥有的不平等；"第四种权力"的强大为政治的非正常操作提供了便利。

(4) 网络技术对行政决策的负面影响。一方面，行政机构信息系统的意外故障会阻滞行政决策过程。在21世纪的电子政府中，一旦行政机构集中的信息系统发生意外，就直接影响决策过程，而社会生活中需要行政机构发挥管理、控制职能的领域就会出现隐患。换言之，信息的集中化程度越高，决策过程就越易受到阻滞，相应地，政府对社会控制的脆弱性就越突出。另一方面，提供过量信息会引起"信息爆炸"和"盲目决策"。在过量信息下，多种方案的利弊权衡更加困难，更难决定取舍，决策层由于无所适从，从而使方案抉择过程呈现较多的主观随意色彩。带有个人倾向性的过量信息，使决策者疲于应付。公众对决策层的信息输入，不可避免带有较强的个人倾向性，从而使信息出现偏差。①

三、电子治理的策略

Sharon S. Dawes指出，革新性的电子治理检验着5个相关指标：政府体制、政府服务的满意度、高质量和低成本的政府行动、公民在民主程序中的参与度、行政和公共机构改革。Vicente Pina等在2007年对19个经合组织国家的信息通信技术是否真正增强了政府的责任进行研究，认为ICT已经对政府统治赋予了更多的责任，责任已经在内涵上发生变化和拓展，目的在于由全体公民来控制政府、在政府和市民之间的公开讨论更加容易。②

Awdhesh. K. Singh等针对在电子治理研究中发现的问题，提出了三种可供选择的方法：移动政府、交互式语音应答系统和公共资讯服务站，以实现电子治理普遍化。

Soumitra Sharma分析总结了制约电子治理发展的9个因素"资源危机、政治意志的缺乏、在政府组织中缺乏专门的管理规划、增加的财政负担、无力的责任机制、立法和程序的瓶颈、遗留的系统和互操作性问题、数字鸿沟、语言界面等文化和背景的挑战"，并提出了Public-Private Partnership方法，即PPP方法。这种方法是指，在政府和企业之间或者非政府组织之间(NGOs)制定协议，通过提供服务共担风险和风险收益，用这种方法来克

① 腾赋骋. 电子治理：超越电子政务的治理模式[D]. 成都：四川大学，2005：18.

② Vicente Pina，Lourdes Torres Basilio. Acerete Are ICTs Promoting Government Accountability：A Comparative Analysis of E-governance Developments in 19 OECD Countries[J].Critical Perspectives on Accounting，2007(18)：64.

服电子治理中的资金和管理问题。[①]

Awdhesh. K. Singh和Rajendra Sahu认为，电子治理应用遇到的各种限制和不利因素主要有"搜索和查找正确信息很困难、个人拥有电脑的数量很低、公共服务信息的花费很高、因特网的低接触率"。[②]

刘邦凡、罗白玲提出，政府电子治理的实施要注意"应用为本，建立管理体制，整合资源、避免重复，与时俱进、创新观念，遵循标准，注重信息安全，以人为本，引导市场介入"。[③]

电子治理的推进，从纵向上来说，可以不断消除政府的层级障碍，提高公共行政效率；从横向上来说，可以不断打破政府部门之间的边界，消除数字鸿沟对政府治理的影响。

有效地推进电子治理发展需要政府不断深化行政改革，改变传统的行政思维，提升政府自身的电子政务水平，促进政府办事流程的再造、公共管理手段和方式的转变以及政府职能部门的职责转型。从发展阶段上来说，中国目前还比较落后，实现以公民为中心无缝隙的公共服务还需要更多的探索与实践。[④]

本章小结

电子治理是政府电子政务管理模式的最高形式。本章介绍了电子治理理论的兴起与趋势以及电子治理的概念及特点；电子治理内容广泛，包括：网络监管、政务微博与网络发言人、数字鸿沟、网络安全与公众隐私、在线服务与私人定制服务、电子垃圾治理和网络社会治理。这些问题都亟待运用科学的治理手段，进行全面分析和阐述。

关键术语

电子治理　电子治理理论　网络监管　网络实名制　净网行动　舆情监控
政务微博　网络发言人　数字鸿沟　网络安全　公众隐私　在线服务
私人定制服务　电子垃圾治理　网络社会治理　电子治理问题

思考题

1. 电子治理的概念及其特点是什么？

---

① 朱新现. 国内外电子治理研究文献综述[J]. 中国行政管理，2010(10)：15.

② SINGH A K，SAHU R.Integrating Internet，Telephones，and Call Centers for Delivering Better Quality E-governance to ALL Citizens[J]. Government Information Quarterly，2008(3)：477.

③ 刘邦凡，罗白玲. 试论政府电子治理[J]. 电子政务，2005(12)：11.

④ 刘新萍. 电子治理的发展趋势：基于信息技术应用的政府流程再造[J]. 电子政务，2014(2)：68.

2. 电子治理的价值及其影响有哪些？

3. 电子治理和电子政务的区别和联系有哪些？

4. 电子治理的主要内容有哪些？数字鸿沟的含义及其影响是什么？

5. 简述我国电子治理发展概况。

6. 现阶段电子治理中存在哪些问题？有哪些策略可以解决这些问题？

案例分析

与谣言赛跑："7·23"动车事故中的微博辟谣

(一) 舆情背景

"7.23"甬温线特别重大铁路交通事故发生后，微博在帮助人们了解事故最新情况、帮助寻找失散亲人中起到了积极作用，但与此同时，一些捕风捉影的说法也引起了公众的关注。

在自媒体时代，谣言伴随在海量信息中迅速传播，这些不充分信息在传播的同时，也会不断被完善，通过"微博辟谣"以及众多微博的努力，许多不实谣言最终得到了澄清。在这个开放透明的平台上，微博能通过"自我净化"功能帮助真相赢得同谣言的战争，而我们更有理由期盼微博能够为推动社会进步做出更大的贡献。

嘉宾：谭超，新浪网新闻中心副主编、微博辟谣小组组长。

主持人：潘宇峰，人民网舆情监测室舆情分析师。

(二) 会场实录

主持人：在此次温州动车事故中，微博显露出作为即时媒体在信息传播方面的巨大作用，然而在事件的进展中，大量的谣言借微博生发并引起极大反响，如"神奇数字35"遭网友猜疑、新华社图片车窗中露出救援人员的手、旅客行李被掩埋、遇难者尸体被集体火化，等等。而同样是由于微博的作用，这些谣言在出现不久之后又都被辟谣。请问嘉宾，这是否能说明微博面对谣言已具有一定的自我净化能力？

谭超：不可否认，微博具有一定的自净化功能，一条不实的信息可能会在传播过程中，经过信息的补充和校正，回归事实。但我认为，由于微博传播快、互动性强的特点，其自净化功能有一定的滞后性，而微博的影响常常体现在它的传播过程，而不是最终结果。所以，如果任由一条不实微博传播，可能会给人们的认知造成很大的影响。从这个角度讲，需要及时介入微博辟谣。

主持人：谭主编是新浪微博"微博辟谣"小组组长，目前"微博辟谣"拥有粉丝数已超过35万，请问"微博辟谣"是以何种机制在运作，如何保证辟谣内容的真实性？

谭超：我们的机制主要包含以下几个方面，其中第3点主要是保证辟谣内容的准确可靠。

(1) 24小时不间断监控。微博辟谣小组由新闻中心7名经验丰富、各有所长的编辑组成，实行7×24小时不间断地监控。小组成员利用一些技术手段，随时对转发量较高的微博进行监控，对疑似虚假的信息进行核实。保证尽早发现不实信息、以最快速度进行核实和澄清，将不实信息的影响降到最低。

除了专职的7人小组外，新浪网各频道也设有专人对微博信息进行监控，发现有疑似不实的信息后，会马上通报给微博辟谣小组进行查证。微博辟谣小组在查证一些专业性较强的信息时，也会协调相应的频道进行查证，协同作战。

此外，在重大事件发生、相关谣言有增多趋势时，我们会紧急增派人手进行谣言的核实和处理。在今年3月11日，日本发生9.0级地震并引发核电站事故后，新浪网从各频道抽调资深编辑加入微博辟谣小组，整个小组人员增加到30人。在此期间，对数千条相关的谣言查证后进行了删除，并对10类典型的虚假信息进行了公开澄清，如："日本核辐射扩散到我国沿海""日本自卫队直接进入核反应堆，处置事故的12人全部死亡""日本一些名人在地震中逝世"。

(2) 建立用户举报参与体系。网络中有恶意造谣者，也不乏各个领域的"高人"。要及时发现和处理各种谣言，单靠我们的力量无法达到最佳的效果，所以我们鼓励网友举报谣言。

官方辟谣账号"微博辟谣"在醒目位置标注举报方式，包括：开放私信，每一个用户都可以随时发送私信，举报不实内容；公布举报邮箱，方便用户以此形式提供复杂的信息和线索；每一条微博都附有"举报"按钮，方便网友进行一键举报。

微博辟谣小组安排专人24小时接收网友的举报和线索，并马上进行核实和处理，使不实信息的影响降到最低。

目前，我们每天接到的私信举报达数百条，其中近百条经过查证后都是不实的，并进行了相应的处理。

此外，在一些具体信息的核实上，微博辟谣小组还积极发动网友提供线索，发挥网友的力量进行信息的核实。微博辟谣小组通过观察一些不实信息的评论和转发者，找到一些可能对内情比较了解的网友，与之联系，发现线索并加以核实，让不实信息能够得到更快的澄清。

(3) 多方位核实，保证证据绝对可靠。我们对疑似不实的信息大胆怀疑，但在信息的核实上采取最审慎的态度，务求找到最可靠的证据。一般通过信息源头查找、网络深度搜索、电话连线当事人或当事机构、实地探访等方式，保证有百分之百的证据，来证实或者证伪我们所怀疑的信息。

此次辟谣经历了网友举报、网友参与、网络搜索、询问相关人、实地探访等多个环节和手段，是体现微博自净机制和主动净化机制以及微博辟谣工作方式的一个典型案例。

(4) 虚假信息查证后严格处理。当证实一条信息虚假之后，我们会对该信息进行删除，造成一定影响的，请示领导后，通过"微博辟谣"进行公开澄清。如果用户主观故意发布不实信息，造成恶劣影响的，视情况不同，会对用户进行暂停发布、暂停关注、删除

ID等处理。

(5) 多渠道进行信息澄清。除了利用微博辟谣账号发布澄清信息，我们还采用其他一些手段，多渠道地进行信息澄清。在公开澄清一些不实信息后，我们也会把澄清的消息发送给参与过转发的用户，让受到误导的用户能更新之前错误的认知。

对于公众高度关注的事件，或者造成极大负面影响的信息，还会通过系统通知的方式给每一个用户发送准确的消息，如在日本大地震期间，我们就以系统通知的方式，连续发送2条澄清的消息，这样可以保证每一个用户上线后都会收到信息，极大地提高了澄清信息的到达率。

同时，还可以通过我们有影响力的其他官方账号，如拥有370多万粉丝的"头条新闻"、拥有70多万粉丝的"微天下"等发布正面引导的信息，让用户最大限度地获得真实信息，避免不实信息的影响。

主持人：有学者批评说，一些拥有大量"粉丝"的意见领袖对谣言传播也起到了很大的推动作用，网络媒体时代的意见领袖缺乏传统媒体在信息传播中的"守门人"作用。请问嘉宾怎么看待意见领袖在谣言传播中的作用，意见领袖是否对谣言的控制具有更大的社会责任？

谭超：不可否认，粉丝较多的用户如果发布不实信息，会造成更大的影响。所以我们希望此类用户应该对自己所发布的内容有一个自觉的责任，采取更审慎的态度，而不是只追求轰动效应，只顾攫取网友的注意力。当然，我们也注意到一些不实消息，尽管原发者的粉丝数量并不多，但因为此信息太离奇、耸人听闻，也得到极大程度的传播。所以，不管粉丝数量多少，我们希望所有的用户都能自觉地对自己所发布的内容负责，保持理性，尊重常识，不要刻意发布违背常理的不实信息。

主持人：有人认为，让网民在完全即时、透明、公开、公正的环境中学习成长一段时间之后，能够培养出网民识别谣言的能力。面对微博这种开放透明的信息传播模式，人们是否还需要一个学习的过程？如同建立公民社会需要首先进行公民教育，建立微博生态的网民社会是否也需要经过长期的网民教育？

谭超：的确，微博兴起的时间还不长，还处于发展之中，它给用户获取信息带来了极大的便利，但在海量的信息轰炸之下，任何甄别不实信息，去伪存真，都需要我们共同学习提高。微博辟谣小组成立的目的，也是希望能给用户甄别真假信息提供一个参考，维护微博这个平台的健康发展。

资料来源：http://wufatianvip.blog.sohu.com/245472584.html

思考问题

1. 在"动车事故"中，政务微博起到了哪些作用？

2. 政务微博是如何体现电子治理理念的？

3. 你对政务微博的发展有何建议？

第十三章
智慧城市与移动政务

为解决城市发展难题，实现城市可持续发展，让技术更好地服务民生，智慧城市建设已成为当今世界城市发展和政府转型的重要前进方向。当前，智慧城市的理念逐渐被政府和民众所接受，全球兴起了建设智慧城市的热潮。移动政务是传统电子政务和移动通信平台相结合的产物，促进了政府高效工作，加强了政府与公众间更紧密的联系。移动政务将成为未来政府行政新常态模式。智慧城市与移动政务是当今政府社会管理和内部行政能力现代化的基本体现。

第一节
智慧城市

一、智慧城市概述

(一) 智慧城市的建设背景

随着物联网、新一代移动宽带网络、下一代互联网、云计算等新一轮信息技术的迅速发展和深入应用，城市信息化发展向更高阶段的智慧化迈进已经成为必然趋势。在此背景下，世界主要发达国家的核心城市纷纷启动智慧城市战略。纽约、伦敦、巴黎、东京等相继加快信息化发展的战略布局，增强城市综合竞争力，破解城市发展难题。美国、爱尔兰、德国以及新加坡、日本、韩国的智慧城市建设纷纷起步，并在多个领域积极探索智慧城市建设实践，推动信息技术的创新应用，提升城市经济发展水平。

我国城市化步伐在不断加快，每年有1500万人口进入城市。到2025年，中国将会有近三分之二的人口居住在城市，中国已经进入城市社会。《金融时报》2010年9月21日报道：1980年中国城市人口比例仅为20%，而到2010年这一比例达到45%，是世界上城市人口最多的国家。城市化虽然带来了人民生活水平的提高，但城市要保持可持续发展却越来越受到各种因素的制约，需要面对转变经济增长方式、调整产业结构、改变生活方式、不断解决突发性事件等问题。智慧城市的出现，已经不仅仅是技术问题，更是社会问题。它是城市发展到一定阶段的必然规律，这一新型城市模式的诞生，已逐步成为全球城市发展的关注热点。

(二) 智慧城市的定义

"智慧城市"理念问世以来，国内外相关企业、研究机构和专家，纷纷对其进行了定义和研究。归纳起来，主要集中于以下三点。

1. 智慧城市建设必然以信息技术应用为主线

智慧城市可以被认为是城市信息化的高级阶段，必然涉及信息技术的创新应用，而信息技术是以物联网、云计算、移动互联和大数据等新兴热点技术为核心和代表。

2. 智慧城市是一个复杂的、相互作用的系统

在这个系统中，信息技术与其他资源要素优化配置并共同发生作用，促使城市更加智慧地运行。

3. 智慧城市是城市发展的新兴模式

智慧城市的服务对象面向城市主体——政府、企业和个人，它的结果是城市生产、生活方式的变革、提升和完善，最终表现为人类拥有更美好的城市生活。

综上所述，智慧城市是当前城市发展的新理念和新模式，以改善城市居民的居住环境质量和生产生活方式、提升城市居民幸福感受为目的。《中国智慧城市标准化白皮书》中对智慧城市的基本内涵做出了界定，智慧城市是以推进实体基础设施和信息基础设施相融合、构建城市智能基础设施为基础，以物联网、云计算、大数据、移动互联网等新一代信息通信技术在城市经济社会发展各领域的充分运用为主线，以最大限度地开发、整合和利用各类城市信息资源为核心，以为居民、企业和社会提供及时、互动、高效的信息服务为手段，以全面提升城市规划发展能力、提高城市公共设施水平、增强城市公共服务能力、激发城市新兴业态活力为宗旨，通过智慧的应用和解决方案，实现智慧的感知、建模、分析、集成和处理，以更加精细和动态的方式提升城市运行管理水平、政府行政效能、公共服务能力和市民生活质量，推进城市科学发展、跨越发展、率先发展、和谐发展，从而使城市达到前所未有的高度"智慧"状态。[①]

(三) 智慧城市的特征

顾名思义，智慧城市的核心特征在于其"智慧"，而智慧的实现，有赖于建设广泛覆盖的信息网络，构建协同的信息共享机制，具备深度互联的信息体系，实现信息的智能处理。

1. 信息网络广泛覆盖

广泛覆盖的信息感知网络是智慧城市的基础。任何一座城市拥有的信息资源都是海量的，为了更及时、全面地获取城市信息，更准确地判断城市状况，智慧城市的中心系统需

---

① 全国信息技术标准化技术委员会SOA分技术委员会. 中国智慧城市标准化白皮书[EB/OL]. http://www.docin. com/p-711951574. html，2013.

要拥有与城市的各类要素交流所需信息的能力。它以基础通信网络的泛在化、实体化为依托，以实现城市公共设施的泛在通信、泛在协同为目的，是智慧城市的首要特征和构建智慧城市的先决条件。

2.信息资源协同共享

在传统城市中，信息资源和实体资源被各种行业、部门、主体之间的边界和壁垒所分割，资源的组织方式是零散的，智慧城市"协同共享"的目的就是打破这些壁垒，形成具有统一性的城市资源体系，使城市不再出现"资源孤岛"和"应用孤岛"。

3.信息体系深度互联

智慧城市的信息感知是以多种信息网络为基础的，如固定电话网、互联网、移动通信网、传感网、工业以太网等，"深度互联"要求多种网络形成有效连接，实现信息的互通访问和接入设备的互相调度操作，实现信息资源的一体化和立体化。

4.海量信息智能处理

智慧城市拥有体量巨大、结构复杂的信息体系，这是其决策和控制的基础，而要真正实现"智慧"，城市还需要表现出对其所拥有的海量信息进行智能处理的能力，这就需要利用计算机、云计算等各种智能计算技术。

(四) 智慧城市的建设意义

"智慧"城市让城市更聪明。通过互联网把无处不在的、被植入城市物体的智能化传感器连接起来，形成物联网，实现对物理城市的全面感知，利用云计算等技术对感知信息进行智能处理和分析，实现网上"数字城市"与物联网的融合，并发出指令，对包括政务、民生、环境、公共安全、城市服务、工商活动等在内的各种需求做出智能化响应和智能化决策支持。它的建设性意义主要体现在促进城市实现可持续发展，快速妥善解决应急和突发性事件，推动信息技术快速发展等。

1.促进城市实现可持续发展

改革开放30多年以来，我国城镇化建设取得了举世瞩目的成就，尤其是进入21世纪以后，城镇化的步伐在不断加快，每年都有上千万的农村人口涌入城市。随着城市人口的不断膨胀，"城市病"(例如资源短缺、环境污染、交通拥堵等)已经成为困扰各个城市建设者和管理者的首要难题。为了破解"城市病"困局，智慧城市应运而生。在智慧城市中，综合采用了物联网、云计算和新一代信息技术，这些技术使城市变得更容易被感知，城市资源更易于充分整合，从而减少资源消耗，降低环境污染，缓解交通拥堵，最终实现城市的可持续发展。

2.快速妥善解决应急和突发性事件

经济发展带来了我国经济的一体化和全球化，也带来了恶性传染病暴发、恶性犯罪事件的增加、国际恐怖主义的威胁等问题。为了防范和解决这些问题，智慧城市的引入可以在第一时间快速感知这些突发性事件，通过其智能化的调控能力和行为意识，加快判断和决策的准确性、有效性与及时性，实现不同行业和区域的协同和应对能力，同时也可以通过其"学习"能力，不断提高处理应急事件和突发性事件的水平，使应急预案程序化、智能化。

3. 推动信息技术快速发展

当前，信息技术在国民经济中的地位日益突出，信息资源日益成为重要的生产要素。智慧城市正是在充分整合、挖掘、利用信息技术和信息资源的基础上，实现对城市各领域的精确化管理，实现对城市资源的集约化利用。正是由于信息资源在当今社会发展中的作用日益重要，发达国家纷纷出台相关政策，以促进信息技术的快速发展，从而在新一轮信息技术产业中占据制高点。我国将信息技术发展列为国家战略产业，以便能够更好地抓住机遇，促进我国经济又快又好发展。

二、国外智慧城市建设与启示

目前，智慧城市从理念到实践，成为全球城市发展转型的新趋势。实际上，有关智慧城市的理念和实践工作早已开始。国外的智慧城市建设最早可以追溯到新加坡于1992年提出的IT2000——"智慧岛计划"。全球主要发达国家和新兴发展中国家都已投入到智慧城市建设热潮当中，全球已有1200多个智慧城市的项目正在实施中。欧洲在智慧城市建设过程中涌现了一些经典案例。亚洲的新加坡、韩国等新兴发达国家以及中国、马来西亚、印度、阿联酋等国家，也已经开始进行本国智慧城市建设。南非的德班市、开普敦市和澳大利亚的布里斯本市、伊普斯维奇市等也已加入到全球智慧城市建设的热潮之中。表13.1为国外智慧城市建设实践的发展状况。[①]

表13.1　国外智慧城市建设实践的发展状况

Tab13.1　Smart City Construction and Development Abroad

时间(年)	国家及城市	项目名称	实践发展状况
1992	新加坡	智慧岛计划	建立国家信息基础设施
2000	卢森堡	金融业、电子商务等	开始出现智慧化的发展趋势
2001	日本	E-Japan	为了应对当时有线和无线网络应用匮乏的情况，日本政府召开IT战略会议，创立IT战略总部，集中研究国家信息化战略
2004	日本	U-Japan	旨在推进日本信息通信技术建设，发展无所不在的网络和相关产业
2004	韩国	IT839行动计划	该行动计划的建设切入点为"U-city"，即泛在城市建设，泛在化是智慧城市建设的基础条件，"U-city"是"Smart-city"的雏形
2005	韩国仁川市	智慧城市	规划松岛、青罗、永宗三地分别发展智慧国际城，金融与休闲、物流三大主题
2006	韩国首尔市	U-首尔(U-Seoul)计划	该计划的愿景是要建立一个能够让市民享受高品质生活并富有吸引力的城市

① 赵大鹏. 中国智慧城市建设问题研究[D]. 长春：吉林大学，2013：31-34.

(续表)

时间(年)	国家及城市	项目名称	实践发展状况
2006	新加坡	智慧国家2015计划	该计划力图运用包括物联网在内的新一代信息技术，将新加坡建设成为经济、社会发展一流的国际化大都市
2009	荷兰的阿姆斯特丹市	West Orange	可持续生活，500户家庭将试验性地安装使用一种新型能源管理系统，目的是节省14%的能源，同时减少等量的二氧化碳排放
2009	荷兰的阿姆斯特丹市	Geuzenveld	可持续生活，是为超过700多户家庭安装智慧电表和能源反馈显示设备，促进居民更关心自家的能源使用情况，学会确立家庭节能方案
2009	荷兰的阿姆斯特丹市	智能大厦	可持续性工作，将能源消耗减小到最低程度，同时在大楼能源使用的具体数据分析的基础上，电力系统能更有效地运行
2009	荷兰的阿姆斯特丹市	Energy Dock	可持续性交通，该市实施了Energy Dock项目，该项目通过在阿姆斯特丹港口的73个靠岸电站中配备了154个电源接入口，便于游船与货船充电，利用清洁能源发电取代原先污染较大的产油发动机
2009	荷兰的阿姆斯特丹市	气候街道(The Climate Street)	可持续性公共空间，用于改善之前的交通拥堵状况
2009	日本	"I-Japan"战略	"I-Japan"战略由三个关键部分组成：一是建立电子政务、医疗保健和人才教育核心领域信息系统；二是培育新产业；三是整顿数字化基础设施
2009	美国波尔得市	美国首个智慧电网城市	这个系统不仅可以测量用电，还可以将信息实时、高速、双向地与电网互联。波尔得市的家庭可以和电网互动，每户家庭都安装了智能电表，居民可以了解实时电价，合理安排用电

资料来源：赵大鹏. 中国智慧城市建设问题研究[D]. 长春：吉林大学，2013：31-34.

　　目前，全球"智慧城市"建设仍处于起步阶段，缺乏成熟的理论体系和完善的标准体系以及成功案例，大多数地区的建设实践都处于小范围试点或零星的行业应用阶段，因此，所取得的建设成效也是有限的，但是这并不妨碍"智慧城市"先行者们带来的宝贵经验。

(一) 智慧城市的建设要契合城市特质

　　不同的城市具有不同的历史文化和城市特色，因此，建设智慧城市要注重对城市独特性的保存和发扬，不可盲目照搬国内外其他地区的现有模式，应优先在战略性行业、先导性产业或重大民生项目上构建智慧系统，通过重点行业、重点项目的示范带动作用，促进智慧城市全面发展。

(二) 智慧城市的建设要有强大的组织协调机制

　　智慧城市建设面广泛，因此会受到各种体制、机制问题的制约，具体推进时会遇到重重困难。所以，在智慧城市建设之初，应由政府主管部门牵头成立一个强有力的组织、协调和决策机构，担任全面统筹的工作。主导部门应充分发挥其组织、协调作用，有效整合智慧城市内各参与主体的资源和力量，使各参与方明确职责、各司其职，协同进行工作。

(三) 坚实化的信息基础尤为重要

信息网络是智慧城市的中枢神经，是建设智慧城市的重要基石。信息化基础设施建设是智慧城市建设的第一步，只有信息化水平达到一定高度，才能真正建立智慧城市。因此对于信息化水平相对落后的某些国家(或城市)来说，大力提升城市信息化水平是建设智慧城市的首要问题。

(四) 建设智慧城市要多方重视，科学布局

智慧城市的建设不仅关乎城市的繁荣兴旺，更与广大人民群众的未来生活息息相关，需要包括政府、城建、规划、监理、金融机构、行业协会等各方面的共同关注。要严格按照当地政府的统一规划，共同绘制智慧城市的伟大蓝图。

三、我国智慧城市建设与发展

(一) 我国智慧城市建设历程

早在2009年，IBM公司(International Business Machines Corporation)首席执行官彭明盛提出"智慧地球"这一概念，建议政府投资新一代的智慧型基础设施。2009年11月，温家宝总理发表了题为《让科技引领中国可持续发展》的讲话，提出要着力突破传感网和物联网的关键技术，及早部署后IP(Internet Protocol)时代的相关技术研发，使信息网络产业成为推动产业升级、迈向信息社会的发动机。

我国学术界关于智慧城市的介绍始于2005年姚音的《智慧城市实验》和姚音、凤翔等人的《"智慧城市"：马来西亚行动力》。2009年，我国提出投资4万亿应对金融危机时，智慧城市的议题就引起了国内各界的关注。同时IBM公司在我国连续召开了22场有关智慧城市的研讨会，与我国200多名市长及近2000名政府官员交流，进而提出符合我国现状的智慧城市发展规划。2010年以后，智慧城市的概念开始被国内研究者关注，随着我国智慧城市建设的兴起，国内相关专家对智慧城市的研究也在迅速增加，并开始形成浪潮。

截至目前，我国已有154个城市提出建设智慧城市，预计总投资规模达1.1万亿元，新一轮产业机会即将到来。国家鼓励开展应用模式创新，推进智慧城市建设。中国深圳、昆明、宁波等多个城市与IBM公司签署战略合作协议，迈出了打造智慧城市的第一步。北京市拟在完成"数字北京"目标后发布"智能北京行动纲要"，上海市将智慧城市建设纳入"十二五"发展规划。此外，佛山市、武汉市、重庆市、成都市等都已纷纷启动"智慧城市"战略，相关规划、项目和活动渐次推出。国内优秀的智慧产业企业越来越重视对智慧城市的研究，特别是对智慧城市发展环境和趋势变化的深入研究。正因为如此，一大批国内优秀的智慧产业企业迅速崛起，逐渐成为智慧城市建设中的翘楚。

2013年1月29日，住房城乡建设部公布首批国家智慧城市试点名单。首批国家智慧城市试点共90个，其中地级市37个，区(县)50个，镇3个。国家开发银行表示，在

"十二五"后三年，与住建部合作投资智慧城市的资金规模将达800亿元。根据《2015—2020年中国智慧城市建设行业发展趋势与投资决策支持报告前瞻》调查数据显示，我国已有311个地级市开展数字城市建设，其中158个数字城市已经建成并在60多个领域得到广泛应用，同时最新启动了100多个数字县域建设和3个智慧城市建设试点。2013年，国家测绘地理信息局将在全国范围内组织开展智慧城市时空信息云平台建设试点工作，每年将选择10个左右城市进行试点，每个试点项目建设周期为2至3年，经费总投入不少于3600万元。在不久的将来，人们将尽享智能家居、路网监控、智能医院、食品药品管理、数字生活等所带来的便捷服务，"智慧城市"时代即将到来。

(二) 我国智慧城市建设实践

智慧城市的目标是让城市的运转更加精细化、高效化和智能化，这就涉及个人、企业、组织、政府间的互动，还有现实世界与数字世界之间的互动，而他们之间的任何互动都将是提高效率和生产力的机会。城市智能化的不断发展，也为城市提供了崭新的发展契机，下面列举一些典型应用。

1. 城市网格化管理与服务

智慧城市可以有效地实现城市网格化管理和服务。例如，武汉市有200多万个城市部件设施、970多万人、每年超过60万次与城市管理相关的事件，可以通过数据采集、智能分析，将这些部件设施、人口、事件在智慧城市的框架中进行有效的智能管理和服务。图13.1为面向城管员的"城管通"智能手机实现对事件和基础设施的透明化管理的流程。

2. 智能交通

现有的城市交通管理基本是自发进行的，每个驾驶者根据自己的判断选择行车路线，交通信号标志仅仅起到静态的、有限的指导作用。这导致城市道路资源未能得到最高效率的运用，进而产生不必要的交通拥堵甚至瘫痪。而智慧交通依靠城市交通基础设施中的传感器，可以将整个城市的车流量、道路状况、天气、温度、交通事故等信息实时收集起来，从而保障人与车、路、环境之间的信息交互，并通过云计算中心动态地计算出最优的交通指挥方案和车行路线，进而提高交通系统的效率、机动性、安全性、可达性、经济性。智能交通能够有效提高交通运输效益，使交通事故发生率降低30%左右，缩短行车时间，降低能源消耗20%左右，减少污染物排放量10%～15%。[①]

3. 智慧社区

智慧社区是社区管理的一种新理念，是新形势下社会管理创新的一种新模式。智慧社区是指充分利用物联网、云计算、移动互联网等新一代信息技术的集成应用，为社区居民提供一个安全、舒适、便利的现代化、智慧化生活环境，从而形成基于信息化、智能化社会管理与服务的一种新的管理形态的社区。"智慧社区"建设，是将"智慧城市"的概

---

① 李林. 数字城市建设指南[M]. 南京：东南大学出版社，2010：1052-1053.

念引入了社区，以社区群众的幸福感为出发点，通过打造"智慧社区"为社区百姓提供便利，从而加快和谐社区建设，推动区域社会进步。基于物联网、云计算等高新技术的"智慧社区"是"智慧城市"的一个"细胞"，它将是一个以人为本的智能管理系统，有望使人们的工作和生活更加便捷、舒适、高效。

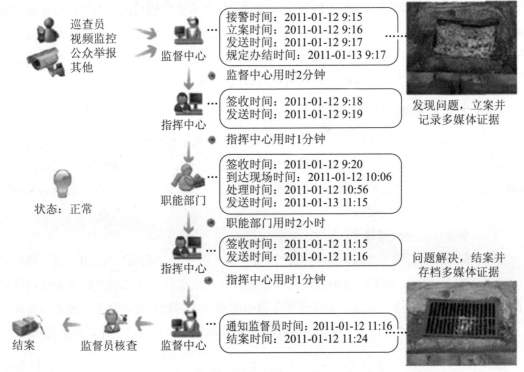

图13.1　城市网格化智能透明管理流程示例

Fig 13.1　The intelligent and transparent management in the city grid

资料来源：李德仁，姚远，邵振峰. 智慧城市的概念、支撑技术及应用[J]. 工程研究-跨学科视野中的工程，2012，4(4)：319.

4. 智慧旅游

智慧旅游，也被称为智能旅游。它就是利用云计算、物联网等新技术，通过互联网/移动互联网，借助便携的终端上网设备，主动感知旅游资源、旅游经济、旅游活动、旅游者等方面的信息，及时发布信息，让人们能够及时了解这些信息，及时安排和调整工作与旅游计划，从而达到对各类旅游信息的智能感知、方便利用的效果。它以融合的通信与信息技术为基础，以游客互动体验为中心，以一体化的行业信息管理为保障，以激励产业创新、促进产业结构升级为特色。这是一个全新的命题，它使游客与网络实时互动，让游程安排进入触摸时代。

(三) 我国智慧城市建设问题

智慧城市建设是一个复杂的系统工程。智慧城市在实践过程中容易出现"信息孤岛"现象、城市之间盲目攀比、市场机制不明显、信息安全存在隐患等问题，必须引起高度重视。

1. "信息孤岛"现象普遍

长期以来，跨部门、跨行业的数据信息共享是一个永恒的难题，有价值的公共信息资源和商业数据的开放程度较低。究其原因，主要是由于收费政策的实施惯性，一些单位或部门把公共财政投入建成的数据库作为"摇钱树"；政府部门有各自独立的垂直信息系统，存在数据不统一、标准化程度不高、互联互通程度不足的情况；政府部门各自为政，有部门甚至表示数据不能给其他部门使用。提出"三网融合"已经十多年，但实际上迄今为止，尚未融合，2015年国办发文促进"三网融合"，可以印证信息互联共享的难度。"信息孤岛"问题不会轻而易举解决。而整合资源是智慧城市建设的核心，因此，"信息孤岛"依然是当前智慧城市建设过程中资源整合的最大障碍。

2. 城市之间盲目攀比

建设智慧城市，要在摸清家底的前提下，制订切实可行的计划，循序渐进地加以推进。从实际情况看，我国信息化水平处于世界中下游；却有50%的城市声称要建设智慧城市，显示出过热的苗头。2014年8月，国家发改委等8部委联合印发《关于促进智慧城市健康发展的指导意见》，要求走理性务实、健康有序的智慧城市发展之路；但文件没有收到预期效果。智慧城市建设存在"一哄而起"的过热现象。很多城市在缺乏科学的统筹规划的状况下就竞相上马、立项施工。城市政府在建设中决策随意，智慧城市发展缺乏长远的制度保障，可能陷入"人走政息"的怪圈。

3. 市场机制不明显

一些地方政府视智慧城市为"政绩工程""形象工程"，注重投巨资购买容易量化的信息基础设备，以产品技术的领先性彰显建设成效，但却忽视了市场需求，忽视了方便市民的应用开发和普及推广，导致系统功能与市场实际所需相去甚远，市民对相关的操作使用也一无所知，改善民生成为一句空谈。配套设施和制度的缺位不仅使得很有市场前景的智慧项目"名存实亡"，而且导致设备不能物尽其用，造成资源浪费。另外，物联网产品、传感器标签等智慧产品成本过高，限制了智慧应用的进一步推广。研究表明，中国制作一个标签的成本大约是1.5元，高额成本决定了这项技术目前只能应用在附加值相对较高的商品上，在低价值商品上则无法推广。①

4. 信息安全存在隐患

近年来，网络环境下的个人隐私保护成为一个越来越受关注的问题。智慧城市中共享和发布的数据越来越多。专业人员和民众在发布数据和信息时，空间数据有可能是高精度数据，多媒体数据解析度也将越来越高；同时用户也希望能访问到尽可能高精度的空间数据和尽可能高解析度的多媒体数据。可当这些数据涉及个人隐私时，就存在相关的法律滞后问题，这也将增加智慧城市运行和管理的脆弱性，甚至对国家信息安全构成威胁。

---

① 王丽.青岛市建设"智慧城市"的思考[J].中国信息界，2011(6)：27-28.

(四) 我国智慧城市发展探索

面对智慧城市发展中存在的问题，一方面说明我国智慧城市发展还有很长的路要走；另一方面也为促进我国智慧城市发展提出明确的解决问题方向，具体包括以下内容。

1. 打破"信息孤岛"在即，实现运行资源整合

通过智慧化的资源整合联通"信息孤岛"，切实解决城市运行中的资源分散、系统分建和管理分治的格局。第一，在技术上要实现行业标准的统一与规范，实现跨系统技术集成与信息共享，尽量减少信息化孤岛，促进资源共享，发挥政府、企业和行业协会的积极作用。第二，在建设上，注重前期顶层规划，统一建设步伐。明确城市各部门负责的业务范畴和承担的责任义务，以便智慧城市建设中的分工合作及利益协调。第三，在管理上，完善城市综合管理运行体系，构建城市部门之间横向融合、纵向贯通的合作机制，以此打破智慧城市建设中行政分割、管理分治的不利局面。

2. 注重城市优势特色，建立长远制度保障

智慧城市建设应根据城市的性质、特点、功能和历史事先做出顶层设计，建立长远发展的制度保障，而不能千城一面。要明确建设目标和任务，以便建设中有章可循、循序推进；完善建设内容，构建各个领域完整的应用体系；规划落实城市各部门负责的业务范畴，以便建设中的分工和协调；优先规划基础性或示范性智慧项目的建设，以其代表性和特殊性突出城市特色。具体而言：首先，选择项目应契合城市的比较优势，强化市民对城市的认同感和归属感；其次，选择项目应保障城市间形成专业化的分工和协作关系，确保相邻城市经济结构转换的有序性和互补性。

3. 完善市场导向机制，推动智慧城市建设

市场需求是推动智慧城市持续发展的原动力。智慧城市建设应依托市场的"无形之手"，充分发挥市场配置资源的作用，通过价格杠杆、自由竞争等市场手段来创造多样化、个性化的智慧应用以及培育市场前景广阔的新兴业态，实现智慧增长。首先，明确政府在智慧城市建设中的定位，处理好政府引导与市场主导的关系，有限的政府才能成为有效的政府。其次，强化企业的市场主体地位，在逐利天性的支配下，市场化的竞争激励企业根据实际需求开发有广阔应用前景的项目，如智慧交通、智慧社区和智慧旅游等方便市民生活需求的建设。最后，智慧城市的应用必须以人为本、民生优先，既要充分体察并反馈市民的感受，又要引导市民认识和使用智慧项目。

4. 改变安全服务方式，提升安全管理力度

网络具有共享性和传播性，但对于一些涉及机密的重要数据也需要进行保密，不被快速的网络传播散播到公众视野，如网民的个人隐私信息、政府重要机密等。为此需要提供安全服务的供应商来提供创新的安全服务，对信息实施标记管理，并通过有力的授权和控制手段，来限定哪些数据可以在哪些范围内传播。除此之外，还要通过立法、公众意识、技术标准等多个层面进行确定，才能更好地保护隐私安全。

第二节
智慧城市技术应用

中国科学院、中国工程院院士李德仁教授认为，智慧城市建立在数字城市的基础框架上，通过无所不在的传感网将它与现实城市关联起来，将海量数据的存储、计算、分析和决策交给云计算平台处理，并按照分析决策结果对各种设施进行自动化的控制。[①]中国工程院王家耀院士认为，智慧城市就是让城市更聪明，本质上是让作为城市主体的人更聪明。[②]它是通过互联网把无处不在的、植入城市物体的智能化传感器连接起来，形成物联网，实现对物理城市的全面感知，利用云计算等技术对感知信息进行智能处理和分析，实现网上"数字城市"与物联网的融合，并发出指令，对包括政务、民生、环境、公共安全、城市服务、工商活动等在内的各种需求做出智能化响应和智能化决策支持。[③]可见，智慧城市需要借助以移动互联网、物联网、云计算等为核心的新一代信息技术，对于包括民生、环保、公共安全、城市服务、工商业活动在内的各种需求做出快速、智能地响应，提高城市运行效率，为居民创造更美好的城市生活。

一、"互联网+"技术

(一)"互联网+"技术的产生背景

1. "互联网+"概念的提出

2012年11月，易观国际董事长兼首席执行官于扬首次提出"互联网+"理念。他认为，在未来"互联网+"应该是我们所在的行业的产品和服务，在与我们未来看到的多屏全网跨平台用户场景结合之后产生的一种化学公式，可以按照这样一个思路找到若干这样的想法。而怎么找到你所在行业的"互联网+"，则是企业需要思考的问题。2014年11月，李克强总理出席首届世界互联网大会时指出，"互联网+"是大众创业、万众创新的新工具。2015年3月，在全国两会上，全国人大代表马化腾提交了《关于以"互联网+"为驱动，推进我国经济社会创新发展的建议》的议案，对经济社会的创新提出了建议和看法。他呼吁，我们需要持续以"互联网+"为驱动，鼓励产业创新、促进跨界融合、惠及社会民生，推动我国经济和社会的创新发展。马化腾表示，"互联网+"是指利用互联网平台、信息通信技术，把互联网和包括传统行业在内的各行各业结合起来，从而在新领域创造一种新生态。他希望这种生态战略能够被国家采纳，成为国家战略。

2015年3月5日召开的十二届全国人大三次会议上，李克强总理在政府工作报告中首次

---

① 王丽. 青岛市建设"智慧城市"的思考[J]. 中国信息界，2011(6)：27-28.
② 王家耀. 大数据时代的智慧城市[J]. 测绘科学，2014，39(5)：5.
③ 秦志光. 智慧城市中的移动互联网技术[M]. 北京：人民邮电出版社，2015：4.

提出"互联网+"行动计划。李克强在政府工作报告中提出，制订"互联网+"行动计划，推动移动互联网、云计算、大数据、物联网等与现代制造业相结合，促进电子商务、工业互联网和互联网金融健康发展，引导互联网企业拓展国际市场。

2. "互联网+"是各种因素相互作用的结果

(1) 新一代信息技术应用日益成熟。2008年IBM公司提出"智慧地球"概念以来，物联网技术、云计算技术、移动宽带以及大数据等新一代信息技术先后快速进入信息化建设领域，在新一代信息技术的作用下，信息化建设架构、业务系统建设方式、基础设施建设等都发生了重大变化。新一代信息技术极大地拓展了信息化的作用范围与形式。

(2) 电子商务成为信息化的主导力量。近年来电子商务取代电子政务，成为信息化的主要驱动力量；中国成为世界第一电子商务大国；电子商务为经济发展提供了三样工具：电商平台、现代物流和第三方支付。这三样工具为"大众创业、万众创新"提供了基础工具。

(3) 中国经济进入新常态。我国经济正处于"三期叠加"阶段，即经济金融中高速增长时期，产业结构转型升级已经到了紧要关头和劳动密集型发展思路已经面临严重挑战的时期。东部沿海地区出现企业倒闭潮，部分企业迁往东南亚；发达国家再工业化以及第三次工业革命对我国产业发展与出口带来严峻挑战，部分行业企业回流本国。我国传统经济和新兴经济均处于剧烈的调整期。

(4) 工业信息化迫切需要吹响新的集结号。工业是各国经济竞争最深厚的底蕴所在。工业信息化进程能够反映一个国家的竞争力和未来潜力。德国率先提出工业4.0计划，GE的"工业互联网"更是给我国工业国际竞争力带来严峻挑战。我国已经出台了"中国制造2025"规划，提出要突出先进制造和高端装备，通过部署十大领域来加快制造强国建设；进一步推动"两化融合"，加速"中国制造"向"中国智造"的转变。

(二) "互联网+"技术的定义

"互联网+"是两化融合的升级版，被认为是创新2.0下的互联网发展新形态、新业态，是知识社会创新2.0推动下的经济社会发展新形态。通俗来说，"互联网+"就是"互联网+各个传统行业"，但这并不是简单的两者相加，而是利用信息通信技术以及互联网平台，让互联网与传统行业进行深度融合，创造新的发展生态。其中，具备"互联网+"思维，比建设具体项目更为重要，"互联网+"思维模式会更深入彻底地影响社会进程和人类生活。

(三) "互联网+"技术的特征

"互联网+"有以下三大特征。

一是开放融合，连接一切。"+"就是变革，就是跨界，就是开放，就是重塑融合。敢于跨界，创新的基础才能更坚实；融合协同，才会实现群体智能。融合也指身份的融合，客户消费转化为投资，等等。尽管连接是有层次的，可连接性是有差异的，连接的价值是相差很大的，但是连接一切是"互联网+"的目标。

二是创新驱动发展，人性驱动研发。"互联网+"作为新理论，生态是其非常重要的特征，生态是开放的。推进"互联网+"就是要化解过去制约创新的环节，将孤岛式创新连接起来，由人性决定的市场驱动研发。

三是重塑社会结构。信息革命、全球化、互联网的迅速发展已经打破了原有的经济结构、政治结构、文化结构。权力、议事规则、话语权在不断发生变化，势必影响社会结构再造。

(四) "互联网+"技术对公共管理的影响

在"互联网+"时代下的公共管理，就是要充分利用以互联网的电子政务技术为基础，从根本上整合重构政府传统的管理理念、职能结构和运行方法，使政府内部的组织架构、运作程序和管理手段得到进一步优化调整，并使政府的综合管理效率和管理水平有所提升。

1. 专注数据整合，破除体制障碍

通过电子政务使政府管理流程得到进一步优化，并建设统一的以互联网为基础的政府管理组织平台，令政府信息资源安全、可靠地交换和共享得以实现，解决政府管理中存在的"信息孤岛"问题，为建立一体化、协同性、无缝隙的整体在线政府提供数据支持。

2. 重塑政府管理流程，提高管理绩效

要将以互联网为基础的电子政务应用和公共管理创新改革有机地结合，在统一的互联网平台上将政府必需的审批、核准、备案、证明等履职行为展现出来，企业和个人的在线申请、政府的在线办理，政府公共管理的效率和质量的提高可以通过平台来实现。

3. 依托技术提升信息管理能力和治理水平

要利用互联网大数据和云计算技术以及物联网，以公民、单位和建筑物的全国唯一代码为依托，通过法律归纳并收集利用相应信息，增强公共管理的能力，提高国家的治理水平，打造完美的"智慧政府""智慧城市""智慧中国"。

二、物联网技术

(一) 物联网技术的产生背景

1999年，在美国召开的移动计算和网络国际会议上，有学者提出"传感网是下一个世纪人类面临的又一个发展机遇"问题。2005年11月17日，在突尼斯举行的信息社会世界峰会(WSIS)上，国际电信联盟(ITU)发布了《ITU互联网报告2005：物联网》，正式提出"物联网"的概念。报告指出，无所不在的"物联网"通信时代即将来临，世界上所有的物体，从轮胎到牙刷、从房屋到纸巾都可以通过因特网主动进行交换。射频识别技术(RFID)、传感器技术、纳米技术、智能嵌入技术将得到更加广泛的应用。根据ITU的描述，在物联网时代，通过在各种各样的日常用品上嵌入一种短距离的移动收发器，人类在

信息与通信世界里将获得一个新的沟通维度，从任何时间、任何地点的人与人之间的沟通连接扩展到人与物、物与物之间的沟通连接。

2009年1月28日，奥巴马就任美国总统后，与美国工商业领袖举行了一次"圆桌会议"。作为仅有的两名代表之一，IBM首席执行官彭明盛首次提出"智慧地球"这一概念，建议新政府投资新一代的智慧型基础设施。同年2月24日，IBM大中华区首席执行官钱大群在"2009IBM论坛"上公布了名为"智慧的地球"的最新策略。

2009年，温家宝总理视察无锡，提出在无锡加快建立中国的"感知中国中心"，由此启动了全国范围的物联网建设。

受各国战略引领和市场推动，全球物联网应用呈现加速发展态势，物联网所带动的新型信息化与传统领域走向深度融合，物联网对行业和市场所带来的冲击与影响已经广受关注。总体来看，全球物联网应用仍处于发展初期，物联网在行业领域的应用逐步广泛深入，在公共市场的应用开始显现，M2M(机器与机器通信)、车联网、智能电网是近几年全球发展较快的重点应用领域。我国已经形成涵盖感知制造、网络制造、软件与信息处理、网络与应用服务等门类的相对齐全的物联网产业体系，产业规模不断扩大，已经形成环渤海、长三角、珠三角以及中西部地区四大区域集聚发展的空间布局，呈现高端要素集聚发展的态势。

前瞻产业研究院发布的数据指出，从产业规模来看，我国物联网近几年保持较高的增长速度，2013年我国整体产业规模达到5000亿元，同比增长36.9%，其中传感器产业突破1200亿元，RFID产业突破300亿元。预计到2015年，我国物联网产业整体规模将超过7000亿元，信息处理和应用服务逐步成为发展重点。

(二) 物联网的定义

目前，不同领域的研究者对物联网的描述主要侧重于以下不同的方面，短期内还没有达成共识。

(1) 物联网是未来网络的整合部分，它是以标准、互通的通信协议为基础，具有自我配置能力的全球性动态网络设施。在这个网络中，所有实质和虚拟的物品都有特定的编码和物理特性，通过智能界面无缝连接，实现信息共享。

(2) 物联网是由具有标识、虚拟个性的物体/对象所组成的网络，这些标识和个性运行在智能空间，使用智慧的接口与用户、社会和环境的上下文进行连接和通信。

(3) 物联网是指通过信息传感设备，按照约定的协议，把任何物品与互联网连接起来，进行信息交换和通信，以实现智能化识别、定位、跟踪、监控和管理的一种网络。它是在互联网基础上延伸和扩展的网络。

(4) 一般而言，物联网是指物物相连的互联网，通过信息传感设备，按约定的协议，把任何物品与互联网相连接，进行信息交换和通信，以实现对物品的智能化识别、定位、跟踪、监控和管理的一种网络。物联网是智慧城市建设的桥梁，能够实现全面感知，使人与人、人与机器、机器与机器互联互通。图13.2为物联网实际应用示意图。

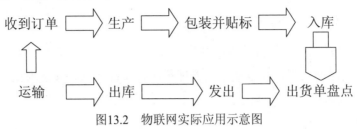

图13.2　物联网实际应用示意图

Fig 13.2　The Internet of things application diagram

图片来源：根据已有资料总结得出

(三) 物联网的特征

物联网的基本特征可概括为全面感知、可靠传送和智能处理。

(1) 全面感知：利用射频识别、二维码、传感器等感知、捕获、测量技术随时随地对物体进行信息采集和获取。

(2) 可靠传送：通过将物体接入信息网络，依托各种通信网络，随时随地进行可靠的信息交互和共享。

(3) 智能处理：利用各种智能计算技术，对海量的感知数据和信息进行分析并处理，实现智能化的决策和控制。

为了更清晰地描述物联网的关键环节，按照信息科学的视点，围绕信息的流动过程，抽象出物联网的信息功能模型，如图13.3所示。

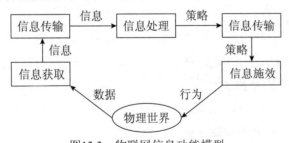

图13.3　物联网信息功能模型

Fig 13.3　The model of Internet of things function

资料来源：孙其博等. 物联网：概念、架构与关键技术研究综述[J]. 北京邮电大学学报，2010(3)：3.

(1) 信息获取功能：包括信息的感知和信息的识别。信息感知指对事物状态及其变化方式的敏感和知觉；信息识别指把所感受到的事物运动状态及其变化方式表示出来。

(2) 信息传输功能：包括信息发送、传输和接收等环节，最终完成把事物状态及其变化方式从空间(或时间)上的一点传送到另一点的任务，这就是一般意义上的通信过程。

(3) 信息处理功能：指对信息的加工过程，其目的是获取知识，实现对事物的认知以及利用已有的信息产生新的信息，即制定决策的过程。

(4) 信息施效功能：指信息最终发挥效用的过程，具有很多不同的表现形式，其中最重要的就是通过调节对象事物的状态及其变换方式，使对象处于预期的运动状态。

(四) 物联网技术对公共管理的影响

物联网已经广泛应用并将持续深化对公共管理的影响。在物联网的影响下，公共管理模式至少有4个层面的发展，即重塑公共管理价值、重构区域公共管理权力、重组区域公共管理结构和重建区域公共管理关系。

1. 重塑公共管理价值

在物联网时代下，由于物联网的影响，改革者将通过淡化经济价值取向、创造公共价值、拓展公共参与渠道等方式对公共管理价值进行重塑，更加强调公共利益与公共责任，更加注重体现区域社会的代表性、回应性等民主价值，从根本上推进公共管理由经济价值到公共价值的重塑；管理者们可以借助物联网在绝对变动中寻找相对不变的区域公共价值；物联网融入社会，使自由、民主、平等的观念更加深入人心。物体作为媒介的实现，更加方便公众将公共管理的民主意识和参与意识转化成现实，平等性、开放性也成了物联网时代公共管理的基本特征。

2. 重构区域公共管理权力

(1) 寻求分权与集权的有机结合。在物联网的影响下公共管理开始强调分权与集权的动态平衡。在价值导向上，将以区域公共事务和问题为主要价值导向，从根本上打破行政区域限制，通过物联网把"外溢性"公共问题和"区域性"公共事务完全纳入区域管理之中。在主体选择上，将抛弃"全能型政府"的理念，推行"合作型政府"的理念。在顶层设计上，将改革政府"单中心"治理模式，推行政府、社会和市场"多中心"治理模式。

(2) 构建政府、社会和市场的权力平衡。借助物联网来构建和强化各种监督机制，保证政府、社会和市场相互之间实现严格有效的监督，维护区域整体利益。

3. 重组区域公共管理结构

(1) 公共管理者可以充分利用物联网来加强公共组织之间的协作与整合，建立一种由政府、社会和市场组成的新型网络结构和协作机制。

(2) 在物联网中，可以实现公共组织的无缝隙运作，物体是真实性与虚拟性的有机结合体。在物联网中，主体通过自身生活体验进入到区域社会空间，物体以或真实或虚拟的方式呈现自身及文化形态。就私人空间而言，物体通过虚拟技术延展了人的真实存在；从区域公共空间来看，物体通过虚拟增加了真实的信息共享机会。由此，物联网一方面带来信息的"虚构"，另一方面也使主体共享的区域空间发生变化。

4. 重建区域公共管理关系

(1) 在物联网时代，可以通过物联网来加强宏观调控与市场调控的有机结合，来修正原有的传统市场。政府可以充分利用行政、经济、法律、教育诸多手段来调控区域宏观公共事务，同时把部分应当承担的公共产品和公共服务重新收回来，自己进行生产和提供。

(2) 物联网革命已经以一种崭新的方式将复杂的公共管理系统组织起来，这些技术上的进步将更加有力地促进网络化公共管理模式的形成与发展，推动网络化公共管理时代的到来。

三、云计算

(一) 云计算的产生背景

21世纪初期，崛起的Web2.0让网络迎来了新的发展高峰。网站或者业务系统所需要处理的业务量快速增长，例如视频在线或者照片共享网站需要为用户储存和处理大量的数据。这类系统所面临的重要问题是，如何在用户数量快速增长的情况下快速扩展原有系统，随着移动终端的智能化、移动宽带网络的普及，将有越来越多的移动设备进入互联网，这意味着与移动终端相关的IT系统会承受更多的负载，而对于提供数据服务的企业来讲，IT系统需要处理更多的业务量。由于资源的有限性，其电力成本、空间成本、各种设施的维护成本快速上升，直接导致数据中心的成本上升，这就面临着如何有效地利用最少的资源解决更多问题的情况。同时，随着高速网络连接的衍生，芯片和磁盘驱动器产品在功能增强的同时，价格也在变得更加低廉，拥有大量计算机的数据中心，也具备了快速为大量用户处理复杂问题的能力。

在技术上，分布式计算的日益成熟和应用，特别是网格计算的发展通过Internet把分散在各处的硬件、软件、信息资源连接成为一个巨大的整体，使人们能够利用地理上分散于各处的资源，完成大规模的、复杂的计算和数据处理的任务。数据存储的快速增长产生了以GFS(Google File System)，SAN(Storage Area Nemork)为代表的高性能存储技术。服务器整合需求的不断升温，推动了Xen等虚拟化技术的进步，还有Web2.0的实现、SaaS(Softwhare as a Serwice)观念的快速普及、多核技术的广泛应用等，所有这些技术为产生更强大的计算能力和服务提供了可能。随着对计算能力、资源利用效率、资源集中化的迫切需求，云计算应运而生。

云计算是一种基于网络的支持异构设施和资源流转的服务供给模型，它提供给客户可自治的服务。智慧城市是以多应用、多行业、复杂系统组成的综合体。多个应用系统之间存在信息共享、交互的需求。各不相同的应用系统需要共同抽取数据综合计算和呈现综合结果。如此繁复的系统需要多个强大的信息处理中心进行各种信息的处理。要从根本上支撑庞大系统的安全运行，需要考虑基于云计算的网络架构，建设智慧城市云计算数据中心。毫无疑问，云计算技术无疑成为智慧城市建设的核心技术之一。

(二) 云计算的定义

云计算是由分布式计算、并行处理、网络计算发展而来的，是一种新兴的商业计算模型。目前，对于云计算的认识在不断地发展变化，云计算仍没有普遍一致的定义。关于云计算的定义有以下几种。

(1) 中国云计算网：云计算是分布式计算(Distributed Computing)、并行计算(Parallel Computing)和网格计算(Grid Computing)的发展，或者说是这些科学概念的商业实现。

(2) 中国网格计算、云计算专家刘鹏：云计算将计算任务发布在大量计算机构成的资源池上，使各种应用系统能够根据需要获取计算力、存储空间和各种软件服务。

(3) 百度百科：云计算(Cloud Computing)是基于互联网的相关服务的增加、使用和交付模式，通常涉及通过互联网来提供动态易扩展且经常是虚拟化的资源。狭义云计算是指IT基础设施的交付和使用模式，指通过网络以按需、易扩展的方式获得所需资源；广义云计算是指服务的交付和使用模式，指通过网络以按需、易扩展的方式获得所需服务。这种服务可以是IT和软件、互联网相关，也可是其他服务。它意味着计算能力也可作为一种商品，通过互联网进行流通。简单地说，云计算是一种基于互联网的超级计算模式，它将计算机资源汇集起来，进行统一的管理和协同合作，以便提供更好的数据存储和网络计算服务。

智慧城市是数字城市与物联网、云计算相结合的产物，它的最终理念是通过感知层面的传感器采集数据，并通过基础网络将数据传输到数据中心，数据中心包括了各个行业的专业数据库，它具有计算、决策、存储、管理等综合能力，能够为智慧政务、智慧交通、智慧环保、智慧校园等一类的智慧城市提供支撑。

(三) 云计算的特征

(1) 超大规模。"云"具有相当的规模，Google云计算已经拥有100多万台服务器，Amazon、IBM、微软、Yahoo等的"云"均拥有几十万台服务器。企业私有云一般拥有数百上千台服务器。"云"能赋予用户前所未有的计算能力。

(2) 虚拟化。云计算支持用户在任意位置、使用各种终端获取应用服务。所请求的资源来自"云"，而不是固定的有形的实体。应用在"云"中某处运行，但实际上用户无须了解、也不用担心应用运行的具体位置。

(3) 可靠性高。"云"使用了数据多副本容错、计算节点同构可互换等措施来保障服务的高可靠性，使用云计算比使用本地计算机可靠。

(4) 通用性。云计算不针对特定的应用，在"云"的支撑下可以构造出千变万化的应用，同一个"云"可以同时支撑不同的应用运行。

(5) 可扩展性高。"云"的规模可以动态伸缩，满足应用的需要和用户规模增长的需要。

(6) 按需服务。"云"是一个庞大的资源池，按需购买；"云"可以像自来水、电、煤气那样计费。

(7) 极其廉价。"云"的通用性使资源的利用率较之传统系统大幅提升，因此用户可以充分享受"云"的低成本优势，经常只要花费几百美元、几天时间就能完成以前需要数万美元、数月时间才能完成的任务。

(8) 环保。通过虚拟化、效用计算等技术，云计算大大地提高了硬件的利用率，并可以均衡不同物理服务器的计算负载，减少能源浪费。

(四) 云计算技术对公共管理的影响

云计算已经成为智慧城市的核心技术之一，而云计算对于公共管理有着明显的影响。

(1) 弹性使用信息资源，节省行政成本。云计算最重要的特征是按需购买IT资源，可以大大地节省政府在IT领域的开支。

(2) 推动政府过程的透明化和信息公开。如果政府过程建立在云计算技术之上，那么政府过程中产生的信息会存储在云端中。这时的云端实际上发挥了一个第三方机构的功能。第三方机构的存在可以保证政府信息的真实性，同时第三方机构实际上也会潜在地发挥某些监督功能。如果有涉及政府过程的行政诉讼案件时，第三方机构提供的证据也在客观上有助于推动政府过程的透明化。同时，云计算服务提供商也可以帮助政府有效地处理那些存储在云端上的海量数据，并将这些数据开发给公民和企业。

(3) 推动公共服务智慧化和人性化。政府可以利用云计算技术、物联网、互联网的整体效应为公民提供更人性化和高效的公共服务。

(4) 在纵向上进一步整合公共服务，将更有利于推动公共服务一体化和均等化。云计算有助于减少低层级政治单位上的数据中心；在横向上进一步整合无缝隙政府。

四、大数据技术

(一) 大数据技术的产生背景

《纽约时报》在2012年2月的一篇专栏中称，"大数据"时代已经降临，在商业、经济及其他领域中，决策将日益基于数据和分析做出，而并非基于经验和直觉。哈佛大学社会学教授加里·金说："这是一场革命，庞大的数据资源使各个领域开始了量化进程，无论学术界、商界还是政府，所有领域都将开始这种进程。"

最早提出"大数据"时代到来的是全球知名咨询公司麦肯锡，麦肯锡称："数据，已经渗透到当今每一个行业和业务职能领域，成为重要的生产因素。人们对于海量数据的挖掘和运用，预示着新一波生产率增长和消费者盈余浪潮的到来。""大数据"存在于物理学、生物学、环境生态学等领域以及军事、金融、通信等行业已有时日，却因为近年来互联网和信息行业的发展而引起人们关注。

大数据技术产生的背景主要包括以下几个方面。

1. 信息科技的迅速发展

如果把信息技术的不断进步看成世界万物持续数字化的过程，就会梳理出一条清晰的主线。信息科技具有三个最核心和最基础的能力：信息处理、信息存储和信息传递，几十年来这三个能力飞速进步。另一方面就像高速公路对于物流的作用，信息基础设施的不断完善，也为大数据的存储和传播准备了丰厚的物质基础。

2. 互联网的诞生

在科技史上，互联网的出现可以比肩"火"与"电"的发明。互联网把每个人桌面上的计算机连接起来，改变了人们的生活方式，成为大家获取各类数据的首要渠道。通过互联网获取数据的模式可以被简单地抽象为"请求"加"响应"的模式。互联网没有删除键，人们在互联网上的一言一行都被忠实地记录。

3. 云计算和物联网的出现

云计算再一次改变了数据的存储和访问方式，尤其是公用云计算，它把所有的数据都集中存储到"数据中心"，即所谓的"云端"，用户可以通过浏览器或者专用应用程序来进行访问。它是大数据诞生的前提和必要条件。没有云计算，就缺少了集中采集数据和存储数据的商业基础。云计算为大数据提供了存储空间和访问渠道。

物联网是传感器技术进步的产物。遍布大街小巷的摄像头，就是大家可以直观感受到的一种物联网形态。事实上，传感器几乎无处不在。现在大家常用的智能手机，就包括重力感应器、加速度感应器、距离感应器、光线感应器、摄像头等各类传感器。这些不同类型的传感器，无时无刻不在产生大量的数据。其中的某些数据被持续地收集起来，成为大数据的重要来源之一。在智慧城市中，物联网是其建设的桥梁，它能够实现全面感知，使人与人、人与机器、机器与机器互联互通。

(二) 大数据的定义

美国麦肯锡公司是研究大数据的先驱。在其报告《Big data: The next frontier for innovation, competition, and productivity》中给出的大数据定义：大数据指的是大小超出常规的数据库工具获取、存储、管理和分析能力的数据集。但它同时强调，并不是说一定要超过特定TB值的数据集才能算是大数据。[①]

国际数据公司(IDC)从大数据的4个特征来定义，即海量的数据规模(Volume)、快速的数据流转和动态的数据体系(Velocity)、多样的数据类型(Variety)、巨大的数据价值(Value)。

亚马逊(全球最大的电子商务公司)的大数据科学家John Rauser给出了一个简单的定义：大数据是超过了任何一台计算机处理能力的数据量。

维基百科中只有短短的一句话："巨量资料(Big Data)，或称大数据，指的是所涉及的资料量规模巨大到无法通过目前主流软件工具，在合理时间内达到撷取、管理、处理并整理成为帮助企业经营决策更积极目的的资讯"。

一般认为，大数据(Big Data)，指的是所涉及的资料量规模巨大到无法通过目前主流软件工具，在合理时间内达到撷取、管理、处理并整理成为帮助企业经营决策更积极目的

① 赵国栋，易欢欢. 大数据时代的历史机遇——产业变革与数据科学[M]. 北京：清华大学出版社，2013：5.

的资讯。

(三) 大数据技术的特征

1. 数据量巨大

根据国际数据公司(IDC)的《数据宇宙》报告显示：2008年全球数据量为0.5ZB，2010年为1.2ZB，人类正式进入ZB时代。更为惊人的是，2020年以前全球数据量仍将保持每年40%多的高速增长，大约每两年就翻一倍，被称之为"大数据爆炸定律"。预计2015年全球数据量将达到7.9ZB，2020年将突破35ZB，是2008年的70倍、2010年的29倍。

2. 可以发现规律，预测未来

任何行为，皆有前兆，尤其是在互联网世界里，"处处行迹，处处留痕"。例如要买一件商品，必先浏览、对比、询价；要搞一项活动，必先征集、讨论、策划。互联网的"请求"加"响应"机制恰恰在服务器上保留了人们大量的前兆性的行为数据，把这些数据搜集起来，进一步分析挖掘，就可以发现隐藏在大量细节背后的规律，依据规律，预测未来。大数据不仅可以预测自然、天气的变化，也可以预测个体未来的行为，甚至可以预测某些社会事件的发生。它会让我们的生活更为从容，让决策不再盲目，让社会更加高效地运转。

3. 数据类型多

数据类型的多样性可以将数据分为结构化数据和非结构化数据。结构化数据可以简单地理解成表格里的数据，每一条都和另外一条的结构相同。例如大家每月都领到的工资条，每个工资条结构都是一样的，当然里面的工资和缴纳的个税、保险不同。每个人的工资条依次排列到一起，就形成了工资表。利用计算机处理结构化数据的技术已经比较成熟，从事会计、审计等工作的人，利用Excel工具很容易进行加减乘除、汇总、统计之类的运算。相对于以往便于存储的以文本为主的结构化数据，非结构化数据越来越多，包括网络日志、音频、视频、图片、地理位置信息等，这一类数据有一个共同的特点，大小、内容、格式、用途可能都完全不一样。以最常见的Word文档为例，最简单的Word文档可能只有寥寥几行文字，但也可以混合编辑图片、音乐等内容，成为一份多媒体的文件，来增强文章的感染力。这些多种类型的数据对数据的处理能力提出了更高要求。

4. 数据有效性有限

数据有效性又称为价值密度。价值密度的高低是与数据总量的大小成反比的。以视频监控为例，在银行、地铁等一些敏感的部门或者地点，摄像头都是24小时运转，会产生大量视频数据。一般情况下，这些视频数据非常枯燥、乏味，并不会引人注目。但是如果恰巧拍到有图谋不轨的人，那么这一帧图像对公安人员来讲，就是非常有价值的。

5. 信息处理速度快

这是大数据区别于传统数据挖掘的最显著特征。根据IDC的《数字宇宙》报告显示，预计到2020年，全球数据使用量将达到35.2ZB。在如此海量的数据面前，处理数据的效率就是企业的生命。

(四) 大数据技术对公共管理的影响

1. 全面提升政府公共管理能力

中国信息化推进联盟数据分析挖掘委员会执行主任李钰曾表示，大数据分析对公共管理至关重要，数据正以其独有的方式驱动公共管理的变革。目前大数据分析技术已为世界多个国家所重视和运用，成为政府施政的主要工具。在信息化建设中，我国沉淀了大量的宝贵数据资源。这些数据是整个社会经济活动的数字化记录，是可以无限次重复利用的特殊非物质财富，是不可或缺的管理和决策的依据。

在政策制定阶段，数据分析是决定政策质量高低的关键性因素；在政策实施阶段，数据分析能够有效监控政策实施情况；在政策评估阶段，数据分析可以用来评估政策实施效果。数据驱动的政府将更有效能，引导政府前进的将是"基于实证的事实"。

2. 公共管理变革全面开启

在2013APOE(亚太经理人联合会)年度峰会暨亚太智能互联产业发展论坛上，清华大学大数据中心主任林辉表示："大数据时代的到来，将会带来人类文化的一场革命。"大数据将引领公共管理大变革。一切事物，如果不能量化它，就不能真正理解、控制、改变它。政府的电子政务建设正经历4个阶段的演化：一是政府上网，各种政令、制度、方案被放在网上进行发布。二是可以互动，在网络方面解决了政府互通。从内网角度看，各个职能部门可以交换数据，可以进行综合业务的提供；从外网角度看，可以通过网络和百姓进行一些实际互动。三是完成一些应用，提供一些服务。四是真正把政府基础架构平台打造成服务型平台，通过云计算和大数据技术，打造成高效灵活的大平台，既可以面向政府其他职能部门，也可以向外网公众提供服务。

3. 公共服务管理水平得到提升

当下，以互联网、物联网、云计算等信息技术结合而成的"大数据时代"信息浪潮已经来临，越来越多的信息化手段被应用于公共管理领域，信息技术正在影响公共管理的各个方面，给公共管理带来了一场新的革命。在这个背景下，广大民众尤其是企业，对政府进一步提升公共服务管理水平充满期待。各级政府深刻认识到，运用大数据改进公共管理是适应国内外信息化发展的大趋势、提高行政机关执政能力、践行以人为本的服务理念和全面推进行政体制改革的需要。

长期以来，一些管理部门公布的数据公信力不够、公开和透明度不高，降低了数据在政府管理中的作用。而利用"大数据"提高政府管理水平，就必须做到公开信息、公开数据。政府应充分尊重群众，完善保障群众知情权、参与权、选择权和监督权的机制，依法推行大数据信息公开，这样人民群众才能安居乐业，国家和社会才能有序管理。

第三节
移动政务

一、移动政务概述

(一) 移动政务的提出背景

21世纪被称为移动计算和移动事务(移动商务和移动政务)的时代，政府也需要通过多种渠道为企业和公民提供信息服务。自20世纪90年代中期开始，无线和移动通信技术逐渐发展成熟，随着手机用户和网民数量的急速上升，具有随时随地无线网络接入功能的移动终端已日益成为人们日常生活的一部分。目前，移动技术的发展，已经引起各国公共服务部门的重视。通过无线接入基础设施为一线政府工作人员和社会公众提供信息和服务，越来越成为各国政府关注的焦点，越来越多的国家和政府开始积极推动基于移动平台的政务系统的建立和完善。

移动政务搭建了公民、企业和政府之间的平台，在电子政务的基础上打破地域的限制，作为一种新型模型应运而生。之前电子政务逐渐取代传统政务，而如今移动政务又凭借其在针对性、响应速度、覆盖率和可及性方面的优势逐渐超越了传统电子政务。因此，移动政务代表着当前政府公共服务模式的最新方向。

(二) 移动政务的定义

移动政务作为电子政务的延伸或补充，目前学术界对其定义还未达成共识。Yoojung等认为，移动政务(Mobile Government，简称mGov)是指政府利用无线通信技术管理自身事务以及为公民和企业提供信息和服务。[1]Lee等认为移动政务是一种策略，这种策略的实施可通过手持移动设备为政府工作人员、公民、企业和其他的组织提供便捷的信息服务。[2]这里的移动装置包括手机、PDA、笔记本电脑、便笺簿式个人电脑(Tables PC)、黑莓手机、无线网络技术以及那些能将用户从台式电脑的物理连接束缚中解放出来的设备。[3]作为电子政务延伸的移动政务是一种应用各种移动终端技术、服务、软件应用和移动设备优化电子政务中各参与方利益的策略。[4]

当前国际上主要从广义和狭义两种角度来定义这种新的政务体系。

---

① Kim Y，Yoon J，Park S，Han J.Architecture for Implementing the Mobile Government Services in Korea[J]. Lecture Notes in Computer Science，2004：609-610.

② Lee S，Tang X，Trimi S. M-Government, from Rhetoric to Reality：Learning from Leading Countries[J]. International Journal of E-government，2006：118-120.

③ Trimi S，Sheng H. Emerging Trends in M-government[J]. Communications of the ACM，2008：55-56.

④ Ishmatova D，Obi T.M-Government Services：User Needs and Value[J]. Journal of E-Government Policy and Regulation，2009：40-42.

从狭义上来讲，移动政务系统是政府运用新兴移动无线通信技术改善自身运作效率效能、降低政府运作成本的工具(Internal Effectiveness and Efficiency)。换言之，移动政务系统是指无线通信及移动计算技术在政府工作中的应用，通过诸如手机、PDA、Wi-Fi终端、蓝牙、无线网络、GIS、GPS、GSM、Tablet PC等技术的使用，政府可以改善自身的运作效率和提高工作质量，及时有效地服务公众。目前中国公共服务和政府运作领域快速发展和广泛推广的移动政务系统、移动办公系统以及野外公共服务移动终端系统等多属于这一范畴。

广义上的移动政务体系则超越了政府部门运用移动信息系统进行公共服务的简单范畴，它更强调建立完善移动平台支撑下的一个完整的政务体系。这一新的政务体系是一系列联合战略的整合体，通过改变政府的工作方式和公共文化来提高政府的效率，促进建立良好的政府公众关系。

移动政务，又称移动电子政务，是传统电子政务和移动通信平台相结合的产物，主要是指利用无线通信及移动计算技术等移动技术，以无线网络为渠道，以移动终端为载体，在政府工作中应用，为公众提供服务的一种政务模式。简要来说就是政府工作人员利用手机、PDA或笔记本等移动终端设备，通过无线网络，实现为公众服务或移动办公的目的。

可以从以下几个方面来理解移动政务的概念：

移动政务是对现有以固定通信技术实现的电子政务模式的一种延伸和扩展。

移动政务在技术服务兼顾实现上以原有电子政务技术为基础，同时在接入技术、网络和接入终端上结合了移动通信技术的最新发展；在全方位电子政务的网络结构和实际的电子政务的应用中，移动政务的实现主要体现为在电子政务的接入终端、接入平台和技术上使用了移动或无线通信、网络技术的最新发展，主要是实现使用手机、掌上电脑等移动终端，通过GSM、GPRS、CDMA和无线局域网(Wireless Local Area Network，WLAN)来实现电子政务接入。

移动政务处理的是与政务相关的事务。

移动政务要通过一个技术平台、四个资源整合来实现；"一个平台"指数字化、网络化的技术集成平台，移动政务中，相应的电子政务接入平台要在原有只提供固定互联网(Internet)和公共交换传输网(PSTN)接入的基础上，GSM、GPRS、CDMA和无线局域网(WLAN)等移动或无线接入平台。而"四个整合"指政府资源整合、企业资源整合、社会资源整合以及社会服务整合。

网络是基础，安全是关键，应用是目的。

(三) 移动政务的特征与功能

1. 移动政务的特征与优势

移动政务由于应用了无线网络技术和无线终端设备，使政府在任何时间和地点都能够为公民和组织提供便捷的服务；同时，也方便移动政务中的各参与方及时获得个性化的信息。

与传统的电子政务相比，移动政务突破了时间和空间的限制，被看成是电子政务发展的高级阶段，因而也就具有了一些特征，如移动性(Mobility)、便携性(Portability)、位置性(Location)和个性化(Personalization)。①

(1) 不同于传统的电子政务技术平台，大多数移动终端总是处于开机状态，也就是说移动终端和信息系统为"实时(Anytime)公众服务"奠定了坚实的技术基础。

(2) 移动终端的移动性(Anywhere)为及时的信息沟通和互动提供了可能，由于移动终端轻便灵巧，便于携带，公众可随时随地登陆政府信息服务平台，实时互动。对信息的及时传递交换，尤其是应急抢险过程中的数据传递交换有着极其重要的意义。

(3) 移动终端提供的信息服务具有更加个人化、定制化(Personal and Customized)的特点，更符合个性化时代终端用户对信息内容和接收方式的要求。

(4) 移动政务在空间上比架构在有线互联网络上的电子政务有更大的延展性。最新数据显示，目前已有的移动终端，包括手机、PDA、对讲机、上网本、笔记本电脑、传呼机、蓝牙、Wi-Fi终端，其中国用户量已大大超过有线网络用户的数量。而云计算、3G网络技术和物联网等新技术浪潮的冲击则给移动政务提供了进一步整合的技术支持和便利的服务平台。

(5) 移动终端和信息系统为政府部门知识积累(Knowledge Accumulation)和及时的部门内和跨部门信息分享(Information Sharing)提供了更及时的技术手段和分析工具。

2. 移动政务的功能

从信息传输的方向看，移动政务的功能可以分为三类：信息发布、信息采集以及信息交互。

(1) 信息发布：在G2C、G2B方面，包括政府各种日常信息以及紧急信息的通知，例如护照办理信息、纳税信息以及灾害预警信息。

(2) 信息采集：例如政府利用短信息进行的各种调查，也包括公民在遇到市政设施破损时给政府发短信提醒。信息采集也可用于监控，使有关部门及时掌握城市整体运作动态。

(3) 信息交互：例如经常需要现场办公的执法部门、市政部门利用GPRS查询车辆信息、公民信息或者地下管网信息，也可用于查询公共汽车、航班的实时信息。

(四) 移动政务的应用

移动政务的服务分为三类②：第一类是基于消息的服务，典型代表是短信；第二类是基于移动互联网的服务，是指将GPRS、CDMA和3G数据传输技术等应用于电子政务领

---

① Lee S，Tang X，Trimi S. M-Government，from Rhetoric to Reality：Learning from Leading Countries[J]. International Journal of E-government，2006：115-116.

② 何砝. 移动政务的分类[EB/OL]. http://blog.sina.com..cn/blog 491f954b010002pk. html，2006.

域；第三类是基于位置的服务，即利用移动通信网络获得特定物体的地理位置，从而为其提供相应的服务。

在公共管理领域，移动政务的重要应用之一是为市民以及现场办公的公共服务人员提供随时随地的信息支持。除了政府服务人员移动办公的需要，移动互联网技术还可以用于远程数据自动采集，例如环保部门、安全保卫部门、燃气管线监控部门，对压力容器进行监控或者对其他类型的危险品进行监控。远程数据采集，不仅免除了工作人员来回奔波的麻烦，而且提高了信息采集的及时性。最重要的是通过移动及无线技术对现场信息交互的支持，减少了不必要的物流和人流，推动可持续发展，有利于建设"资源节约型社会"。

(五) 移动政务的发展阶段

澳大利亚移动政务专家El-Kiki博士及其团队建立的移动政务发展模型，将移动政务系统的发展阶段从简单到复杂，区分为以下5个阶段。

1. 信息单向传播/政府部门内部信息目录编制

这一阶段移动政务系统的主要职能是支持政府部门单向向公民、企业和全社会的信息发布和内部信息资料的整理。

2. 双向沟通

这一阶段的移动政务系统开始重视政府与公民之间、政府与企业之间、政府部门之间的双向沟通交流，强调政府对公务人员、公众、企业及整个社会需求的积极回应。

3. 公共服务和经济交易

这一阶段的移动政务系统开始涉及现金交易和经济活动，因此对系统的安全性和用户的授权等级区分要求很高。

4. 立体或横向整合

这一阶段的移动政务系统开始对前三个阶段的移动技术、沟通方式、公共服务运作、管理、决策方式及交易模式进行整合，力求形成无缝整合的公共服务运作和城市管理多元化体系。

5. 全面政治参与

这一阶段是移动政务系统的成熟发展期，为建构完善的移动政务体系提供了坚实基础。公众、企业乃至全社会可以随时随地使用移动终端享受公共服务、参与城市管理，促进个人思维方式、商业运作模式、公共政策、法律规范以及社会道德领域的全面变革，最终形成移动平台支撑下的一个完整的政务体系。

(六) 发展移动政务的意义

1. 提高政府与公众间的互动，增强公众的社会满意度

随着政府管理理念的改变，管理体制发生一系列改革，政府逐渐由管制型转为服务型。发展移动政务极大地增加了政府与百姓的互动行为。

2. 拓宽公共服务供给的渠道，实现公共服务供给方式和渠道的多样化

在移动政务中，由于每一位公众都拥有一个移动终端设备，政府可以根据每一个公众的不同需求提供异质性服务，为其构建高度异质性的服务界面，提供高度个性化的服务内容。例如短信服务中的RSS应用，政府可以提供多样化的信息服务组合供公众选择，公众根据需要定制自己感兴趣的内容。

3. 普及政府服务，有效解决"数字鸿沟"问题

移动终端的普及率远远超过PC机，并且移动政务的准入条件更低。移动政务要比电子政务具有更广泛的公众基础，经济基础较弱或者教育水平不高的公众都可以有效使用移动终端获取所需的公共信息或服务，从而有效解决电子政务中的"数字鸿沟"问题。

4. 实时性强，提高政府办事效率

在移动政务模式下，借助无线通信技术和移动计算技术提供的移动能力，政府公务员和公众可以随身携带移动终端，使得政府与公众之间可以随时随地传递信息，保持双向的互联互通，突破了电子政务对物理网络延展长度的依赖。

5. 促进SP手机增值服务业的健康发展

SP(Service Provider，服务供应商)指的是在电信运营商提供的平台下通过提供短信息、彩信等手机增值服务盈利的机构，负责根据用户的需求开发和提供适合用户使用的服务。移动政务的发展将带动并促进SP手机增值服务业的健康发展。

二、移动政务技术的发展

第一代移动电子政务技术以短讯为基础，这种技术存在着许多严重的缺陷，其中最严重的问题是实时性较差，查询请求不会立即得到回答。此外，由于短讯信息长度的限制也使得一些查询无法得到一个完整的答案。这些严重问题给一些早期使用基于短讯的移动电子政务系统的部门造成了较大的不便。

第二代移动电子政务系统采用基于WAP技术的方式，手机主要通过浏览器的方式来访问WAP网页，以实现信息的查询，部分地解决了第一代移动访问技术的问题。第二代的移动访问技术的缺陷主要表现在WAP网页访问的交互能力极差，因此极大地限制了移动电子政务系统的灵活性和方便性。此外，由于WAP使用的加密认证的WTLS协议建立的安全通道必须在WAP网关上终止，形成安全隐患，所以WAP网页访问的安全性对于安全性要求极为严格的政务系统来说也是一个严重的问题。这些问题也使得第二代技术难以满足用户的要求。

新一代的移动电子政务系统，也就是第三代移动电子政务系统融合了3G移动技术、智能移动终端、VPN、数据库同步、身份认证及Web Service等多种移动通信、信息处理和计算机网络的最新的前沿技术，以专网和无线通信技术为依托，使系统的安全性和交互能力有了极大的提高，为电子商务人员提供了一种安全、快速的现代化移动执法机制。数

码星辰的移动电子政务软件是新一代移动电子政务系统的典型代表。它采用了先进的自适应结构，可以灵活地适应用户的数据环境，具有现场零编程、高安全、快速部署、方便使用、快速响应的优点。该系统支持GPRS、CDMA、Edge以及所有制式的3G网络。表13.2为移动政务系统体系构架及核心技术。

表13.2　移动政务系统体系构架及核心技术

Tab 13.2　The construction and key technologies in mobile e-government system

移动政务系统构成		核心技术	主要功能
移动互联网网络浏览器和中间软件		移动互联网浏览	支持用户通过移动终端上网
		虚拟机	允许用户在终端上继续使用公共服务
无线互联平台	网关	无线互联网网关	支持无线标注语言转换和移动电信运营安全模式，创建实时用户访问列表
		短信网关	管理短信的发送与接收
		LBS位置服务网关	根据用户的具体位置提供相应服务
	服务平台	网页内容转换器	根据每个移动终端的特点对接收的网页内容进行相应转换
		网络门户	进行用户管理认证、开发品牌化内容、收费管理、下载管理
移动公共服务	移动网络内容浏览	移动网页格式转换工具	支持提供基于不同移动终端功能的网页格式和版本
		终端脚本语言	管理客户终端可使用的脚本语言
	移动整合系统	数据交换格式管理	管理移动系统与移动互联网平台和后台系统之间的数据交换
		通信链接控制	管理移动系统与移动互联网平台和后台系统之间的通信协议
移动系统安全管理加密技术用户授权		通信安全保障	管理终端间通信的相关协议
		对无线传输的数据进行加密	
		对用户使用无线网络进行授权和认证	

资料来源：刘淑华. 新一代移动通信与电子政务[J]. 中国电子政务发展报告，2010：234.

三、我国移动政务的问题与思路

目前，已经有个别部门和地方开始了一些移动政务门户或移动政务应用建设的探索，比如国家发改委、北京、广东、江苏、浙江、湖南等部门和地区推出了面向移动互联网的移动政务应用，还有一些部门和地方推出了能适应移动终端的3G版政府网站，但是这些应用和网站无论是形式还是内容都存在很多不足，有一些亟待解决的问题，需要在实践中探索。

(一) 我国移动政务面临的问题

1. 政府公共政策规划设计缺失

(1) 定位不明确，方向不清晰。我国移动政务的发展尚处于起步期，各地各部门开展的移动政务建设，大多数并不是从政府部门自身或社会公众的应用需求出发，而是在产业界的推动下进行的，没有进行科学的论证和研究。在此情况下建设开发的移动政务应用系统，虽然解决了移动政务应用"有"和"无"的问题，但实质上并没有发挥移动应用的特点和优势，没有为提高政府工作效率和公共服务水平做出应有的贡献，社会公众对此的认知度也非常有限，不利于移动政务的深入发展。

(2) 顶层规划缺失，应用建设各自为政。当前我国还没有对移动政务的建设发展进行深入探讨，从目前各地各部门已经开展的移动政务建设情况来看，各自为政的现象已经出现，加快进行顶层规划势在必行。

2. 移动政务应用不实，技术尚不健全

(1) 基础设施不健全。基础设施不健全是指无线网络设施和移动政务平台建设的覆盖面不够。在北京、上海、广州等经济发达城市中，无线网络覆盖较好，而对于很多城市来说，城市中还没有覆盖无线网络或者覆盖面很小，在无线网络支持方面非常缺乏。

(2) 政府的宣传力度不够。政府在移动政务的宣传方面确实力度不够，了解移动政务的公民并不多。移动政务是一种产品，政府可以通过一些媒体来对移动政务进行宣传，增加群众对此的相关了解。

(3) 开设的服务少。移动政务的建设发展目的之一就是要惠民，让百姓能感受到政府工作效率的提高，生活中所需要办理的一些政务能够快速有效地办理。但是现在移动政务所开设的服务少之又少，根本满足不了百姓日常生活的需要。

(4) 个人隐私和安全保障体系不健全。从技术层面来说，移动政务属于新兴的信息技术的产品，对于一般的信息产品，采用了诸如个人身份验证、数字密钥、物理层隔离等技术加强安全性。但是在移动政务的建设中，技术层面的安全保护措施仍然在发展中，这为未来的发展埋下了安全隐患。此外，移动政务没有法律法规的保障，对未来移动政务的健康发展会是重要的制约因素。

(5) 群众参与意识不强。社会公众更多的是习惯被动地接受政务的管理和服务，主动参与的意识比较缺乏。

3. 公众实际接受还有一些障碍

计算机依旧是大部分人的操作首选。移动设备一般屏幕小，传输速度慢，对信息量多的信息，在阅读方面会造成很大的困难。在工作中，应用无线设备工作，也会出现因为操作等习惯问题，导致工作效率下降。移动政务会有一定的收费，而且会略高于传统政务，自然会对移动政务的开展产生负面影响。

(二) 我国移动政务的推进思路

1. 政府需要进行战略性调整，加大宣传力度和培训力度，加大公众的参与度和普及度

(1) 以点带面，以中心带动周边，加强信息技术基础设施的建设。发展移动政务要同时加强电子政务基础设施的建设，也就是增强基础信息平台的建设，使之成为一个信息处

理中心。然后将其他的一些信息平台与其相连，形成一个发散型的网络模式，这样其他的信息平台可以将实时信息发送到信息港中，人们通过访问信息港就可以得到所有的信息。然后再以城市中心区域为中心，向四周扩散，在每个区的中心地域建设无线网络，以点带面，再扩大覆盖范围，最后达到完全覆盖，实现真正地在任何地点都能应用移动政务。

(2) 运用多种渠道，加强政府宣传时效。政府部门组织一些相关宣传人员到社区或人群密集中心进行人与人当面的宣传交流活动，人们可以与宣传人员相互沟通，不明白的地方还可以得到宣传人员比较专业的解释，不仅加强了人们对移动政务的深度了解，也让人们能够感受到政府的积极与热情，提升了政府在群众心中的地位。

(3) 重视公众普及型教育和相关专业培训。应加强信息技术的教育程度，从基础教育开始，增加信息技术方面课程的时间和次数，教科书的内容也要加快更新步伐，让人们能了解更多比较新的内容，与时俱进。通过加强教育，可以提高总体的知识水平，对于以后移动政务的发展建立了良好的人力基础。

2. 要对服务内容和范围进行调整，控制服务成本

(1) 加强人性化服务。要加强终端服务的人性化考量，方便阅读和操作。引导用户正确使用、操作界面。

(2) 控制成本费用。移动政务发展资金对政府来说是比较大的压力，可以适当地收费，但一定要做到适当。经济成本对于广大公众来说，肯定是重要的参考指标。

(3) 增加业务开设的范围。对于人们主要想开设的一些便民惠民的服务，政府应该尽快开设，使之效用最大化。在未来，应该将服务覆盖到各个行业、各个领域，真正让人们感到移动政务无处不在。

3. 加强身份鉴别验证，保护信息安全，完善法律法规

(1) 加强身份鉴别验证。身份鉴别问题在信息收集方面至关重要，移动政务是通过无线接入获取信息的，辨别信息的真实性是关键。存在虚假信息传递现象，正是因为移动终端的身份无法鉴别。

(2) 保护政府和公众信息安全。移动政务的开展提高了手机的重要程度，用户需要培养安全使用的习惯，充分利用各种密码保护信息安全。信息在传输过程中要注意加密传输，防止中途被窃听、篡改。

(3) 完善相关的法律法规。要出台相关的法规，解决具体实施中可能会遇到的一些问题，用法制规约各类问题，引导移动政务健康发展。

本章小结

智慧城市是当前城市发展的新理念和新模式，以改善城市居民居住环境质量和生产生活方式、提升城市居民幸福感受为目的。它以新一代互联网技术、物联网技术及云计算

和大数据技术为核心，在交通、社区、旅游等多方面都可以看到"智慧"在其间的实践。移动政务，又称移动电子政务，是传统电子政务和移动通信平台相结合的产物，主要是指利用无线通信及移动计算技术等移动技术，以无线网络为渠道，以移动终端为载体，在政府工作中应用、为公众提供服务的一种政务模式。简要来说就是政府工作人员利用手机、PDA或笔记本等移动终端设备，通过无线网络，实现为公众服务或移动办公的目的。

关键术语

智慧城市　移动政务　物联网　云计算　大数据　信息孤岛　互联网技术　"互联网+"

思考题

1. 智慧城市的定义是什么？你怎样理解"智慧城市"这一概念？
2. 智慧城市的核心技术包括哪些内容？你认为哪一项技术对智慧城市的发展最为重要？
3. 信息广泛覆盖有哪些优点？
4. 你怎样理解智慧城市的具体实践？
5. 移动政务包含哪些内容？
6. 移动政务的发展面临哪些问题？
7. 移动政务有什么建设意义？

案例分析

多地探索打造智慧城市：乘车、借书、购物可刷"市民卡"

吉林省辽源市的孙婷婷在农贸市场购买肉品、蔬菜后，刷"市民卡"完成了结账过程。"'市民卡'还可以打折乘坐公交车、去图书馆借书等，它已经融入并改变了我的生活。"她说。

2013年1月，辽源市成为中国首批智慧城市试点示范市之一，打造基于大数据、物联网、云计算等新一代信息技术及社交网络等应用的创新城市形态。这使辽源市距离实现"城市可持续成长、发展壮大战略性新兴产业集群"的目标更近一步。

219个应用项目谋划、70个应用项目启动实施……其中，正全力打造"市民卡""溯源认证"等重点项目，辽源百姓生活逐渐变得智能便捷。"市民卡"已免费发放16万张，超过辽源市区总人口的三分之一。

辽源象形通讯科技有限公司市场策划部经理高光大介绍，"市民卡"不仅具备公共缴费、电子身份识别、存储居民健康档案等功能；还融入"二维码"应用，储存个人信息，通过扫描实现预约政务办公、选择家政服务人员及网上订购和物流配送等。

在辽源，不少商品也拥有了"身份证"。在商品上置入二维码和芯片，扫描后即可查询厂家、材料、生产日期等详细信息。"溯源认证"项目已经广泛应用于食品、图书、书画、宝石和各类证件等验证中，保障信息真实。

中国智慧城市试点已达290个，各地都在加快大数据产业的发展，推动智慧城市建设。浙江省宁波市启动全国首家"云医院"，百姓足不出户就能预约专家，通过网络享受诊疗、配药等服务；智慧教育"云平台"则提供了"私人定制"的网络学习空间，网站累计访问人数达1200余万人次。

甘肃省兰州市城关区虚拟养老院以一部热线电话、一个指挥平台、一批加盟企业的有机结合，吸纳126家加盟服务企业，提供生活照料、医疗护理、精神慰藉、紧急援助四大领域150余项服务项目，满足老人在家享受专业化、标准化养老服务的愿望。目前，已有10万余位老人注册入院，服务总量已达到404万人次。

除了便民、惠民、利民外，辽源以建设智慧城市项目作为重要抓手，为城市产业转型探索出新路。"不同于大城市的软件行业趋于饱和，辽源软件行业是蓝海产业，政府提供优惠政策和良好的创业环境，具备行业发展前景。"王德吉曾在北京软件行业工作十多年，如今来到辽源，担任艾迪夫软件开发有限公司技术总监。

辽源智慧城市办公室主任孙德录说，自IBM东北卓越云计算中心在辽源落户后，已经有37家这样的企业茁壮成长，初步形成产业规模，提供云计算业务，目前已与多个地方政府或企业开展合作。

多数试点智慧城市的建设项目目前仍是初现雏形，但孙德录对未来前景充满信心。"智慧城市是城市未来发展的必然模式，通过精细对接百姓感受，将人性化、便捷化原则全面渗入民生服务。"他说，"中国百姓的智慧生活已经开启，并在完善"。

资料来源：http://www.yn.xinhuanet.com/newscenter/2015-10/04/c_134683695.htm

思考问题

1. 什么样的城市会被称为智慧城市？智慧城市具有什么特点？

2. 根据材料分析智慧城市对市民、国家所带来的影响。

3. 中国的智慧城市发展现况是什么样的？

参考文献

[1] 蔡立辉. 电子政务[M]. 北京：清华大学出版社，2009.

[2] 陈庆云，王明杰. 电子政务——行政与社会管理[M]. 北京：电子工业出版社，2002.

[3] 董建明，等. 人机交互：以用户为中心的设计和评估[M]. 北京：清华大学出版社，2003.

[4] 冯惠玲. 政府信息资源管理[M]. 北京：中国人民大学出版社，2006.

[5] 盖伊·彼得斯. 政府未来的治理模式[M]. 北京：中国人民大学出版社，2001.

[6] 国家信息安全工程技术研究中心，国家信息安全基础设施研究中心. 电子政务总体设计与技术实现[M]. 北京：电子工业出版社，2003.

[7] 胡广伟. 电子政务服务管理[M]. 南京：南京大学出版社，2010.

[8] 黄如花. 网络信息组织：模式与评价[M]. 北京：北京图书馆出版社，2003.

[9] 霍姆斯. 电子政务[M]. 詹俊峰，译. 北京：机械工业出版社，2003.

[10] 蒋劲松. 责任政府新论[M]. 北京：社会科学文献出版社，2005.

[11] 焦宝文，薛晓户. 全球电子政府发展概况[M]. 北京：中国财政经济出版社，2003.

[12] 李栗燕. 电子政务概论[M]. 武汉：华中科技大学出版社，2013.

[13] 李霖，郭仁忠，桂胜. 电子政务信息资源目录体系建设及案例[M]. 北京：科学出版社，2009.

[14] 李习彬，等. 电子政务与政府管理创新[M]. 北京：科学出版社，2004.

[15] 李闲毅. 智慧城市开启未来生活[M]. 北京：人民邮电出版社，2012.

[16] 李绪蓉，徐焕良. 政府信息资源开发与管理[M]. 北京：北京大学出版社，2005.

[17] 刘邦凡. 电子治理引论[M]. 北京：北京大学出版社，2005.

[18] 刘邦凡. 电子政务建设与管理[M]. 北京：北京大学出版社，2005.

[19] 罗文. 智慧城市诊断评估模型与实践[M]. 北京：人民邮电出版社，2014.

[20] 罗元铮，焦宝文. 电子政府导论[M]. 北京：中国财政经济出版社，2002.

[21] 吕晓阳，谭共志. 电子政务理论与应用[M]. 北京：清华大学出版社，2010.

[22] 孟庆国，樊博. 电子政务理论与实践[M]. 北京：清华大学出版社，2006.

[23] 秦志光. 智慧城市中的移动互联网技术[M]. 北京：人民邮电出版社，2015.

[24] 孙松涛. 电子政务绩效评估[M]. 上海：人民出版社，2014.

[25] 覃征. 电子政务概论[M]. 北京：清华大学出版社，2010.

[26] 王成栋. 政府责任论[M]. 北京：中国政法大学出版社，1999.

[27] 王洗尘，等. 信息技术与电子政务[M]. 北京：北方交通大学出版社，2003.

[28] 王琰，徐玲. 电子政务理论与实务[M]. 北京：清华大学出版社，2004.

[29] 王长胜. 中国电子政务发展报告[M]. 北京：社会科学文献出版社，2005.

[30] 吴爱明，王淑清. 国外电子政务[M]. 太原：山西人民出版社，2004.

[31] 谢岳. 大众传媒与民主政治[M]. 上海：上海交通大学出版社，2005.

[32] 徐晓林，杨兰蓉. 电子政务导论[M]. 武汉：武汉出版社，2002.

[33] 徐晓林，杨锐. 电子政务[M]. 武汉：华中科技大学出版社，2014.

[34] 颜端武，丁晟春. 电子政务网站设计与管理[M]. 北京：北京大学出版社，2005.

[35] 杨安. 电子政务理论与技术[M]. 北京：清华大学出版社，2007.

[36] 张李义. 电子商务与电子政务[M]. 武汉：武汉大学出版社，2006.

[37] 张锐昕. 电子政府概论[M]. 北京：中国人民大学出版社，2010.

[38] 张锐昕. 电子政府与电子政务[M]. 北京：中国人民大学出版社，2011.

[39] 张锐昕. 公务员电子政务考试辅导[M]. 北京：清华大学出版社，2006.

[40] 赵国俊. 电子政务[M]. 北京：电子工业出版社，2003.

[41] 中国电信智慧城市研究组. 智慧城市之路[M]. 北京：电子工业出版社，2011.

[42] 周宏仁，唐铁汉. 电子政务的理论与实践[M]. 北京：国家行政学院出版社，2002.

[43] 周宏仁等. 中国电子政务——领导干部知识读本[M]. 北京：中共中央党校出版社，2003.

[44] 周菁. 电子政务信息化管理[M]. 北京：研究出版社，2010.

[45] 周晓英，王英玮. 政务信息管理[M]. 北京：中国人民大学出版社，2004.

[46] 周晓英. 基于信息理解的信息构建[M]. 北京：中国人民大学出版社，2005.

[47] 周亚越. 行政问责制研究[M]. 北京：中国检察出版社，2006.

[48] AkeGronlund. 电子政府：设计、应用和管理[M]. 陈君，白大勇，等，译. 北京：清华大学出版社，2006.

[49] AnthonyTownsend.SMART CITT[M]. Beijing：CHINA CITIC PRESS，2015.

[50] ThomasA.Powell.Web设计大全[M]. 詹剑锋，等，译. 北京：机械工业出版社，2001.

[51] 毕建新，郑建明. 政府职能转变视角下的政务云研究[J]. 电子政务，2015(4) .

[52] 陈超燕. 我国电子政务绩效评估研究的进展存在的问题和发展趋势[J]. 商情，2008(4) .

[53] 陈拂晓. 我国电子政务建设的机遇挑战及其对策[J]. 测绘科学，2003(1) .

[54] 陈福集. 电子政务系统中面向公众的信息集成化管理与个性化服务研究[D]. 合肥：

合肥工业大学，2004.

[55] 陈玮，夏雨霖. 电子政务的发展对我国行政的深远影响[J]. 中山大学学报论丛，2003(5)．

[56] 陈祥荣. 电子政务与电子治理[J]. 成都行政学院学报：哲学社会科学版，2005(5)．

[57] 程凤荣. 准确把握用户需求——中国政府门户网站升级的关键[J]. 电子政务，2005(1).

[58] 丛昕宇，许荣标. 对我国"电子政府"建设的再思考[J]. 兰州学刊，2005.

[59] 冯桂平. 基于电子政务平台的政府绩效评估理论框架[C]. 中国行政管理学会2010年会暨"政府管理创新"研讨会论文集，2010.

[60] 付翠莲. 后危机时代电子政务建设与中国政府管理创新[C]. 中国行政管理学会2010年会暨"政府管理创新"研讨会论文集，2010.

[61] 盖玲. 基于电子政务的信息资源整合[J]. 现代情报，2005(12).

[62] 顾华详. 论中国保障信息安全的法治路径[J]. 科学发展，2011(8)．

[63] 顾平安. 面向公共服务的电子政务流程再造[J]. 中国行政管理，2008.

[64] 郭晓华. 浅谈我国电子政务建设之路[J]. 牡丹江师范学院学报：哲学社会科学版，2003(6)．

[65] 韩升. 现代公共生活的话语重塑——西方共同体主义的基本政治理念概观[J]. 华侨大学学报：哲学社会科学版，2013(3)．

[66] 贺军. 电子政务信息资源整合的障碍分析[J]. 现代情报，2007(2)．

[67] 胡西川. 关于发展我国电子政务的若干思考[J]. 浙江万里学院学报，2003(3)．

[68] 黄佳慧. 用大数据优化电子政务环境提升大庆市政府服务能力[J]. 商业经济，2015(6)．

[69] 黄文博，杜敬华，刘邦凡. 论河北省电子服务和第六产业的发展与对策[J]. 燕山大学学报：哲学社会科学版，2001.

[70] 黄志平，向红梅. 公民与服务型电子政务绩效评估管理体系的研究[J]. 生产力研究，2011(10).

[71] 蒋知义. G2C电子政务模式分析[J]. 科技情报开发与经济，2005(19).

[72] 劲松. 关于我国电子政务建设指导意见[J]. 中国创业投资与高科技，2003(6)．

[73] 孔均仁. 用整体性观点建设电子政务——访电子政务试点工程总体专家组成员王延章教授[J]. 中国创业投资与高科技，2003(6)．

[74] 李德仁，姚远，邵振峰. 智慧城市中的大数据[J]. 武汉大学学报，2014.

[75] 李广乾. 我国电子政务的现状和问题[J]. 新经济导刊，2001(8)．

[76] 李辉，李海丽. 国内外政府信息化建设经验及启示[J]. 信息化建设，2011(4)．

[77] 李卫东，徐晓林. 论我国电子政务的跨越式发展[J]. 科技进步与对策，2005(5)．

[78] 李文凯. 美国《2002年电子政务法》[J]. 全球科技经济瞭望，2003(7).

[79] 李茵莱. 电子政务与政府管理变革[J]. 宜宾学院学报，2003(3).

[80] 李永忠. 试论基于服务型政府的我国电子政务法律体系的构建[J]. 行政与法，2011(8).

[81] 李章程，王铭. 英国电子政务建设进程概述[J]. 档案与建设，2004(4).

[82] 连志英. 美国政府信息公开中的公民隐私权保护立法研究[J]. 档案学通讯，2008(6).

[83] 刘邦凡，罗白玲. 试论政府电子治理[J]. 电子政务，2005(12).

[84] 刘邦凡，覃思思. 论电子治理下的政府管理转变与创新[J]. 电子政务，2007(1).

[85] 刘春艳. 国外电子政务立法：现状、经验与启示[J]. 情报探索，2009(1).

[86] 刘刚，娄策群. 政府网站评价研究与应用分析[J]. 图书情报知识，2006(3).

[87] 刘泉宝. 政务信息资源的整合[J]. 信息化建设，2006.

[88] 刘学. 推行规划电子政务，提高规划行政水平[J]. 创造，2003(5).

[89] 刘勇，徐晓林. 电子治理：信息社会城市善治的理想选择[J]. 电子政务，2005(14).

[90] 马满福，姚军，冯百明，王小牛. 基于网格技术的电子政务体系结构[J]. 计算机工程与设计，2007(7).

[91] 毛家菊. 浅谈我国政府门户网站建设的发展趋势[J]. 上海信息化建设，2006(8).

[92] 孟庆国，关欣. 论电子治理的内涵、价值与绩效实现[J]. 行政论坛，2015(4).

[93] 齐冬梅. 电子政务：服务型政府的基础支撑[J]. 理论界，2008(4).

[94] 秦浩. 电子治理的概念界定[J]. 电子政务，2014(8).

[95] 阮梦君. 电子政务：传统行政与现代行政的耦合[J]. 生产力研究，2009(10).

[96] 沈大风，吴亚非，等. 政务外网电子认证服务体系建设的思考与实践[J]. 电子政务，2010(6).

[97] 沈荣华. 论服务行政的法治架构[J]. 中国行政管理，2004(1).

[98] 孙国峰. 我国政府门户网站问题分析与发展建议[J]. 信息化建设，2005(4).

[99] 孙毅. 电子政务系统建设与运行评价体系研究[D]. 大连：大连理工大学，2006.

[100] 唐重振. 试论电子政务信息服务绩效评估的价值取向[J]. 现代情报，2007(4).

[101] 陶梅. 电子政务的安全保障体系设计与实现[J]. 现代交际，2010(6).

[102] 汪向东. 我国电子政务的进展、现状及发展趋势[J]. 电子政务，2009(7).

[103] 汪玉凯. 我国电子政府的公共管理目标[J]. 新经济导刊，2001(21).

[104] 汪玉凯. 中国政府信息化与电子政务[J]. 信息化建设，2001(12).

[105] 王家耀. 大数据时代的智慧城市[J]. 测绘科学，2014.

[106] 王丽. 青岛市建设"智慧城市"的思考[J]. 中国信息界，2011.

[107] 王铭. 析美国加利福尼亚州政府网站建设的成功经验[J]. 城市管理与科技，2004(3).

[108] 王浦劬，杨凤春. 电子治理：电子政务发展的新趋向[J]. 中国行政管理，2005(1).

[109] 王益民. 2014中国城市电子政务发展水平调查报告[J]. 电子政务，2014(12).

[110] 吴鹏，苏新宁. 政府信息资源共享环境中的电子协作支持模式[J]. 情报科学，2006.

[111] 吴钟雅. 电子政务基础下的公民参与和政府管理[J]. 中国管理信息化，2015(16).

[112] 夏梦. 电子服务基本问题研究[J]. 商场现代化，2008(11).

[113] 肖志宏，赵冬. 美国保障信息安全的法律制度及借鉴[J]. 中国人民公安大学学报：社会科学版，2007(5) .

[114] 徐志彪. 政府信息化建设探索[J]. 信息化建设，2001(19).

[115] 颜海. 电子政务发展中的标准化管理[J]. 档案管理，2004(1) .

[116] 杨国栋. 论电子政务建设的政府基础[J]. 长春理工大学学报：社会科学版，2012(8).

[117] 杨建林. 电子服务的概念与内涵[J]. 情报理论与实践，2008.

[118] 杨伟乐，杨倩茹，连悦. 关于电子政务模式下行政决策改进路径的探讨[J]. 学理论，2012(16).

[119] 宜建军. 数据挖掘在电子政务中的应用[J]. 电子政务，2005.

[120] 俞华. 电子政务法律法规问题研究[J]. 现代图书情报技术，2004(3) .

[121] 张成福. 责任政府论[J]. 中国人民大学学报，2000(2) .

[122] 张锐昕，杨国栋. 电子政府构建的政府基础：涵义、特征和构成[J]. 山东大学学报：哲学社会科学版，2011(5) .

[123] 张锐昕，张乔. 电子政务的技术应用前沿[J]. 行政论坛，2013(2) .

[124] 赵立清. 建立健全我国中央门户政府网站建设[J]. 电子政务，2005(24).

[125] 朱丽荣. 政府网站建设的现状及问题分析[J]. 辽宁行政学院学报，2008(1) .

[126] 朱灵. 电子政务：提高政府竞争力的有效途径[J]. 西南民族大学学报：人文社科版，2003(12).

[127] Batorowicz Beata，McDougall Stacy，Shepherd Tracy A. AAC and community partnerships： the participation path to community inclusion[J]. Augmentative and Alternative Communication，2006(3) .

[128] Biswas Ranadeb. Training in community medicine[J]. Indian Journal of Public Health，2006(3) .

[129] Butterfoss Frances Dunn. Process evaluation for community participation[J]. Annual Review of Public Health，2006(27).

[130] Granner Michelle L，Sharpe Patricia A，Burroughs Ericka Letal. Newspaper content analysis in evaluation of a community-based participatory project to increase physical activity[J]. Health Education Research，2009(4) .

[131] Kennedy Catriona，Christie Jane，Harbison Jeanetal.Establishing the contribution

of nursing in the community to the health of the people of Scotland: integrative literature review[J]. Journal of Advanced Nursing，2009(5)．

[132] Kim Y，Yoon J，Park S，Han J. Architecture for Implementing the Mobile Government Services in Korea[J].Lecture Notes in Computer Science，2004.

[133] Kondo Satoshi. Postgraduate training for surgeons and community medicine[J]. Nippon Geka Gakkai Zasshi，2006(5)．

[134] Lee S，Tang X，Trimi S. M-Government，from Rhetoric to Reality: Learning from Leading Countries[J]. International Journal of E-government，2006.

[135] Potter Jeffrey，Odutola Jennifer，Gonzales Christian Amurrioetal. Validation of English and Spanish-language versions of a screening questionnaire for rheumatoid arthritis in an underserved community[J]. Journal of Rheumatology，2008(8)．

[136] Sharon S. Dawes. Governance in the digital age: a research and action framework for an uncertain future[J]. Government Information Quarterly，2008(2)．

[137] Sharon S.Dawes. The Evolution and Continuing Challenges of E-Governance [J]. Public Administration Review，2008.

[138] Street Jackie M，Braunack-Mayer Annette J，Facey Karenetal. Virtual community consultation? Using the literature and weblogs to link community perspectives and health technology assessment[J].Health Expectations，2008(2)．

[139] Wegner M N，Ruminjo J，Sinclair Eetal. Improving community knowledge of obstetric fistula prevention and treatment[J]. International Journal of Gynecology & Obstetrics，2007(1)．

[140] Zhao Y，Cui S，Yang Jetal. Basic public health services delivered in an urban community: a qualitative study[J].Public Health，2010.

后　记

　　电子政务已经成为时下公共管理界乃至ICT领域的一个热门话题。尽管从当前国内外实践看，有些问题亟待解决，但这并不影响其整体推进和实施进程。目前，国内研究电子政务者众、出版学术著作(或编著)频、开设硕士专业点多、技术产品服务全、讨论话题广，等等。在此背景下，东北大学教务处把本教材列入东北大学"十二五"教材建设规划，清华大学出版社全力出版，全体编写人员战酷暑、抓时间，终于将主编积累十年的教研素材和囊括学政界十年的研究精华，涵盖电子政务理论基础、框架体系和未来趋向等方面内容，悉数托盘而出，奉献给读者，力求能够给初涉电子政务领域者、电子政务实践者一个关于电子政务的清晰轮廓、整体架构和准确知识点，同时，也给广大教学工作者，提供一个表述相对规范、内容新颖、架构严谨、知识全面、满足多样教学需要的教材读本。

　　本教材是一本实践探索性教材，在关于电子政务理论基础层面，包含当前学术界诸多共识性成果，可供学生准确掌握知识点；关于电子政务框架层面，主要写明的是当前电子政务研究的主要支点和涉及的热门领域，是研究电子政务必须触及的几根"支柱"；关于电子政务未来趋向，编者结合自己的体会和实践需要，列出4个主要方面。这种分类或许存在一些不足，但是，也是编者的管窥之见，如果能够引起读者争鸣，触及更深层次的电子政务框架、趋向探讨，也是一种编写成功，并且向这些探索争鸣者致敬。

　　无知者无畏，但却秉承感怀之心。编写本部教材一定是一项在广浩书海文献中搜索、选择、加工和建构自主体系、语言风格的过程，其中一定有应著者未注、应释者未释，请您以高雅之态、厚重之尊，以挑剔眼神、包容之心，给予宽恕和斧正，编者心怀感恩。

　　教材应是包容"教"和"学"的综合体。编者多年来在一线岗位教授电子政务学，很多直观经验、素材和间接体会、思考的确已融入本教材。此外，这十年来上过本课的各专业本科生、研究生，积极配合老师的课程改革，不断通过学习过程，为老师提供新的资料、新的思考，通过课上、课下互动，让老师提升教学本领，让后面的学弟学妹感受师哥师姐的新知探索，编者在编写本书时将学生积极的贡献一并包括进来，在此向他们致以为师为友者的感谢。

　　机缘有时候会改变一个人的人生轨迹。编者能够从事电子政务教学确属偶然。2004年，公共管理系把本门课程交给我上是结缘的开始。编者当时忐忑不已，担心面对深奥的电子信息技术、复杂的电子政务技术平台、网络系统，不知所措。因为从本科至博士，编者一直是文科生，仅仅学习过计算机基础。再次的巧合，是2006年有幸结识孟庆国老师、徐晓林老师以及2007年结识张锐昕老师，等等，他们给了我新的研究教学启迪，树立了在电子政务领域深耕的决心。此外，我要感谢我的诸位老师和朋友：娄成武教授、孙萍教授、李兆友教授、魏淑艳教授、杜宝贵教授、司晓悦教授、陈凡教授、王健教授、李坚教授、宋官东教授、周实教授等的学术指导、教学督促和生活关照；感谢张雷书记瞄向未来筹建的电子政务实验室，极大地推动了电子政务课程教学向理论和实验并重转型；感谢其他系内系外一帮关注和支持电子政务教学的好友，如东北大学教务处领导、蒋龙祥博士、王亮、边江、陈玉芬、冷秀丽、陈建腾以及清华大学出版社施猛等；此外，我的学生赖俊杰、毕雪娟、闫丽、甘露、唐丽、云杰、刘涛、王晶晶、李贺、刘海超、杨京、王爱茹、黄萌萌、张丽娜、田文博、王欢、胡泽新、温祖卿、史艺璇、丁鑫、刘琦、柳欣、万佳辉、刘嬿、任桃以及沈阳师范大学的王岩在整个教材体系设计、部分草稿组织、文献资料检索以及文稿校对方面，做了大量卓有成效的工作，表现优异。非常佩服这本书的副主编沈阳体育学院柳春清副教授，从教材框架设计到积极参与写作，完成相关任务，尽职尽责，大大提升了本书的出版品质。

家人是永远和最宝贵的财富，无以言表，一书奉上。

2015年10月于东北大学浑南校区